中译翻译文库·翻译名家研究丛书

热词新语翻译谭（六）

English Translation of Buzzwords and Sayings 6

陈德彰　编著

中国出版集团
中译出版社

图书在版编目（CIP）数据

热词新语翻译谭. 六/陈德彰编著. —北京：中译出版社，2018.1
（2021.7重印）

（中译翻译文库·翻译名家研究丛书）

ISBN 978-7-5001-5464-8

Ⅰ. ①热…　Ⅱ. ①陈…　Ⅲ. ①英语—新词语—翻译
Ⅳ. ①H315.9

中国版本图书馆CIP数据核字（2017）第285877号

出版发行/中译出版社
地　　址/北京市西城区车公庄大街甲4号物华大厦6层
电　　话/（010）68359827，68359101（发行部）；68359725（编辑部）
邮　　编/100044
传　　真/（010）68358718
电子邮箱/book@ctph.com.cn
网　　址/http://www.ctph.com.cn

出版策划/张高里
责任编辑/范祥镇　杨　扬
封面设计/潘　峰

排　　版/北京竹页文化传媒有限公司
印　　刷/北京玺诚印务有限公司
经　　销/新华书店

规　　格/710毫米×1000毫米　1/16
印　　张/26.75
字　　数/438千字
版　　次/2018年1月第一版
印　　次/2021年7月第二次

ISBN 978-7-5001-5464-8　定价：65.00元

中　译　出　版　社

中译翻译文库
编 委 会

刘树森（北京大学）　　　　　　　　　吕　俊（南京师范大学）

马会娟（北京外国语大学）　　　　　　马士奎（中央民族大学）

门顺德（大连外国语大学）　　　　　　孟凡君（西南大学）

牛云平（河北大学）　　　　　　　　　潘文国（华东师范大学）

潘志高（解放军外国语大学）　　　　　彭　萍（北京外国语大学）

彭发胜（合肥工业大学）　　　　　　　秦潞山（AIIC 会员，Chin Communications）

任　文（四川大学）　　　　　　　　　邵　炜（AIIC 会员，北京外国语大学）

申　丹（北京大学）　　　　　　　　　石　坚（四川大学）

石平萍（解放军外国语大学）　　　　　宋亚菲（广西大学）

孙迎春（山东大学）　　　　　　　　　陶丽霞（四川外国语大学）

王　宏（苏州大学）　　　　　　　　　王　宁（清华大学）

王克非（北京外国语大学）　　　　　　王振华（河南大学）

文　军（北京航空航天大学）　　　　　文　旭（西南大学）

闫素伟（国际关系学院）　　　　　　　杨　柳（南京大学）

杨承淑（台湾辅仁大学）　　　　　　　杨全红（四川外国语大学）

姚桂桂（江汉大学）　　　　　　　　　张德禄（山东大学、同济大学）

张美芳（澳门大学）　　　　　　　　　张其帆（AIIC 会员，香港理工大学）

张秀仿（河北工程大学）　　　　　　　章　艳（上海外国语大学）

郑海凌（北京师范大学）　　　　　　　朱纯深（香港城市大学）

特约编审（以姓氏拼音为序）

Andrew C. Dawrant（AIIC 会员，上海外国语大学）　柴明颎（上海外国语大学）

戴惠萍（AIIC 会员，上海外国语大学）　　　　　　方梦之（《上海翻译》）

冯庆华（上海外国语大学）　　　　　　高　伟（四川外国语大学）

胡安江（四川外国语大学）　　　　　　黄国文（中山大学）

黄忠廉（黑龙江大学）　　　　　　　　李长栓（北京外国语大学）

李凌鸿（重庆法语联盟）　　　　　　　李亚舒（《中国科技翻译》）

刘军平（武汉大学）　　　　　　　　　罗新璋（中国社会科学院）

梅德明（上海外国语大学）　　　　　　孟凡君（西南大学）

苗　菊（南开大学）　　　　　　　　　屠国元（中南大学）

王东风（中山大学）　　　　　　　　　王立弟（北京外国语大学）

王明树（四川外国语大学）　　　　　　谢天振（上海外国语大学）

徐　珺（对外经济贸易大学）　　　　　杨　平（《中国翻译》）

杨全红（四川外国语大学）　　　　　　杨士焯（厦门大学）

杨晓荣（《外语研究》）　　　　　　　俞利军（对外经济贸易大学）

张　健（上海外国语大学）　　　　　　张　鹏（四川外国语大学）

赵学文（吉林大学）　　　　　　　　　祝朝伟（四川外国语大学）

网络流行语

（代前言）

　　随着社会的发展，语言也在不断发展，除了新词语大量出现，语法也有所突破。例如表示程度的副词"很"，本来只用于修饰形容词和副词。20世纪50年代曾经出现过"很官僚"的说法，引起了很大的争论。1990年春晚一个节目中出现"本人的脸长得很中国"，观众就认可接受了。后来类似用法大量出现，"很东方""很绅士""很古代""很民国""很阳光""很青春""很男人的男人"，甚至"很张继科"，还有来自国际事务中的"做人太安倍"（含义是对别人的提问置若罔闻，强词夺理，或含糊其辞）、"做事很菲律宾"（含义是不按常理出牌），一发而不可收，不再有人表示非议了。近来竟而出现了"这很××"的说法。2016年里约奥运会上就出现了"可以，这很林丹""可以，这很女排"。2016年12月《北京晚报》一篇文章的标题是《〈长城〉很张艺谋也很不张艺谋》，虽然有点绕口，但是大家会理解其意思。还有一个类似的词"非常"。三十年前香港凤凰电视台节目"非常男女"这一名称也引起过人们议论。可是现在主流纸质媒体上也出现了"非常中国""非常喜剧"等说法，本书也收有一篇题为《非常不女生的女生》的短文。

　　网络语言的发展更为迅速，远超出人们的想象。《热词新语翻译谭（六）》也和此系列的前五本一样，收列了许多网络新词语。所收列的网络新词语，以反映正面事物的积极的词语为主，但也收列一些可能为一些人不以为然的所谓负面词语。关于这方面，笔者在这里大力向读者们推荐何殊我发表在2016年5月6日《北京晚报》的文章《网络流行语，造化弄蜉蝣》。

　　该文借用竹林七贤之一阮籍的《咏怀诗之七十一》，比喻网络流行语：

蜉蝣玩三朝，采采修羽翼。

衣裳为谁施？俛仰自收拭。

生命几何时？慷慨各努力！

作者在文章中说："网络流行文化的生命周期完全可以被蜉蝣君写进回忆录：'其兴也勃焉，其亡也忽焉。'比如前些日子刷屏的'友谊的小船说翻就翻'，仅仅几天时间就让大海里漂满了企鹅，再一瞬间，就被雨打风吹去了，而红极一时的 papi 酱，就被广电总局整改，在广告拍卖的前夜，热度陡然上升。

"互联网深入生活之后，在传播领域对人类进行了水滴石穿的改造，从最开始的瞧稀罕抗拒的陌生化，到现在你中有我我中有你的大众狂欢，从文字、图片，到短视频、网络红人等——为了方便，我们将其统一为网络流行语，证明互联网成功地改造了人类网络生活的细枝末节，并且开始反响改造整个社会。即使生为蜉蝣也得感叹'造化弄蜉蝣'，欲罢不能吧。"

文章指出："规模庞大的网民群体，是制造网络流行语的生理和心理基础。根据有关统计，截至 2016 年 6 月，中国网民规模达 7.10 亿，互联网普及率为 50.3%；手机网民规模达 6.56 亿……数量急剧增长的广大网民需要新的话语体系来支撑互联网空间，使网络语言成为一种亚文化，而各种商业力量有意识地借用网络词语促使其流行开来。"

网络流行语，特别是早期的流行语兴起之后，也面临着各种各样的评价，"一度'贬'的声音最大，好像当年《戏说乾隆》火爆大江南北，一帮学人纷纷化笔为刀，大力声讨，当后来有了《还珠格格》有了《武林外传》有了《武媚娘传奇》，当年争议的喧嚣如今连个回音都听不见了。"

"互联网对于社会的改造是整体协同的。"网络在基础工业、交通出行、商业营销、文学和影视娱乐等领域之内都迸发了无穷威力，在深刻改变着我们的生活。"大至庙堂之宏大，小到江湖之细微，乃至老百姓的灶台炕头统统都被网络语言渗透改造。"

网络流行语"经历了上世纪末轻舞飞扬'第一次亲密接触'的撩拨、'贾君鹏，你妈喊你回家吃饭'的棒喝以及流行体大本营重要基地李毅吧、微博的癫狂等多次里程碑事件之后，有了各式各样的词句、表情图片，网络红人才如鱼得水……互联网没有终结语言，相反产生了更为丰富的语言变体"。

该文作者认为，虽然很难下结论说网络流行语让我们的文化变得更好，起码没有变坏。相反，网络流行语极大地丰富了当代的语言。许多网络流行语逐渐融入人们的日常生活之中，即便"被政策性力量封杀的一些词汇，也可以找到它们融入日常表达的草蛇灰线"。许多词语经过沉淀后，进入所谓的正规语言，受到各方认可，登堂入室进入书面表达，也是翘首可期的。"比如，以往春晚语言类节目是制造流行的重镇，现在它已经成了网络流行语的试验田，不少的梗都靠网络智慧支撑着"。

讲究正统语言的《语言文字报》2017年1月25日头版题为《酉鸡有吉 罄无不宜》的贺岁文章最后一段也用了许多上一年的网络新词语：

> 新的一年，我们与您一同定个"小目标"——真语文路上，不做"吃瓜群众"，拒绝"辣眼睛"的"套路"，使出"洪荒之力"，不忘初心，踏实向前，一步一个脚印，将"求真的小船"打造成"真实的巨轮"！

关心和研究网络词语的不光是成年人。《北京晚报》2017年1月12日第37版《网言网语的是是非非》刊发了四位中学生的作文。孙海涵的文章标题是《网言网语是一把"双刃剑"》，李秉宣的文章的题目是《对于网络热词我们不能盲目跟风》。两篇文章都运用了一分为二的观点客观地看待网络语言。林宇珂的文章题目为《"网语"是对文化的一种"再改造"》。文章说，"网络语言不仅仅是一种文化的反映，更折射出时代和社会的变迁，这也是它的意义所在。"曹乐宇的文章标题是《网言网语可视为一种网络"方言"》，颇有新意。文章还归纳分析了四类网言网语。这些文章让人眼前一亮，笔者感到欣慰。

2016年7月20日《中国青年报》发表文章，问网络语言为啥就不能进词典。该文章说，网络语言并非都是肤浅的，经时间淘洗，网络语言的精华会留下来。互联网文化也给汉语带来类似的变更，不少网络词语颇有意蕴，反映了年轻人的精神状况。面对新事物的冲击，理应持以开放、包容的（embracing）心态，故步自封反而有损汉语的博大和兼容。

《中国青年报》社会调查中心近日的调查显示，89.6%的受访者会频繁接触网络用语，66.9%的受访者平时会使用，57.5%的受访者认为网络语言是互联网时代的必然产物，62.1%的受访者建议将有意义和创意的词汇收进词典。虽然人们对网络语言的"容忍度"在不断提高，但依然有很多人以"捍卫汉语"立场批评网络语言"入侵"。将新词写入词典，就意味着将其经典化，进入了规范词的序列。其实，我们没必要对"生猛"新词大惊小怪，网络语言进入词典是语言发展的趋势，不仅不会损害汉语本身，还会助其与时俱进。人们早已熟悉"古老"

并至今仍在使用的网络用语。"斑竹""灌水""楼主""菜鸟"这些网络流行词最早出现在 20 世纪 90 年代，那时很多人还没"触网"。进入新世纪后，中国网民人数激增，其中多数是年轻人。追求时髦、好奇、有创造力是年轻人的天性，在青年网民的推动下，网络语言"走红"是必然的。如今，很多过去不上网的中老年人也玩起了微信，也接纳了网络生态下孵化的新语言。网络语言并非都是肤浅的，经时间淘洗，网络语言的精华会留下来。不少网络词语颇有意蕴，反映了年轻人的精神状况。比如，"囧"字在 2009 年前后特别流行，本意为"光明"，但在网上成了表达"郁闷、无奈"的意思。年轻人要释放压力，但又不想散布戾气，便可采用这个形状可爱且内涵丰富的字。网络新词也是网民集体智慧的结晶，造词方法和经典词语一样，或来自典故，或通过简缩、变形。比如，"打酱油""躲猫猫""战五渣""快到碗里来"等词背后都有一个故事。同样是表示无奈，"呵呵""然并卵""十动然拒""城会玩"等词来自变形或缩写。要知道，每一个新出炉的热词，可以说都是一个知识点，其背后更是一种潮流现象。你认可也罢，不认可也罢，其存在是现实。一些词不仅在网上被使用，还进入了年轻人的日常生活。即使是人们耳熟能详的词语，也曾经是遭到质疑的新词、怪词。比如，"社会""政治""阶级""经济"这些词都来自外语，是日本用汉字翻译西语的成果。互联网文化也给汉语带来类似的变更，面对新事物的冲击，理应持以开放、包容的心态，故步自封反而有损汉语的博大和兼容。

在"汉语盘点 2016"仪式上，著名作家、文化部原部长王蒙就网络新词语发表看法，他认为很多网络词语都很有意思，比如 2016 年流行的"洪荒之力"以及前些年的"你妈喊你回家吃饭"。他说："我看着'你妈喊你回家吃饭'觉得非常美好，使我回想起我的童年时代，回想起我抚育我的儿孙的各种最美好的事情。"不过，王蒙同时表示有一些网络词汇让他觉得反感甚至"痛恨"，还举例"炮轰"："有些词让我特别的反感，比如'小鲜肉'，哪怕你直接谈对性的欲望都比谈'小鲜肉'好听，可是我没有权利，也不能制止这些词。""'颜值'是仅次于'小鲜肉'的我最痛恨的字之一，什么'影帝''影后'我也很讨厌这样的词。"王蒙表示，大陆现在吸收了很多港台的词汇都很不错，"你管计算机叫电脑，我没有任何意见，管出租车叫计程车，我觉得非常好，可是有些词我烦得不得了。"这也是一种看法。不过，谁也不能禁止别人使用某个人或某些人不喜欢的词语，用不用，如何用主要是看语境。

英国当代著名语言学家、《剑桥语言百科全书》的编者大卫·克里斯托（David Crystal）在《语言与因特网》一书中指出：互联网没有终结语言，正好相反，它拓宽了语言的范围，产生了更为丰富的语言变体，使人类语言的创造力在互联网中焕发了新的生机。多元化、时尚化的网络流行语直接击中了网民的痛点，极大满足了网民的精神表达刚需，让老百姓的生活丰富多彩了起来。

权威的《牛津英语词典》每年都会增加一批新词，其中包括很多俚语，而俚语中有很多是新出现的网络用语。编者们采取了包容的态度，比如最新版的《牛津英语词典》中收录有 bracketology（预测体育比赛获胜者的学问）、cheeseball（"起司球"，本是一种油炸食品，现用于指某人或某事缺乏品位、风格和创意）、clicktivism（"点击主义"）、fuhgeddaboudit（"想都别想"）、gender-fluid（"流性人"，指不认同单一固定性别的人）、humanbean（豆形人）、squee（女孩的尖叫）、uptalk（"翘话"，指每个句子结尾都采用声调的说话方式）、Westminster bubble（"西敏寺泡泡"，指由政客、记者、说客和政府官员构成的、脱离普通民众的封闭圈子）、yogalates（"瑜伽拉提"，融合瑜伽和普拉提精神的运动形式）等。有意思的是，也有类似于中文"然并卵"之类的缩略词，如由 you only live once（你只活一次）缩略成的 YOLO，以及来自美国纽约州和新泽西州的口语 fuhgeddaboudit（发音近似于 forget about it，意思是"不可能"或"没那回事"）。当然，收录哪些词语，不收录哪些词语是研究其使用情况后确定的。有些词似乎听起来很怪，但受到人们欢迎的尽量收入。笔者认为，权威性的《牛津词典》对网络新词这种开放和包容的态度值得我们借鉴。

我们来看看中文里一些网络用语的情况。何殊我在文章中写道："'有钱任性'这样的趣味性表达听起来要比'老子有的是钱'的措辞柔和得多，'菜鸟''耽美'等这类词也在扩大汉语固有的意境。

"网络流行语的出现及其影响的扩大在丰富社会表达方式的同时，也让使用网络流行语成为一种时尚潮流。恰到好处地使用网络流行语能使沟通更加幽默、时尚，也能更合理地表达自己的思想和内心感受。网络流行语的广泛传播适应了这个时代的要求。

"新生事物并非全然优美。一个网络流行语的好坏与否，除了字面意思，还应结合具体语境，'主要看气质'。一方面要客观看待网络流行语，另一方面也要不能失却传统的语言之美，毕竟'语言世界这么大，都要去看看。'"

该文作者同时指出，如何将网络流行语与网络谣言区别开来，如何避免商业营销的操纵和网络恶意势力的绑架，是一大隐忧，也是困扰整个互联网的问题。"政府监管、网民努力之外，需要网络环境自我净化，时时需要'脑洞大开的自我提升'，网络流行语是不能'安静地做个美男子'的。

"据美国麦肯锡全球研究院预计，今后十年，互联网将为中国经济贡献接近30万亿元的经济产值，互联网对中国的意义如此重大，那么，网络流行语的未来会如何呢？你懂的。"

我们举个例子来看看网络流行语的发展。许多网络词语的衍生能力很强，比如先有"壁咚"，后来出现了"门咚""床咚""椅咚"甚至"腿咚"，不过意思倒也好懂。

又如，由"颜值"衍生出的"言值"很有创意，最近又出现了"慧值"，这里的"慧"是"秀外慧中"的慧，指一个人的聪明才智。也许还会出现以"慧"为词素的新词语。"颜值"还从另一个方面衍生出"颜值投诉"等，不大上网的人一下子不一定弄得清楚这类新词语的确切意思。

再如，"二"本来是一个普通的数目词（可用作基数词和序数词），但构成了许多带贬义的词，如"二把刀""二流子"，在北方话中，还具有傻的意思，如"二傻子""二愣子""二杆子"等，网络上新生的骂人话有"二货"等，而且"二"还可用作动词或形容词，如"你真二""你还二什么呀？"等。有一个脱口秀节目中说，"如果在一群人中你没有发现'二货'的话，那么你就是那个'二货'。"

网络上的新词语流行快，变化也快。例如表示"非常""极度"的词，以前曾有"绝""透"等，后来出现了"呆"（帅呆了）、"翻"（萌翻了）、"毙"（弱毙了）、"爆"（爽爆了），最近又出来了个"炸天"（美炸天），虽然新鲜，但却总让人觉得有点怪怪的。但是，笔者认为想要用行政命令加以限制或禁止是不合宜的，不妨采取宽容的态度。2016年11月16日央视综艺节目《满堂彩》中就出现了新近流行的"蓝瘦香菇"一词，带来一股新鲜活泼的意思，很受观众欢迎。节目从编剧、导演到演员都采取了包容的态度，也没有被哪位领导在节目审查时枪毙，值得点一个大赞。

不过，有一些网络新词语不见得有意思，更不值得推广。如有些故意歪曲的谐音词，例如把"我"说成"偶"，把"老师"写成"老湿"，把"同学"说成"童鞋"，把"朋友"说成"盆友"。下面是更多的例子，有许多是用拼音法输入时误选造成的，被有的网友认为是一种创新的歪打正着。看看你知道多少：

"矮油"（哎呦）、"白托"（拜托）、"杯具"（悲剧）、"奔四"（笨死）、"布吉岛"（不知道）、"葱白"（崇拜）、"蛋定"（淡定）、"肥猪流"（非主流）、"干色摸"（干什么）、"菇凉"（姑娘）、"挂蝌"（挂科）、"滚粗"（滚出）、"果酱"（过奖）、"好康"（好看，闽南方言）、"河蟹"（和谐）、"灰机"（飞机）、"灰强"（非常）、"鸡冻"（激动）、"记几"（自己）、"介个"（这个）、"介么"（这么）、"开森"（开心）、"可耐"

（可爱）、"可年"（可怜）、"恐怖粪纸"（恐怖分子）、"辣么大"（那么大）、"蓝苹果"（烂屁股）、"蓝瘦"（难受，与"瘦"无关）、"狼"（郎）、"劳资"（老子）、"李菊福"（理据服，即"有理有据能使人信服"的意思）、"栗子"（例子）、"驴友"（旅友）、"吕孩纸"（女孩子）、"煤气厂"（没气场）、"妹纸"（妹子）、"镁铝"（美女）、"姆们"（我们）、"内牛满面"（泪流满面）、"呕像"（偶像）、"旁友"（朋友）、"胖纸"（胖子）、"盆友"（朋友）、"青筋"（请进）、"人参公鸡"（人身攻击）、"桑心"（伤心）、"骚年"（少年）、"色友"（摄友，指摄像爱好者）、"绳命"（生命）、"帅锅"（帅哥）、"特困生"（特别爱犯困的学生）、"筒子"（同志）、"围脖"（微博）、"稀饭"（喜欢）、"先森"（先生）、"香菇"（想哭）、"小便"（小编）、"笑屎人"（笑死人）、"虾米"（"啥"，闽南语方言）、"一毛一样"（一模一样）、"油菜的"（有才的）、"我方了"（我慌了）、"涨姿势"（长知识）、"震精"（震惊）、"肿么办"（怎么办）、"捉鸡"（着急）、"做森莫"（做什么）。

除此之外，还有把"有没有"说成"有木有"（源自于某种方言发音）；把"这样子"说成"酱紫"，把"那样子"说成"酿紫"。把"人"说成"淫"（我国有很多地方的方言把 ren 的音发成 yin），尤其是衍生出的"大淫""小淫""男淫""女淫"给人下流的感觉。把"感觉"说成"赶脚"（可能源于四川方言）；把"好厉害"说成"猴赛雷"（粤语谐音），把"废柴"（意为废物，无用的人）说成"废材"（粤语谐音）；把"最好吃"说成"罪好吃"，把"外国人"说成"歪果仁"，把"女／男朋友"说成"女／男票"（台湾地区发音中"朋友"听起来像"票"）。把"迟早完蛋"说成"吃枣药丸"，猜想起来有一定难度，把天津方言的"为嘛"说成"为毛"让人感到有点莫名其妙，把"可爱"说成"口耐"应该是湖北方言的口音，把"可怜"说成"口年"更是表现了分不清 l 和 n 的特点。最新的"侬想组撒"是上海方言，其实正确的写法应该是"侬想做啥"。本来很好理解的话这么一变让人琢磨半天也不知道是什么意思。这种谐音除了妨碍交流，毫无新意。但是网络新词语中谐音词的队伍还在扩大。有一些谐音词是按拼音法输入时误选的同音错字，被网友误以为是故意创造的，于是以讹传讹流传甚至泛滥开来。追求新鲜的网民们造的这些谐音词语，除了在某些特定的语境可以表示一些带有矫情等感情色彩的语气外，其实谈不上有什么创造性。不过，有的谐音词较容易被大家接受而很快流行开来，例如由"幸福"发展出来的"性福"如今成了一个常用词，其意思自明；"小秘"成为"小蜜"并不是借用谐音，而是反映一种社会丑像；新出现的"小腰精"显然是由"小妖精"延伸出来的，但也不是谐音，它反映出自古以来女性追求"三围"中的"腰围"，即所谓的"小蛮腰";把"悲/喜剧"写成"杯/洗具",因有幽默感而被人广泛使用;"涨姿势"一词不但本身早就上了纸质媒体,"涨"字还发展成了词素,如"涨球"表示"球技(尤指乒乓球技艺)有所提高"。已有人用此词暗指"隆胸",笔者估计还有很多别的东西也会被"涨"。再如把一些反面的"偶像"称作"呕像",把一些做了见不得人的事的"教授"称作"教/叫兽"表现出强烈的讽刺意味,很有点创意;而用"亚历山大"这样一个常见的外国人名表示承受的"压力"非常大,能表现出一种幽默,不过现在又有人将其改为"鸭梨山大",笔者觉得反而没有意思;"餐见"和"参见"谐音,意指"通过就餐的机会拜见某人";和"豺狼"谐音的"财郎"并不是指"有钱人",而是指那些"见了钱就会像狼一样扑过去的贪心汉",初次见到可能一下子不明白其意思,但领悟(comprehend)之后会觉得幽默而形象。把"神经病"说成"蛇精病",不仅是用了略有变化的谐音,还据说其出自一则关于传说中白娘子故事的网络视频:许仙万万没想到,小青竟然在寒风凛冽的院子里用冷水冲自己,他连忙上前夺下了水桶,生气地问小青:"你为什么要这样作践自己?"小青擦了擦哭红的双眼,说:"昨晚我听见姐姐在床上和你说,蛇精病才会喜欢你。"不过还有网民把"神经病"说成"深井冰",笔者就不知道其中有什么典故了。

许多新词的发明人思路广阔,真的让人脑洞大开,这些新词自然会受到人们欢迎。例如根据汉字字形造出的"人从众",大概是别的语言无法表达的,指从众心理,其意思是"盲目附和众人的意见"。现在也用于指节假日旅游景点大批游客集中的地方或现象。还有一个不常见的新词"一塔湖图",显然是据"一塌糊涂"的谐音杜撰的,其意思知道的人恐怕不会多,原来是"一座宝塔、一泓湖水、一座图书馆构成的图"的缩略词,指北京大学的博雅塔、未名湖和北京大学图书馆三个著名景点,这比"活久见""活久会"难理解,比"喜大普奔""不明觉历"之类的词还要高深莫测,估计知音不会太多。

由于电脑游戏受到年轻人的欢迎,一些出自电脑游戏的词语很快成为网络世界高频率词语。比如"骨灰级"就是出于各种游戏的,意思是"绝顶高手",尤指伴随一款游戏从其开始发行到全盛,再到出现逐渐被其他游戏取代的趋势,经历数代的改变依然是该游戏忠实玩家的级别,近于"铁杆球迷"。一般自称"骨灰级"玩家,都会非常自豪,并且用其在各大聊天室中称呼自己,表示自己很有水平,很老。后来则用以泛指在某些领域的水平、造诣很高,尤其是音响、电脑(硬件)、摄影等方面。"骨灰级玩家""骨灰级歌迷""骨灰级网虫""骨灰级吃货""骨灰级球员"等短语在网络中屡见不鲜。上海长乐路690号就被誉为"上海滑板骨灰级玩家的聚集地"。"骨灰级"下面分别有"老鸟级""中鸟级""菜鸟级"三个级别。"菜鸟级"是最低的。笔者在计算机方面就是一个"菜鸟"。用电脑写东西时常会不小心碰到一个什么键，正在写的东西突然消失，只好求孙子来帮忙解决。

"外星人"来自科幻片，并不是网络新词。后来网民根据狗和猫的叫声创造了"汪星人"和"喵星人"，再后来"星人"成了一个词素，在某一方面有特点的人都被称为"星人"，不过多含调侃义，如"睡懒觉星人"。

说实话，网上一些从外文音译的词语倒是挺有创造性，例如"分特"（faint）、"杀马特"（smart）、"麻豆"（model）、"蕾丝边"（lesbian）、"面骚"（man show）、"碧池"（bitch）、"魅客"（maker）。音译自英语 Oh yeah 的语气感叹词"哦也"听上去尚不失自然，而由 shit 音译的"谢特"作为一种婉辞倒也可以。笔者怎么也没有想到，"麻吉"来自英文的 match，意思是"穿的衣服很搭配"；"凹凸"是 out 的音译，意为"过时了"；"丹瑟"是 dancer 的音译，这些也都是我没有想到的。"甫士"居然是 pose 的音译，不知道这位译者是什么地方人，竟然把 /p/ 的音发成了 /f/，而且只用作名词，动词的 pose 要说"摆甫士"；"茶包"居然是 trouble 的音译，指"给别人带来麻烦或添乱的人"；"趴体 / 趴踢"一词比较新，是 party 的音译，意思是"聚会"，还延伸出一些词，如"大趴（体）"（big party）、"轰趴（体）"（home party，不过，现在多用于指家庭聚餐后杯盘狼藉的状况）、"毒趴（体）"（drug party，指"吸毒聚会"）、"混趴"（指参加酒吧的夜场），还有专门提供聚会场所的"毒趴馆"；由"丁克家庭"（dink，指只有夫妇俩而没有孩子的家庭）衍生出"丁宠克家庭"，指夫妇俩加上宠物组成的家庭，让人觉得新鲜有趣，意思也不难猜；而进一步衍生的"悔丁族"是指后悔年轻时只想当"丁克家庭"，年岁大了没有孩子感到很寂寞因而后悔，可是后悔也于事无补了。表示"买"的"败"字源自英文 buy 的谐音，令人想到"败家"，有"挥霍"的含义，倒也很有创意。"蕾丝边"（女同性恋）来自英语 lesbian，然而进一步简化而成的"拉拉"就有点让人难猜。"美刀"不是什么新词，"刀"字是 dollar 的简化音译，挺有意思。这些词语具有较强的生命力是很自然的。但是，有些来自英语音译的词令人费解，如把 We are family 说成"We are 伐木累"，来自英语 exciting 的"亦可 / 一颗赛艇"，以及"胖次"（pants，意为"短裤"）、"闹太套"（not at all，源自对黄晓明唱歌时吐字不清的嘲弄）、"药药切克闹"（Yoyo, check it out）之类，除了朋友之间开玩笑最好不要用，更不能认为这是"创造性的造词"。周星驰在电影里说了一句中文夹英文的"I 服了 U"，被一些人称为"经典台词"。不过笔者认为，这种不三不四的话实在不宜模仿。而将流行语"厉害了我的哥"写成"厉害了 word 哥"这种小噱头也没有多大意思，可是就有人喜欢并到处活用，如新的感叹语"Word 天"。

2016 年 9 月 7 日《参考消息·双语汇》发表了赵菲菲的一篇文章。网民创造了 interesting 一词的音译"因缺斯厅"，该文认为这很有意思，理由是除了"有趣的"之外，interesting 常可表达许多意思。例如英国人评论某事物时说 very interesting，实际上表达的意思可能是 nonsense（胡扯）。又如爸爸问孩子：Do you like the cake your grandma made? 孩子回答说：It is interesting. 实际上孩子并不喜欢，这里的 interesting 只是一种婉辞。所以赵菲菲建议在这些场合的 interesting 不妨音译为"因缺斯厅"。不过还没有见到有人响应，至少作为英语教师的我，是不赞成这种用法的。

还有从英语短语音译的"闹太套"（not at all）、"切克闹"（check it out）、"爱老虎油"（I love you）、"古奶"（good night），以及缩写了的"艾玛"（Oh my God，"唉呀妈呀"的缩写），因为拗口不符合中文的习惯，恐怕不会有什么前途。网络语言中有一些中文夹英文的词汇。如源自台湾综艺节目《大学生了没》中的"hold 住"，不仅在网络中盛行，不少媒体也被传染上了。新近出现的"你 get 了吗？"不知道会不会也流行开来。

黄子韬在一次演唱会上表演的英文 Rap 中出现的 go die 的谐音"狗带"倒是有一定的流行度，不知会维持多久。

"二硫化钾"本是一种化学物质，因为其分子式是 KISS，被一些人用来表示"接吻"，也很有点创意。在一定的上下文里知道英文 kiss 这个词的人应该不难猜得出来。

还有"艾特"（at，类似于"发消息"的意思，源于微信群聊中提示特定人的功能）这个新词，笔者认为不值得推广，还不如用符号 @ 呢。至于用 3Q 表示"谢谢"，即英语的 thank you，也还有点幽默味。

网络语言中有不少来自日文的词，如"布鲁马"（一种女短裤）、"残念"（意为"可惜，遗憾"）、"库索"（意为"恶搞"）、"人妻"（意为"人家的妻子"）、"素敌"（意为"好棒，完美"）、"乙女"（意为"清纯的少女"）、"正太"（指年幼而体质瘦弱的男生）。这些词大多出自日本动漫，由于颇有新意，从某种意义上说丰富了汉语词汇，不少已成常用词，并为纸质媒体采用。可是还有一些完全音译自日语的词，如"哟西"（意为"好，不错"）、那尼（亦作"纳尼"，意为"什么"）、"搜嘎"（意为"是嘛，是这样啊"）、"八嘎"（意为"傻瓜，笨蛋"）、"卡哇伊"（意为

"可爱"）、"亚美爹"（意为"不要，住手"）、"干巴爹"（意为"加油"）、欧派／欧白（意为"胸部"）等，犹如"米西米西"，是上不了台面的。来自韩语的"哦多克"（意为"怎么办"）、"欧巴"（意为"哥哥"，女生对喜欢的人的爱称也常用这个称呼）也属于同类情况。

"傲娇"一词也来自日语，似乎是由汉语的"骄傲"和"娇气"各取一个字构成的，但是和汉语中的"骄娇二气"很不一样，不仅不限于形容"恋爱中的女性"，甚至不限于人而可用于多种事物，而且多用作褒义，表示"娇羞、可爱但又强装骄傲"的意思。

2016 年 5 月 31 日，教育部、国家语委发布了《中国语言生活状况报告》。"重要的事情说三遍""世界那么大，我想去看看""你们城里人真会玩""为国护盘""明明可以靠脸吃饭却偏偏靠才华""我想静静""吓死宝宝了""内心几乎是崩溃的""我妈是我妈"和"主要看气质"入选 2015 年十大网络流行语。

该报告指出，这些词语不只是网民对语言的再创造，其背后隐藏的社会意义远远超出词语表面。从来源上看，大多数都能找到其"出处"。比如"世界那么大，我想去看看"源于一份被放到网上的辞职信；"你们城里人真会玩"被简称为"城会玩"，源于某电影节一位中国明星"披着东北大棉被"的装扮被网民的调侃，而报告同时指出，其使用度在 7 月之后呈下降趋势，流行后劲略显不足。不过，也有找不到出处的，比如"重要的事情说三遍"的出处就有多种说法，甚至有网友扒出德国哲学家尼采的作品。不过，这些热门网络用语不只是表面"好玩儿"。报告称，通过对网络用语的细致分析，可以准确地反映出普通人的生活关注。比如"壁咚""小公举""叶良辰""毯星""上交给国家"等，多与热门的（be a big draw）电影或电视剧相关，多是用来戏谑社会上的一些特殊人群；而"为国护盘"则与时事密切相关。

该报告还指出，与 2014 年的十大网络流行语相比，2015 年度的网络流行语绝大部分特色鲜明、意义积极，容易被网民接受，但也有少数网络用语较为粗俗。

报告关注了去年的多个"热词"事件，包括"全面二孩"以及"南大"等校名简称之争，也关注了网络低俗词语的使用情况及其原因，建议要加大对规范用语的宣传力度。

该报告还指出另一个现象：2015 年各行各业共有 112 个"热词榜"榜单，平均每三天就有一个"热词榜"。近年来"热词榜"数量越来越多，不仅有权威机构发布的正式的排行榜，还有很多自媒体及个人的非正式排行榜，显示了全民上阵、专家与网民互动、人工与计算机配合等特点。在各行各业都越来越重视排行榜的情况下，报告提醒大家警惕以"热词"为噱头，实际为消费者设置营销陷阱的评选活动，比如"2015 餐饮热词""2015 医药行业十大热词"等。由于现在社会及民众都比较关注热词榜排名，排名成了一种资源，也引起了一些企业和单位的关注。因此，可能会出现利用"热词榜"进行营销的行为，通过网络传播，让公众误以为数据很客观及可靠，但其实是营销广告，许多不符合规范，应该尽早引起有关部门的重视。"热词榜"的数据如何取得、如何利用，都应该得到规范。

当然，网络新词语不都是正面或褒义的。2016 年 10 月 24 日，《光明日报》刊登署名陈先义的文章，讨论了几乎形成一种文化现象的"小鲜肉"一词。著名电影导演冯小刚就在一次会上说过，"'小鲜肉'不是什么好话，不经琢磨，又带点调戏，是对年轻男性的戏谑"。然而有些被称为"小鲜肉"的演员却有点沾沾自喜，无形中把"高颜值"当作了艺术市场上的时尚，结果造成了一批"有颜值无价值、有市场无思想、有意思无意义、养眼不养心"的作品。笔者认为，一些网民将"小鲜肉"用作赞扬之词，体现了一种不健康的审美观，要加以引导，但不等于"小鲜肉"这个词本身不能使用，甚至不能存在。

与《中国语言生活状况报告（2016）》同时发布的还有我国第一部地方和城市版语言报告《北京市语言生活状况报告》。北京近年来进一步加大了传统语言文化的保护力度，2016 年年底开通了全国首个语言文化数字博物馆，通过文字、语音、3D 画面等形式介绍北京的传统语言文化，包括商业叫卖、曲艺和古诗文吟诵等。北京市语言文字工作委员会办公室主任贺宏志透露，北京将在"十三五"期间探索通过校本课程、校园文化活动等方式，加大对传统老北京方言的保护力度。

北京市的报告说，"廉"字和"互联网 +"分别当选 2015 年年度国内字、国内词。选为北京市 2015 年十大新词语的有"互联网 +""众创空间""获得感""非首都功能""网约车""红通""小短假""阅兵蓝""人民币入篮""一照一码"。"抗战胜利 70 周年""互联网 +""难民""亚投行""习马会""巴黎恐怖袭击事件""屠呦呦""四个全面""大众创业　万众创新""互联互通　共享共治"成为本年度十大流行语。北京市语言文字工作委员会办公室主任贺宏志介绍，北京版的报告分为特稿、专题、资源、资料等四个篇章，全面介绍了北京语言文字工作的发展历程，以及北京市语言文化资源调查报告、北京核心城区地名文化资源等内容。报告还纳入了北京小学生家庭语言规划状况、北京中学生对北京话认知和使用情况、北京留学生语言生活环境调查、北京公共场所双语标识语使用情况等内容。

值得注意的是，作为北京历史最悠久的都市报，《北京晚报》的语言文字使用情况也纳入了该报告。报告的统计分析由北京师范大学文学院的专家团队参与完成。报告中收入了《北京晚报》（北京论语版）用字、用词的计量统计与分析，还附录了《北京晚报》（北京论语版）的用字总表和高频词表。有专家表示，在体现、传承和保护北京语言文化方面，《北京晚报》作为市民报纸发挥了重要作用。报告于 2016 年 9 月正式出版发行。

许多在华的外国留学生对网络新词语非常感兴趣，并试着在同中国人交际时使用。北京语言大学等有老师专门开设了这方面的课。很多境外媒体也有人对中国网络词语进行专门研究，然后译成英语等外语，因为一些词语往往会有多个含义，有许多词语干脆音译，包括 dama, hukou, tuhao 等。不过有时会产生误解，比如"绿茶婊"的英译 green tea bitch，一些老外觉得很酷，因为 bitch 在英语里是一个常用的、带有一定感情色彩的词，比汉语的"婊"字似乎要无辜得多。

其实，许多国家的语言也有类似的情况。2016 年 11 月 21 日《环球时报》刊登的文章《流行语中的世界，你看得懂吗？》就介绍了美国、韩国、日本、德国、法国等这方面的情况。该文说这些国家"用黑色幽默调侃政治事件，靠搞怪语言热捧流行文化"，对包括网络用语的流行词语持开放包容的态度。比如被许多人认为难登大雅之堂的俚语，融入人们的生活后，会很快被媒体采用，上位（get onto a superior position）成了规范的习语。如今，许多网络词语也一样。如2016 年美国总统大选期间，候选人希拉里•克林顿（Hillary Clinton）和唐纳德•特朗普（Donald Trump）互相揭老底乃至人身攻击，让人觉得尴尬，媒体报道用了 cringe-worthy 一词。有意思的是，后缀 -worthy 本来都用于构成褒义词，但由于这一用法有新意，许多人认为远比 embarrassing、awkward 等词生动而含有讽刺意义，一下子流行开来。这次美国大选不但产生了 Trumpist（特朗普主义的）、Trumpish（像特朗普的）等许多新词，其中一个由 Trump 和表示"势头"的momentum 拼合而成的新词 Trummentum，不难猜出其意思是"特朗普势头"。不满特朗普政策的美国网民的口号 Dump Trump！（倒掉特朗普）成了不少人的口头禅（pet phrase）。而特朗普在早先电视节目秀中常说的口头禅"You're fired！"（你被炒鱿鱼了）也火了起来。这句话不仅被年轻人用来相互调侃，还被注册成商标。由于特朗普说话不着边际、真假难辨，post-truth（后真相）一词突然火了起来，据《参考消息》报道，牛津词典编辑部说，这个词在 2016 年的使用频率是 2015

年的二十倍。这也从一个侧面证明词汇反映现实的现象。

听说一个名为"语言资源高精尖创新中心"的实体研究机构于 2016 年 5 月 25 日在北京正式成立，该中心将以语言资源库、语言文化博物馆和语言通智能服务三大工程为基础。笔者希望该中心能将汉语新词语，包括网络词语作为重要的研究内容之一，并获得丰硕成果。

目　录

1. 中国方案

2016 年 7 月 1 日，中国共产党成立 95 周年。在习近平总书记的讲话中，有这样一句让人印象深刻的话："中国共产党人和中国人民完全有信心为人类对更好社会制度的探索提供中国方案。""中国方案"，这是一个好词。过去，大家说得较多的是"中国模式""中国道路"，提出"中国方案"有什么意义呢？

"中国方案"的提出有其背景。习近平在讲话中说："历史没有终结，也不可能被终结。中国特色社会主义是不是好，要看事实，要看中国人民的判断，而不是看那些戴着有色眼镜的人的主观臆断（subjective assumption）。中国共产党人和中国人民完全有信心为人类对更好社会制度的探索提供中国方案。"

首先，"中国方案"是对于"历史终结论"（theory of the end of history）的回应。"历史终结论"出自日裔美国学者福山（Francis Fukuyama），提出于 20 世纪 80 年代末，其核心论点是认为人类社会发展的意识形态之争，以西方自由民主"成为普世性的（universal）人类政府的最终形式"而告终。但是，从事实看，无论是美国直接介入的伊拉克、阿富汗，还是"革命"后的利比亚，抑或是现在各方博弈的乌克兰、叙利亚，其民主体制都脆弱不堪（extremely fragile），国家陷入战乱，遑论（let alone; not to mention）发展。南美和非洲一些国家，在复制了西方的民主机制后，不是陷入"中等收入陷阱"（middle-income trap），就是在宗教、部族、地域的纷争中不可自拔。连福山本人也在后来的书中改变了自己的观点。

其实原因很简单，每个国家都有自己的特殊之处，直接把别人的鞋拿来穿在自己脚上，非常有可能产生不适感。所以，转向后的福山也把目光投向了另外一个概念：政治效能（political efficiency），即考量一个国家的政治实践要着重看其治理效果和效率，而不是以抽象价值去考察。就"政治效能"而言，大家一致认为中国政府效率很高，经济突飞猛进，改革开放二十年就做到了一些国家用了几百年才做到的事。中国政府能动员全国力量做成许多西方民主国家很难做到的事，这一点很难以抽象的西方价值得到解释。事实上，以"历史终结论"为代表的普世论的判断及其背后的思维方式，都是"西方中心论"（theory of west-centrism; west-centered theory）的产物。犹如有一则广告所说的"一处水源供全球"，以"西方中心论"的"一种模式供全球"是行不通的。

在这个历史时刻提出"中国方案"的概念是发展和形势的需要。西方的方案似乎遇到了很多问题，欧美老牌民主国家和模仿西方民主的国家都面临种种问题，而且深入肌理（penetrate into in-depth skin texture），无法解决。中东地区乃至非洲和拉美一些国家的内部动乱不已，极端势力泛滥，越来越多的美国人诟病（denounce; castigate）美国两党制选举，认为那是垄断集团有钱人的游戏，代表不了普通百姓，无法解决国内存在的种种问题。

另一方面，我们对中国的经验也需要认真总结。经过几十年的发展，中国的成就有目共睹，但其"秘诀"（secret of success; magic code）所在，看上去却不那么明显。这是因为，作为后发国家，中国和之前发达国家走过的道路都不太一样。首先，中国人很多，地域差别极大，所以必须先把经济总量（economic aggregate）的盘子做大。中国的发展当然不可能走西方原始积累（primitive accumulation）的道路，而且中国面临的国际环境也和当年不一样，人类的思想、技术也已经发展到了新的阶段。

粗略地概括，"中国方案"至少包括但不仅限于以下几点：1）独立自主；2）有目标、持续地进行发展，保持政策的稳定连贯；3）代表全民最大公约数（greatest common factor）的政党和代议制（representative system）民主，经济发展与民生保障并重；4）和平发展，友好共处的国际处事方法。

就以上几点来看，已经显著地与"西方中心论"的发展模式有根本性区别。其实，最本质的精神无非是：一切从实际出发，实事求是，尊重他人（国）。

其实，"中国方案"并不是第一次亮相。2014 年 3 月，习近平主席应德国科尔伯基金会（Körber Foundation）邀请，在柏林发表演讲时就提出过"中国方案"。那次谈的是发展的主题。此后，在联合国气候变化问题领导人工作午餐会上再次提及，议题是全球气候治理。在乌镇世界互联网大会（World Internet Conference）上，"中国方案"涉及的是构建网络空间命运共同体（community with a common future）。

三十多年改革开放，我们走过了西方发达国家几百年走过的路，从积贫积弱到全世界第二大经济体（the second largest economy）、第一大货物贸易国（the largest goods trader）、最完备（complete; perfect）的制造业体系；几亿人摆脱了贫困，被联合国称为奇迹；覆盖全民的义务教育、基础医保；全球自主的导航系统、航空航天、军事工业……而这一切，都建立在 13 亿人、960 万平方千米、极大的差异与分野基础上。对世界其他国家来说，无论是"脱贫致富"还是"服务民生"，无论是"产业升级"还是"对外开放"，中国都用自己的实践，给出了一条可复制、可借鉴的路径。这就使我们有资格提出"中国方案"。

用"中国方案"取代"中国模式""中国道路"还体现出中国的谦逊（unassuming。试与 modest 对比）。"方案"是对特定事物制定的具有针对性和可操作性的计划，所以具有相对的局限性。因为各个国家的历史和条件都不一样，"方案"是可供选择借鉴（choose to learn from）的，其他国家可以根据自己实际情况参考这个方案定出具体的计划，而不必像对"模式"那样全面照搬，不必也不可能走和中国一样的道路。"中国方案"本身是一种选择。中国走过的道路、经历的探索，中国的历史与当下、困惑与经验、成绩与教训，欢迎大家讨论和研究。"中国方案"可以供有相似情况的国家和有同样愿景（vision）的人民选择、借鉴和参考。"方案"一词表明，中国不会对任何国家采取"己之所欲必施于人"的强制，而是秉持开放态度。这些方案未必适合所有国家，也未必适合全盘照搬，但有值得借鉴的地方。如果说这一方案有"普适价值"的话，那就是：人民至上、文明互鉴、求同存异。习近平主席在"七一"讲话中再次提到"中国方案"，仍然为世界所瞩目，因为此次的含义，不同以往。习主席这次强调的是，中国要"为人类对更好社会制度的探索提供中国方案"，不是一个具体的领域，而是对"更好社会制度的探索"。

全球治理体系也确实越来越需要中国参与。多少年没有进展的全球气候治理，在中国的推动下达成了协议；后发国家在当下国际贸易体系中不被重视，现在有了"一带一路"（Belt and Road）和亚投行（the Asian Infrastructure Investment Bank—AIIB）的机遇快车；而在全球反恐、控核、互联网、维和等领域，中国的力量也越来越不可或缺。对国际社会重大问题和难题，中国已经从自己成功的实践，给出了答案和路径。

2. 中国的桥梁建设

世界桥梁业有着这样一句话：世界桥梁建设，20 世纪 70 年代以前看欧美，90 年代看日本，21 世纪看中国。目前，"中国桥梁"，已经成了中国的一张亮丽名片和彰显（be clear for all to see）综合国力（comprehensive national strength）的重要符号。

让我们一起来看看 22 座领先世界的中国大桥（按建成通车时间先后排列）。

1）重庆**万州长江大桥**原名万县长江大桥，是一座公路桥。这是连接 318 国道（national highway）线的一座特大型公路配套桥，是长江上第一座单孔跨江公路大桥，也是当时世界上同类型跨度最大的拱桥（arch bridge）。全桥长 814 米，宽 23 米，桥拱净跨 420 米，桥面距江面高 140 米。主桥于 1997 年 5 月竣工通车，是当时世界上跨径（span）和规模最大的钢筋混凝土拱桥。

2）位于福建厦门市西港中部、从海沧半岛通往厦门岛的海峡公路的**厦门海沧大桥**，于 1996 年 12 月动工，1999 年 12 月建成通车。别看全长只有 5926.53 米，它可是亚洲第一、世界第二（在当时仅次于丹麦）的三跨连续全漂浮钢箱梁悬索桥（floating steel box girder suspension bridge）。大桥的景点以海沧大桥为中心，由大桥东岸景观游览区、火烧屿生态游乐园、太平山庄休闲度假区（leisure resort）组成。

3）2002 年 10 月 2 日合龙（the final two sections be joined）的**上海卢浦大桥**，全长 3900 米，其中主桥长 750 米，为全钢结构。由于主跨直径达 550 米，居世界同类桥梁之首，被誉为"世界第一钢拱桥"。它是当今世界跨度第二长的钢结构拱桥，也是世界上首座完全采用焊接工艺连接的大型拱桥，不算合龙接口采用拴接（bolting），现场焊接焊缝总长度达 4 万多米，接近上海市内环高架路的总长度。卢浦大桥像澳大利亚悉尼海湾大桥一样具有旅游观光的功能。

4）**东海大桥**是中国第一座真正意义上的跨海大桥（sea fixed link），也是现在世界上最长的外海跨海大桥。这条连接上海国际航运中心洋山深水港的交通大动脉，全长 32.5 千米。其中跨海部分 25 千米，按双向六车道（two-way six lanes）高速公路标准设计。设计基准期（design reference period）为 100 年。东海大桥从 2002 年 6 月 26 日开工建设，于 2005 年 5 月 25 日全线贯通。东海大桥创造了许多中国第一和世界之最的奇迹。设计荷载按集装箱（container）重车密排（close-packed heavy vehicles）进行校验，可抗十二级台风、七级烈度地震。大桥的最大主航通孔，离海面净高达 40 米，相当于十层楼高，可满足万吨级货轮的通航要求。159 米高的两座大跨度海上斜拉桥（stayed-cable bridge）主塔为国内最高；位于颗珠山岛和大乌龟岛之间的深海大堤绵延 1.22 千米，也是国内的突破和创新，由于运用了高效、科学的施工技术，实现大桥贯通仅用了三年。

5）**杭州湾跨海大桥**是连接长三角（Yangtze/Changjiang River Delta）的经济枢纽。该桥于 2003 年 11 月 4 日开工建设，2008 年 5 月 1 日建成通车。桥全长 36 千米，曾保持中国世界纪录协会（China World Records Association）世界最长的跨海大桥世界纪录。

6）**苏通长江大桥**位于江苏省东南部，全长 34.2 千米，2008 年 6 月 30 日建成通车。苏通大桥的建设创造了 1088 米斜拉桥最大跨径（span）300.4 米，最高索塔（cable bent tower），577 米最长斜拉索和 131 根长 117 米、直径 2.8 米 /2.5 米最大群桩基础（foundation of pile-group）四项世界第一，使人类建设斜拉桥的跨越能力首次突破了 1000 米大关。

7）**舟山跨海大桥**：又名舟山大陆连岛工程，由岑港大桥、金塘大桥、西堠门大桥、桃夭门大桥、响礁门大桥组成，于 1999 年 9 月开始动工，2009 年全线贯通通车。舟山跨海大桥总长约 48 千米，跨四座岛屿，翻越九个涵洞（culvert），穿两个隧道。其中，跨越西喉门水道、连接金塘岛和册子岛的西堠门大桥，是仅次于日本明石海峡大桥（Aakashi Keiko Bridge）的大跨度悬索桥。

8）2011 年 12 月 24 日正式建成通车的**崇启大桥**，起于崇明县陈家镇，止于启东市汇龙镇，全长约 51.8 千米，其中跨江大桥长 6.8 千米，上海段接线道路长 28.52 千米，长江大桥长 2.48 千米，江苏段接线道路长 18.52 千米，长江大桥长 4.67 千米，全线设计双向六车道，大桥于 2008 年 8 月 1 日奠基，12 月 26 日上海段正式开工建设，2009 年 2 月 28 日江苏段开工建设。是国家高速公路网上海至西安高速公路（G40）的重要组成部分，是长三角地区重要的交通节点（traffic node）工程，也是江苏与上海直接对接（butt joint）的首座特大型长江大桥。

9）位于湖南省湘西州吉首市的**矮寨大桥**于 2012 年 3 月 31 日正式通车。这座悬索桥耸立在两座山峰之间，横跨峡谷，在距地面 350 米处形成壮观的空中走廊。工程为双层公路、观光通道两用桥梁。桥型方案为钢桁加劲梁（steel truss stiffening girder）单跨悬索桥，全长 1073.65 米，悬索桥的主跨为 1176 米。桥梁两端直接与隧道相连，采用双向四车道高速公路标准，设计车速为每小时 80 千米，设计汽车荷载为公路 -1 级，桥面设计风速 34.9 米 / 秒。地震动峰值（taphrogeny peak value）加速度 0.05 克，地震动反应谱（reaction chart）特征周期为 0.35 秒。

10）**清澜大桥**在海南省著名侨乡文昌市清澜港，大桥起于文清大道连接线，跨越清澜港，连接东郊码头，是继海口世纪大桥之后海南第二座跨海大桥，于 2012 年 12 月 18 日建成并正式通车。清澜大桥设计抗震级别为九级，系全国桥梁抗震级别最高的大桥。大桥的建成将搭起海南省东部滨海旅游新通道，把琼北旅游圈和东部滨海旅游资源紧密连接起来，形成海南省新的旅游产业带（tourism industry belt）。

11）四川**干海子特大桥**为京昆高速、雅西高速公路重难点控制性工程之一，位于海拔 2500 米的四川雅安石棉县境内，全长 1811 米，桥宽 24.5 米，共 36 跨。最高钢管格构桥墩（steel pipe lattice bridge pier）达 117 米，是世界第一座全钢管混凝土桁架梁（truss/lattice girder; beam truss）桥，其桁架梁长度和钢管格构墩高度均为世界第一。此大桥于 2009 年 6 月起开始施工，2012 年 4 月竣工。

12）**青岛海湾大桥**又称胶州湾跨海大桥，也是我国自行设计、施工、建造的特大跨海大桥。大桥全长 36.48 千米，投资额近 100 亿。其主线工程于 2006 年 12 月 26 日开工，2013 年 6 月 25 日建成通车。全长超过我国杭州湾跨海大桥和美国切萨皮克湾跨海大桥（Chesapeake Bay cross-sea bridge），是当今世界上最长的跨海大桥。

13）**厦漳跨海大桥**于 2008 年 11 月开工，2013 年 5 月通车，位于漳州九龙江入海口，北连厦门海沧投资区，南接招商局中银经济开发区。跨海部分全部位于漳州境内，故又名环漳州湾跨海大桥；全长 12.9 千米，设计通过速度 100 千米／小时。主体部分为双塔斜拉桥，桥形为连续半漂浮体系（continuous semi-floating system）双塔双索面斜拉桥，可满足三万吨级船舶安全通航。

14）**嘉绍大桥**北起嘉兴市海宁市，南接绍兴市上虞区，是继杭州湾跨海大桥后又一座横跨杭州湾的大桥。嘉绍大桥于 2008 年 12 月 14 日正式开工建设，2013 年 2 月 3 日顺利全桥合龙。2013 年 7 月 19 日 0 时，嘉绍大桥正式建成通车。大桥全长 10.137 千米，桥面宽 40.5 米，八车道，设计速度为 100 千米／小时。嘉绍大桥是世界上最长、最宽的多塔斜拉桥，主桥长 2680 米，分出五个主通航道，总宽达 55.6 米（含布索区），索塔数量、主桥长度规模位居世界第一。

15）**武汉鹦鹉洲长江大桥**位于武汉长江大桥上游 2.3 千米处，为武汉市的第八座长江大桥，主桥面为双向八车道。这是世界首座主缆（main cable）连续的三塔四跨悬索桥，世界同类桥梁中跨度最大的三塔四跨悬索桥。2014 年 12 月 28 日正式建成通车。

16）**张家界大峡谷玻璃桥**是世界上最高最长的玻璃桥，也是世界最高蹦极

（bungee jumping）台、世界最陡蹓索（slide cable）、世界最柔的桥梁。桥长 430 米、宽 6 米。其桥面具备大尺寸、高硬度、高厚度、耐磨、防冻、超纯净、防爆、高荷载、防霉、防温度剧降等诸多特性。为提高桥梁结构的稳定性和安全性，选用了航空航天材料。桥面铺设了 99 块三层叠加（overlying）而成的、大小约为 305 厘米×4420 厘米的钢化玻璃（tempered/toughened glass），厚度仅为 4.856 厘米。为避免行人齐步走（quick march），在桥面上放置了很多玻璃球以遏制（stem; restrain; contain）振动。每个玻璃球重达 400 千克，由于放的位置不一，客观上就打乱了行人的步伐，起到遏制振动的效果。创造了世界最长、世界最高、世界首座玻璃作为主受力结构的大型桥梁等多项"世界之最"。为确保桥面安全稳固，景区还花费了近一年的时间对桥两边的山体进行了加固。

2015 年 5 月，对张家界大峡谷玻璃桥进行玻璃承压破坏性试验（destructive testing）、护栏抗拉试验、风洞（wind tunnel）试验等。2015 年 12 月 3 日钢箱梁成功合龙。

17）位于云南西部的**龙江特大桥**，是一座穿越我国西南边陲高山峻岭的巍峨大桥，于 2011 年 8 月开工，经过近五年的日夜建设，终于在 2016 年 4 月顺利提前合龙，并顺利通过了成桥荷载试验，于 5 月 1 日正式通车。这座大桥的桥型为主跨 1196 米双塔单跨钢箱梁悬索桥，大桥缆索主缆长度 1950 米，两侧总计有 65.9 万米的 338 根索股。远远望去宛如两条昂首云天、腾云驾雾（speed across the sky）的巨龙飞越陡崖峭壁（steep cliffs and precipices），穿行在白云飘飘的云雾中。大桥桥面宽 33.5 米，总长 2.470 千米，桥面距谷底高度 280 米，保山岸索塔高 169.7 米，腾冲岸索塔高 129.7 米。大桥雄姿就像是一幅浓淡相宜（invariably charming with either light or heavy make-up）的水墨画（ink and wash; wash painting）。龙江特大桥是云南保腾高速公路上的重要控制性工程，峡谷跨径世界第一，海拔高度亚洲第一。这是我国山区地貌中的第一座跨径超过千米的钢箱加劲梁悬索桥，工程技术含量高，景观功能强，是保腾高速创造"历史文化之旅、自然景观之旅、国际通道之旅"的标志性建筑。大桥一头连着魏魏高黎贡山，一头连着极边腾冲，一带一路，直通缅甸大桥建在腾冲火山地貌（volcanic topography）和高烈度地震带（high intensity earthquake zone）上，科技含量高，总结出了二十余项创新技术，对全国山区高速公路桥梁建设将起到积极推动作用。这里有最神秘的原始森林，也有安详宁静的田园；有火山地质奇观，也有千年古道；这里是毗邻异域的边陲，却也是儒家精神的传承之地。在越来越充满浮躁（impetuosity）、喧嚣（hullabaloo）的社会氛围中，腾冲应该是让人们在心灵上寻求放松的地方，让人们获得内心的充分休养。

18）2016 年 9 月 10 日，杭瑞高速公路贵州毕节至都格段（黔滇界）**北盘江大桥**顺利实现合龙。北盘江大桥坐落于云南宣威与贵州水城交界处，横跨云贵两省，全长 1341.4 米，桥面到谷底垂直高度 565 米，成为当时世界第一高桥。同时，大桥东、西两岸的主桥墩高度分别为 269 米和 247 米，720 米的主跨也仅次于后期开工建设的贵（阳）黔（西）高速公路鸭池河特大桥，在同类型桥梁主跨的跨径中排位世界第二。大桥在 2016 年年底通车，通车后云南宣威城区到贵州六盘水的车程将从此前的五个小时左右，缩短为一个多小时。北盘江大桥自开工建设以来，克服了沿线山峦叠嶂（peaks rising one higher than another）、沟谷纵横（be criss-crossed with valleys and gullies）、地质复杂、气候恶劣等重重困难，确保了科技含量高、难度大的北盘江大桥顺利建成。首次在山区大跨度钢桁梁斜拉桥施工中，运用了纵移悬拼（vertical shift and suspension assembling）技术对钢桁梁节段进行吊装，比起传统的工艺，一个节段可以节约一到两天的工期，而且比传统在空中拼接的工艺施工精度更高，安全系数也更高。

19）我国第一座真正意义上的公铁两用跨海大桥——福建**平潭海峡公铁两用大桥**正在加紧建设。这座桥是新建福州至平潭铁路、长乐至平潭高速公路的关键性控制工程，是合福铁路的延伸、京福通道的重要组成部分，也是连接长乐副中心城市和平潭综合实验区的快速通道。大桥起于长乐市松下镇，从松下港规划的山前作业区与牛头湾作业区之间入海，经人屿岛、跨越松下港区元洪航道和古屿门水道，再依次通过长屿岛和小练岛，跨越大小练岛水道抵达大练岛，再跨越北东口水道从苏澳镇上平潭岛，全长 16 千米。这座大桥因为"施工难度最大"闻名于桥梁界。大桥的位置正处于世界三大风区之一，全年六级以上大风天数超过 300 天，环境极其恶劣。大桥全长 16 千米。这座大桥从新结构、新工艺、新方法等方面申报了 12 项专利。2016 年 9 月 1 日，大桥首个主塔墩承台（main pier bearing platform/cushion cap）第一次浇筑完成，标志着大桥大小练水道桥主塔墩施工由水下施工到上部施工的转换。

20）连接香港、珠海、澳门的超大型跨海通道**港珠澳大桥**，集桥、岛、隧道于一体，由 22.9 千米的主体桥梁和 6.7 千米的隧道与人工岛构成。全长 55 千米，是世界上最长的跨海大桥，同时也拥有世界上最长的沉管海底隧道（immersed tube tunnel），是中国建设史上里程最长、投资最多、施工难度最大的跨海桥梁。港珠澳大桥建成通车后，珠海至香港的交通时间将由现在的水路约 1 小时、陆路 3 小时以上，缩短至 20—30 分钟。

港珠澳大桥主体桥梁工程于 2016 年 9 月 27 日贯通，海底隧道已完成 28 节沉管安装，还剩最后 5 节，港珠澳大桥是世界最长的跨海大桥，全长 55 千米。三座航道桥设计各有特色，"中国结""海豚""风帆"造型组合成伶仃洋面上的一道亮丽风景。

大桥使用世界最长的钢结构桥梁，仅主梁钢板用量就达到 42 万吨，相当于建 60 座埃菲尔铁塔（Eiffel Tower，法语为 La Tour Eiffel）的重量；重达 8 万吨的混凝土预制构件工厂法施工在世界是第一次。中国特色防腐抗震达成"120 年"标准，打破了国内通常的"百年惯例"。

和其他跨海大桥不同的是，港珠澳大桥是像"搭积木"一样拼装出来的。先在中山、东莞等地工厂做好桥墩、桥面、钢箱梁、钢管桩等，再等到伶仃洋风平浪静时，一块块、一层层、一段段地组装起来。安装的海豚桥塔，一座就重约 2800 吨，采用两艘自主生产的大型浮吊船（floating crane ship）协同作业，让巨大钢塔在海面上翻了个身，精确定位在承台上。

据新华社香港 2017 年 4 月 13 日电，香港特区政府路政署（Highways Department）表示，港珠澳大桥香港接线观景山隧道管道的所有混凝土箱涵构件（concrete box culvert）已经完成。连同 2017 年 3 月底已经接通的高架桥段，全长 12 千米的香港接线将于本月内全线贯通。预计，大桥可在年底通车。

作为全球最重要贸易通道上的超大型桥梁，被列入"现代世界七大奇迹"的港珠澳大桥是中国桥梁工程界创新和攻坚能力的集中体现。

21）2016 年 10 月 28 日，**汝郴高速赤石大桥**建成通车运营。大桥位于湖南郴州宜章县赤石乡，是继矮寨特大悬索桥后，湖南第二座建成的世界级特大桥。赤石大桥施工建设创下七项"世界第一"：主跨 380 米，为世界第一大跨径高墩多塔混凝土斜拉桥；最高桥墩高 182 米，为世界第一高混凝土斜拉桥桥墩；为提高索塔整体刚度，四座主塔塔形设计为双面双曲线收腰的"S"形，为世界首创；施工中，同一承台下 34 根桩最大桩长差达 58 米，创世界桥梁史上同一承台下群桩最大桩长差；主梁悬浇采用最大承载力达 760 吨的前支点挂篮施工（hanging basket construction），为世界承载力最大的桥梁施工挂篮；主梁安装下拉抗风索（wind-resisting cable），并在梁端安装横桥向电涡流调谐（eddy current tuning）质量阻尼器（damper）的抗风措施，可提高抗风能力，世界首创；大桥安装的高防撞等级景观钢护栏，是世界首个防护等级达最高等级 HA 级的桥梁钢护栏。空中俯瞰汝郴高速赤石大桥横跨山谷，气势如虹；从桥上向下俯瞰，桥面离地 186 米，农田、山泉、农舍一览无余。为满足今后旅游观光需求，大桥预留有观景平台建设空间。

22）2016 年 11 月 15 日，大瑞铁路（大理至瑞丽）**澜沧江特大桥**的钢管拱实现高精度合龙。这是世界上首次采用"二次竖转"（twice vertical transfer）工法施工的大桥。澜沧江特大桥是云南大瑞铁路大保段的控制性节点工程（node project），全长 528.1 米，桥面距离江面超过 270 米（相当于七十多层楼高）。大桥横跨澜沧江两岸，位于我国地形最为复杂的横断山脉西段，桥址附近两岸山体坡角最大超过 80 度，局部甚至直立，施工环境极为恶劣。由于处在高山峡谷中，桥面风速很大，达到每秒 26 米，人站在上面都有可能被大风吹走，何况是进行精细化的焊接，施工难度极大，是当前我国安全风险等级最高的在建铁路桥梁之一。由于受特殊地理环境和气候所限，澜沧江特大桥采用"二次竖转"工法施工，"二次竖转"角度之和达 130 度，其竖转角度在世界上最大，同时，大桥单边竖放重量达 2500 吨，也是世界桥梁施工之最，创造了三项"世界第一"。大瑞铁路建成通车后，将连通中缅国际铁路中国境内的"最后一段"。此后，乘火车从昆明至瑞丽近 700 千米的路程可望"夕发朝至"，这也就意味着，我们距离坐着火车去瑞丽，甚至缅甸、泰国、新加坡的梦想，更近了一步。

3. 黑科技

"黑"字常用于贬义，比如"黑社会"（the underworld; gangdom; gangsterdom）、"黑市"（black market）、"黑手党"（Mafia）。但是，新近流行起来的"黑科技"（black technique）却有点不一样。所谓"黑科技"，是指现实中看起来不可能存在的、用起来和魔法一样的技术，如《魔兽世界》（World of Warcraft，常简称为 WOW）里面利用系统漏洞做到一些正常情况下无法做到的事情。用通俗的话来解释，"黑科技"可以看作是对方打了一张你料想不到的牌。很多是动漫或小说中为使剧情合理化而空想出的科学技术，例如"蛋刀科技"（egg knife technology）、"传家宝单手剑"（heirloom single-hand sword），或者高达（Gundam）中的阳电子破城炮（positive electron gun that can break through a city wall）、GN 粒子、星际的幽能（interstellar dim energy）等。现在则指理论上来说目前人类无法实现或根本不可能产生的技术，其标准往往不符合现实世界常理以及现有科技水平，也引申指现实中某些超乎寻常厉害的事物。

"黑科技"被用于指以前想象不到的各种高科技，让人感到"不明觉厉"的新硬件、新软件、新技术、新工艺、新材料等。如今，不少"黑科技"为人们的生活带来不少便利，而人体与科技的结合似乎已经是不可避免的趋势，从手机到可穿戴设备（wearable devices），无不显示出科技向人体的亲近。有人归纳出 2015 年火爆的十大黑科技：1）自由形状显示屏（free form display screen）、2）柔性电池（flexible cell）、3）极速充电器（super-fast charger）、4）索尼机敏眼镜框（Sony smart glasses frame）、5）虚拟现实游戏跑步机（VR game running machine）、6）互动飞机杯（interactive plane cup）、7）情绪控制灯泡（emotion control bulb）、8）手势操控智能汽车（gesture manipulated car）、9）光支付（transfer through light）、10）人眼摄像仪（human eye camera）。还有人归纳出 2016 年"十大人体黑科技"：1）仿生眼（bionic eye）、2）可穿戴人工肾（wearable artificial kidney）、3）可携式胰脏（portable pancreas）、4）非人类味觉（non-human sense of taste）、5）机械手臂（mechanical arm）、6）智能膝盖（intelligent knee）、7）重生骨（regenerating bone）、8）人造细胞（artificial cell）、9）新生殖器官（new reproductive organ）、

10）脑里的义肢（artificial limb in the brain）。

小米（Xiaomi）更是打出了"探索黑科技，为发烧而生"的口号，推出了 4 轴光学防抖相机（4-axis optical anti-shake camera）、DTI 画质增强（image enhancement）技术、骁龙（Snapdragon）820 处理器（processing unit）、UFS 2.0 闪存（flash memory）、3D 陶瓷机身（ceramic frame）、4G+ 智能手机（smartphone）标配、全网通 3.0、16 颗灯省电高亮度屏幕、快充 3.0、全功能 NFC 等。

2016 年第三届世界互联网大会期间也展出和发布了许多"黑科技"神器，如神奇"魔镜"（think mirror）、无人驾驶汽车、"扫脸付"、机器人（robot）"快递小哥"等。这些酷炫的（showy）新概念勾勒出了未来美好蓝图。未来这些产品将逐渐走进寻常百姓家，成为居家、旅行、消费等必备良品。由联想（Lenovo）智能家居事业部推出的"魔镜"，人站到地面上的"电子秤"上后，墙上的"魔镜"就会显示人的体重、血压等多项身体指标，还可以对每一项指标进行历史信息的查询，也可以提供实时显示身体指标状况的健身项目。百度（Baidu）展出的"云骁无人驾驶系统"可不用自己开车，车子就可带你去任何你想去的地方。浙江合众新能源汽车有限公司（Hozon Auto）带来的新能源概念车（concept vehicle），如同一个互联网"超级终端"，汽车不仅可以自动驾驶，还具有移动办公和智能通信功能。多家公司生产的全自动植保无人机（drone），可以自动给发生病虫害的农田喷洒农药。蚂蚁金服（Ant Financial）展出的"扫脸支付"（face scan payment）可以使人们出门时不用带钱包或者忘了带手机仍可方便地付款。参与大会服务工作的移动机器人"奥科流思"（Oculus）不但暖心地向嘉宾播报注意事项、天气预报并与嘉宾互动聊天，还可以协助嘉宾点餐。京东"智能搬运机器人"展示了其无人仓、无人机以及无人车等智慧物流技术。无人仓如同"快递小哥"，商家把客户的商品放进去，无人仓会自动选择路线，识别红绿灯来到客户家门口，然后，"自动给客户发短信，客户收到短信后用手机扫描二维码，装有客户商品的格子会自动打开，客户可以取走货品"。盈米科技（Yingmi Tech）的一款翻译手套已能够识别 300 至 500 个日常手语，让普通人"听"懂手语。

还有人把取得重大突破的、根据量子纠缠（quantum entanglement）研究出的量子通信，也称为"黑科技"。

"黑科技"不仅给城里人带来种种方便，也进入了农村，有文章说"黑科技"让农村大爷大妈"比城里人会玩"。淘宝（Taobao）带到农村的"黑科技"产品包括 9D 电影设备、任天堂（Nintendo）的 WII 体感游戏、谷歌系列 VR 互动眼镜、大疆精灵（DJI Phantom）航空拍摄器、电子翻书器等高科技产品，以及更加实用的按摩椅、鞋底清洗机、无叶风扇、曲面电视、儿童手表电话、拍立得（Polaroid）、扫地机器人和能骑着洒农药的智能平衡车等。

2016 年 11 月 3 日，《环球时报》发表了方兴东的一篇文章，题目是《"黑科技"一词泛滥，折射浮夸心态》。该文说，从行业角度看，黑科技颇有点开天辟地或改写格局的意味。从市场角度看，它能够创造巨大需求，吸引庞大新用户群体。从功能看，它有着"四两拨千斤"（accomplish a great task with little effort by clever maneuvers）的撬动能力，用户能为这一特性而激发消费冲动。然而今天"黑科技"的滥用程度，不但没体现创新高度，恰好反映出行业的浮躁程度和企业的浮夸水平。真正的黑科技自身就有着足够强大的引爆力，完全不需要厂商极力包装、卖力吆喝。而各种炒作和夸大其词，很可能只是"伪科技"而已，滥用黑科技，误导消费者，最终是违背了黑科技的价值观。有些所谓的"黑科技""黑"掉了自己。此文提出的现象应该引起人们的深思和重视。

4. 令人刮目相看的中国科学技术

2016 年 8 月 18 日，英国《金融时报》刊登文章称，中国技术进步将重塑世界经济（reshape the world economy）。8 月 21 日澳大利亚《亚洲金融评论》（*Asian Financial Review*）发表文章说，"中国科技行业令澳大利亚望尘莫及（too far behind to catch up with）。"

英国自然出版集团（Nature Publishing Group）2016 年自然指数排行榜（Nature Index 2016 Tables）中，中国名列第 2，得分 6478.34，排在美国之后（得分 17203.82），但是是第 3 名德国的 1.6 倍，而在排行前十的国家中，只有中国在 2012—2015 年期间年均增长率达到两位数。（4—10 名国家依次是：英国、日本、法国、加拿大、瑞士、韩国、意大利。）

在高等学校排名中，北京大学虽然没能挤进前 10，但是力压耶鲁大学，位列第 11 位。全球前 50 强，除北大外，中国还占据 6 席：南京大学第 20 位、清华大学第 24 位、中科大（University of Science and Technology of China）第 26 位、浙江大学第 37 位、复旦大学第 38 位、南开大学第 50 位。中国高校整体实力的上升很快。苏州大学是全球上升最快的大学，2013 年排名全球第 192 位，2016 年已上升到第 78 位。

在全球学术科研机构排名中，第 1 名是中国科学院（Chinese Academy of Sciences），得分 1357.82，是第 2 名哈佛大学的 1.7 倍多，相当于哈佛＋斯坦福。在公布的 4 个学科指数排名中，中科院占据三个第 1，一个第 9。在产业机构，中国表现也不差。华大基因（Beijing Genomics Institute—BGI）排名全球第 12 位。其他上榜的中国产业机构还有中国船舶（全称"中国船舶工业集团公司"，China State Shipbuilding Corporation，简称 CSSC）、武汉邮电研究院、常茂生物化学工程公司（Changmao Biochemical Engineering Co., Ltd.）、中国电科（全称"中国电子科技集团公司"，China Electronics Technology Group Corporation）、中国航天（全称"中国航天科工集团公司"，China Aerospace Science & Industry Corp—CASIC）、药明康德（Ltd. Co., Wuxi Apptec; WuXi Pharma Tech Co, Ltd.）和金川集团（Jinchuan Group Ltd.）。

最闪亮的要数化学。在世界 10 强中国 3 席：中科院第 1，北大第 4，南京大学第 10。前 50 的还有中科大、南开、清华、浙大、复旦、厦大、湖南大学、华东理工大学、苏州大学、吉林大学、四川大学、武汉大学。

地球和环境科学（earth and environmental sciences）：中科院第 1，南京大学第 40，中国气象局（Meteorological Bureau）第 43。

生命科学（biological/life sciences），中科院第 9，北大第 75，清华第 77。

物理科学：中科院第 1，北大第 12、清华第 19、中科大第 25、南大第 26、复旦第 40、浙大第 64、苏州大学第 91。

2015 年 12 月，世界顶级物理杂志、英国物理学会下属的《物理世界》（Physical World）公布了 2015 年度国际物理学领域的十项重大突破，中国科学技术大学教授潘建伟、陆朝阳等人的研究成果"多自由度量子隐形传态"（quantum teleportation of multiple degrees of freedom）荣登榜首。这一成果缩小了一些未来新技术——譬如安全性能牢不可破的通信设备、运算速度比今天快几万亿倍的计算机——和现实之间的距离。

2016 年 6 月 21 日，《自然》杂志推出中国特辑，选出 10 位中国"科学家之星"，聚焦中国科学的飞速进步。

根据联合国下属的世界知识产权组织（the World Intellectual Property Organization—WIPO）及有关机构于 2016 年 8 月发布的年度报告，中国首次跻身（rank among）世界创新经济体（the world's innovation economy）前 25 位。

2016 年 8 月 8 日，国务院印发的《"十三五"国家科技创新规划》，描绘了未来五年科技创新发展蓝图，确立了"十三五"科技创新总体目标。该规划是我国历次科技发展规划的文件名中第一次加入"创新"二字，以前大都是叫"科技发展规划"。这说明国家不仅关注科学技术研究本身，而且更多面向国民经济的主战场（main battlefield），关注创新的全链条和各要素。以前类似规划中很少提到科技金融问题，此次规划不仅大篇幅提到科技金融，还提到如何支持各类风投（risk investment）机构的发展等。

从具体"创新"成就看，中国在科学技术的许多方面令人瞩目。下面是一个不完全的单子。

1. 我国于 2015 年出台《关于加快石墨烯（graphene）产业创新发展的若干意见》，并在全球率先启动（launch）了石墨烯国家标准制定工作。不少企业已推出石墨烯产品，如石墨烯电子纸显示屏（display screen）、石墨烯自发热内暖纤维（heat generating fiber）等。石墨烯是目前已知最薄的材料，甚至薄到只有一个碳原子的厚度，应用它的显示屏可以薄得像纸一样，而它比金刚石还坚硬，"像衬衣一样的防弹衣"不再是天方夜谭。石墨烯在触摸屏（touch screen）、电子器件、储能电池（energy storage battery）、生物医药（biomedicine）等领域拥有广阔的应用前景。

数码科技（digital technology）发展至今，电池几乎成为桎梏（shackles; constraint）进一步发展的最后一块顽石，在充电速度和比容量（specific capacity）方面迟迟没有质的突破。2016 年 7 月 8 日，液晶玻璃基板（LCD glass substrate）企业东旭光电（Dongxu Optoelectronic Technology Co., Ltd.）在石墨烯新产品发布会上宣布，他们研制成功了能在 6 分钟内快速充放电的石墨烯 / 磷酸铁锂（lithium iron phosphate）电池"烯王"。"烯王"性能优良，可在 -30℃—80℃环境下工作，电池循环寿命高达 3500 次左右，充电效率是普通充电产品的 24 倍。"烯王"的成功研制是真正的"杀手级应用"（killer application），是一次革命性突破，开启了石墨烯在能源领域的应用时代，将对信息产业及电动汽车等新能源领域带来重大颠覆性影响（subversive effect）。

石墨烯手机充电时间只需 5 秒，可以连续使用半个月；石墨烯汽车电池只需充电 10 分钟，环保节能汽车就有可能行驶 1000 千米；科学家确认，石墨烯未来将取代煤炭与石油天然气，成为提供人类生活所需大多数发电能源的来源。石墨烯是世界上最薄、最硬的材料，于 2004 年问世，发现石墨烯的英国曼彻斯特大学（University of Manchester）诺沃肖洛夫（一译"克斯特亚·诺沃塞洛夫"，Konstantin Novoselov）教授凭着这一重大发现于 2010 年获得诺贝尔物理学奖。

石墨烯材料如果取代硅，有望让计算机处理器的运行速度快数百倍，还有望引发触摸屏和显示器产品的革命，制造出可折叠、伸缩的显示器件；石墨烯强度超出钢铁数十倍，有望被用于制造超轻型飞机材料、超坚韧的防弹衣等。未来 10—20 年内会爆发一场颠覆时代的技术革命，石墨烯时代将取代硅时代。

虽然石墨烯起于英国，但目前为止，中国的石墨烯发展技术领先于世界。目前全球有超过 200 个机构和 1000 多名研究人员从事石墨烯研发，然而中国在石墨烯研发上，目前已申请超过 2200 项专利，占世界的三分之一。2015 年全球石墨烯专利数据显示，排名首位的依然是中国，之后是美国、韩国、日本。

据《科技日报》（*Science and Technology Daily*）2017 年年初报道，除了电池领域，在目前最火爆的口罩市场，石墨烯也能一展绝技。常州纳美（Namay）生物科技有限公司，依托浙大常州工研院纳米医药研究中心暨常州市高新区诺贝尔奖工作站，成功研制出超强石墨烯 PM2.5 抗菌防雾霾口罩。经国家权威检测部门检测，其 PM2.5 过滤效率达 96.4%，对大肠杆菌（bacillus coli，学名 Escherichia coli）的抑菌率达 99.8%。该口罩采用了最新型功能化（functional）石墨烯无纺布滤芯，具备超强的物理隔尘、PM2.5 和 PM10 隔绝功能、抗菌性能，还可以过滤花粉和其他粉尘。

在纳米技术（nanotechnology—NT）应用方面，纳米科学（nanoscience）与技术研究中心主任陈永胜教授和他的科研团队经过三年潜心研究，发现了"大规模直接光驱动石墨烯材料"（macroscopic and direct light propulsion of bulk graphene material）。这种材料可在包括太阳光在内的各种光源照射下驱动飞行，其驱动力是传统光压的 1000 倍，对传统化学燃料火箭是一次巨大变革。

清华大学魏飞教授团队成功制备出单根长度达半米以上的碳纳米管（carbon nanotube），创造了新世界纪录，这也是目前所有一维纳米材料长度的最高值。

2. 超高纯钛（ultra high purity titanium）属国家战略性新材料，长期以来只有美国霍尼韦尔（Honeywell International）、日本东邦（Toho）和大阪钛业

（Osaka Titanium）三家公司能生产，并对我国严格限制出口。宁波江丰电子材料公司（Konfoong Materials International Co., Ltd.）董事长姚力军带领团队自主研发（independent research and development）攻关（tackle a critical point；tackle a key problem），将纯度为 99.8% 的海绵钛提纯至 99.999% 的钛晶体，再通过真空电子束（vacuum electron beam）熔炼（melting）设备，将晶体铸造成高纯度钛材。年产 250 吨电子极低氧超高纯钛项目已正式投产，产出了中国第一炉低氧超高纯钛，彻底打破了美日等国长期垄断。该项目拥有完全自主知识产权，并具有能耗低、产品附加值高等特点，将为延伸有色金属产业链提供核心技术支撑，带动我国新材料产业发展。

3. 南京理工大学材料评价与设计教育部工程研究中心陈光教授团队在国家 973 计划等资助下，经长期研究，在新型航空航天材料纳米技术方面取得重大跨越性突破，相关成果高温 PST 钛铝单晶（polysynthetic twinned TiAl single crystals for high-temperature applications）于 2016 年 6 月 20 日在线发表于《自然·材料》（*Nature Materials*）。

航空发动机被誉为飞机的心脏，叶片则是航空发动机中最关键的核心部件，其承温能力直接决定着发动机的性能，尤其是推重比（thrust-weight ratio）。

陈光教授团队的研究成果在材料性能上实现了新的大幅度跨越，所制备的 PST 钛铝单晶室温拉伸塑性和屈服强度分别高达 6.9% 和 708MPa，抗拉强度（tensile strength）高达 978MPa，实现了高强高塑的优异结合。更为重要的是，该合金在 900℃时的拉伸屈服强度（tensile yield strength）为 637MPa，并具有优异的抗蠕变（creep resisting）性能，其最小蠕变速率和持久寿命均优于已经成功应用于 GEnx 发动机的 4822 合金 1—2 个数量级，有望将目前钛铝合金的使用温度从 650—750℃提高到 900℃以上。

通常，镍基单晶高温合金的承温能力每提高 25—30℃，即为一代新合金。陈光教授团队发明的钛铝单晶合金，一下将承温能力提高了 150—250℃，是重大突破，属引领性成果。陈光教授团队采用纳米孪晶强韧化方法制备的单晶钛铝不仅强度高，室温塑性更是超过 6.9%，属于金属间化合物研究的重大突破。一方面，这种发现有可能应用于其他金属间化合物，引领新一轮金属间化合物研究热潮，具有重大理论意义。另一方面，高塑性为其真正工程应用奠定基础，具有重大工程意义。

4. 液体金属（liquid metal）合金材料拥有独特的非结晶分子（non-crystalline

molecular）结构，与传统金属的结晶结构截然不同。除了低熔点（因此才被称为液体金属）的特色外，它最大的优势在于熔融后塑形能力（shape-shifting capacity）强，由于其凝固（solidification; concretion）过程的物理特性与普通金属完全不同，它的铸造过程更加类似于塑料而非金属，可以更方便地打造为各种形态的产品。除了铸造的便利性，液体金属的其他特性还包括：1）高屈服强度（yield strength）、2）高硬度、3）优异的强度重量比（strength-weight ratio）、4）超高的弹性极限（limit of elasticity）、5）抗腐蚀（corrosion resistant）、6）高耐磨（wearproof）、7）独特的声学特性（acoustic characteristic）。2010 年已经应用液体金属技术的产品包括冬奥会冠军使用的滑雪板、手表、手机等。

科幻大片《终结者 2》（*Terminator II*）中的大反派 T1000 就是个液态金属机器人，在高温下才会被融化。而现实中，科研人员也找到了一种金属，在室温下就呈现液态，并成功地将其应用在计算机 CPU（central processing unit 的首字母缩写，即"中央处理器"）散热系统（cooling system; heat-removal system）中。中国科学院理化技术研究所（Physical and Chemical Technology Institute）低温生物与医学实验室主任刘静和他的团队于 2013 年完成了这项工作。他在接受《中国科学报》（*China Science Daily*）记者采访时介绍说："在 CPU 热管理（thermal management）领域引入液态金属，突破了传统技术观念，有望成为第四代芯片（chip）散热技术的关键。"这一技术让全世界震惊。

目前市面上的主流 CPU 散热技术经历了三代变革：第一代采用翅片风冷（finned air cooling），主要依靠铜、铝等金属的导热来实现散热；第二代采用相变吸热（phase change heat absorbing）、毛细回流（capillary back flow/reflux）的热展开（thermal expansion）方式；第三代（以水冷为代表）采用水对流传热（water convection heat transfer）来实现热展开过程。这三代技术在面临极端高热流密度散热问题时，都存在不易克服的瓶颈。就拿水冷来说，管道内易发生沸腾相变（boiling phase change），会导致严重的系统不稳定，而且其驱动需要借助机械泵，这会使得硬件设备较大。新一代散热器需要热物理性能更优异的材料。刘静及其团队研发的液态金属就是此类典型。其导热系数（heat conductivity coefficient）是水的 60—70 倍，捕获热量的能力比水强得多。此外，液态金属的沸点高达 2000℃，抗击极端温度的能力异常强，且性质稳定、无毒。液态金属冷却方法有望成为 CPU 散热领域的第四代高端散热技术。刘静团队早在十多年前就提出的这项全球首创技术，陆续得到了国际学术界的高度认可（acceptance; recognition;

accreditation），著名刊物《电子封装杂志》（*Journal of Electronic Packaging*）将 2010—2011 年度唯一的最佳论文奖授予该团队。为实现这一目标，刘静团队付出的努力超乎常人想象。他们穷尽（exhaust）全球的相关技术和专利方法，深入研究已有的各类型散热材料及结构等，产生了将镓（gallium，元素符号 Ga）引入到计算机 CPU 散热的念头。随后，他带领团队进行了大量试验，终于研发出了利用低熔点金属或其合金作为冷却流动工质（cooling fluid）的计算机 CPU 散热器，最大限度地解决了高热流密度的散热难题。

除了计算机领域，液态金属热管理技术还能应用于医疗激光、军工业、高热能产业等众多领域。理化所和依米康公司合作的高性能液态金属 CPU 散热器项目，在 2011 年荣获第十三届北京技术市场金桥奖（Technology Market Golden Bridge Award）项目一等奖。2012 年，中国科学院北京分院与中关村管委会（Management Committee of Zhongguancun）授予项目科研团队"科技成果转化奖二等奖"。如今，该项目已研制成面向不同客户群的系列高性能液态金属 CPU 散热器产品。

2016 年 4 月 18 日，"2016 液态金属应用技术峰会"在深圳召开，吸引了液态金属行业内部众多著名专家教授、优秀企业家、知名科研院所以及投资机构参加，规模宏大，成就了一场液态金属行业的交流盛会。

由刘静研究员带领的团队还与清华大学联合研究小组，发现了电场控制下液态金属与水的复合体可在各种形态及运动模式之间发生转换的基本现象，相应研究在线发表于《先进材料》（*Advanced Materials*）上，论文题为《不同构象（conformation）之间的液态金属多变形性》（Diverse Transformations of Liquid Metals between Different Morphologies）。论文揭示了室温液态金属具有可在不同形态和运动模式之间转换的普适变形能力（pervasive deformation ability），适当调整电极和流道，还可将液态金属的运动方式转为单一的快速定向移动。

由于上述发现的科学突破性和实际应用价值，研究小组在 2016 年 1 月将部分成果以"液态金属变形体"（Liquid Metal Transformers）为题公布于物理学预印本网站 arXiv 时，很快就在国际上引起重大反响（reverberation，不宜用 echo 一词）及广泛热烈的讨论，一度被多达上百个科学或专业英文网站予以专题报道和评介。业界普遍认为，这一"液体机器预示着柔性机器人的新时代"（liquid machines promise a new era of soft robots），"这些先驱性工作或让液体金属'终结者'成真"（the pioneering work is setting the foundation for moving towards T-1000），有关网站还以《中国正在测试自我打印机器人》为题进行了报道；而《先进材料》的几位审稿人在评阅论文时，认为所揭示的现象"令人着迷"（fascinating），"注定会成为重要的研究领域"（bound to be an important field of study）。人们普遍认为，一旦这样的技术得以实现，其对人类活动所作出的贡献，将远远超过现有的机器人。今后，研究小组还将继续围绕可变形机器这一重大基础前沿和战略需求，融合液态金属材料、生物学、机器人、流体力学、电子、传感器（transducer/sensor）以及计算机等学科的知识，系统发展可变形室温液态金属机器的理论与技术体系，全面揭示室温液态金属超常的构象转换（conformation switching/transition）、变形与运动机理及调控方法，以期为未来研发尖端柔性（flexible）机器并开辟全新应用创造条件，最终促成可变形机器从理论到应用技术上的全面突破。

5. 在增材制造技术（additive manufacturing technology）方面，我国已在多个领域领先。

1）中国率先完成了飞机大型关键零件的设计和制造。增材制造，俗称 3D 打印，自 1983 年查克·赫尔（Chuck Hull）发明 3D 打印技术以来，该技术陆续在很多领域都有所应用，成为近年来新兴的一种机械制造方法，通过逐层累积（layer-by-layer accumulation）的方式构成工件形状，和传统的切削制造（cutting procession）方式相比，优点是节省材料、可以快速构建复杂空间形状的工件。在这方面，中国已经走在了世界前列，中国独有的激光增材制造技术能制造高强度、大尺寸的飞机用钛合金零件，并且已经投入实际应用，这大大加速了中国飞机制造业的追赶步伐。

2）2014 年 3 月，上海盈创建筑科技有限公司（WinSun Construction Technology Co., Ltd.）于 24 小时内 3D 打印出了 10 栋别墅毛坯房（roughcast house）；2015 年 1 月，该公司 3D 打印了一栋高 15 米的 6 层公寓楼和一所 1100 平方米的别墅，为当时世界最高的 3D 打印建筑。2016 年 3 月，盈创科技完工两幢面积分别为 80、130 平方米的 3D 打印中式庭院（Chinese style garden/courtyard），整体建筑设计超越了原有苏州园林的古建筑体结构和布局，将现代审美元素和高科技技术结合在一起。

位于北京市通州区的华商腾达工贸有限公司（Huashang Tengdan Industry and Trade Co., Ltd.）也于 2016 年用 45 天通过 3D 现场打印建造了面积为 400 平方米的双层别墅。这座别墅高 6 米，长宽均为 15 米，墙体厚度 25 厘米。这是全球首座 3D 现场 / 整体打印的建筑物。该别墅的施工打印过程中几乎没有人力介入。质量检测显示，该建筑物的抗震级别达八级以上。该别墅的地基和墙体用钢筋 20 吨，C30 混凝土 380 立方米，墙体楼层板都按规范要求用钢筋绑扎，采用 3D 打印机直接浇筑成型技术，全程由电脑程序操控。相较于传统的建筑方法，几乎没有原料浪费，工业垃圾少，从而降低工程总造价。

　　此前，也有应用 3D 打印技术打印多层建筑的实验，但都是将各部分分别打印后再组合到一起，而这一次则是将建筑进行整体打印。由于采用了融化纤维（melt fiber）打印薄层材料逐步逐层打印，形成一个坚固的立体物。其最大优势在于可在施工现场完成打印，无需模板和拼装，节省各项成本。该设备长 20 米，宽和高均为 6 米，配有可移动的巨型喷头，控制软件包括电子配料系统、搅拌系统、输送系统和 3D 打印系统。华商腾达表示，这款多功能一体化打印设备可被用来打印任何尺寸和形状的建筑物，包括高层及非常规形状的。

　　3）华中科技大学张海鸥教授及其团队，经过十多年潜心攻关，研制出微铸锻同步复合（composite synchronization of micro casting and forging）设备，并将金属铸造和锻压技术合二为一，实现了全球领先的微型边铸边锻的颠覆性原始创新，大幅提高了制件强度和韧性，提高了构件的疲劳寿命和可靠性。这一技术打破了 3D 打印行业存在的最大障碍，改变了长期以来由西方引领的"铸锻铣（milling）分离"的传统制造历史，开启了人类实验室制造大型机械的时代新篇章。这一新技术流程短，可以高效地打印出高强韧性（of high strength and toughness）、高可靠性且低成本的大型金属锻件。由于可通过计算机直接控制成形路径，不仅能打印薄壁金属零件，而且大大降低了设备投资和原材料成本。

　　张海鸥教授团队在成功研发出该技术后，建立了产业化基地——天昱智能公司（Tianyu Intelligent Manufacturing Co., Ltd.）进行技术转化和推广。据媒体 2017 年 1 月 7 日报道，全球最大民用飞机制造商空客公司（Airbus）与天昱公司、华中科技大学展开科研合作。与空客公司的合作，使天昱在飞机制造领域取得更深层次的拓展，能使更多的领先技术得到推广应用，实现产能化。目前，这一技术已经应用于西航动力公司、西安航空公司和南方航空动力公司新产品的开发，试制了高温合金双扭叶轮（bilobedimpeller/vane wheel）、铝硅合金热压泵体（heat pressing/hot briquetting pump body/chamber）、发动机过渡段（transition section）等零件，以及大型飞机蒙皮热压成形双曲面模具、轿车翼子板冲压成形 FGM 模具等，并在国际上受到广泛关注。

6. 激光技术取得长足进展。

1）目前，我国已经具备了使用激光成形超过 12 平方米的复杂钛合金构件（titanium alloy components）的技术和能力，并投入多个国产航空科研项目的原型（prototype）和产品制造中，其中包括最先进的国产战机。成为目前世界上唯一掌握激光成形（laser molding）钛合金大型主承力构件（primary/main supporting structure）制造并且装机工程应用的国家。

2）我国在激光增材制造中核心的大功率激光器技术方面也取得了突破。2013 年中国就展示了国产的万瓦光纤激光器（fiber laser），成为继美国之后第二个掌握此项尖端技术的国家，其中使用的高功率激光合束器（laser combiner）和泵浦耦合器（pump coupler）等关键核心部件都是依靠自主研发，完全具有自主知识产权。

3）激光武器是世界军事斗争的前沿技术，是太空竞争、核打击的前沿技术。中国激光武器的研制最早始于 1964 年 3 月，在过去的几十年间，中国已经陆续进行了 CO_2 激光（电激励、气动激励）、化学激光、自由电子激光和 X 射线激光等探索。在军事激光工程应用方面，中国也已解决了几大重大课题，已达到其他国家无法达到的水平。早在 2014 年底，中国"神光"项目的主要参与方上海光机所（Shanghai Institute of Optics and Fine Mechanics—SIOM）研制的超短超强激光器，就实现了 1000 万亿瓦激光脉冲输出，这是全球同类激光器迄今最大功率的输出。

4）北京航空航天大学王华明教授主持的"飞机钛合金大型复杂整体构件激光成形技术"获国家技术发明奖一等奖。这意味着我国成为继美国之后，世界上第二个掌握飞机钛合金构件激光快速成形技术的国家。而且我国已经能够生产优于美国的激光成形钛合金构件，成为目前世界上唯一掌握激光成形通过 3D 打印钛合金大型主承力构件制造且付诸实用的国家。

5）上海微电子（Shanghai Micro Electronics Equipment Co., Ltd.）的光刻机（lithography machine）能够刻蚀 90 纳米（nanometer, 符号为 nm）的集成电路（integrated circuit），中国的自主 CPU 龙芯（Loongson）2F 采用 90 纳米制程可以达到 800 兆赫的主频，性能高于 1000 兆赫的 Pentium III。这就是说，中国已经

可以自主掌握这一水平的 CPU 制造了，其经济意义和军事意义都不可低估。我国在光刻机方面取得了不少关键性突破，而每一个单项的突破都意味着中国又追上了一步。依托完整的产业链、庞大的工业产能和雄厚的人才基础，中国的 IC 产业最终实现全面超越是完全可以期待的。

6）中国科学院承担的国家重大科研装备研制项目——"深紫外固态激光源（deep ultraviolet solid-state laser source）前沿装备研制项目"已通过验收，中国由此成为目前世界上唯一能够制造实用化深紫外全固态激光器的国家。验收专家委员会一致认为，该项目属于源头创新（original/source innovation），是中国自主研发高精尖（high-grade high-precision advanced technology；sophisticated）仪器的一个成功范例。业内人士形象地说，在深紫外固态激光源前沿装备研发领域的全球"武林高手"（master-hand of martial arts）中，中国当前可谓"独步天下"。中科院成功研制的八台国际首创新型深紫外激光科研装备已在石墨烯、高温超导、拓扑绝缘体（topological insulator）、宽禁带半导体（wide bandgap semiconductor）和催化剂（catalyst）等重大研究领域获得重要结果，并在物理、化学、材料、信息等领域开创一些新的多学科交叉前沿。我国已成为目前世界上唯一能够制造实用化、精密化深紫外全固态激光器的国家。该项目的二期工作也启动实施，研制更多国际领先水平的仪器设备。

超强超短激光（ultra-intense, ultra-short laser）被认为是人类已知的最亮光源，我国上海科研人员继 2013 年成功实现了 2 拍瓦（peta-watt，常简写为 PW）激光脉冲（laser pulse/burst）输出后，2016 年又实现 5 拍瓦激光脉冲输出，力争在 2017 年实现 10 拍瓦激光脉冲输出，并于 2018 年在国际上率先建成 10 拍瓦超短激光用户装置，向国内外院校、科研机构和企业开放。

7. 2017 年 1 月 15 日，由中科院大连化学物理研究所和上海应用物理研究所联合研制的极紫外自由电子（extreme ultraviolet free electron）激光装置——大连光源，在经过三个多月的调试（debugging）后，这个总长 100 米的大装置发出了世界上最强的极紫外自由电子激光脉冲（laser pulse），单个皮秒（picosecond）激光脉冲产生 140 万亿个光子（photon），成为世界上最亮且波长完全可调的极紫外自由电子激光光源。其装置中 90% 的仪器设备均由我国自主研发，标志着我国在这一领域占据了世界领先地位，为我国未来发展更新一代的高重复频率极紫外自由电子激光打下了坚实的基础。

自由电子激光的发展在前沿科学研究中发挥着越来越重要的作用，特别是近十年来，自由电子激光技术的发展和突破为探索未知物质世界、发现新科学规律、实现技术变革提供了前所未有的研究工具。比如记录化学键（chemical bond）断裂的动态过程，具有非常诱人的应用前景。

当波长短到几近 100 纳米时，一个光子所具备的能量就足以电离（ionize）一个原子或分子而又不会把分子打碎，这个波段的光称为极紫外光。在科学实验中，需要探测的原子或分子数量可能非常少，存在时间也非常短，普通的极紫外光源无法满足这个需求，必须要有高亮度的极紫外光源，而极紫外激光只能在脱离原子核而单独存在的自由状态的电子中产生。

大连光源项目于 2012 年初正式启动，2014 年 10 月正式开工建设，并于 2016 年 9 月底安装完成，首次出光。大连光源是当今世界上唯一运行在极紫外波段的自由电子激光装置，也是世界上最亮的极紫外光源。光源的每一个激光脉冲可产生超过 100 万亿个光子，波长在极紫外区域完全连续可调，具有完全的相干性（coherence）。该激光可以工作在飞秒（femtosecond）或皮秒脉冲模式，可以用自放大自发辐射或高增益谐波（high-gain harmonic wave）放大模式运行。在这样的极紫外光照射下的区域内，几乎所有的原子和分子都"无处遁形"（nowhere to hide）。大连光源属于第四代光源，在化学、能源、物理、生物、环境等重要研究领域有着广泛的应用。例如，人们关注的雾霾问题，就可以利用大连光源来研究。大气中的化学物质与水分子作用后，形成分子团簇（molecular cluster），这些团簇在生长过程中吸附大气中各种污染分子，生长为较大的气溶胶颗粒（aerosol particle），并逐渐成长为雾霾。利用大连光源极紫外软电离技术，就可以研究雾霾的生长过程，从根本上理解雾霾形成的机理，为大气污染防治提供科学依据。

8. 2016 年 11 月 11 日，由中国科学院长春光学精密机械与物理研究所承担的国家重大科研装备研制项目"大型高精度衍射光栅刻划系统（diffraction grating system）"的研制通过验收，并刻划出世界最大面积（400mm×500mm）的中阶梯光栅（echelle），光栅刻划系统和光栅都达到国际领先水平。这一成果结束了我国高精度大尺寸光栅制造受制于人（be underdog）的局面，为我国相关高科技领域的战略部署和光谱仪器（optical spectrum instrument）产业竞争力的提升提供了关键核心技术支撑。2016 年 12 月 2 日，由中国科学院上海光学精密机械研究所承建的上海超强超短激光实验装置（super ultra-short laser experiment facility—SULF）正式开工建设。该装置的预研工作于 2016 年 8 月取得重大突破，成功实现了峰值功率 5.3 拍瓦、脉冲宽度 24 飞秒的激光脉冲输出，是当前国际最高激光脉冲峰值功率，并为实现 10 拍瓦激光脉冲输出奠定了坚实的技术基础，标志着我国在该领域达到世界领先水平。超高功率超短脉冲激光是国际激光科技的竞争前沿，具有重要科学意义和巨大应用价值，将推动相关战略高技术发展，并引发新技术变革和创造新产业。

该项目负责人唐玉国研究员介绍，光栅是一种具有纳米精度周期性微结构的精密光学元件，除了在各类光谱仪中担当"芯片"角色外，还在天文学、激光器、光通信、信息存储、新能源等诸多领域中具有重要应用。虽然在生活中很难直接看到光栅的身影，但它遍及农轻重、海陆空、吃穿用等各行各业，实实在在影响着人们的生活。由于光栅面积大，可获得高集光率（etendue; light gathering power）和分辨本领；精度高，可获得更好的信噪比。随着科技不断发展，大面积高精度中阶梯光栅已经成为制约（restrict）我国相关领域技术发展的短板，尽快研制此类光栅也是各光栅强国之间竞争的焦点。光栅刻划机是制作光栅的母机，因为部件的加工装调精度准，运行保障环境要求高，被誉为"精密机械之王"。研制成功的光栅刻划机的刻槽精度可以保证在约 20 千米行程范围内，刻槽间距误差小于一根头发丝的千分之一。此外，项目组还突破了一系列核心高精度零件的加工制造技术，几乎所有关键部件都冲击了世界极限水平。

9. 华东师范大学信息科学技术学院博士生童文旖在导师段纯刚和南京大学教授万贤纲合作指导下的研究成果以"Concepts of Ferrovalley Material and Anomalous Valley Hall Effect"（铁谷体及其反常谷霍尔效应）为题发表在最近的《自然》（Nature）杂志子刊《自然·通讯》（Nature Communications）上。

电子具有电荷（electric charge）和自旋（spin）两种自由度（degree of freedom）。传统的微电子学（microelectronics）主要利用了电子的电荷自由度，并发展出今天的超大规模集成电路；而当代的自旋电子学（spintronics）则以电子的自旋自由度为研究对象，在进一步提高信息处理速度和存储密度方面发挥了引领作用。探索出新的电子自由度对下一代新型信息存储（information storage）器件的制备乃至未来信息产业的发展都具有重要意义。铁谷体中自发的谷极化（valleypolarization）特性，使得该器件断电后信息不会丢失，对推动下一代非易失性内存（non-volatile memory）的发展具有重要的意义。正是基于这样的背景，近年来以研究固体布洛赫电子（Bloch electron）的能谷（energy valley）为核心的"谷电子学"（valleytronicss）引起了广泛的关注。能谷一般指布洛赫电子能带的极值点（extreme point）处。如果材料中存在一系列具有稳定能态的能谷，原则上这些能谷就可以作为新型的自由度用于实现信息编码（information coding）和数据操作（data manipulation）。将能谷作为量子自由度加以应用的关键在于打破能谷间的对称性（symmetry），即实现谷的极化。力场、光场、电场、磁场等均逐步被证实能用于实现能谷间的能级退简并（degeneracy, simplification, and combination of energy level），从而达到谷极化。这些动态的谷极化手段虽然有着很深的物理内涵，但是并不适合应用于实际的信息存储，因为一旦外场撤去信息就会丢失，即具有所谓的易失性（volatile），这就大大限制了基于谷电子学的存储器件的应用。研究人员敏锐地意识到：在谷电子学材料中应该存在一类具有自发谷极化的材料，而类比于传统电子学中具有自发电偶极矩（electric dipole moment）的铁电体（ferroelectrics）和自旋电子学中具有自发自旋极化的铁磁体（ferromagnet），它们可被称为铁谷体（ferrovalley materials）。他们从 $k \cdot p$ 模型出发，通过在体系的哈密顿量中引入新能量项以打破能谷间的时间反演对称性，并发现在单层过渡金属二硫族化合物（transition metal dichalcogenides）中实现自发谷极化的关键在于自旋轨道耦合（coupling）作用与内禀交换（intrinsic exchange）作用的并存。以此为基础，他们发现单层的 2H 相 VSe_2 正是所要寻找的铁谷体。特别值得一提的是，理论预测其铁谷特性能够在室温下得以保持，这意味着铁谷半导体 VSe_2 有机会被应用于实现室温的谷电子学器件。他们的研究进一步揭示铁谷体中存在着依赖圆偏振光旋性（circularly polarized light spin）的光学带隙（optical band gap），这就为利用非接触的光学手段表征谷极化提供了理论依据。更有趣的是，他们发现铁谷体中会存在一种新型的霍尔效应，并将其命名为反常谷霍尔效应：在无须依赖外加磁场的情况下，霍尔电流会导致铁谷体样品的两侧同时出现电荷、自旋以及谷信息的积累。基于此可以实现对铁谷体中谷极化信息的电学读取。

这项研究打通了谷电子学与多铁体这两大凝聚态热门研究领域，并为铁性家族（ferroic-family）引入了一位新成员铁谷性，无疑将可能揭示出固体材料中更加深刻的物理内涵。

10. 东北大学与宝钢、一汽等企业合作，在 2002 年就成功制造出我国的微晶钢（micro-crystalline steel，是一种超级钢）并用于汽车行业。超级钢的特点是：低成本、高强韧性、环境友好（environmentally friendly）、节省合金元素和有利于可持续发展，被视为钢铁领域的一次重大革命。我国是目前世界上唯一实现超级钢的工业化生产的国家，其他国家的超级钢尚未走出实验室。

11. 据美国《侨报》2017 年 1 月 5 日报道，美国国家加速器实验室（National Accelerator Laboratory—SLAC）的科学家，近日研发出一种利用最小分子的钻石金刚烷（adamantane; congressane），制作出直径仅有三个原子的世界最细电线，而且在堆叠之后每一根小电线都能彼此绝缘。该研究第一作者是来自中国的斯坦福博士后颜浩。该项研究结果刊登在《自然·材料》杂志上。这一成果为纳米技术领域带来了巨大的希望，它为将来构建分子尺度（molecular scale）网状材料（mesh material）提供了一种技术，可用于开发更小、更高效的电子产品或发电织物。颜浩说："研究的成果表明，我们能够制造世界上最小直径的电线，而且它们是自装配而成。这一过程非常简单，仅需半个小时就能得到结果。"据介绍，这些钻石电线是以组乐高（Lego）的方式自动堆叠，把硫原子链接到钻石上的金刚烷后，再放置入铜化物液体中，硫原子与铜原子就会相互吸引堆叠成为电线的芯线（core wire; centre thread），钻石的碳原子则在外层形成绝缘层（insulating layer），半小时后就能看到一堆细小的"钻石电线"自行组成完毕。人们可以通过这一新方法发现，自主地利用不同原子的特性，来控制链结的方式，制造出不同粗细的电线。且此电线内含有的金刚烷，亦可从石油中提取并分离后获得，对于原料运用上也可说是毫无浪费。此外，该技术不仅可用于制造硫—铜纳米电线，还可使用类金刚石来制造其他类型的电线，例如镉、锌、铁和银电线。可以说，这种方法为我们提供了一个多功能的工具包（toolkit），我们可以修改一些成分和实验条件来创建具有精细可调整电子属性的新材料。

12. 中科院张涛研究员领导的航天催化（space catalytic）与新材料研究团队在单原子催化（monoatomic catalyst）研究领域取得新进展。以 FeOx 为载体制备出极低金属含量的单原子铱（single atom iridium）催化剂 Ir1/FeOx，其催化活性（specific activity）比相应的团簇（cluster）及纳米催化剂高一个数量级。单原子催化是多相催化（heterogeneous catalysis）领域的新概念，其单一均匀的活性位（active site）有可能架起多相催化与匀相催化（homogeneous catalysis）之间的桥梁。这一研究成果不仅在基础研究领域有助于从原子层次认识复杂的多相催化反应，而且在工业应用领域对于发展低成本、高活性的负载型催化剂（support catalyst）也具有重要的指导意义。其可用于卫星推进剂（satellite propellant），能够降低金属用量，提高催化效率，节省催化剂成本。

13. 国家脉冲强磁场科学中心（Wuhan National High Magnetic Field Center）

在拓扑狄拉克半金属（topology Dirac metalloid）领域取得多项研究进展。拓扑狄拉克半金属是一种全新的拓扑量子材料（quantum material），其体电子形成三维狄拉克锥结构，类似于"三维的石墨烯"。在强磁场作用和驱动下，拓扑狄拉克半金属呈现出一系列新奇的量子态和物理现象，如外尔费米子（Weyl fermion，也称为幽灵粒子 ghost article）、拓扑绝缘体、拓扑超导体（superconductor; cryogenic conductor）等。北京大学量子材料中心王健研究组与国家脉冲强磁场科学中心王俊峰研究员合作，通过低温强磁场下角度依赖的电输运实验勾画出三维狄拉克半金属 Cd_3As_2 单晶的全费米面信息展示。复旦大学物理系修发贤研究组与国家脉冲强磁场科学中心夏正才教授合作，系统研究了 Cd_3As_2 单晶在强磁场下的朗道能级（landau level）劈裂行为（cleavage），以及 Berry 相（Berry phase）与磁场（magnetic field）角度的演变关系。该研究表明，磁场导致的对称破缺在三维狄拉克半金属性质中发挥着重要作用，强磁场实验条件已经成为一种探索外尔费米子的有效途径。我国脉冲强磁场实验装置跻身世界上"最好"的脉冲场之列，在电源设计和磁体技术方面取得的成就位列世界顶级。

14. 据中国新闻网 2017 年 1 月 12 日报道，近日复旦大学物理学系教授修发贤课题组（research group）在拓扑半金属（topology semimetal）砷化镉（cadmium arsenide）纳米片中成功实现手性反常（chiral anomaly）的能谷非局域输运（nonlocal energy valley transport），为外尔半金属（Weyl semimetal）中的手性反常现象在实验上提供了首次可靠的定量测量，并给出了手性反常的一个重要参数——能谷散射特征长度。1 月 9 日，相关研究论文"Room-temperature chiral charge pumping in Dirac semimetals"（"狄拉克半金属常温手性泵充电"）在线发表于《自然·通讯》。该工作是与澳大利亚昆士兰大学（University of Queensland）邹进课题组、复旦大学物理系吴义政课题组合作完成的，修发贤课题组博士生张成、张恩泽、王伟懿分别为前三名作者。手性反常和外尔费米子物理学的一个重要规律就是对称性总是对应着守恒量（conserved quantity）。但是随着量子力学（quantum mechanics）的发展，人们发现，在一些经典情况下，具有的对称性会在量子化（quantization）之后被打破，其对应的物理量就会因此不再保持守恒，这就是所谓的量子反常。电影《星际穿越》（*Interstellar*）中多次出现过书和登月舱模型自动掉落书架的情节，其实就是一种引力异常现象，是一个典型的量子反常行为。另一个著名的量子反常就是这里研究的手性反常，对应着手征对称性的破缺。1929 年，德国科学家外尔（Weyl）指出，无质量电子可以分为左旋和右旋两种不同"手性"，被称为外尔费米子。这种新奇的无质量粒子在粒子物理（particle physics）的标准模型中占有重要地位，但是多年来并没有被实验所验证（experimental verification）。之前备受瞩目的中微子（neutrino）曾经被认为是外尔费米子，但是后来发现，中微子其实是有一定质量的。近期在凝聚态（condensed state）体系中发现非简并（non-degenerate）的能带交错点（energy band interlacing point）附近的电子态恰好符合外尔方程，这种半金属中的准粒子可以看成是凝聚态物理中的外尔费米子，对应的母体称为外尔半金属。在平行的磁场和电场作用下，外尔费米子会因为手征对称性的破缺出现手性反常现象，与之对应的特定手性的外尔费米子数目不再守恒。在外尔半金属中，由于整体电子数不变，手性的外尔费米子会在外场作用下自发转化成另一种手性，这是一种手性极化状态。在外尔半金属被发现不久，国内外多个课题组都独立报道了外尔半金属中的纵向负磁阻现象。然而，后期仔细的实验研究表明，在外尔半金属这类高迁移率的导电材料中，磁场会导致电流的非均匀分布，导致测量时电压差不完全正比于样品本征的电阻变化，出现所谓的电流喷射（current jetting）现象。这种情况下也会导致纵向负磁阻的产生，使得领域内一时出现大量关于手性反常实验验证的讨论。修发贤课题组创新性地把电流诱导和探测手性反常的区域分离开，在砷化镉纳米片加工出多对通电及测量的电极，利用能谷输运的原理来把局域的手性极化电子态传输到测量电极。这种空间上的隔离很好地去除了流喷射现象的影响。更为重要的是，多对测量通道同时测量到了极化电子态在样品中的扩散行为，通过拟合扩散方程，能够给出能谷散射特征长度。这是手性反常的一个重要参数，能够表征极化电子态的稳定性，也是理论上计算各种手性反常行为的主要依据。

这项研究在当前手性反常的大量讨论中给出了一个可靠的实验方案，并且首次定量测量出了手性反常的特征参数，给未来外尔半金属在能谷电子学的各种器件研究奠定了基础。修发贤主要从事拓扑狄拉克材料的生长、量子调控以及新型二维原子晶体（two-dimensional atomic crystal）的器件研究。在狄拉克材料方面致力于新型量子材料的生长、物性测量以及量子器件的制备与表征。在二维材料的器件方面主要研究其电学、磁学和光电特性。

15. 人们谈论量子计算（quantum computation）的超强性能有很长一段时间了，盼望能造出一秒钟就能完成现在超级计算机几年的计算任务，但是迄今没有制造出一台真正意义上的量子计算机，其中一个很重要的原因就是，用于量子计算的粒子状态并不稳定，任何电磁或物理干扰都可以轻易打乱它的工作。于是状态非常稳定的马约拉纳费米子（Mayorana fermion）的粒子就成为制造量子计算机的完美选择之一。但是为了捕捉它，科学家们已经潜心追踪了 80 年。2016 年 6 月，在上海交大的实验室里，贾金锋终于成功捕捉到了它。提起当时的情景，贾金锋说："其实我刚开始听到这个马约拉纳费米子的时候，我觉得这个东西，可能 20 年也不一定做得出来。"贾金锋研究团队利用特殊的材料制备方法，在超导体上生长 5 纳米厚度的拓扑绝缘体（topological insulator），制备出拓扑超导体材料，最终在拓扑超导体的界面上发现了马约拉纳费米子。迷踪 80 年的神秘粒子被成功捕获，也让贾金锋更加坚定了用其制造量子计算机的信心。贾金锋说："希望能在几年之内把拓扑量子比特做出来！（此前）全世界还没有，所以我们要是从这一点开始切入的话，我们跟全世界是同一个起跑线，对我们国家来说，这是能够赶上量子计算世界脚步的一个切入点（entry/breakthrough point）。"

16. 2016 年 9 月 7 日中科院电工研究所（Institute of Electrical Engineering）宣布，该所研究员马衍伟团队成功研制国际首根 100 米量级铁基超导（iron-based superconductor）长线。这是铁基超导材料从实验室研究走向产业化的新的里程碑。目前世界上铁基超导线制备还处于米级水平。马衍伟团队于 2008 年研制出世界上首根铁基超导线材，随后在铁基超导材料的成相物理化学（imaging physical chemistry）、元素掺杂（element doping）、线带材成材（wires and tapes formation）、热处理（heat/thermal treatment）工艺、微观结构等方面深入研究，掌握了采用成本较低的粉末装管法（powder-in-tube method）制备高性能铁基超导线带材的一整套关键技术，并在铁基超导线带材的载流性能（current-carrying performance）方面一直保持国际领先水平。2010 年，他们首创铁基超导前驱粉（precursor powder）先位烧结（prior fritting/sintering）工艺，为线材载流性能显著提升奠定了基础。2013 年，成功制备国际首根高性能铁基超导多芯线（split conductor; multi-cores cable）。2014 年，率先制备出国际首根 10 米量级高性能铁基超导长线，走出了线材规模化制备的第一步。在此基础上，该团队进一步深入探索铁基超导线材规模化制备工艺，通过对超导长线的结构设计研究和加工技术的试验优化，成功解决了铁基超导线规模化制备中的均匀性（uniformity; homogeneity）、稳定性和重复性等技术难点，最终制备出了长度达到 115 米的铁基超导长线。经测试，其载流性能表现出良好的均匀性和较弱的磁场衰减特性，在 10 特斯拉（Tesla）高磁场下的临界电流密度超过 12000 安培／平方厘米。这一重大突破表明我国已率先掌握了具有自主知识产权的铁基超导长线制备技术，奠定了铁基超导材料在工业、医学、国防等诸多领域的应用基础。

自然界中很多材料都只是单一的超导或者拓扑绝缘体，超导和拓扑两种状态很难在同一种物质中共存。中国科学家以新型高温超导材料 FeSe/SrTiO$_3$ 为研究对象，结合理论计算、扫描隧道显微镜和角分辨光电子能谱，系统地研究了其反铁磁电子构型，在实空间观测到自旋—轨道耦合所打开的拓扑能隙中一种新型一维拓扑边界态的存在。2014 年 1 月，以赵忠贤、陈仙辉、王楠林、闻海虎、方忠为代表的中国科学院物理研究所 / 北京凝聚态国家实验室（Beijing National Laboratory for Condensed Matter—BNLCM）和中国科学技术大学研究团队因为在"40K 以上铁基高温超导体的发现及若干基本物理性质研究"方面的突出贡献获得了国家自然科学一等奖。

2012 年，中国的高温超导技术（high temperature superconducting technology）已经在多个领域里进入实用范畴，其中一个应用方向是构建变电站（transformer substation）。高温超导体具备零电阻的特性，即可以无损耗地传输电流，这使得超导材料在电力行业中有着天然的应用优势。

这座超导变电站采用了四项超导技术，分别是：高温超导储能系统——世界上并网运行（run grid-connected）的第一套；高温超导限流器（current limiter; flow snubber）——中国第一台、世界第四台并网运行；高温超导变压器——中国第一台、世界第二台并网运行，也是世界上最大的非晶合金（amorphous alloy）变压器；三相交流（three-phase alternating current）高温超导电缆——研制时为世界最长的同类电缆。

联通的 CDMA 基站和全国 16 个省市的通信装备都已应用了由清华大学的曹必松团队研制、拥有完全自主知识产权的高温超导滤波器（filter）。使中度干扰下的装备最大作用距离平均增加了 56%，移动基站的辐射功率降低一半。

中国在高温超导和高强度永磁材料（high intensity permanent magnetic material）两方面的基础研究和构成应用都具备相当的优势。此前中国已经建立了世界上首条高温超导电缆，长 360 米、载流能力 10 千安，已并网运行；国际合作的顶尖物理探测设备阿尔法磁谱仪（alpha magnetic spectrometer）中的永磁体也是由中国制造的，它提供了仪器必需的巨大磁场，是其核心器件之一。

中国科学技术大学合肥微尺度物质（microscale material）科学国家实验室的王征飞教授和美国犹他大学（University of Utah）刘锋教授、清华大学薛其坤院士及马旭村研究员、中科院物理所周兴江研究员合作基于铁基高温超导材料（iron pnictides system; iron-based high-temperature superconducting material）研究发现的新型一维拓扑边界态，有望为人类叩开高能量子计算机的大门。国际著名学术杂志《自然·材料》刊登了新型一维拓扑边界态（one dimensional topology boundary state）的发现。拓扑超导体能在计算中发现错误，一旦出错就会在信息处理过程中产生抵抗。拓扑超导态有别于传统的超导体，兼具超导材料和拓扑材料的特性，内部是超导态，而表面或边界则存在厚度约为 1 纳米的受拓扑保护的无能隙（incompetent gap）金属态。把一个拓扑超导体一分为二，其新表面又会自然出现一层厚度约 1 纳米的受拓扑保护的金属态。量子计算最理想的粒子——马约拉纳费米子与普通计算机通过二进制（binary system）方式处理数据不同，量子计算机采用次原子粒子"量子"来存储和处理信息。如果现在的传统二进制计算机的速度是自行车，量子计算机的速度就好比飞机。但是，由于量子计算的粒子的"量子态"并不稳定，电磁干扰或物理干扰可以轻松打乱它们本应进行的计算，故而需要一种不受干扰的粒子。马约拉纳费米子就是最理想的粒子，由于马约拉纳费米子的反粒子就是它本身，其状态非常稳定，不易被传统的电磁或物理干扰破坏，可以被用于定义量子计算中的量子比特。量子计算机的运算时间由于量子比特间的相干性的存在而有限制。拓扑超导材料有助于解决传统量子比特的退相干问题，提高其存活时间。具备拓扑以及超导这双重量子现象的新型超导材料是一种特殊的绝缘体，可以"哄骗"电子跑到这种材料的表面，将其转变为马拉约那费米子。

17. 浙江大学高分子（macromolecule）系高超教授的课题组制备出了一种 0.16 毫克 / 立方厘米的超轻气凝胶（super light aerogel），其密度是平常空气密度的八分之一，刷新了 2011 年由美国人创造的、固态材料密度 0.9 千克 / 立方米的世界纪录。超低密度并非是这种材料的唯一特点，它还具备高弹性，被压缩 80% 后仍可恢复原状；对有机溶剂具有超快、超高的吸附力，是已报道的吸油力最高的材料，在保温、催化和环保方面都有潜在的用途。

18. 我国在两年多前就制成了可耐 1000℃ 高温的新型无机耐火纸（inorganic flame-proof/incombustible paper）——羟基磷灰石（hydroxyapatite），近日，这项技术又取得了实质性进展。中国科学院上海硅酸盐（silicate）研究所朱英杰团队通过优化（optimize）组分配方（component/constituent formula）和抄造技术（paper-making; manufacture paper with pulp），成功研制出大尺寸、厚度可调控、符合复印纸国家标准的新型无机耐火纸。相关研究成果发表在学术期刊《欧洲化学》上。

这种新型无机耐火纸利用传统造纸工艺制造设备制成，以具有高柔韧性的羟基磷灰石超长纳米线（ultralong nanowire）为原料。羟基磷灰石是人体骨骼和牙齿的主要无机组分，环境友好、耐高温、不燃烧；羟基磷灰石超长纳米线，具有高柔韧性（suppleness）呈现优质的白色，可有效解决羟基磷灰石材料的高脆性（brittleness; friability）难题，是构建新型无机耐火纸的理想材料。此前，新型无机耐火纸仅限于实验室规模的制备，经过两年攻关，朱英杰团队发现了一种油酸钙（calcium oleate）前驱体（presoma）溶剂热法（soluvent heating），成功制备出最大长度接近 1000 微米的羟基磷灰石超长纳米线，放大制备技术具有可重复性。经优化后，新型无机耐火纸各项性能大幅提高，尺寸由原来的几厘米放大到A3 尺寸（42 厘米 ×29.7 厘米），主要性能指标达到复印纸国家标准，可直接应用于日常书写、打印和复印，效果优良。新型无机耐火纸本身具有较好的生物相容性（biocompatilibility）和高效抗菌（antibiosis）性能，耐高温、不燃烧。制造过程也是环境友好的，因此，即使大规模应用也不会对环境造成严重污染。外观上，这种耐火纸与传统植物纤维纸（paper made of plant fiber）很相似，除用于一般书写、打印和复印外，可应用于耐高温特种纸、耐火书法和绘画纸、耐高温标签纸以及档案等重要文件的长久保存。日常生活中，病历纸、钞票纸和各种票据等一些使用和交换频繁的纸张，细菌容易附着于纸的表面并通过人群传播，对人体健康造成严重威胁。另外，重要馆藏书籍和文物的保存也需要预防霉菌（mould; mycete）。为满足这一需求，朱英杰团队成功制备出新型抗菌无机耐火纸。下一步，团队将继续探索新型无机耐火纸的低成本批量制备技术，进一步拓展耐火纸的应用领域，包括特种无机耐火纸、功能化耐火纸、高效吸附过滤纸（adsorbing filter paper）、阻燃材料（fire resistant material）和生物医用材料（biomedical material）等。

19. 精进电动科技（北京）有限公司 [Jing-jin Electric（Beijing）Co., Ltd] 首席技术官（chief technology officer—CTO）蔡蔚回攻克了电动汽车的"大脑和心脏"——电机系统总成（assembly）和整车控制等核心关键技术。目前投入量产的内置永磁磁阻式同步电机（reluctance-type synchronous motor），具有转矩（torque）密度高、转速范围宽、调速性能好、低振动噪音（low vibration noise）等优势，不仅成为国内第一个实现大批量生产同类产品的企业，而且打败了国外众多竞争对手，获得巨额订单。

20. 近年来，氢燃料电池（hydrogen fuel cell / battery）受到世界各国所重视，国外部分氢燃料电池汽车已逐步走向市场。2016 年 4 月，我国《能源技术革命创新行动计划（2016—2030 年）》和《能源技术革命重点创新行动路线图》发布，提出了 15 项重点创新任务，包括氢能与燃料电池技术创新、先进储能技术创新等，氢能源有轨电车、氢燃料电池无人机等产品已陆续问世，不少关键技术正在突破。东岳集团（Dongyue Group Ltd.）与奔驰（Mercedes-Benz）等公司签约联合开发量产氢燃料电池膜，预计 2017 年能上市，该项目对我国占领燃料电池研发制高点具有重大意义。

21. 追踪全球可再生能源（renewable energy / resources）发展的国际组织"21 世纪可再生能源政策网络"（RE21）2016 年 6 月 2 日发布的《全球可再生能源状况报告》显示，2015 年新兴经济体（newly emerging economy）在可再生能源领域的投资首次超过了发达国家，其中中国投资最多，占全球可再生能源投资总额的三分之一，其中有超过一半投入到太阳能，中国、美国、日本在这方面作出的贡献最大。

欧洲光伏发电相关的产学官组成的欧洲光伏产业协会（Solar Power Europe）2016 年 6 月 21 日公布的数据显示，截至 2015 年底，中国光伏发电新增装机容量（installed capacity）累计达到 4300 万千瓦，预计 2020 年底累计达到 6 亿千瓦。

中国已经成为全球最大的光伏发电市场。全球单体最大光伏发电项目中国—巴基斯坦 300 兆瓦光伏电站工程已全面受电。

薄膜发电（thin film power generation）被认为是新一轮能源革命。薄膜发电是由无污染、可弯曲、非常轻薄的太阳能薄膜电池提供电能，能贴在衣服、手机、汽车等几乎所有的地方，这样就可以给手机、iPad 等随身携带的设备充电。

中国的汉能（Hanergy）控股集团是全世界薄膜发电领域最大的公司。汉能于 2014 年收购了美国创新企业 AltaDevices，从而拥有了全球最为先进的薄膜太阳能技术砷化镓（GaAs）高效柔性薄膜技术。运用该技术生产的电池片可以为广泛的移动电源应用提供支持。经美国国家可再生能源实验室认证，AltaDevices 以单结电池 28.8%、双结电池 31.6% 的转化效率成为柔性薄膜电池的双料世界冠军。

人类第一次钻木取火（bow-drill fire making）时，就是通过燃烧获取能源的。此后，不管是煤炭、石油、天然气，还是现在流行的页岩气（shale gas），都是通过燃烧释放能量的，造成日益增多的二氧化碳及其他有毒气体排放。雾霾的形成就与之有一定关系。而薄膜发电可以像叶绿素（chlorophyll）一样直接把光能变成电能，没有污染，而且太阳能取之不尽，用之不竭（inexhaustible）。有人说，这是人类的终极能源利用方式，彻底颠覆了传统的能源利用方式。而第三次工业革命，就是新能源替代传统能源。

太阳能电池有两种，一是晶硅（crystalline silicon）光伏（photovoltaic）电池，二是薄膜光伏电池。后者是未来的方向。因为薄膜太阳能电池具有薄膜化、柔性化的特点。薄膜电池每平方米组件的重量大概是晶硅电池的十分之一，而且可以像衣服一样裁剪，广泛应用到移动电子产品、可穿戴设备、全太阳能动力汽车、特种装备、太阳能无人机、卫星等高科技领域。这样，不仅是办公楼、住宅能发电，我们每个人穿的衣服、戴的帽子、背的包、用的手机、开的车，只要贴上薄膜电池，就能成为发电站，能源将无处不在。移动能源让人们的生活更自由，人们获取能源的方式会变得更方便、更便宜、更环保、更智能。移动能源还将形成一个新的经济增长点，特别是在中国，移动互联网、各种电子产品、电动汽车、无人机市场发展速度非常快，直接产生对移动能源的巨大需求。比如，现在全球电动汽车保有量已经超过 40 万辆，到 2020 年至少超过 1000 万辆。现在 6 平方米的车顶铺上转化率 30% 的柔性薄膜发电组件，晒 4 个小时，一辆汽车可以跑80 千米—100 千米。边跑边充电，从这个意义来讲，充电桩（charging pile/point）会受到巨大的挑战。

22. 2016 年 11 月 21 日，我国研究人员在美国《国家科学院学报》上报告了一种高效、便携的太阳能海水淡化（desalination of sea water）技术，能以高达80% 的能源转换效率（energy transfer efficiency）把海水转化成高质量的饮用水，而以前在同等条件下的转换效率一般只有 60% 左右。负责研究的南京大学现代工程与应用科学学院（institute of modern engineering and applied science）朱嘉教授告诉记者，太阳能海水淡化利用光蒸馏（light distillation）原理，无须其他能量即可产生淡水，因此是一种理想的海水淡化方案。

朱嘉课题组在研究中提出的新思路有两大创新之处：一是利用石墨烯制成可折叠而且轻便的薄膜，用来吸收太阳能蒸馏海水，大大增加了便携性（portability）；二是让石墨烯吸收体与海水分隔开，降低热导损耗。他们设计了一个特殊的二维水通道，这个圆柱体形状的热绝缘体由泡沫聚苯乙烯（foam polystyrene）制成，热绝缘体外层涂以织维素涂层（cellulose lacquer covering）

构成特殊水通道，圆柱体顶部覆盖着石墨烯薄膜，不让吸收体与海水直接接触，所以不需外界辅助就能实现高效转换。工作时，织维素通过毛细作用（capillary action）从下部水池吸水，供给上方薄膜加热成蒸汽，进而收集淡水。转化后水质经初步检验超过世界卫生组织等国际通用标准。加上薄膜可折叠且轻便，制造成本较低，所以"应用范围大大提高"。谈及这项工作的意义，朱嘉说，水资源短缺是世界性难题，同时还和能源、环境问题紧密相连。水资源短缺的地方，往往又是很多特殊地点（沙漠、海岛、贫困欠发达地区或遭受自然灾害的地方），绿色、便携、高效的水处理技术往往是这类地区所急需的。2014 年，无锡江阴远景能源公司（Envision Energy）创始人张雷再次被《福布斯》（Forbes）杂志评为"中美年度创新十强"之一。远景公司目前已成长为全球最大智慧能源资产管理服务公司，新增风电装机排名位居全国前三，是国内最大的海上风机（offshore wind turbine）供应商。2015 年 7 月，远景能源主导研发的 EcoSwing 无叶片超导风机（superconducting wind turbine）技术，得到了欧盟（EU，全称是 European Union）"地平线 2020"计划近 1 亿元人民币的研发支持，这也是中国企业迄今为止在欧盟拿到的最大金额研发支持。

23. 中国自行研制的北斗卫星导航系统（Bei Dou Navigation Satellite System—BDS），是继美国全球定位系统（Global Positioning System—GPS）、俄罗斯格洛纳斯卫星导航系统（Global Navigation Satellite System—GLONASS）之后第三个正式组网运行（networking）的卫星导航系统。和其他两个卫星导航系统相比，北斗系统将定位和短信结合在一起，等于一下子拥有了两套卫星系统，是非常有创造性的一种组合，并且在实际中已经发挥了巨大作用。

北斗系统是我国自主建设、独立运行，与世界其他卫星导航系统兼容（compatible）共用的全球卫星导航系统，由空间段、地面段和用户段三部分组成，可在全球范围内全天候（all-weather）、全天时（around the clock）为各类用户提供高精度、高可靠定位（positioning; location; orientation）、导航、授时服务（time service），并具短报文通信能力（短报文功能指卫星定位终端和北斗卫星或北斗地面服务站之间能够直接通过卫星信号进行双向的信息传递，而 GPS 只能单向传递），已经初步具备区域导航、定位和授时能力。2012 年底正式提供区域服务以来，系统连续稳定运行，性能指标稳中有升，满足 10 米指标要求。经过差分仪（differential gauge）试验，成功将精度从 10 米提升到 1 米，配合地基增强系统精度将达到厘米级，测速精度 0.2 米 / 秒，授时精度 10 纳秒（nanosecond）。

北斗卫星导航系统是联合国卫星导航委员会认定的供应商之一。

现有的北斗导航系统已经是第二代了，目前共有 16 颗卫星，其中 15 颗均工作正常，此前中国还发射了 4 颗北斗一代实验卫星。2016 年 2 月 1 日 15 时 29 分，我国在西昌卫星发射中心用长征三号丙运载火箭（及远征一号上面级）成功将一颗北斗导航卫星送入预定轨道。这是我国迄今发射的第 5 颗新一代北斗导航卫星，也是第 21 颗北斗导航卫星，工作轨道为地球中圆轨道。这次发射卫星由中国科学院微小卫星（microsatellite）创新研究院（上海微小卫星工程中心）抓总，与中国电子科技集团公司等共同研制；配套运载火箭由中国航天科技集团公司所属中国运载火箭技术研究院研制。2016 年 6 月 12 日，中国把第 23 颗北斗导航卫星送入轨道。如今，北斗导航系统的服务覆盖了全球三分之一的陆地，使亚太地区 40 亿人口受益，其精度也与 GPS 相当。北斗导航卫星系统总设计师谢军在接受记者采访时表示，北斗卫星导航系统有无尽的潜力，随着北斗系统 2020 年具有全球服务能力，其在开发与应用中将发挥更大的效益。

第 8 颗北斗导航卫星入轨后，从原理上来讲，可实现全天 24 小时对区域范围提供连续、稳定的服务能力。但为了提高整个星座的稳定性，需要增加一些卫星，这样可使用户在同一时间内接收到更多的卫星信号，能够更方便地计算出自己的位置。另外，增加卫星数量还能提高终端用户导航定位的精度。

北斗导航系统设计的整体思路是先区域、后全球，采取"三步走"的发展战略：第一步，建立北斗卫星双星定位试验系统，形成区域有源定位与导航服务能力；第二步，完成三种轨道十余颗卫星的发射，建成区域导航系统，形成区域无源服务能力，向亚太地区提供定位、导航、授时以及短报文通信服务；第三步，建成由 5 颗静止轨道卫星和 30 颗非静止轨道卫星组成的覆盖全球的北斗全球卫星导航系统，形成全球无源定位服务能力。2012 年，北斗卫星区域导航系统迎来从第 11 颗到第 15 颗 5 星密集发射期，其中，第 12、第 13 颗卫星以及第 14、第 15 颗卫星均为一箭双星发射。2012 年 10 月 25 日，第 16 颗北斗导航卫星成功发射，北斗卫星区域导航系统完成了所有卫星发射任务。中国成为世界上第四个拥有自主卫星导航定位系统的国家。中国最新发射的两颗北斗导航卫星与此前的北斗卫星相比有了重大突破，部件国产化率提高到 98%，其"心脏""慧脑""铁骨"等关键器部件全部为国产。到 2020 年，将完成 35 颗卫星发射组网，为全球用户提供服务。

北斗导航系统提供的既有有源定位，也有无源定位。无源定位的意思是，用户可以不用发射任何信号，就可以免费接收卫星的信号，实现对自己位置的定位。通过有源定位，用户可以把自己的位置报告给其他的网络或指挥控制中心，最终实现定位。有源定位是北斗的特色，能实现地面快速定位，相关应用产业的指挥调度将变得更加容易。北斗导航系统的目标之一就是在 2020 年实现有源导航定位、短报文功能。

与美国 GPS 系统的 24 颗卫星相比，北斗卫星导航系统，要多出 11 颗卫星，由空间段、地面段和用户段三部分组成，空间段包括 5 颗静止轨道卫星和 30 颗非静止轨道卫星；地面段包括主控站、注入站和监测站等若干个地面站（ground/earth station）；用户段包括北斗用户终端以及与其他卫星导航系统兼容的终端。我们的卫星比 GPS 多，是因为两个系统的星座设计不同。美国 GPS 在 1994 年就提供服务了，我国在 1994 年正式启动北斗导航系统建设时，差不多比 GPS 导航系统晚了 20 年。2004 年的时候，我们只有有源定位这一个通道，所以用户数量很受限制。2012 年底，我们基本上能覆盖亚太大部分地区，实现了在中国及周边地区提供有源和无源服务，我们现在还处在一个快速发展时期。如今，在中国或中国周边地区，我们跟 GPS 水平相当。从应用的角度来讲，应该说还不如 GPS，但从精度上来讲，已经和 GPS 相当。加上我们配套的地面增强系统，应该说现在精度是米级的，个别行业的一些企业已经做到了优于米级这样的水平。

目前市场热炒的"车联网"（internet of vehicles; car networking）、"可穿戴设备""物联网"（internet of things）等概念都与北斗密不可分。以"可穿戴设备"为例，国内已有公司推出基于北斗卫星定位系统，与物联网、无线通信技术等相关的产品。终端为老人提供一键通话、一键紧急求助、语音提醒及血压、心电等医疗数据无线采集等应用，老人戴上终端产品后，将连上智能服务平台，家人可随时了解老人的位置、身体状况，并可以进行防护圈设置和语音提醒等，与医护人员联系。此外，北斗在自驾游（road trip; self-driving tour）、探险游等旅游领域也有作为。对于登山爱好者来说，发生事故后，北斗定位服务可以保障其随时获得救援。

与 GPS 相比，北斗系统有几个优势，首先是兼容互操作（interoperability）。这将会给用户带来很多好处，因为用户在同一时间内可以收到更多导航卫星的信息，解算自己的位置、速度、时间就更加方便，同时精度也更高。北斗系统做到与其他系统兼容后，可在北斗信号强的时候使用北斗，用 GPS 帮助修正，辅助提高导航服务精度。全球四大卫星导航系统达成兼容互操作协议之后，系统间的兼容使用是完全没有问题的。其次，北斗导航系统的目标之一就是在 2020 年实现有源导航定位、短报文功能。这是目前格洛纳斯、GPS 等没有的功能。

自 2012 年 12 月 27 日正式提供区域服务以来，北斗导航区域系统一直在连续、稳定、可靠运行，其服务覆盖了全球三分之一的陆地，使亚太地区 40 亿人口受益，体现了中国的责任和地位。北斗工程的实施带动了我国卫星导航、测量、电子、元器件等技术的发展。在我国的交通、通信、电力、测绘、防灾救灾等领域得到了广泛应用，带动了产业转型升级，并可以为我国周边地区提供连续稳定可靠的导航以及定位等服务，在交通运输领域、大地测绘（geodetic surveying and mapping）以及农业、渔业应急救灾指挥调度方面具有独特的功能。

据报道，在内蒙古，一些牧民已经开始使用北斗导航系统，通过智能手机或电脑远程控制羊群。内蒙古科技大学和杭锦旗共同开发出了一套应用，让当地牧民实时监控到羊群的位置，每只羊的脖颈上都挂着一个可以向卫星发送信号的芯片。此外，牧民还可以用这套系统控制水井，只要轻点手机就可以启动水井泵。在新疆，北斗卫星导航系统则被用于灌溉、播种和棉花收割。新建农业开发公司拥有的十个牧场、将近九万公顷可耕地都已经使用了北斗卫星导航系统来指导收割设备进行棉花收割。相比于 GPS 和其他类似导航系统，北斗卫星导航的一大优势是可以发送短信。越来越多的渔民都开始使用北斗系统发送求救信号，而不再依赖于在海上根本不起作用的手机信号连接，或是其他需要承担高额成本的系统。目前北斗卫星导航系统在农业部门已经拥有一千万用户，北斗在安全、气象和运输等领域的优势将继续展现。

在 2008 年汶川地震的救援行动中，在其他通信手段全部中断的情况下，北斗系统发挥了重要作用。北斗系统对中国而言，具备双重的意义，不但是一种自主的全球导航系统，而且是一种自主的全球通信系统，后者的实际作用绝不亚于前者。预计北斗导航系统将在 2020 年全部建成。

除了北斗导航系统，中国还建成了另外一个极其重要、却鲜为人知的卫星系统——天链（Sky Chain）。如果说北斗卫星是为了从天上指挥地面，那么天链卫星则是为了从地面指挥天上。天链系统使中国第一次拥有了属于自己的大容量全球数据通信系统。以此为基础，中国不仅可以实现无盲区的航天测控，而且能够在全球范围内向作战单元（combat unit）之间、指挥中心和作战单元之间、区域指挥中心和总部之间提供数据通信支持，与北斗卫星导航系统结合之后，就可以构建出海、陆、空、天一体化的全球作战体系，使中国在全球进行军事部署或军事行动成为可能。

外电评论说，中国提升"北斗"系统能助力南海维权，在国际上"北斗"能辐射一带一路沿线，为这些国家提供方便。

24. 2016 年 6 月 20 日，德国法兰克福国际超算大会（International Supercomputing Conference—ISC）公布了新一期全球超级计算机 500 强榜单，由中国国家并行计算机工程技术研究中心（National Research Center for Parallel Computer Engineering and Technology）研制的"神威·太湖之光"（Sunway Taihu Light）以超第二名近三倍的运算速度夺得第一。"神威·太湖之光"采用大规模高流量复合网络体系结构，实现全系统高带宽、低延迟通信。系统的峰值性能 125.436 PFlops，持续性能 93.015 PFlops，性能功耗比 6051 MFlops/W，都居世界第一。这套系统 1 分钟的计算能力，相当于全球 72 亿人同时用计算器不间断计算 32 年；如果以 2016 年生产的主流笔记本电脑或个人台式机作参照，"太湖之光"相当于 200 多万台普通计算机。该套系统实现了包括处理器在内的所有核心部件全国产化。系统由 40 个运算机柜和 8 个网络机柜组成，每个机柜中分布有 4 块由 32 块运算插件组成的超节点（super node）；每个插件由 4 个运算节点板组成；一个运算节点板又含 2 块"申威 26010"高性能处理器。一台机柜就有 1024 块处理器，整个系统共有 40960 块处理器。每一块处理器相当于 20 多台常用笔记本电脑的计算能力。该超算实现了 CPU、操作系统、互联网络等核心部件的完全自主研发，其 CPU 采用国产众核芯片，双精浮点峰值（double precision floating-point peak）高达 3 TFlops，完全追平了英特尔最好的超算芯片。新超算的双精浮点峰值高达 125 PFlops，稳定性能为 93 PFlops，是美国于 2016 年完成升级的 Stampede 2 的五倍有余。

超算研究的意义不仅仅是"速度战"，更重要的是赢得"应用战"。以清华大学为主体的科研团队用此系统首次实现了百万核规模的全球 10 千米高分辨率地球系统数值模拟，这一成果将全面提高我国应对极端气候和自然灾害的减灾防灾能力；国家计算流体力学实验室将用此系统为"天宫一号"（Tiangong–1）顺利返回提供精确预测；中科院上海药物所（Shanghai Institute of Medicine）用此系统开展的药物筛选（screen）和疾病机理（disease mechanism）研究，短短两周就完成常规需要十个月的计算，大大加速了白血病（leukemia）、癌症、禽流感等方向的药物设计进度。

"神威•太湖之光"的运算速度为此前三年处在该榜单首位的"天河二号"（Tianhe–2; Milkyway–2）的两倍以上，大约是目前排名第三的美国领先超级计算机系统的五倍。这次500强榜单上，中国入围的超级计算机总量首次超越美国（中国167台，美国165台）。

据报道，我国已开始建造一款超级计算机的样机，其运算速度将是现有最快计算机的十倍，等于2000万台普通计算机加在一起。换个比喻，这款计算机一分钟的计算能力，相当于全球人口用计算器（calculator）不间断地计算320年。新款计算机将落户国家超级计算机济南中心。它能在包括石油勘探、生物医学、动画设计等方面发挥作用。

25. 由紫光股份有限公司（UNIS）技术团队经过近两年的努力研发成功的全球首台"云计算机"（cloud computer）"紫云1000"（Purple Cloud 1000）问世，标志着中国在云计算核心技术领域取得了重大突破。"云计算机"采用与个人计算机和超级计算机完全不同的分布式体系架构，借助于"云计算"的虚拟化技术，由多个成本相对较低的计算资源融合而成，其计算能力和存储能力可动态伸缩并无限扩展。云计算机可高效支持大数据处理、高吞吐率和高安全信息服务等多类应用需求，其计算能力和存储能力可动态伸缩，并可无限扩展。据了解，单台"紫云1000"云计算机的CPU处理器数量可扩充至65535个，存储空间可扩充至惊人的85 PB（等于89128960 GB），吞吐量可达到1.2 GB/秒，运行的系统软件包括自主知识产权的虚拟化模块、大数据模块和自动部署模块等。在大数据时代，云计算机将为保障国家信息安全发挥重要作用，可满足金融、电信、公安、交通等大数据行业用户对高性能、低成本、高可靠性和高可扩展性的要求，促进信息技术在物联网、智慧城市、智能电网、智能交通等大数据应用领域的广泛应用。

2016年7月4日，中科曙光公司（Dawning Information Industry Co., Ltd.）宣布正式启动由其牵头的E级高性能计算机（简称"E级超算"）原型系统研制项目。据介绍，中科曙光、国防科技大学以及江南计算技术研究所已同时获批牵头E级超算的原型系统研制项目，齐力争夺超算领域的"下一顶皇冠"。中科院计算所研究员、中国计算机学会高性能计算专委会秘书长张云泉告诉记者，业界公认超算的运算速度每提高十倍，就算提升一代。E级超算是指每秒可进行百亿亿次数学运算的超级计算机，而目前全球速度最快的中国"太湖之光"超级计算机保持的记录是每秒 9.3 亿亿次。

E 级超算将主要用于全球气候变化、新药物设计、空气动力学的研究（例如大飞机的设计或汽车的防撞测试）等领域。在天文大数据的处理以及现在很热门的深度学习领域，E 级超算也大有用武之地，但实现起来还有几面"技术壁垒墙"需突破。首先是"存储墙"（storage wall），由于超算的结构越来越复杂，当数据密集到一定程度时，存储访问内存的速度就无法满足高速处理的要求。其次是"功耗墙"（power dissipation wall），E 级超算的功耗应限制在 20 或 30 兆瓦内。而即便当前能耗比较好的"太湖之光"与这个指标相比，也还差了一个量级。此外还有"可靠性墙"，预测 E 级超算将有上亿同时运转的部件，现有技术很容易在一小时甚至几分钟内出错，系统的可靠性成为很大挑战。曙光拟采用目前最高效、最先进的服务器冷却技术——全浸没式（total immersion）相变液冷（phase transition liquid cooling）技术，能一次性解决全部元件的散热问题，同时能大幅提升系统的可靠性。

26. 国防科技大学（National University of Defense Technology）王雪松及其团队人员邢世其等，在国际上首次实现了对军事车辆等典型人造目标的三维高分辨极化层析成像（3D high polarization tomography/imaging），雷达对目标的高度分辨力达 0.45 米，为目前公开报道的最高水平。通过雷达获取感兴趣目标的图像，对提升自动目标识别系统的性能具重要的意义。这项技术在地理遥感和军事侦察领域有很好的应用前景。

27. 21 世纪初，中科院国家天文台颜毅华研究员及其团队首次提出中国射电频谱日象仪（radio heliograph）的研制方案。财政部于 2009 年 12 月正式立项这一重大科研装备研制项目。建成的新一代太阳专用射电望远镜，由分布在方圆 10 千米的三条旋臂上的 100 面天线组成高、低频两个综合孔径阵列，具有在超宽频带（ultra wide band）上同时以高时间、空间和频率分辨率进行太阳观测的能力，将填补在太阳爆发（solar burst）能量初始释放区（initial release area）高分辨射电成像观测的科学空白。由著名太阳物理学家、南京大学方成院士担任组长的验收专家组一致认为新建成的"新一代厘米—分米波（centimeter-decimeter wave）射电日象仪"是国际太阳射电物理研究领域的领先设备，为耀斑和日冕物质抛射等太阳活动研究提供了新的先进的观测手段，将极大地促进太阳物理和空间天气科学的发展。2016 年 7 月 6 日，由财政部支持、中科院国家天文台（National

Astronomical Observatory）承担的国家重大科研装备研制项目"新一代厘米—分米波射电日象仪"在内蒙古正镶白旗明安图观测站通过验收。它的建成填补了在太阳爆发能量初始释放区高分辨射电成像观测的科学空白。太阳剧烈活动研究是太阳物理的主要方向，也是我国《中长期科学和技术发展规划纲要》在学科发展和科学前沿问题中部署的主要研究领域之一。

28. 坐落在上海浦东张江高科技园区的上海同步光源工程（Shanghai synchrotron radiation facility），是 2004 年 1 月 7 日正式获批的，项目总投资 12.4亿元。2010 年 1 月 19 日，这一项目通过国家验收。这是我国自主研制的第一台第三代同步辐射装置，它所产生的同步辐射光可以看得到细胞的结构、生物体的结构或者材料的结构等。

同步辐射光的亮度可以达到我们平时用的 X 光的上百亿倍，使人们能够在原子和分子尺度上观察物质的微观世界。正因为如此，修复故宫精细文物、剖析病毒复杂机理、打造高铁高强度外壳……这些看起来不相干的领域，都能借助这一道神奇之光完成。

29. "长征"系列火箭（Long March rocket family）见证了我国航天事业的飞速发展。长征一号、长征二号、长征三号、长征四号、长征六号、长征十一号、长征七号、长征五号等，形成了具有中国特色的长征系列运载火箭家族。到2016 年 6 月，长征系列运载火箭已完成 229 次发射任务。

长征一号运载火箭是一种三级火箭，主要用于发射近地轨道小型有效载荷。1970 年 4 月 24 日，长征一号成功地将东方红一号卫星送入预定轨道。

长征二号运载火箭是一种两级火箭，是中国航天运载器的基础型号。1975年 11 月 26 日，完成了中国第一颗返回式卫星（return/recoverable satellite）发射任务。先后有长二 C、长二 D、长二 E、长二 F 等改进型。其中长二 F 是我国载人航天火箭，已将我国十艘神舟（Shenzhou）系列飞船和十名航天员（astronaut，后来专门为"中国航天员"造了一个新词：taikonaut）安全送到太空。

长征三号运载火箭 1984 年研制成功，增加了第三级低温高能液氢液氧发动机（liquid hydrogen oxygen engine）。为适应通信卫星容量和重量不断增大和变化的要求，此后我国相继研制出长三甲、长三乙、长三丙三种运载火箭。长三甲系列拓展了我国火箭使用范围，并成功打入国际市场。

长征四号系列运载火箭包括风暴（Storm Sky Rocket）一号、长四、长四 A、长四 B 等火箭，主要担负地球同步轨道卫星（geo-synchronization orbit satellite）

的备份火箭、发射太阳同步轨道的对地观察应用卫星等任务。

2016 年 8 月 10 日 6 时 55 分，我国在太原卫星发射中心用长征四号丙运载火箭成功将高分三号卫星发射升空。长征四号丙运载火箭由中国航天科技集团公司所属上海运载火箭技术研究院研制。此次发射任务是长征系列运载火箭的第 233 次发射。这是我国首颗分辨率达到 1 米的 C 频段多极化（multi-polarized）合成孔径雷达（synthetic aperture radar—SAR）成像卫星，是我国国家科技重大专项的研制工程项目之一，具有高分辨率、大成像幅宽、多成像模式、长寿命运行等特点，能够全天候和全天时实现全球海洋和陆地信息的监视监测，并通过左右姿态机动（attitude maneuver）扩大对地观测范围、提升快速响应能力，将为国家海洋局（State Oceanic Administration）、民政部、水利部、中国气象局等用户部门提供高质量和高精度的稳定观测数据，有力支撑海洋权益维护（maintenance of maritime/ocean rights and interests）、灾害风险预警预报、水资源评价与管理、灾害天气和气候变化预测预报等应用，有效改变我国高分辨率 SAR 图像依赖进口的现状，对海洋强国和一带一路建设具有重大意义。高分三号卫星还是我国首颗设计使用寿命八年的低轨遥感卫星（low-orbit remote sensing satellite），能为用户提供长时间稳定的数据支撑服务，大幅提升了卫星系统效能。截至 2016 年 7 月，高分卫星数据已在 18 个行业、1800 多家单位得到广泛应用，各行业累计使用数据近 600 万景。

长征五号是我国目前起飞规模和运载能力最大的运载火箭，于 2016 年 10 月 3 日在中国文昌航天发射场点火升空首飞。长五首次采用 5 米大直径的箭体结构，总加注量达到 780 吨，起飞时共有 10 台发动机产生 1078 吨的推力，具备近地轨道 25 吨、地球同步转移轨道 14 吨的运载能力。其主承力构件（maincarrier structure）是用 3D 打印制造的。将来会承担运送月球和火星探测飞船、巡天号太空望远镜等任务。

长征六号运载火箭是三级液体运载火箭，动力系统采用液氧煤油发动机（liquid oxygen kerosene engine），具有无毒无污染、发射准备时间短等特点，主要用于满足微小卫星发射需求。2015 年 9 月 20 日，长六成功将 20 颗微小卫星送入太空，创造了我国航天一箭多星发射的新纪录。20 颗卫星释放了 18 颗，有 10 颗是寄生在其他星上的，从第三级分离的只有 10 颗，有 8 颗星从另外 8 颗星上分离，一个月以后再有 2 颗星分离。这种星星分离技术实际上就是美国人设想但从未实施的上帝之杖（Rods from God）天基动能武器（space-based kinetic energy weapons）系统，是美军 2012 年开始研制、计划在 2025 年前完成部署的一种太空武器。该系统由位于低轨道的两颗卫星平台组成，其中一颗卫星搭载有名为"上帝之杖"的金属棒，该金属棒由钨、钛或铀金属制成，直径 30 厘米、长 6.1 米，重量可达几吨。该武器能在太空发射，不依靠任何弹药，其发射的钨杆弹能以流星的速度（39000 千米 / 小时）击中目标，其攻击能力强大、打击范围广，未来可能用于替代核武器。卫星身上带着武器，需要的时候再释放。 美国提出了设想，但我国比美国早了十年发射，令国人感到自豪。

长征十一号运载火箭是我国新型四级固体运载火箭，也是我国新一代运载火箭中唯一一型固体型号，主要用于满足自然灾害、突发事件等应急情况下微小卫星发射需求，能实现 24 小时以内的快速发射，主要用于 1000 千米以下太阳同步轨道中小型航天器的单星和多星组合发射。2015 年 9 月 25 日，长十一在酒泉卫星发射中心首次点火发射，成功将 4 颗微小卫星送入太空。

长征七号于 2016 年 6 月 25 日 20 点整在海南文昌航天发射场成功发射升空。长征七号是我国载人航天工程为发射货运飞船而全新研制的新一代中型两级液体捆绑式（bundled）运载火箭，箭体总长 53.1 米，芯级直径 3.35 米，捆绑 4 个直径 2.25 米的助推器，起飞质量约 597 吨，近地轨道运载能力 13.5 吨。长七运载火箭突破一系列关键技术，其新"大脑"的智能化（intelligent）芯片拥有了神奇的自我检测能力。未来航天发射"主力军"长征七号运载火箭是为满足我国载人空间站（spaceport）工程发射货运飞船和未来载人运载火箭更新换代的需求而研制的新一代高可靠、高安全、无毒无污染的中型液体运载火箭。

长征七号运载突破了一系列关键技术创新。全箭采用具有我国自主知识产权的 18 吨和 120 吨两种液氧煤油发动机，无毒无污染。火箭将高可靠融入设计，发射可靠性达国际先进水平。采用三维无纸设计 / 制造技术，实现了设计、分析、仿真、生产与总装数字化研制新模式，标志着我国新一代运载火箭在数字化设计能力上已跻身国际先进行列；使用新型总线控制，实现了系统级冗余

（system level redundancy）；采用绿色、环保制造工艺，"新三垂"（the three new verticles）测发模式，缩短了发射场的工作时间；箭体采用防水设计，满足雨中发射条件，增强了运载火箭对海南发射场的适应性。

长征七号运载火箭对未来卫星发射任务具有良好的适应性，通过卫星发射可以为载人航天任务积累可靠性子样（reliable increments/example），确保载人航天发射的可靠性。同时作为我国新一代中型运载火箭的基本构型，将成为我国未来航天发射任务的"主力军"。

这次发射是在新建的海南文昌航天发射场进行的。该发射场实现了三大突破：

1）成功实现了复杂自然条件下重大工程建设的突破。发射场工程建设克服了海南"高温高湿高盐雾、强降雨强台风强雷暴"的恶劣气候条件影响，攻克了深基坑（foundation pit/ditch）施工止水、建造锥形四流道导流槽（flame diversion trough）等一系列工程施工技术难题，采用一个工位设四个避雷塔加挂线技术，解决强雷暴环境下火箭和航天器雷电防护难题，采取盐雾腐蚀综合控制与防护技术，有效防护设施设备受盐雾腐蚀。

2）成功实现了生态型环保型集约型发射场建设的突破。发射场建设中千方百计保护原生椰林（native/protogenic coconut tree forest）、湿地、滩涂（intertidal zone; tidal-flat area; shoal）。所发射的两型运载火箭全面采用液氢、液氧、航空煤油等无毒无污染新型推进剂。垂直转运轨道采用集约化设计（intensive design），长征七号火箭采用直线加弯道的转运轨道，与长征五号共用一段轨道，最大程度减少工程造价和占用土地。

3）实现了大推力火箭发射能力的突破。发射场建成两个多射向、全天候、大吨位发射工位，分别用于我国长征七号、长征五号两种新型运载火箭。采用"新三垂一远"测发模式，缩短火箭测试发射周期，攻克了新型运载火箭推进剂贮运、加注、控制难关，实现运载能力由10吨级到20吨级的重大跨越，标志着我国已经跨入世界大吨位火箭发射行列。

长征七号从设计到生产，均采用全三维数字平台，标志着中国运载火箭迈入了全生命周期数字化（digitization of full life circle）的大门。长征七号另一个改变在动力系统，采用液氧煤油作为燃料，燃烧只产生水和二氧化碳，不仅更加清洁环保，同时可以让火箭推力更大，能将更重的航天器送到太空。

归纳起来，长七这个新一代运载火箭有几个特点。

1）实现了雨中发射，这是因为为其做了防水设计。

2）其燃料加注可停放 24 小时，创下了低温燃料停放时间最长纪录。

3）火箭发射时，发射平台旁的"大流量喷水降温降噪系统"给发射平台喷水降温。

4）由于火箭发射点火的瞬时温度高达 2800℃，为延长发射平台的使用寿命，每次火箭发射前，技术人员都要为即将执行发射任务的平台表面涂覆大面积"防晒霜"特种防护涂层。

5）长七火箭是乘船走海运送到发射场的，犹如坐"沙发"一样安稳。

6）为了和长征五号火箭共用一个转运轨道，节省占地面积，长七火箭转场中拐了四个 60 度的弯。

7）火箭在到达发射场之后，还有个重要的"脐带"（umbilical cord），这就是火箭的加注管道、供气管道、空调管道以及电缆等，它们向火箭源源不断地输送燃料、供气，调节体温。

8）燃料火箭是个"钢筋铁骨"的大个子，总体重五百余吨，液氧煤油推进剂的重量占了 90%，而火箭体外壳、电缆、仪器等重量加在一起只有五十余吨。火箭本身的自重越小，能提供动力的燃料就越多。

9）海南文昌发射场有"浅层风"，给长征七号运载火箭垂直转场带来挑战。为了提升抗风能力，设计部门给长七火箭装上了防风减载装置，即使遇到八级大风的天气，长七火箭依旧可以转场，它的抗风能力超过现役火箭。

长征七号火箭要为我国未来空间站发射"天舟"（Tianzhou，"天舟"星座的名字是 Argo Navis）货运飞船，服务于载人航天工程后续任务。此外，未来也要发射各种卫星，甚至载人飞船（manned spacecraft），逐步替代长征二号系列、长征三号系列和长征四号系列。长征七号最多可将 13.5 吨货物送上太空。它的芯一级安装了两台 YF-100 发动机，四周捆绑了四个火箭助推器，每个助推器安装了一台 YF-100 发动机，火箭芯二级安装了四台 YF-115 发动机。这两种发动机都是我国新研制的液氧煤油发动机，YF-100 推力是 1200 千牛（kiloNewton—KN），YF-115 推力是 180 千牛。以往我们的火箭发动机采用的燃料主要是二氧化氮（nitrogen dioxide）和偏二甲肼（unsymmetrical dimethylhydrazine），那是一种有毒的燃料，运输和加注时稍有不慎，就可能发生事故。

在海南文昌航天发射场首飞成功的长征七号运载火箭载荷组合体由远征 1A 上面级（upper stage）、多用途飞船缩比返回舱（scaled-entry capsule/module）、遨龙（Oberon）一号空间碎片主动清理飞行器、两个天鸽飞行器（Sky Dove flight vehicle)、在轨加注实验装置和翱翔之星（Soaring Star）等六类七项载荷组成。这些载荷均为首次发射，将由远征 1A 作为演示平台，开展 19 项科学验证。而天鸽飞行器的主要作用是验证空间组网通信技术。此次发射的两个天鸽飞行器将组网进行相互通信。此外还有空间"加油机"，为飞行器重新补充燃料。

2016 年 6 月 26 日 15 时 41 分，由长征七号运载火箭搭载升空的多用途飞船缩比返回舱，在东风着陆场西南戈壁区安全着陆。该返回舱高约 2.3 米，最大外径 2.6 米，总质量约 2600 克，在轨飞行时间约 20 小时，主要用于获取返回舱飞行气动力和气动热数据，验证可拆卸防热结构设计、新型轻量化金属材料制造等关键技术，并开展黑障通信技术试验。

长征七号运载火箭顺利发射升空，标志着我国航天发射场布局开启"四足鼎立"新时代。海南文昌航天发射场成为酒泉、太原、西昌之后的第四个发射场。与前三个相比，海南文昌航天发射场具有纬度低、发射效率高、射向宽、落区安全性好、海运便捷等优势。四个航天发射场形成了我国沿海内陆相结合、高低纬度相结合、各种射向范围相结合的发射场格局，使我国航天发射场的整体布局更为合理，体系更为完善。组建于 1958 年 10 月的酒泉卫星发射中心，是世界第三大载人航天发射中心，先后发射了 100 颗卫星、10 艘飞船和天宫一号目标飞行器（target aircraft/spacecraft）。太原卫星发射中心先后成功发射了我国所有的太阳同步轨道气象卫星。西昌卫星发射中心是我国发射卫星最多、对外开放最早的航天发射场，先后把 31 颗国际商业卫星送入太空。它们参与见证了我国航天事业从无到有、持续发展壮大的光辉历史。

长征七号运载火箭首飞成功后，海南文昌航天发射场又于 2016 年下半年发射长征五号新一代大推力运载火箭，并于 2017 年上半年发射天舟一号货运飞船。未来，我国的探月工程三期飞行器、现代化空间站等都将在这里发射升空。

长征七号火箭首飞成功在国防领域的意义也不可小觑（underestimate）。有了它，未来更重型的侦察、通信卫星性能将比现在有更大提高，弹道导弹预警、海洋监视、光学侦察、雷达侦察、军事通讯……这些任务都将有赖于长征七号运载火箭发射的新一代卫星来完成。

据报道，为保证长征七号火箭搭载的多用途飞船缩比返回舱成功着陆，科研人员除了为飞船研制主降落伞系统外，还配备了中国返回式航天器使用的首顶超音速伞，它可以矫正返回舱的飞行姿态，是安全返航路上的重要一环。返回舱看起来像一个头部窄、底部敦实的"不倒翁"（玩具称 tumbler，比喻性用法可用

self-righting doll，不为政治谣言动摇的人常被称为 Teflon），在再入（reentry）飞行过程中采取大底朝前、小头朝后的"仰卧"姿态，安装在头顶的主降落伞系统会顺势迎风开伞。一旦出现"掉头"现象，超音速稳定伞可凭借风力矫正返回舱的飞行姿态，从而保障主降落伞的正常工作。

长征七号火箭除了新一代多用途飞船的返回舱，还有一台以模拟的空间碎片为目标、验证碎片清除的关键技术，并在任务结束后进行钝化处理的飞行器"遨龙一号"（Oberon I），其装载的一台机械臂会模拟抓取废弃卫星和太空碎片，并具有将它们带到大气层烧毁的能力，这是中国轨道碎片清除技术研制的里程碑，也是世界上第一个主动的轨道碎片离轨清除实验项目，是中国航天人在世界航天领域不多的独领风骚的杰作。

据中国电子科技集团公司第十四研究所消息，该所研发的雷达遥测综合测量系统与七部雷达共同参与了长七首飞的保障任务，利用"反射跟踪"（reflection tracking）方式实现对火箭弹道测量的双重保障。被业内称为"智慧眼"的这个系统不仅具有望远镜的功效，还具有智能化特点，它们分布于全国多个监测站点，各司其职并组成测控链路，以一组组精密的测控数据，实现了对长征七号探测之旅的无缝覆盖。

此外，由国防科技大学自主设计研制、搭载长征七号运载火箭发射升空的"天源一号"卫星在轨加注实验载荷，成功完成了在轨加注的相关实验。"天源一号"是我国首个卫星在轨加注飞行试验系统，具有集成度（integration level）高、自主性强、稳定性好等特点，为我国掌握卫星在轨加注技术奠定了坚实基础。卫星在轨加注通过直接传输的方式对卫星进行气、液补给，可大幅延长卫星在轨寿命，提高卫星机动能力，经济价值显著。这一关键技术的攻克为推进我国卫星在轨加注技术工程化、实用化迈出坚实一步。

2016 年 10 月 17 日，长征二号 F 火箭成功发射天宫二号（Tiangong–2）空间实验室（space lab）。长征二号 F 火箭分为两级，起飞时重量接近 500 吨，其中 90% 都是液体燃料的重量。一级火箭、二级火箭以及火箭上捆绑的四个助推器如同六个巨型燃料箱，为火箭提供强大的动力。火箭各部段完成自己的使命后依次脱离，最后将天宫二号送入太空预定轨道，整个过程为 585 秒，即不到 10 分钟。火箭起飞后 12 秒，即不再垂直向上飞行，而是拐一个弯，沿着地球的倾斜度，按平行地球轨道的方向飞行，以节省火箭的燃料；随后火箭 4 个助推器、一级火箭与二级火箭分离，由二级火箭带着天宫飞出大气层。然后，保护航天器的顶部整流罩（radome）被火箭抛掉，二级发动机燃料用尽后关机，火箭在将天宫送到预定轨道后与其脱离。

运载火箭以长征命名不是巧合。1970 年 4 月 24 日，我国成功地发射了第一颗人造卫星，载星火箭就是长征一号。长征一号的研制也是一次长征，从 1958 年开始到 1970 年发射成功，足足走了 12 年。1957 年 10 月，苏联发射了世界上第一颗人造卫星。1958 年 5 月，毛泽东在中国共产党八届二中全会上提出，"我们也要搞人造地球卫星"。为发射我国第一颗人造地球卫星东方红一号，中国运载火箭技术研究院在北京南郊诞生，钱学森出任院长。火箭设计之初，大家都在想给火箭起个什么名字。中国运载火箭技术研究院第一总体设计部总体设计室的同志们，有感于毛主席著名的《七律·长征》中表现出来的红军为实现革命目标，藐视一切困难、不惧任何艰难险阻的顽强斗志和勇往直前、不怕牺牲的大无畏精神，提出建议并经上级领导批准，将火箭命名为"长征"，寓意我国火箭事业一定会像红军长征一样，克服任何艰难险阻，到达胜利彼岸。中国航天踏上新长征，"长征"成为我国系列运载火箭的标志性名称，一代代航天人也踏上了献身祖国航天事业的新长征。

八十年前，中国工农红军历经千难万险，完成二万五千里长征。作为民族奋进的精神火炬，长征精神激励着人们踏上中华民族复兴伟大的新征程。从长征路到飞天路，折射的是薪火相传（the torch handed down from generation to generation）的精神。不同的长征，同样的精神。我国的航天之路，面对发达国家在高技术领域的长期封锁，开始长征般的艰难跋涉（trekking）。中国航天人，用汗水和心血，书写了一部我国实现技术自主创新的长征辉煌历史。

30. 从 20 世纪 70 年代开始，中国的太空探索始终没有停下脚步。

1970 年 4 月 24 日，中国"东方红"一号飞向太空。这是中国发射的第一颗人造卫星。

1984 年 4 月 8 日，中国第一颗地球静止轨道（geostationary orbit）试验通信卫星（experimental communications satellite）发射成功。

1987 年 8 月，中国返回式卫星为法国搭载（carry; piggyback）试验装置。这是中国打入世界航天市场的首次尝试。

2003 年 10 月 15 日，神舟五号载人飞船升空。

2005 年 10 月 12 日，神舟六号搭载费俊龙、聂海胜两名航天员升空。

2007年10月24日，搭载着我国首颗探月卫星（lunar exploration/probe satellite）嫦娥一号的长征三号甲运载火箭在西昌卫星发射中心三号塔架点火成功发射。

2008年9月25日，神舟七号搭载翟志刚、景海鹏、刘伯明三名航天员升空。

2010年10月1日，嫦娥二号在西昌卫星发射中心发射升空。

2011年9月29日21时16分，天宫一号在酒泉卫星发射中心发射升空。飞行器全长10.4米，最大直径3.35米，由实验舱和资源舱构成。11月3日凌晨实现与神舟八号飞船的对接任务。

2011年11月1日，神舟八号由改进型"长征二号"F遥八火箭顺利发射升空。

2012年6月16日，神舟九号搭载景海鹏、刘旺和刘洋（中国首位女航天员）三名航天员进入太空。6月18日下午14时14分与神舟九号对接成功。

2013年6月11日，神舟十号搭载三位航天员飞向太空，在轨飞行15天，并首次开展我国航天员太空授课活动。飞行乘组由男航天员聂海胜、张晓光和女航天员王亚平组成。6月13日13时18分与天宫一号完成自动交会对接（automatic rendezvous and docking）。

2015年是"十二五"收官之年（final year），中国航天科技领域交出了一份堪称完美的答卷：累计发射了19箭45星，成功率100%。

2016年9月15日晚22时04分，我国在酒泉卫星发射中心用长征二号F火箭成功发射天宫二号空间实验室。

2016年10月17日，神舟十一号载人飞船发射成功，10月19日凌晨，神舟十一号载人飞船与天宫二号自动对接成功，6时32分，景海鹏、陈东先后进入实验室，进行30天的航天员中期驻留（medium-term residence）试验。

天宫二号是我国第一个完全意义上的空间实验室。其主要任务是：接受载人飞船和货运飞船访问，考核验证航天员中期驻留、推进剂补加等空间站工程相关关键技术，并开展航天医学、空间科学实验和空间应用技术试验，以及在轨维修试验和空间站技术验证试验。天宫二号空间实验室是在天宫一号备份目标飞行器基础上改进研制而成，采用实验舱和资源舱两舱构型，为满足推进剂补加验证试验需要，对推进分系统进行了适应性改造；为满足中期驻留需要，对载人宜居环境作了重大改善，具备支持两名航天员在轨工作、生活30天的能力，设计在轨寿命两年。天宫二号空间实验室装载了空间冷原子钟、空地量子密钥分配

（quantum key distribution）试验等 14 项空间应用载荷，同时搭载了香港中学生太空科技设计大赛获奖的三个实验项目，计划在太空开展科普实验活动。

天宫二号空间实验室，可以说是我们中国人自己搭的台子，一个可以在微重力（microgravity）基础物理、微重力流体物理（fluid physics）、空间材料科学（space material science）、空间生命科学、空间天文探测（astrosurveillance）、空间环境监测、对地观测及地球科学研究应用以及应用新技术试验等多个领域唱戏的台子。其中"天极"伽马暴（Gamma-ray bursts）偏振探测仪（polarimeter; polarization detector），是天宫二号上一项国际合作项目，由中科院高能物理（high-energy physics）研究所牵头，瑞士日内瓦大学（University of Geneva，法文：Université de Genève）、保罗谢尔研究所（Paul Scherrer Institute）和波兰核物理研究所等单位参加研制。"天极"的探测效率比国际同类仪器高几十倍，有望揭示伽马暴本质，为宇宙结构、起源和演化等前沿热点研究开辟新的途径，获得新的发现，将对国际天文学热点之一的宇宙伽马暴研究和高能天文学产生重大影响。

对伽马暴发射的伽马射线的偏振的探测，一直是困扰天文学家的难题。此前，受限于探测技术，科学家只测量到了少数几例伽马暴瞬时辐射的偏振，且测量误差较大。一旦我们在这方面有所突破，那么就将为伽马暴研究打开一扇新的窗口，有望取得新的进展和发现。

天宫二号所搭载的"天极"由偏振探测器和电控箱（electric cabinet）两台单机设备组成，前者安在"天宫二号"的舱外，用于伽马暴的观测，其背对地球指向天空，可以有效地捕捉到伽马暴爆发过程中产生的伽马光子，并测量它们的偏振性质；后者，也就是电控箱，则安装于"天宫二号"的舱内，主要负责为偏振探测器提供低压电源、控制数据传输以及与卫星平台应用系统之间进行通信等。"天极"还有个名字，叫"偏爱伽马暴的小蜜蜂"。这是因为蜜蜂的每个复眼（compound eye; ommateum）都有 6300 个小眼。"天极"就拜蜜蜂为师，采用 1600 根塑料闪烁棒——一种可以诱导伽马射线发出荧光的材料，组成一个探测器阵列，通过测量每个伽马射线光子同时作用的多根塑料闪烁棒的位置分布获取偏振信息。

10 月 19 日 3 时 31 分天宫二号与神舟十一号完成交会对接，为航天员组建"太空之家"。两位航天员在这里工作和生活达 30 天，完成了大量的实验任务，于 11 月 18 日胜利返回地球。

可以说，由天宫二号和神舟十一号所组成的"太空之家"是"精装修"（fine/refined decoration）的，其内部装饰材料、生活辅助设施、照明设备、空气环境等细节因素，都能用"科学设计"来形容。天宫与神舟的组合体中划分了工作、生活、试验、睡眠、娱乐、垃圾存放等区域。航天员工作和生活的空间大约有15立方米。占地较大的是供航天员锻炼身体用的"跑台"，以及工作用的"多功能平台"，这两者采用了折叠方式进行收纳（storage），以最大程度地节省空间。天宫二号这个大开间里，健康、娱乐的设施一个也没有"落下"。不但有跑步机、动感单车（spinning），还有为航天员量身定制的"健身神器"骨丢失对抗仪（bone loss resistance instrument），也叫"对抗骨质疏松（rarefaction of bone; osteoporosis)的仪器"。为了让航天员生活节奏有张有弛，设计师们还在天地通话、视频、电子邮件方面花了一些心思。借助天地链路（space-ground link system），通过地面数据转换，航天员在轨时可以与地面实现视频互动，还能在轨阅读电子书或期刊。天宫二号还支持地面转播电视新闻、比赛等实时音频、视频信号，并配备了音响设备。值得一提的是，在天宫二号的睡眠区里，设计师们还专门增加了"云插座"（cloud socket），可供航天员与家人进行私密通话。

被喻为"太空之家"的"大脑"的控制计算机系统和spaceOS2操作系统，可自主地进行航天器飞行轨道、姿态调整和运行状态的智能化诊断，以及遥测下传、地面遥控指令的执行。这一系统可以实现"一心多用"（multi-tasking），能同时管理运行几十个任务，并具备了从三台互为备份的计算机中发现错误、下达正确指令的"三机容错"功能，在真正意义上实现了多台计算机在故障时的无缝切换，为航天员在太空工作生活提供了有力的生命保障。为最大限度地减轻噪声对航天员的影响，生活区和仪器区都有严格的噪声控制指标，通过设备分区安装、增设吸能装置、优化消声（noise elimination; damping）装置等方法，把航天员工作区和生活区的噪声控制在50分贝这一适宜的程度。此外，为了避免夜间天宫二号飞行进出测控区时的语音通报影响航天员睡眠，科研人员还特意设计增加了进出测控区语音通报"允许／禁止功能"，航天员可以根据需要自行决定是否屏蔽测控区的语音通报。为了解决航天员踩踏时有一种脚下软质内饰"一踩一个坑"的不便，采用了一种轻量化的硬件材料，还在天宫二号的多个区域，增加不少硬质扶手，并引入了驻留腰带、头戴式无线蓝牙耳麦（wireless bluetooth headset）等设计来解放航天员的双手。天宫二号所携带的热控系统，能将密封舱的空气温度控制在22℃—24℃，相对湿度控制在45%—55%这一人体最舒适的环境。如同我们熟知的家用空调一样，天宫二号的热控系统也能在炎热潮湿的夏天，为室内送来冷风，并除去空气中的湿气，在寒冷干燥的冬天，为室内带来热风，并加湿干燥的空气，让室内温湿度始终保持在人体最舒适的范围内。不过，这个"天宫牌"的空调不用压缩机，而是直接利用外太空的冷背景，以及单相流体回路（single-phase fluid loop）的热量收集和传递功能，将密封舱内的仪器设备产热、化学产热和航天员产热共计几千瓦的热量，通过辐射器排散到外太空。为保障航天员在太空的空气质量，天宫二号安装有环控检测装置，它可以同时完成"太空之家"内二氧化碳、己醛（caproic aldehyde）等二十多种气体及有害微生物的浓度监测，一旦有害物质含量超过预警值，就会立即报警并指示航天员按照预定方法进行处理，以保证航天员的生命安全。

天宫二号安排了一批体现科学前沿和战略高技术发展方向的科学与应用任务。14 个应用和试验项目中的 3 个重点项目分别是冷原子钟（atomic clock）实验、伽马暴偏振探测和空地量子密钥分配。

天宫二号进行了在轨维修和空间站技术验证等试验，这将是我国建设空间站之前进行最后一次全面的技术验证。空间站建设是我国载人航天工程战略的第三步，计划于 2020 年左右建成，2022 年全面运行。

"天宫二号"是真正意义上的空间实验室，肩负着验证中国空间站建造重要技术的重任。与"天宫一号"相比，"天宫二号"装备更豪华、装载量提高、内部环境更好。其系统设计是模块化（modularized）的，也就是说它出现问题时可以快速更换和在轨维修，这在国内空间领域属于首创。此外，为了方便航天员太空生活，"天宫二号"在内部增加了很多贴心的设计。首次使用可展开的（unfold/open up）多功能小平台，航天员可以在上面写字、吃饭、做科学实验，生活工作两不误；通信方面为航天员配备了蓝牙耳机和蓝牙音响；用地板取代了地毯；舱内灯光采用米黄色色调，亮度可手动调节，并为每个航天员安装了床前灯。

神舟十一号在太空停留 33 天后，载人返回舱于 11 月 18 日成功着陆，航天员景海鹏、陈冬身体状态良好，标志着天宫二号和神舟十一号载人飞行任务获得圆满成功（complete success），创造了中国航天员太空驻留时间的新纪录。在这一个多月的时间里，航天员们进行了多项实验，还创造了不少"第一次"，包括第一次完成中国人在太空跑步，第一次在太空人工栽培蔬菜，第一次在太空养蚕，第一次进行脑机交互实验，第一次天地联讲科普课。驻留在天宫二号空间实验室期间，景海鹏、陈冬与地面上的航天员王亚平一起为全国青少年小朋友录制了一堂"太空科普课"，

神舟十一号飞船与天宫二号空间实验室在实施分离前，航天员成功将天宫二

号舱内空间应用系统综合材料制备实验的两批次（共 12 支）实验样品、高等植物培养实验的返回单元转移到了神舟十一号飞船返回舱中。综合材料实验样品、高等植物培养实验返回单元随返回舱完好回收，顺利交接相关实验科学家。

天宫二号也许没那么显眼。但是，国际空间站是 15 个国家合作建立的，其中还包括美俄这样的航天强国，而天宫二号是由中国独立研发的，并且这距离中国第一次把人送上太空仅仅十余年。

2017 年 4 月 21 日 19 时 41 分，中国首艘货运飞船天舟一号在海南文昌发射场顺利发射升空，它将与天宫二号对接并送去六吨重的补给。此次发射天舟一号要和天宫二号空间实验室实现交会对接。这对发射精度要求很高，因此，发射窗口（launch window）不是一个时间范围，而是一个确定的时间点，一秒都不能差，这就是航天人所说的"零窗口"。天舟一号将与天宫二号进行三次交会对接，完成推进剂在轨补加。此外，还要进行空间应用和航天技术等领域的多项实验。天舟一号不需要地面人员干预，将实现自主绕飞。天舟一号与天宫二号组合体在轨飞行约两个月，天舟一号独立飞行约三个月。完成既定任务后，天舟一号将受控离轨，陨落至预定安全海域。天宫二号留轨继续开展拓展试验和应用。

天舟一号是中国第一个实现天地一体化互联网络的航天器。天舟一号有三件秘密武器：第一，太空垃圾力学环境（mechanical environment）测量系统，可以在第一时间感知到太空垃圾撞击的位置和受损程度；第二，一个标准化、高速、大容量的开放性网络平台，可以无缝接入天宫二号等空间站网络；第三，北斗导航星座的相对测量子系统，将保证第一次执行快递任务的天舟一号不会找错"人"。

中国航天科技集团董事长雷凡培在中国航天事业创建 60 周年之际透露，中国计划 2018 年前后发射空间站试验性核心舱，2022 年前后发射基本模块（basic module）为 20 吨级舱段组合（composite cabin assembly）的空间站。此后空间站每年与载人飞船、货运飞船对接若干次进行补给，在 400 千米左右的轨道高度上维持设计寿命十年的运行。届时，中国将成为继俄罗斯之后，以一国之力独自完成空间站建设的国家，航天员在空间站驻留可达一年以上。到 2024 年国际空间站退役时，中国可能成为全球唯一拥有空间站的国家。中国空间站预留了很多将来与世界各国进行合作的平台，在空间站发展中，中国愿意以更加开放的姿态在方案设计、设备研制、空间应用、航天员培养、联合飞行等方面拓展交流合作。

还要说一下的是，目前我国载人航天连战连捷，探月工程已实现了绕落（winding down）目标，2017 年嫦娥五号将进行月球采样返回任务。当然，载人登月技术更复杂，规模也更大，要实现这一目标，我国在技术上仍然面临许多挑战：需要更大运载能力的火箭、着陆月球并从其上返回的飞行器和新型飞船，但从技术上讲，中国航天具备了开展载人登月研发的基本能力。

2016 年 9 月 26 日至 30 日在墨西哥瓜达拉哈拉（Guadalajara）举办的第 67 届国际宇航大会（International Astronautical Congress—IAC）上，中国运载火箭技术研究所（China Academy of Launch Vehicle Technology）的专家称，该院已经设计简单的巨型整体式（integral type）太空飞机。这款飞机最多可搭载 20 名游客，并在一天之内飞抵太空边缘（the edge of space）。其承诺搭载游客的人数大大超过目前任何其他商业宇航公司。该研究院的设计团队在报告中称，他们已设计出一款可依靠自身动力起飞的带翼火箭（winged rocket）。这使其有别于英国维珍银河公司（Virgin Galactic）的"太空船二号"，后者必须通过运载飞船携带至一定高度才能发射。该设计团队的负责人说："太空飞机将像火箭一样垂直起飞，并自动在跑道上着陆，不需任何地面或机载设备的干预。"

据报道，在超音速燃烧冲压式（combustion ram）喷气发动机阶段，该组合动力航天飞机将在"近太空"处进入极超音速飞行。"近太空"位于海平面以上 20 千米—100 千米处。最后，该航天飞机将利用它的火箭发动机飞出"近太空"，进入轨道。

中国太空飞机涉及一个关键技术，即超音速燃烧冲压式喷气发动机的相关技术，而该技术涉及的新型装备，正是传说中已经成功试射七次的 DF-ZF 飞行器（也被称为 WU-14 飞行器）。

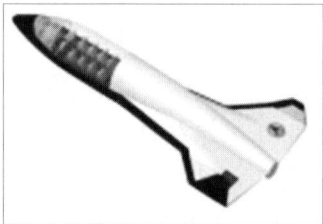

据悉，因为火箭加速太快，航天员的身体要承受超过体重数倍的过载，因此航天员大多选自身体素质极高的歼击机飞行员，但采用组合动力的中国太空飞机甚至有望实现普通机场起降，普通人即使没接受过航天员的专业训练，也能实现上太空的梦想。

该团队已设计出两种版本的太空飞机。第一种的重量为 10 吨，翼长 6 米，将能搭载 5 名乘客，以最大 6 马赫（Mach）的速度飞行至 100 千米的高度，并进行 2 分钟的失重飞行（weightless fligh; zero-gravity flight）。另一种翼长 12 米、重量达 100 吨的太空飞机预计可搭载 20 名乘客，以 8 马赫的速度飞行至 130 千米的高度，并进行 4 分钟的失重飞行。这款机型还能在外挂火箭（plug-in/add-on rocket）的帮助下将小型卫星送入轨道。设计团队希望太空飞机可被反复使用，因此每架飞机的设计飞行次数将达到 50 次。据说，太空飞机的试飞时间已被提前，几乎所有的地面测试已完成，测试中全部子系统运转良好。试飞将在未来两年内完成。预计一次太空飞行的费用将在 20 万至 25 万美元之间。

国务院新闻办于 2016 年 12 月 27 日发表《2016 中国的航天》白皮书，对我国未来十年国家空间基础设施中长期规划的重点任务作了介绍，未来十年我国预计将发射约 100 颗卫星。于 2020 年左右发射首个火星探测器，按照一步实现绕、落、巡开展火星探测，实施第二次火星探测任务，进行火星表面采样返回，开展火星构造、物质成分、火星环境等科学分析与研究。此外，还要进行一次小行星探测和木星及其行星的探测。2017 年底将发射嫦娥五号月球探测器，实现区域软着陆及采样返回，全面实现月球探测工程三步走战略目标；2018 年前后发射嫦娥四号月球探测器，实现人类探测器在月球背面首次软着陆，开展原位和巡视探测，以及地月 L2 点中继通信，还将于 2020 年左右，发射嫦娥六号等月球探测器，实现月球极区采样返回。

我国还将实现天地一体化信息网络系统（geographical information system）重大科技工程。建成以后，将在全球任何地点没有通信传输障碍，能够真正按照通信行业 5G 发展方向，做到实时的互联互通。此外，我国还将继续实施好载人航天、月球探测、北斗导航卫星系统、高分辨率对地观测系统等已有航天重大专项。其中，载人航天工程将发射天舟一号货运飞船，与在轨运行的天宫二号空间实验室进行交会对接，2020 年左右，完成空间站在轨组装建造和运营。北斗卫星导航系统将于 2020 年左右完成 35 颗卫星发射组网。高分辨率对地观测系统将于 2020 年左右完成系统建设，形成高空间分辨率、高时间分辨率、高光谱分辨率对地观测能力。未来五年，我国还将加快建设空间基础设施，构建形成卫星遥感、卫星通信广播、卫星导航定位三大系统，促进卫星及应用产业发展。其中，面向大气污染、全球气候变化监测等方面的迫切需求，研制发射陆地生态碳监测、大气环境激光探测等新型卫星。在社会关心的投入问题上，白皮书提出，健全完善航天多元化投入体系，推动政府与社会资本合作，完善政府购买航天产品与服务机制。

法国国家空间科学中心顾问、欧洲航天局前科学部主任罗杰－莫里斯·博内特（Roger-Maurice Bonnet）表示："中国已经改变了方向，并已成为了航天领域最重要的成员。"

目前，国家空间科学中心已启动了两项新计划。其中一项是悟空号，一颗旨在搜索暗物质（dark matter）粒子——人们认为暗物质占据了全宇宙所有物质的85%——的探测卫星。吴季表示："每天都有新的数据被传输回来。"

2016 年的另一项任务是全世界首个研究量子纠缠现象的空间实验，并将发射硬 X 射线调制望远镜（HXMT）。HXMT 能覆盖大片天空，比起其他宽视场望远镜来说，对能量较高的射线有着更高的灵敏度。

自 2011 年起，这些航天任务的资金投入总计为 30 亿元左右（约合 4.55 亿美元）。

31. 中国雄心勃勃的太空计划进入了新的黎明，这要多亏 2016 年 6 月 28 日完成验收试验，目前已经在开展一系列任务的一个先进太阳模拟器（solar simulator）。

这个模拟器占地与一个起居室差不多，上有模拟太阳的配特殊透镜的强大光源，另外还有真空环境，墙壁冷却到接近绝对零度，这都是为了模拟太空中的极端环境（extreme environment），以便开发出更好更可靠的技术和硬件。模拟器由中国航天科工集团二院 207 所自主研发。这个模拟器的最大辐照度可达到 1.3 个太阳常数，而美国国家航天局（National Aeronautics and Space Administration）的模拟器只能达到 1.2 个太阳常数。

大家知道，太阳能为航天器提供能源，同时也会带来危险。比如，太空环境中，太阳能电池板面向太阳的那一面会非常热，而另一面则非常冷。这样的冷热不平衡会导致电子元件（electronic component）失灵和机械断裂等许多问题。

低估太空中极冷极热条件对材料的破坏性让中国早期的太空探索付出了很大代价。中国从几十年前就开始建造太阳模拟舱，不过在这个模拟器建成之前，只能进行小零件和小型航天器模型的试验。第一个月球车"玉兔"在展开月球探索任务不久之后就出了故障，因为它的电动机在月球极热的白天和极冷的夜晚交替时发生损坏无法修复。

32. 中国科学技术大学潘建伟和包小辉教授等采用冷原子系统（cold atomic ensemble）成功研制出百毫秒级高效量子存储器（quantum memory），这是世界首个存储单光子量子存储器，为远距离量子中继系统（relay system）的构建奠定了坚实基础。该成果近日发表在国际权威学术期刊《自然·光子学》（*Nature Photonics*）上。

量子中继可以解决光子信号在光纤内指数衰减（exponential decay/damping）的重大难题，是未来实现超远距离量子通信的重要途径之一。量子中继的基本原理是采用分段纠缠分发与纠缠交换相结合来拓展通信距离，其核心是量子存储技术，通过对光子比特进行缓存，可大幅提升纠缠连接效率。为满足远距离量子中继的实际需求，量子存储器需要对单量子态进行长时间存储且具备高读出效率。

潘建伟及其团队利用线性光学（linear/linearity/beam optics）系统，在20千米长的光纤信道中首次实现了量子指纹识别（quantum fingerprint identification），突破了经典信道传输（channel signaling）的极限，使得光纤信息传输的效率提高了80%以上。该成果发表在国际物理学权威学术期刊《物理评论快报》（Physical Review Letters）上之后，得到世界物理学界的普遍赞誉和高度认可。利用量子纠缠效应实现的量子通信技术，有绝对的安全性。其次，利用量子力学的叠加原理，可以大大提高信息的传输效率。正是得益于以上两点，潘建伟团队搭建了具有主动相位补偿的20千米长双萨格纳克（Sagnac）干涉仪，结合中科院上海微系统所超导实验室研制的超低噪声超导纳米线单光子探测器，最终实现了传输信息效率比经典方法高84%的量子指纹识别。这次潘建伟团队的重大突破，不但是世界上首次突破经典极限的量子指纹识别，也是首次在实验中观测到量子信道容量相比经典信道的优越性。

潘建伟院士的团队测出，量子纠缠的速度下限比光速高四个数量级（order of magnitudes），约为3万亿米/秒。这一成果标志着我国在自由空间量子物理（free-space quantum physics）实验领域继续保持着国际领先地位，标志中国在"绝对保密"的量子通信这个未来战略性领域继续领跑全球，另一方面也为未来基于量子科学实验卫星进行大尺度量子理论基础检验、探索如何融合量子理论与爱因斯坦广义相对论奠定了必要的技术基础。

量子纠缠（quantum entanglement）是一种特殊的物理现象，源自于一对量子之间的内在关联。量子理论指出，在微观世界（the microcosmos）里，对于两个处于纠缠态的量子来说，无论它们相隔如何遥远，一旦对其中一个进行测量，都会以某种方式影响另外一个的测量结果，导致它们塌缩为某种特定的状态，两个测量结果之间会表现出某种特定的相关性（dependency; pertinence; correlation; relevance）。量子通讯的基本过程是，发送者生成一对处于纠缠态的量子，并把其中一个通过量子传输通道发给接收者，双方分别对它们进行测量，利用各自得到的测量结果完成密码信息的传递。量子通信有可能发展成为保障信息安全的"终极武器"（ultimate weapon）。

量子霍尔效应（Hall effect）是量子世界中的重要研究方向，整数量子霍尔效应和分数量子霍尔效应的发现都分别获得了诺贝尔物理奖。2013 年 3 月，清华大学的薛其坤院士领衔的科研团队在《科学》杂志上在线发表了量子反常霍尔效应的研究成果。量子霍尔效应需要很强的外加磁场，而量子反常霍尔效应则无须任何外加磁场，可用于新一代的低功耗微电子器件。实现这种效应的难点在于材料的制备，薛其坤团队用四年的时间，发展出了一套独特的制备方法，采用分子束外延（molecular beam epitaxy）的手段，得到了高质量的磁性掺杂拓扑绝缘体薄膜，在极端低温下进行精密测量，最终实现了量子反常霍尔效应。在这场科学竞赛中，美、德、日等国科学家也都发起了冲击，但均未取得最后成功。

中国科技大学的陆朝阳也以量子纠缠研究闻名。他曾创建过一项世界纪录：实现过八光子纠缠。他还提交过使用了十光子纠缠的成果。这些成就让维也纳量子科学与技术中心的量子物理学家安东·蔡林格（Anton Zeilinger）称陆朝阳为"光子纠缠鬼才（downright genius）"。陆朝阳也曾与导师潘建伟院士一起完成过量子隐形传态（teleportation）方面的开拓性工作。量子隐形传态指的是将一个粒子的量子态传输到另一个粒子上。陆朝阳的目标是将量子纠缠扩展到可以用于计算的程度。

量子理论还可以被用来做成量子相机。2013 年 8 月，世界上第一个能在自然条件下应用的量子相机的工程样机在上海光学精密机械研究所（Shanghai Institute of Optics and Fine Mechanics）制作完成。

33. 据媒体 2016 年 10 月 11 日报道，我国科学家在超冷原子量子（ultracold atomic quantum）模拟领域取得重大突破。中国科大—北大联合团队在国际上首次理论提出并实验实现超冷原子二维自旋轨道耦合（2D spin orbit-coupling）的人工合成，测定了由自旋轨道耦合导致的新奇拓扑量子（novel topological quantum）物性。这一关键突破将有助于对新奇拓扑量子物态（quantum state of matter）的研究，进而推动人们对物质世界的深入理解。该合作成果以研究长文的形式发表在 2016 年 10 月国际权威学术期刊《科学》杂志（Science）上。由于该工作"对研究超越传统凝聚态物理的奇异现象具有重大潜力"，《科学》杂志在同期的《观点》栏目（Perspective）专门配发了题为"Coldatoms Twisting Spin and momentum"（冷原子扭旋和动量）的评论文章。

自旋轨道耦合是量子物理学中基本的物理效应。它在多种基本物理现象和新奇量子物态中扮演着核心角色。这些现象导致了自旋电子学、拓扑绝缘体、拓扑超导体等当前凝聚态物理中最重要的前沿研究领域的产生。然而，由于普遍存在难以控制的复杂环境，很多重要的新奇物理难以在固体材料中作精确研究。这对相关的科研带来很大挑战。冷原子有环境干净、高度可控等重要特性。在过去五年里，一维人工自旋轨道耦合在实验上实现，并取得一系列成果。但探索广泛深刻的新型拓扑量子物态须获得二维以上的自旋轨道耦合。国际上多个团队均为此付出了许多努力。为解决这一根本困难，北京大学刘雄军理论小组提出了所谓的拉曼光晶格（Raman optical lattice）量子系统。研究发现，基于该系统不仅可完好地实现二维人工自旋轨道耦合，还能得到如量子反常霍尔效应（anomalous Hall effect）和拓扑超流（topology of superfluid）等基本物理效应。中国科学技术大学的实验小组基于该理论方案在超精密激光和磁场调控技术的基础上，成功地构造了拉曼光晶格量子系统，合成二维自旋轨道耦合的玻色－爱因斯坦凝聚体（Bose—Einstein condensates）。进一步研究发现，合成的自旋轨道耦合和能带拓扑具有高度可调控性。该工作将对冷原子和凝聚态物理研究产生重大影响，基于此工作可研究全新的拓扑物理，包括固体系统中难以观察到的玻色子拓扑效应等，从而为超冷原子量子模拟开辟了一条新道路。该工作在中国科大和北京大学两个单位的紧密合作下完成。该项目得到国家自然科学基金委员会（National Natural Science Foundation）、科技部、教育部、中科院和中科院－阿里巴巴量子计算联合实验室等支持。

这项工作显示我国在超冷原子量子模拟相关研究方向上已走在国际最前列。

34. 2016 年 8 月 16 日 01 时 40 分，我国在酒泉卫星发射中心用长征二号丁运载火箭（Long March 2D rocket）成功将世界首颗量子科学实验卫星（quantum science satellite）发射升空。此次发射任务的圆满成功，标志着我国空间科学研究又迈出重要一步。一颗以中国古代科学家墨子（Micius, ?468—376 B.C.，姓墨，名翟，人们尊称他为 Master Mo，战国时期著名思想家、政治家、自然科学家，可以说是中国最早的光学家）命名的卫星开启了为期两年的太空科学旅程。墨子号承载着在国际上率先探索星地量子通信（satelite to earth quantum communication）可能性的使命，并将首次在空间尺度（spatial scale）验证（verify）已有百年历史的量子理论的真实性。

这颗我国自主研发的量子卫星突破了一系列高新技术，包括同时瞄准两个地面站的高精度星地光路对准（light path aiming）、星地偏振态（polarization state）保持与基矢（primitive translation vector; basic vector）校正、星载量子纠缠源等工程级（engineering level）关键技术等。量子卫星的成功发射和在轨运行，将有助于我国在量子通信技术实用化整体水平上保持和扩大国际领先地位（internationally leading position），实现国家信息安全和信息技术水平跨越式提升（ascend by leaps），有望推动我国科学家在量子科学前沿领域（cutting-edge area）取得重大突破，对于推动我国空间科学卫星系列可持续发展具有重大意义。

8月17日11时56分24秒，中国科学院遥感与数字地球研究所所属中国遥感卫星地面站（remote sensing satellite ground station）密云站在第23圈次成功跟踪、接收到"墨子号"首轨数据（first orbit data）。"墨子号"首轨任务时长约七分钟，接收数据量约202 MB。经验证，卫星数据质量良好。下一步还计划发射墨子二号、墨子三号等，形成"量子星群"，成为全球第一个实现卫星和地面之间量子通信的国家。按照规划，到2020年，我国将实现亚洲与欧洲的洲际量子密钥（secret key）分发，届时连接亚洲与欧洲的洲际量子通信网也将建成。到2030年左右，我国力争率先建成全球化的广域（macrozone; wide range）量子保密通信网络，在此基础上构建信息充分安全的"量子互联网"，形成完整的量子通信产业链。

量子通信安全绝无仅有，是迄今唯一被严格证明为无条件安全（haco-proof）的通信方式。目前国际上已有的通过电话线、无线电、光纤等进行通信的手段，都会面临被破译（decipher; cryptanalysis; decode）和窃听（intercept; bug; tap）的可能。量子通信传输的是光粒子（optical/light particle），而不是数字。通单光子的不可分割性和量子态的不可复制性保证了信息的不可窃听和不可破解，能从根本上解决信息安全问题。从原理上确保身份认证、传输加密以及数字签名等的无条件安全，可从根本上、永久性解决信息安全问题。这一绝对安全的通信将使政府、军队和银行，乃至全社会获益。

有专家预计，2019年前后，量子通信将会拓宽服务模式，向全社会的网上转款、支付等消费行为延伸。运营商开始主导全国性的组网建设，量子通信网络标准将会建立，到2023年，全国性的量子通信网络有望建成。有关专家估算，短期内量子通信产业规模即可达数十亿元。而随着网络区域扩大及卫星量子通信网络建设，未来市场空间将更为广阔。当然，目前量子通信产业应用层面仍处于探索期，预期利好转化为现实利润尚需时日，国内涉足量子信息领域的企业尚为数不多，因此竞争格局未定，但产业前景可期。

35. 雷达最早在二战期间得到大规模应用，当时的雷达单纯利用发射的电磁波信号，经过目标表面散射后，通过判断接收信号的能量识别、判断目标。后来雷达经过许多改进，但在探测、测量和成像等方面的技术仍有瓶颈。量子雷达属于一种新概念雷达，首要应用是实现目标有无的探测，在此基础上可以进一步扩展应用领域，包括量子成像雷达、量子测距雷达和量子导航雷达等。量子雷达可以发射非纠缠的量子态电磁波、纠缠的量子态电磁波，也可以发射经典态的电磁波，在接收机处使用量子增强检测技术以提升雷达系统的性能。

由于量子信息技术中的信息载体（information carrier）为单个量子，信号的产生、调制（modulation）和接收、检测的对象均为单个量子，因此整个接收系统具有极高的灵敏度，噪声基底比经典雷达的接收机能够降低若干个数量级，其作用距离可以提升数倍甚至数十倍。从而大大提升雷达对于微弱目标，甚至隐身目标的探测能力。其次，量子信息技术中的调制对象为量子态，可以表征（represent）量子"涨落变化"等微观信息，调制信息维度（information dimension）更高，能进一步压低噪声基底，还能提升在电子对抗环境下的抗侦听能力。

据 2016 年 9 月 12 日《科技日报》报道，近日中国电子科技集团（China Electronics Technology Group Corporation）14 所成功研制成出首部被誉为未来隐形战机"克星"（invincible opponent; bane）的量子雷达。这是中国首部基于单光子检测（single photon detection）的量子雷达系统。该系统由中国电科 14 所研制，在中国科学技术大学、中国电科 27 所以及南京大学等协作单位的共同努力下，完成了量子探测机理（mechanism）、目标散射特性（target scattering characteristics）研究以及量子探测原理的实验验证，并且在外场完成了真实大气环境下的目标探测试验，获得百千米级探测威力，探测灵敏度极大提高，指标均达到预期效果，取得阶段性重大研究进展与成果。量子雷达利用量子态作为信息的载体，有效降低系统的功耗，可以应用于多种轻型平台；以量子态作为接收对象，利用量子态特性，可以丰富目标的探测手段，提高对低可见目标的探测性能。利用量子态具有的高阶相关性，可以通过量子态关联抑制杂波干扰，在现阶段复杂电磁环境下具有较强的可靠性、保密性。总之，利用量子态所具有的特性，可以解决传统雷达在低可见目标的检测、电子战条件下的生存、平台载荷限制等诸多方面的瓶颈问题，从而全方面提升雷达的各项性能指标。目前中国电科 14 所智能感知技术重点实验室在量子雷达研究方向上已建立了基本的研究环境，具备了量子雷达系统设计、系统研制以及实验验证的初步能力，为后续进一步开展微波量子雷达奠定了重要的理论和实验基础。

36. 在 2017 年 1 月举行的国家科学技术奖励大会上，中国电子科技集团公司第 38 研究所研制的米波（metric wave; meterwave）三坐标雷达（three-dimensional radar）获得国家科技进步奖二等奖。米波雷达是指工作波长在 1 米—10 米，工作频段在 30 兆赫兹—300 兆赫兹的一种长波雷达，又名超短波雷达或甚高频（VHF）雷达。传统或普通的米波雷达多使用简单的八木天线（yagi antenna，早期由日本八木秀次——Hidetsugu Yagi——等人发明）或老式网状矩形抛物面（paraboloid）天线，只能测量目标的距离和方位两个坐标，只能实现对平面（地面或海面）目标定位，无法对空中目标定位。而米波三坐标雷达既能测量目标的距离和方位两个坐标，也能测量目标俯仰角（angle of pitch）或高度，不仅可以对平面目标定位，而且可以对空中目标定位，并用于目标跟踪。米波三坐标雷达功能多，目标适应性好，识别能力强。我国的 Y-26 雷达是一种全新设计的米波特高频（UHF）波段三坐标雷达，采用先进的二维数字有源相控阵（active phased array）体制，探测距离达 500 千米，测量精度高，抗干扰能力和机动性强，具备反隐身（anti-stealth）能力。其信号处理能力也较强，探测距离远、探测范围大、探测精度高、抗干扰（anti-interference; anti-jamming）能力优，低空探测性能尤其得到较大改善，战场适应能力增强，集搜索、引导和跟踪等功能于一体，在探测高速、高机动的隐身战机方面都有其"过人之处"。

隐身战机目前主要依靠外形（结构）设计和材料表面涂层，来降低其可探测性，实现雷达隐身，其隐身设施主要集中在战机的前部和腹部，且隐身电磁波段大都在 0.3 吉赫兹—29 吉赫兹（Gigahertz，常简写为 GHz）的频率范围，基本只能对付主要位于地面和海面且发射和接收都在同一地的微波（单站）雷达——它们在军事上使用最多，对突防战机的威胁也最大。米波雷达恰好避开了隐身战机的隐身波段，这正是它的先天优势。

米波雷达综合性能相对较好，不但探测水平较高，还有一定的机动能力，且在抗杂波干扰、适应气象条件、电子对抗等方面表现也不俗，但低空盲区较大，探测和定位精度不很高，用于引导和跟踪能力不很强，应用场合要受到一定限制。鉴于此，在进行反隐身装备体系建设时，既要加大对米波雷达的研究力度，也要深化对相应的先进体制雷达的开发，同时不忘对非雷达装备的积极发展。在构建防空探测系统时，能将米波雷达和相应先进体制雷达综合在一起，并辅之以非雷达装备，组成一体化的高效网络，让它们实现优势互补，进而形成体系化对抗能力，更好地对抗隐身战机。

37. 中微子通信是利用中微子运载信息的一种通信方式。这种技术连美国都没有，而中国已经取得了重大突破。它能以近光速进行直线传播，并极易穿透钢铁、海水，以至整个地球，探测美日的海空军装备，轻而易举。而且，美日根本无法利用反辐射导弹进行摧毁，因为它具有隐身性，绝对的无源状态（passive state），更没法侦查通信地点；它是绝对的一对一通信，别人想截获也截获不了。如果有人想截获信号，就必须处在发射信号源和接收端之间，然而即使处在这中间，信号照样能穿透而过，再加上其保密性，根本无法解读。

所以说它是通信技术王冠顶端的钻石，可以说是通信技术领域的核炸弹。这一通信方式已经颠覆传统通信。此外，它还能潜身海底，遨游太空，出入于厚硕无比的金属墙，所向披靡（invincible; sweep away all obstacles），如入无人之境。

在无人飞机领域，当今最大的困难就是遥控通信易被敌军阻断乃至于诱拐，只有用上量子通信，无人飞机才能真正大显神威。

38. 中国现在已经拥有了全面而完整的风洞体系，包括亚音速、跨音速、超音速和超高音速等不同气流速度、各种尺寸大小的风洞，以及激波（shock wave）、电弧（electric arc; voltaic arc）、立式等特种风洞，所以近年来我们的航空和航天事业出现了井喷式发展（blowout expansion/development），各种新飞机、新导弹层出不穷（crop up here and there），背后是一个完整的风洞群体系在支持。

由中科院院士、激波风洞（shock tunnel）爆轰驱动（detonation drive）技术的创始人俞鸿儒主持的 JF12 激波风洞项目于 2008 年 1 月启动，利用中科院力学所独创的反向爆轰驱动（reverse denotation drive）方法及一系列激波风洞创新技术，成功研制了世界上首座可复现 25 千米—40 千米高空、马赫数（Mach number）5—9 飞行条件、喷管出口直径 2.5 米 /1.5 米、试验气体为洁净空气、试验时间超过 100 毫秒的超大型高超声速激波风洞，整体性能处于国际领先水平，是国际上最先进的高超声速风洞。进行验收的专家委员会一致认为，该风洞具有高超声速飞行器试验的地面复现能力，为我国重大工程项目的关键技术突破和高温气体动力学（high-temperature aerodynamics）基础研究提供了不可替代的试验手段。

39. 振动平台（vibration platform）是研发航空航天设备必不可少的试验设备。飞机、火箭、飞船、列车等，鉴于其结构的复杂性，无论理论和仿真计算如何周密，最终还是要靠试验确定其振动特性，防止出现破坏性共振。

中国向美国出口了 16 吨级电动振动平台，并且在出口协议中加入了用途限定条款，规定美方不得将其用于军事用途，签字的美方负责人不禁发出感叹，说这是他第一次签署这种条款。相信随着中国科技的不断进步，类似的事情只会越来越多。

40. 由复旦大学微电子（micro-electronics）学院张卫教授领衔的团队研发的世界第一个半浮栅晶体管（semi-floating gate transistor—SFGT）是我国在微电子领域的重大原始创新，该成果将有助于我国掌握集成电路的关键技术，从而在国际芯片设计与制造领域获得更大的核心竞争力。半浮栅晶体管具有结构巧、性能高、功耗低的特点，可以广泛应用在 CPU 缓存、内存和图像传感器等领域，使产品性能有革命性的提高。它将有助于我国掌握集成电路的核心器件技术，是我国在新型微电子器件技术研发上的一个里程碑。

41. 中国科学院高能物理研究所在广东大亚湾核电站附近的山洞内建立了一个反应堆中微子实验装置，其目标是探测核电站反应堆在发电时的自然产物——中微子。2003 年，该研究所的科研人员提出设想，利用我国大亚湾核反应堆群产生的大量中微子，来寻找中微子的第三种振荡（oscillation）。2012 年 3 月，实验室宣布发现新的中微子振荡模式，这是中国诞生的一项重大物理成果，被称为中微子物理的一个里程碑。

这一成果将有助于破解宇宙中的"反物质（antimatter）消失之谜"。根据宇宙大爆炸（the big bang）理论，宇宙起源于大约 137 亿年前的一次大爆炸。在宇宙诞生之初，能量转化为同样多的正物质与反物质，这两种物质相遇会发生剧烈爆炸，转化为能量，并归于湮灭（annihilation）。但目前宇宙中的天体均为正物质，尚没有发现反物质天体，也没有观测到正反物质相遇时发生的猛烈爆炸。因此，这个实验室做的基础研究对于了解宇宙起源的秘密非常有价值。

42. 在长年不见天日的喻家山人防山洞内，华中科技大学常务副校长、中国科学院院士罗俊，带领团队三十年如一日，开展引力精密测量研究。他的团队取得的万有引力常数值（gravitation constant），是国际上精度优于 50ppm（1ppm 是百万分之一）的七个结果之一；其引力实验室也被外国专家称为"世界的引力中心"。

万有引力常数 G 是人类最早认识和测量的物理学基本常数，也是迄今为止测量精度最差的常数，因此备受各国科学家关注。1983 年 10 月，华中工学院（现华中科技大学）开始筹建引力实验中心。由于引力实验对恒温、隔振、电磁屏蔽（electromagnetic shielding）等要求极高，时任院长朱九思听取陈应天教授的建议，决定把实验室建在喻家山下的人防山洞中。当时，还是陈应天教授研究生的罗俊就全程参与了中心的筹建和研究工作，由此与引力结下了不解之缘。1998年，罗俊取得了105ppm相对精度的测G结果。2009年，罗俊团队将G的测量精度提高到26ppm。这是采用扭秤周期法测得的最高精度G值。罗俊团队测G实验结果被国际科技数据委员会推荐的CODATA值所收录，并以华中科技大学英文缩写HUST命名。

43. 2016年2月11日，美国国家科学基金会（National Science Foundation—NSF）宣布，美国激光干涉引力波（gravitational/gravity wave）观测站LIGO宣布成功探测到引力波，印证了爱因斯坦的预言。这一发现是物理学界里程碑式的重大成果，开启了观测宇宙的一个新窗口。目前，中国多支科学家团队正积极推进引力波探测和研究。2008年中科院就成立了空间引力波探测论证组，开始规划我国空间引力波探测在未来数十年内的发展路线图，目前已形成空间太极计划工作组。

中国本土重大引力波探测工程"天琴计划"（Tianqin Plan）于2015年7月正式启动。该计划是以引力波研究为中心，开展空间引力波探测计划任务的预先研究，制定中国空间引力波探测计划的实施方案和路线图，并开展关键技术研究。"天琴计划"主要将分四阶段实施：第一阶段完成月球/卫星激光测距系统、大型激光陀螺仪（laser gyroscope/gyro）等天琴计划地面辅助设施；第二阶段完成无拖曳控制（drag-free control）、星载激光干涉仪（laser interferometer）等关键技术验证，以及空间等效原理实验检验；第三阶段完成高精度惯性传感、星间激光测距等关键技术验证，以及全球重力场测量；第四阶段完成所有空间引力波探测所需的关键技术，发射三颗地球高轨卫星进行引力波探测。完成全部四个子计划大约需要20年的时间。有关机构已在中山大学珠海校区凤凰山挖山洞，建立山洞超静实验室。激光测距地面台站基础设施建设已启动，部分关键技术研究也已经有具体进展。计划将于2035年前后发射引力波探测卫星组。届时中国与欧洲空间局卫星将同时在空间独立进行引力波探测，互相补充和检验测量结果。

44. 世界上第一个"人造黑洞"（artificial black hole）在中国东南大学毫米波（MMW, 是millimeter wave的缩写）国家实验室里诞生。人们可以把这种"黑洞"装进自己的大衣口袋里。这个"人工黑洞"模拟装置目前可以吸收微波频段的电磁波，未来还可以吸收光。民用可以导航，可以测距，飞机、轮船都可以装备，军用飞机、潜艇更是要用。对于这种研究，美国科学家亚历山大·基尔迪谢维（Alexander Kildishev）和伊维根·纳瑞马诺维（Evgenii Narimanov）不久前发表的论文提出其建设的可能性，中国就已经造出来了，说明中国崛起的速度非常的快，相信未来一定能够震撼美欧的地位。

45. 福建医科大学陈列平教授以其在免疫耐受型（tolerant type）癌症发病机理（pathogenesis; pathogenic mechanism）方面的突出贡献，与全球其他三位科学家分享了 2014 年度肿瘤免疫学（tumorimmunology）界顶级大奖——"威廉·科利奖"（William Coley Award）。陈列平发现了癌细胞上 PD-1 的结合子（conjugatant）PD-L1，当两者结合时，本该"吃掉"癌细胞的免疫细胞（immune cell; immunocyte）就会"束手就擒"（allow oneself to be seized without any resistance），导致癌细胞不断增长，从而揭示了免疫耐受型癌症的发病机理。目前，相关成果已开始应用开发新一代单克隆抗体（monoclonal antibody），对免疫耐受型的肺癌、胃癌、肝癌、肾癌、皮肤癌等进行免疫治疗。纽约癌症研究所负责人评价其"将对全球癌症治疗产生革命性影响"。

46. 世界卫生组织 2016 年 10 月 10 日警告说，塞卡（Zika）病毒已在全球 70 国出现，包括至少 19 个亚太地区国家。世界卫生组织在马尼拉召开年度地区会议时公布报告说，这种病毒"很可能在这个地区进一步扩散"，包括中国、日本、澳大利亚、多数东南亚国家和太平洋岛屿。报告还说："这个地区极有可能持续通报新的病例，也可能爆发新一波塞卡病毒疫情。"目前，新加坡已经通报数百宗病例，泰国则有两名婴儿诊断罹患与塞卡病毒有关的新生儿小头畸形症（neonatal microcephaly）。

世卫总干事陈冯富珍（Margaret Chan）说，亚太地区各国领袖都对塞卡病毒疫情表达关切，并表示专家仍在努力通过各种方法解决这场大患。

据中国新闻网报道，天津大学于 2016 年 7 月 28 日透露，该校教授杨海涛带领的科研团队日前在《蛋白质和细胞》（*Protein & Cell*）[1] 杂志上发表研究文章，

---

[1] 《蛋白质和细胞》是一本英文学术月刊，由高等教育出版社、北京生科院和中国生物物理学会联合创办，由 Springer 负责海外发行，自 2010 年 1 月起，每月以纸质印刷和在线两种形式出版，于 2010 年 11 月进入 Medline 数据检索系统，2012 年 11 月进入 Science Citation Index（SCI）引文数据库。该杂志报道生命科学和生物医学的前沿热点，特别关注蛋白质和细胞研究的最新学术成果和发展动向，在报道科研动态的同时，也向全世界学者介绍中国近百年来卓越的生物学家的事迹，受到了广泛关注。该杂志得到了国内外同仁的鼎力支持，由饶子和院士担任主编，副主编包括北京生科院院长康乐院士、副院长高福研究员、蛋白质科学国家实验室主任许瑞明研究员、牛津大学 Bob Sim 教授等。此外，期刊由 70 余位该领域国内外知名专家、学者组成编委会，是一份学术水平高、具有全球影响力的生命科学期刊。

揭开了寨卡病毒复制（replication）的奥秘，这一揭示将有助于研制抗病毒药物（antiviral drug），抵御该病毒在全球范围内的巨大威胁。寨卡病毒感染除了能够造成新生儿小头畸形，还能引发格林－巴利综合征（Guillain-Barre syndrome）。后者是一种严重的神经系统疾病，能导致患者瘫痪（paralysis）甚至死亡，然而目前还没有什么药物能够有效控制寨卡病毒感染。寨卡病毒如何在宿主（host; parasitifer）细胞中复制一直是个谜。

几乎所有病毒都需要一种称之为解旋酶（helicase）的蛋白质来进行复制。寨卡病毒解旋酶是一种"马达"蛋白（"motor" protein）。这是一种具有驱动能力的蛋白质，它通过水解（hydrolyze）三磷酸核苷（nucleoside triphosphate）将化学能转换为机械能，从而实现对双链核酸（double-stranded nucleic acid; heteroduplex）的解链（melting; unwinding; unlink）功能。病毒只有将双链核酸解链后，才能将单链遗传物质进行复制，实现增殖。

杨海涛科研团队利用 X 光单晶衍射（single crystal diffraction）技术成功获得了寨卡病毒解旋酶执行功能和结合底物（substrate）时的 3D 图像。研究人员据此在原子分辨率（atomic resolution）水平上展示了寨卡病毒解旋酶、三磷腺苷和金属催化离子形成的三元复合物的空间结构。此外，研究人员还成功捕捉到了寨卡病毒解旋酶结合 ATP 以及金属离子的中间状态，这是首次揭示蚊媒病毒（mosquito borne virus）、黄病毒家族（yellow virus family），包括寨卡病毒、登革热（dengue fever）病毒、黄热病（yellow fever）病毒、西尼罗病毒（west Nile virus）的解旋酶与天然底物 ATP 结合时的结构。通过对这一结构的分析，可以揭示寨卡病毒解旋酶如何识别 ATP 和金属催化离子的机制。为了探究寨卡病毒与其他黄病毒属成员在复制机制上的差异，研究人员还解析了寨卡病毒解旋酶与基因组 RNA 结合时的复合物三维结构。他们发现，一个贯穿解旋酶的通道负责"抓住" RNA，寨卡病毒解旋酶在结合 RNA 后会经历显著的构象变化，而这种变化与登革热病毒的解旋酶截然不同。研究发现，黄病毒家族解旋酶在进化过程中演化出一种保守的分子"马达"，可以通过水解三磷酸核苷将化学能转变为机械能，用于实现病毒复制过程中的"解链"；而利用不同的"运动"模式，不同病毒成员的解旋酶又以不同的方式识别并结合基因组 RNA，用于满足病毒复制的需要。这些寨卡病毒复制关键步骤的阐释，将对抗病毒药物的开发起到积极作用。不久前，杨海涛科研团队在《蛋白质和细胞》杂志上发表的文章展示了寨卡病毒解旋酶的晶体结构，分辨率达到 1.8。这一高分辨率结构揭示了水解三磷酸核苷的关键区域，以及容纳 RNA 的正电荷通道，为寨卡病毒药物研发提供了一个精确的模型。

47. 据香港《南华早报》(*South China Morning Post*) 网站 2016 年 12 月 2 日报道，最新一期《科学》杂志当日刊登的论文叙述了北京大学一个科研团队开展的实验，这项实验被赞为疫苗（vaccine）领域的"革命"。该团队打破疫苗研究领域的两大禁忌：先是用具备完全感染力的活病毒创造一种疫苗，然后把疫苗注入感染这种病毒的濒死（dying）动物体内，这些动物在接受注射之后都彻底痊愈。这项突破有望简化疫苗的研发过程，帮助科学家在疫情暴发（epidemic explosion）几周内就得到有效的疫苗甚至疗法，以对付禽流感（bird flu）、非典（atypical pneumonia）、埃博拉（ebola）和艾滋病等各类病毒。

研究人员调整活病毒的遗传密码（genetic code），使病毒的自我复制机制（self replication）失效。但是，他们保留病毒的感染力，从而使宿主细胞生成免疫力（immunity）。以前，使用具有完全感染力的活病毒被视为一种禁忌，因为病毒会迅速传播。目前广泛销售和使用的疫苗通常要么含有死病毒，要么含有毒性减弱的活病毒。获准临床使用的活病毒疫苗通常都经过结构上的处理，使病毒的毒性减弱，但这影响了疫苗的效力。此外，很多致命的（fatal）病毒都没有相应的疫苗。这项研究的带头人、北京大学药学院周德敏教授说，此前，研究界与病毒的斗争是一场必败之战。他说："现在我们有了新的武器……几乎能够消灭几乎任何一种病毒及其变体（variant）。这可以改变这场战斗。"《科学》杂志称，周德敏的团队开展了三项实验，用活体禽流感病毒制作疫苗。他们对染毒小鼠、雪貂（ferret）和豚鼠（guinea pig）使用了这种疫苗，它们都迅速恢复了健康。分析还显示，这种人造病毒与野生病毒重组，从而使生成的病毒不能自我复制。周说："这不仅是一种疫苗，也是一种药物。"这种疫苗使用的禽流感病毒与天然禽流感病毒有 99% 以上的相似度。周的研究团队仅仅调整了病毒 DNA 的三个碱基（basic group）——病毒通常有几十万个这种碱基。病毒需要食物才能存活，而氨基酸（amino acid）就是食物的一个来源。野生病毒几乎任何氨基酸都吃，但周德敏他们培育的遗传改性的病毒却只接受一种特定形式的氨基酸。这种非天然的氨基酸只能在实验室里制造，动物或人体内都不存在。所以，把这些病毒注入宿主体内以后，因为缺少适合的氨基酸，就无法自我复制，最终会"饿"死。周的团队在人造细胞系里制造这些病毒，细胞里充满了非天然的氨基酸。病毒随后将在这些人造细胞里大量自我复制，就像汽车驶下生产线。周德敏认为，这项技术"很快"就将造福于患者。比如全国突然发生严重急性呼吸道综合征（complex; syndrome）疫情时，研究人员可以迅速从患者体内分离出这种未知的病毒，修改病毒的三个碱基，然后用遗传改性的病毒生产疫苗提供给公众。这一切只需几周就可实现。疫苗还可以注射给已经感染病毒的患者。这种疫苗的副作用（side effect）非常小，接种者几乎没有感觉。

2017年1月5日，媒体报道，由我国军事医学科学院（Academy of Military Medical Sciences）陈薇研究员团队研制的重组埃博拉疫苗，为全球首个2014基因型，其针对性强，且首创冻干粉剂型（freeze-dried powder dosage form），37℃环境下可稳定存储3周以上，适合应急条件下的广泛使用，现已具备大规模生产技术条件。该重组埃博拉疫苗，在非洲塞拉利昂开展的II期500例临床试验取得成功。这是我国疫苗研究首次走出国门后的历史性突破。新一期国际医学杂志《柳叶刀》（The Lancent）也在线发布了相关科研论文。据介绍，该疫苗已于两年前在我国进入临床阶段。2015年5月，研究团队开启了赴埃博拉疫情最严重的西非国家塞拉利昂的临床注册工作。经过严苛的知识产权审查、多轮的技术资料审评、会议答辩和现场考核，终于通过了伦理和临床许可，实现了中国疫苗在境外临床试验的"零突破"。疫苗临床试验由江苏疾病预防控制中心（Centers for Disease Control and Prevention－CDC）朱凤才主任医师与塞方卫生部官员共同主持，试验结果表明，我国研制的重组疫苗安全性好，接种后14天产生高水平抗体，28天达到峰值，提前2周接种可以实现免疫保护。

48. 据2016年9月24日媒体报道，浙江大学肿瘤研究所胡汛教授和他的研究团队一起发现了"饿死"癌细胞的新疗法，并发表在国际生物和医学领域权威杂志 eLife[1] 上，得到了国际著名肿瘤学者的肯定。经过多年基础研究，胡汛发现葡萄糖是癌细胞必需"吃"的东西。按理说剥夺葡萄糖癌细胞就会死亡，但实际上葡萄糖供应不足时，肿瘤不但没有"饿死"，还不断生长。肿瘤中有大量的乳酸（lactic/nancic acid），乳酸解离成乳酸阴离子（anion; negative ion）和氢离子（hydrion; hydrogen ion），让肿瘤细胞能够根据"食物"的多少决定"消耗"多少，葡萄糖含量很少时能非常节省地利用葡萄糖；在没有葡萄糖的情况下进入"休

---

[1] *eLife* 是由美国著名的斯顿医学研究中心（Seton's Medical Research Center）、德国的马克斯·普朗克学会（Max Plank Society）、英国的惠康基金会（Welcome Trust）共同资助创立的非营利性杂志。总编是诺贝尔生物学奖得主、加州大学伯克利分校（University of California, Berkeley）著名生物学家蓝迪·谢克曼（Randy Schekma），其20个资深编委中，有10人是美国科学院的院士。

眠"（dormancy; hibernation）状态；一旦有葡萄糖供应时即刻恢复生长状态。因此，若想有效"饿死"癌细胞，在剥夺葡萄糖的同时需破坏乳酸阴离子和氢离子的协同作用。在葡萄糖饥饿或缺乏的前提下，只要去除这两个因子中的任何一个，癌细胞就会快速死亡。研究人员用小苏打（baking soda，即碳酸氢钠，sodium bicarbonate）去除肿瘤内的氢离子，破坏乳酸阴离子和氢离子的协同作用，从而快速有效地杀死处于葡萄糖饥饿或缺乏的肿瘤细胞。

从 2012 年起，拥有三十年临床经验的浙江大学医学院附属第二医院放射介入科（radiology and invasive technology department）医生晁明和胡汛团队一拍即合（quickly become partners），投入到对原发性（primary）肝细胞肝癌（hepatocyte liver cancer）新型疗法的研究中，并将这种方法命名为"靶向（targeted）肿瘤内乳酸阴离子和氢离子的动脉插管（arterio-intubation）化疗（chemothertherapy）栓塞术（embolization）"，用这一方法切断了肿瘤的"食物通道"，然后再用碳酸氢钠去除肿瘤内的氢离子，相当于不仅不给肿瘤"吃饭"，还让它去健身房快速消耗，迅速"饿死"。临床研究结果显示，用此法治疗有效率几乎达到 100%，病人的中位生存期（median life time/cycle）已超过三年半，而且在这个临床研究中治疗的肝癌都是难治型肝癌。

国际同行在接受这篇文章时非常慎重，就连带头从事研究的两位教授也一直是带着怀疑在进行这项研究。后续还需要大样本的随机对照研究，如果证实有效，对肝癌治疗来说，确实是一个飞跃。

不过，这一研究引起不少人好奇，例如有人问："喝苏打水（soda water）能治疗癌症吗？"胡汛教授回答说，喝碱性水确实有益健康，是否有抗癌的作用，尚未有有关研究。他们在研究中采用的治疗方法是直接针对滋养肿瘤的血管，向瘤体注射碳酸氢钠，而不是喝小苏打。他还说："大家要知道，这只是一个初步的研究，并不是解决了癌症的治疗，因为具体的治疗涉及肿瘤的部位、血供条件、能否进行栓塞等许多方面，而且这个实验还需要反复验证。"实际上，肿瘤是一个全身性疾病，需要综合治疗。胡汛表示，他们开展的只是探索性前沿性的研究（pilot and frontier study）。但是他们的研究是肿瘤治疗思路的创新，是机制的创新，是有科学背景的。eLife 也希望他们报告后续的研究进展。晁明指出，尽管目前

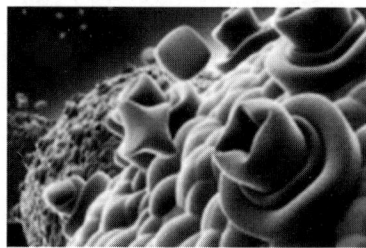

他们研究的就是针对原发性肝细胞肝癌的治疗，但这个原理对大部分实体肿瘤是有普遍意义的。

这一研究突破了肝癌疗效差的瓶颈，这是一个进步，但离终极目标还很远，需要这一代人乃至下一代人坚持不懈的努力。

49. 中国科学院上海药物所（Institute of Medicine）研究员徐华强带领科研团队，利用世界上最强 X 射线激光，成功解析了视紫红质（rhodopsin; erythropsin）与阻遏蛋白复合物（repressor/repressive protein）的晶体结构，攻克了细胞信号传导领域的重大科学难题。该结构是世界上首个运用自由电子激光（X-ray free electron lasers—XFEL）技术获得的蛋白质复合物结构，对蛋白晶体结构生物学（structural biology）研究有重大意义。同时，对靶蛋白（prey/target protein）结构与功能关系的深刻理解，将对我国开发高效低毒药物产生深远影响。

50. "剪接体"（spliceosome）是人类细胞中必不可少的"分子机器"之一，但人类对其工作机理的了解，一直缺乏结构生物学的证据。中国科学院院士、清华大学生命科学学院教授施一公带领的研究组在这方面取得了重大突破，获得了分辨率高达 3.6 埃（1 埃等于一百亿分之一米，等于 0.1 纳米，用于表征原子的半径）的"剪接体"分子结构的三维结构。2015 年 8 月，《科学》连续在线发表两篇中国科学家研究"剪接体"的论文，并首次报道了分辨率。论文的题目分别为《3.6 埃的酵母剪接体结构》（Structure of a Yeast Spliceosome at 3.6 Angstrom Resolution）和《前体信使 RNA 剪接的结构基础》（Structural Basis of Pre-mRNA Splicing）。第一篇文章报道了"剪接体"近原子分辨率的三维结构，这一结构是通过单颗粒冷冻电子显微技术解析得到的。第二篇文章是在这一 3.6 埃剪接体结构的基础上，进行详细分析，对剪接体的基本工作机理进行了阐述。

施一公教授的这一研究成果是一个里程碑，是近年来在生命科学领域中国最好的科研成果之一，人们认为有望拿诺贝尔奖。

剪接体是由 RNA（核酸）和蛋白质组成的复合物。包括真核生物在内，生命过程的根本规则被称为"中心法则"，是"DNA 被转录成 RNA，RNA 被翻译成蛋白质"，蛋白质来执行具体的功能。但 RNA 要被翻译成蛋白质，需要"剪接体"剪接，这涉及人体内几乎所有的生命活动，也包括疾病。科学家发现"剪接体"后，一直想研究清楚其结构和机理，但一直没能获得根本性的突破。国际上有很多研究组都在竞争。结构生物学是生物化学、分子生物学等的有力的补充，也更"直观"，可以直接"看"发生了什么。但解析"剪接体"的结构，至少有两大困难需要克服。首先，拿到"剪接体"就不容易，因为，它由三十多种蛋白质和核酸组成，拿到完整且足够量的蛋白复合物难度很大。其次，拿到了这些蛋白复合物之后，还要有能力解析其结构。施一公教授研究组在这两方面都取得了突破。

自 20 世纪 70 年代后期 RNA 剪接的发现以来，科学家们一直在步履维艰（progress with difficulties）地探索其中的分子奥秘，期待早日揭示这个复杂过程的分子机理。施一公院士研究组对剪接体近原子分辨率结构的解析，不仅初步解答了这一基础生命科学领域长期以来备受关注的核心问题，又为进一步揭示与剪接体相关疾病的发病机理提供了结构基础和理论指导。

51. 葡萄糖（glucose）是地球上所有生物最基本的能源物质，其结构在过去四十年是世界诸多实验室攻坚的对象。清华大学最年轻博导（doctoral advisor）颜宁教授领导的研究组在研究思路（research strategy）和实验技术上大胆创新，终于在激烈的国际竞争中脱颖而出（stand out），于 2014 年和 2015 年在世界上率先报道了转运蛋白（translocator; transport protein）glut1 和 glut3 的三维晶体（three-dimensional crystal）的原子分辨率结构，不但清晰完整地展现了葡萄糖转运蛋白工作的分子机理，而且揭示了其异常所导致的致病机理，为研制小分子肿瘤靶向药物（tumor targeted drugs）提供了直接结构依据，对于研发治疗癌症和糖尿病的新型药物提供了分子基础。她还针对肌肉收缩（muscle/muscular contraction）这一基本生理过程中涉及的钠离子和钙离子通道做出一系列突破性工作，在世界上首次报道了高分辨率钙离子通道（calcium channel）的结构，这些成果先后发表于《自然》和《科学》，在国际生物物理领域引起巨大反响。

颜宁的工作迅速获得国内外学术界认可，先后获得中国青年女科学家奖（China Young Women Scientists Award）、国际蛋白质学会青年科学家奖和赛克勒国际生物物理奖（Raymond & Beverly Sackler International Prize in Biophysics），并于 2016 年当选最具声望的国际学术研讨会 GRC 的 Alexander M. Cruickshank 演讲人资格，代表了该领域对其工作的极大认可，这也是来自中国的科学家首次获此殊荣。

52. 四川大学教授俞德超发明的"康柏西普"（Conbercept），是中国第一个拥有全球知识产权的单克隆抗体新药，为无数老年黄斑变性（fundus macular degeneration）和糖尿病视网膜病变（retinopathy—ROP）等眼疾患者带来光明，彻底结束了美国在同类药品上的垄断。"康柏西普"也是中国第一个获得世界卫生组织非专利药物名的国产药物。

53. 2008 年袁玉宇和徐弢创办了广州迈普科技有限公司（Medprin Technology Co., Ltd.），将生物器官打印这一 3D 打印领域中最难的技术带回中国，开启了创业之路。2011 年，该团队成功研发出第一个再生型（regeneration type）植入类医疗器械（implantable medical devices）产品，即第一代人工硬脑膜（artificial dura mater）产品"睿膜"（ReDun），并在英国剑桥大学（University of Cambridge）医院、德国 PK 医院等欧洲著名脑外科（department of cerebral/brain surgery）医院广泛使用，应用于数万名患者的脑膜修复手术。这是全球首次实现 3D 打印器官医疗器械行业的产业化，同时也给神经外科医疗领域带来了革命性影响。

54. 2016 年 7 月 6 日，重庆第三军医大学西南医院骨科运动医学中心完成了世界首例 3D 打印的个体化全距骨（ankle bone）假体（prosthesis）植入手术，通过打印出来的假体连接下肢和足部重要枢纽，具有生物学功能，可帮助患者恢复行走。该手术首先截取病人自身一部分依然健康完好的骨头，搅打成细碎的骨颗粒，加入促骨形态发生蛋白（bone morphogenetic protein）等材料做成"骨泥"。而事先用钛合金与特殊材料制成的距骨上则留有很多微孔，把骨泥灌入微孔中后再进行缝合（suture），等到骨泥生长完毕，患者也就恢复了行走的能力。

此次手术还就不同部位采用不同的打印方法，比如承重轻的面采取雾化打印法等。据介绍，这项世界前沿技术得到了多家科研机构的支持。由第三军医大学西南医院牵头，联合中国科学院重庆绿色智能技术研究院、中国科学院物质结构研究所等十个单位协作攻关才得以运用。预计在经历四年半的科研到临床过程后，该项技术就可以真正来到患者身边。

2016 年 7 月 15 日，在北京技术创新行动计划"数字化制造及产业培育"专项系列成果发布会上宣布，由北京大学第三医院（简称北医三院）（Peking University Third Hospital）骨科刘忠军教授牵头，围绕骨科脊柱肿瘤（spinal tumo）、严重髋关节病（coxarthropathy）等临床疾病，提出新型设计思路和手术治疗方案，利用 3D 打印研制生产脊柱和关节个性化规模植入物，取得了突破性进展（breakthrough，无须再加上"进展"的英译）。其中 3D 打印髋关节假体和椎体假体已通过 CFDA 评审，获得注册。这标志着我国在 3D 打印植入物方面进入到产业化阶段，处于世界领先地位。

55. 据媒体 2016 年 12 月 23 日报道，由爱博诺德（北京）医疗科技有限公司 [Eyebright（Beijing）Medical Technology Co., Ltd.] 技术总监（CTO—chief

technology officer）王曌主导的"高次非球面（high-order symmetric aspherical surface）人工晶体光学设计"，超越了国外同类产品一个代系的技术高度，已转化为质高价廉的、完全自主知识产权的可折叠（foldable）人工晶体（intraocular/ artificial lens）产品，突破了国外垄断。2014 年以来，数万白内障（cataract）患者因此获益重见光明。五年来王曌参与多项国家级重点项目，获近 20 项专利。

白内障被公认为眼科的第一大类疾病，是致盲的首要病因，约占失明原因的 48%。到 2020 年，中国的老年人口将达到 2.48 亿，80 岁及以上老年人口将达到 3067 万人。据专家估算，到 2020 年，我国积存的白内障致盲者将会攀升到 500 万人以上。由于每年白内障致盲或视残而损失劳动力，加上照料他们所消耗的社会资源，由此产生的经济损失难以估量。治疗白内障的唯一有效方式是通过手术摘除白内障并植入人工晶状体。一枚直径只有 6 毫米的人工晶状体就凝聚了高分子生物材料（polymeric bio-materials）的合成、精密光学设计和精密制造等前沿技术。在折叠白内障人工晶体面世之前，中国只能制造西方发达国家已经淘汰的硬晶体，植入这种硬晶体手术创口大，感染风险很高。可折叠人工晶体是由软性医用高分子材料制成，手术创口小，风险低，但是由于国内医院白内障手术使用的可折叠人工晶体长期被国外企业垄断，手术的耗材费用居高不下，增加了白内障患者的负担，浪费了国家的医保资源。爱博诺德公司选择可折叠人工晶体作为创新创业的突破口，就是要打破外国产品的垄断，让中国老百姓用上价廉质优的眼科医疗产品。

王曌说："小时候我父母就教育我要崇德向善（revere morality and be kind to others），正直做人。我设计的眼科医疗产品可以帮助患白内障、青光眼（glaucoma）的老年人在晚年享受高水平的生活，还可以帮助青少年控制和矫正近视，让他们无障碍地学习、运动和工作，实现他们的梦想。这是我用母校学来的知识回报社会的最好方式，也是我力所能及的慈善和功德。"

2014 年 7 月，由她主持光学设计的 A1-UV 型非球面人工晶状体获得了国家食药监总局的产品注册证，正式进入全国眼科医院为众多的白内障患者带来光明，也为公司带来了经济效益。这是国内第一款完全自主知识产权、民族品牌的可折叠人工晶体，这一产品的上市实现了进口替代和填补国内技术和产品的空白。应该说在眼科医疗器械领域，中国人迈出了一大步。

爱博诺德的人工晶体还随中国援非医疗队进入了喀麦隆、科摩多、苏丹、刚果布等国家。

56. 2016 年 12 月 18 日播出的央视《挑战不可能》（*Challenge the Impossible*）节目中，浙江大学 2015 级计算机学院计算机科学与技术专业硕士研究生黄丽鹏将脑电波控制（brain wave control）变成了现实，现场成功实现用脑电波操控小白鼠走迷宫（labyrinth）。黄丽鹏与导师研究的项目是"脑机融合感知和认知"（perception and cognition through brain-computer integration）。

挑战迷宫共有四关，评审将任意设置前三关以增加小白鼠闯关阶段的难度和不确定性，挑战者需要用脑电波操控小白鼠按照评委设置的既定路线前进。第四关小白鼠需在 90 秒内穿越沙漠进入飞碟，即为挑战成功。挑战过程中，小白鼠几度想走向错误的方向，但在黄丽鹏的脑电波控制下，最终还是走向了正确的方向，惊艳全场。

此项目的带队老师许科帝透露"脑机融合感知和认知"已被列入国家级 973 计划，通过这项技术，"渐冻人"（patient with motor neuron disease，"渐冻症"正式名称是 amyotrophic lateral sclerosis，简称 ALS）以及一些肌肉萎缩（muscle atrophy）但大脑健全的患者都可以控制肢体，恢复正常生活。

57. 解放军军事医学科学院野战输血研究所（Research Institute of Blood Transfusion in Field Operations）、全军干细胞（stem cells）与再生医学（regeneration medicine）重点实验室裴雪涛团队历经十年集智攻关，建立了"人工血液"制备工艺，并通过干细胞技术，成功制备出"人工红细胞"。经军地卫生和药监权威机构检测，该"人工红细胞"与正常红细胞的血红蛋白（hemoglobin）含量、携氧能力和渗透脆性（osmotic fragility）等各项指标基本一致，是干细胞来源、体外制备最接近临床应用的生物科技成果，扩增率（expansion/amplification rate）可达 10 万倍以上，使中国干细胞制备"人工血液"的研发水平进入国际一流行列。

十多年来，裴雪涛团队建立了干细胞程序性高效扩增与血液定向诱导分化（induced commitment and differentiation）关键技术，涵盖"干细胞、祖细胞（progenitor cell）、终末细胞（end/terminal cell）"三个关键环节，提高了干细胞定向诱导分化和扩增的效率，在规模化制备红细胞环节取得新的突破。实践证明，该团队诱导制备的红细胞移植到实验鼠体内，四天内都可检测到存活细胞，且细胞已呈现典型的双面凹结构，并检测到人红细胞特异抗原（antigen; antihelion），表明利用干细胞技术制备的红细胞具有正常人体红细胞结构和功能。下一步，该团队将致力于规模化制备红细胞，与特定功能血浆（functional plasma）复合后，形成具有完整生理功能的新型"人工血液"，以满足日常临床及战时输血救治需求。

58. 在不久的将来，生病了，吃药可能就不是唯一选择了，或许还可以通过特殊的材料和治疗手段，让人类的细胞得到再生（regeneration），修复受损部位、治愈疾病。位于北京的中科院遗传发育生物学研究所（Institute of Genetics and Developmental Biology），戴建武研究员的独门绝技——组织再生和损伤修复功能生物材料研究技术，已经在临床取得了令人惊喜的成绩。2016 年 5 月，一名不幸遭遇车祸、颈段损伤、下肢完全不能活动的病人，在进行完"神经胶原支架"（nerve collagen scaffold）干细胞移植（stem cell transplantation—SCT）手术后，已经逐步恢复其下肢功能，神经信号能够跨越损伤部位进行传导。戴建武介绍说，在再生这个领域，大家认为最难再生的或者最不能够再生的组织大概就是中枢神经（nervous centralis），在自然界，壁虎（wall lizard，学名 Gekkonidae）的尾巴断了，可以自己生长出来。然而干细胞和生长因子（growth factor）也具有修复损伤的能力，但是由于体积只有纳米级，在丰富血流循环的作用下很难作用于受损部位。因此，修复再生一直是个难点。戴建武瞄准了这个难点下手，制作了固定和连接损伤部位的生物支架（bio-scaffold; biomaterial scaffold），结合干细胞或者结合生长因子，就可以确定这些有效成分在空间的定位，形成微环境。

2013 年，戴建武设计了全球首个子宫内膜（endometrium）再生临床手术，十名因子宫内膜受损而导致不育的育龄妇女（women of childbearing age; fertile woman），八人均正常怀孕产子，取得了再生医学的巨大突破。

59. 北京大学第三医院乔杰教授、生物动态光学成像（biological dynamic optical imaging）中心汤富酬教授和谢晓亮教授所领导的三个研究小组共同完成了世界上首个人类单个卵细胞高精度基因组测序。这项技术可帮助医生检测出遗传过程中来自母亲的遗传病，并有可能将试管婴儿（test-tube baby）的活产成功率从目前的 30% 提高到 60%。2011 年，《自然·方法》杂志（*Nature Methods*）将单细胞测序列为年度值得期待的技术之一。2013 年，《科学》杂志也将单细胞测序列为年度最值得关注（merit close attention）的六大领域榜首。北京大学研究人员的这项成果构建了迄今为止重组定位精度最高的个人遗传图谱，并且解决了一个困扰学术界多年的问题，即基因区附近重组率的降低是由于分子机制而非自然选择造成的。

60. 美国《科学美国人》(*Scientific American*) 月刊网站 2016 年 10 月 9 日报道：为了获得碳强化丝（carbon reinforced silk），清华大学的张莹莹及其同事给蚕喂食喷洒了含有 0.2% 碳纳米管（carbon nano tube）或石墨烯水溶液的桑叶，在桑蚕吐丝结茧后收集蚕丝，与标准产丝过程一样。

与普通蚕丝截然不同的是，碳增强蚕丝的抗拉强度提高了一倍，耐压强度（compression strength）至少提高了 50%。研究团队将蚕丝纤维加热至 1050 摄氏度，使丝蛋白碳化（carbonize），然后研究其传导性（conductivity）和结构。

与普通蚕丝不同，改良后的蚕丝可以导电。拉曼光谱法（Raman spectroscopy）和电子显微镜图像显示，由于加入了纳米材料，碳强化蚕丝纤维的有序晶体结构（ordered crystalline structure）含量更高。

接着他们还要弄清两个问题。一是，桑蚕究竟是如何将纳米材料融入蚕丝的；二是，桑蚕食用的纳米材料有多少进入了蚕丝而未被分泌或代谢。

东华大学高分子化学家沈青教授的团队 2014 年也进行过类似研究。他们使用的是直径 30 多纳米的多壁碳纳米管（multiwalled carbon nanotube），也可增强蚕丝纤维的强度和韧性。

张莹莹称，她的团队使用的是直径更小的 1 纳米—2 纳米的单壁碳纳米管，更适合掺入蚕丝的蛋白结构。

东华大学材料科学家张耀鹏说："这是一个大规模生产高强度纤维丝的好办法。"张曾经做过实验，给桑蚕喂食二氧化钛纳米粒（nano-titanium dioxide），希望获得抗紫外线降解（degradation）的超强蚕丝。他指出，碳强化蚕丝的导电性能可能使它成为未来制作传感器以读取神经信号的主要原料。强化丝可以有多种用途，比如制作耐用防护布、可生物降解的医用植入材料和环保型可穿戴电子产品。

此前，研究人员给蚕丝添加过染料、抗菌剂、导电复合材料（composite material）和纳米粒，要么是用添加剂处理绢丝，要么是在某些情况下直接给蚕喂食添加剂，但效果都不理想。

61. 2016 年 6 月 18 日，中国国家基因库（China National Gene Bank）启动试运营，9 月 22 日正式开始运营。这个位于深圳市大鹏新区观音山脚下的基因库，历时五年建成，其一期建筑面积达 47500 平方米，拥有 25500 平方米的基因数据库（database）和 22000 平方米的生物标本库（biological specimen bank）。这里有庞大的高通量（high flux）基因测序（gene sequencing）房、超级计算房以及冷冻资源房。这一基因库不仅在规模上是世界上最大，其综合能力也列世界第一，包括可访问数据量和数据存储能力。

这个基因库是带着"留存现在、缔造未来"（reserve the present and create the future）的使命诞生的。

在基因时代，这样的未来可期：到医院看病，只需自己的基因作为"身份证"和病历；想"返老还童"（rejuvinate），保存完好的干细胞就能轻松搞定；憨态可掬（look charmingly naive）的大熊猫不再稀奇，就在你家庭院里懒洋洋地打盹；远古的恐龙（dinosaur）、猛犸象（mammoth; mammuthus）不只活在特效里，它们在博物馆奇妙之夜真实复活……通向这样的未来，需要一些坚实的"砖石"——生物样本和数据。这正是我国唯一一座国家基因库的定位（orientation）：有效保护、开发、利用遗传资源，提高我国生命科学研究和生物产业发展水平，维护国家生物信息安全，助力全球生命科学发展。2011 年，国家发改委等四部委批复同意深圳依托华大基因研究院（Beijing Genomics Institute—BGI）组建国家基因库。

与美国、欧盟、日本其他三大世界级的基因库不同，中国国家基因库不仅仅是数据库，而且是国际上现有的各类生物样本库、数据库、生物多样性（biodiversity）库、疾病库等的综合升级版。除了"干库"（即基因、蛋白、分子、影像等多组生物信息数据库）、"湿库"（多样性生物样本和物种遗传资源库）之外，国家基因库还引入了"活库"，即生物活体库，包括动物资源、植物资源、微生物资源和海洋资源等。可以说它是人类博物馆、植物园（botanical/botanic garden）、动物园、海洋馆（aquarium）、微生物馆（microorganism museum）的集合。这里拥有数字化平台和合成与编辑平台，为的是最终解决生命数据的"存、读、懂、写、用"五个作用，要把全球的生物资源都收集起来，用测序仪（sequenator; sequencer）读取万物的遗传数据，用超级计算机算出结果，用合成与编辑平台写出生命代码，用以为人类服务。

目前，国家基因库已存储多种生物资源样本 1000 万份；初步建立起了基因信息数据和生物样本采集、存储、管理相关标准和技术规范（technical regulation/code/specifications），发布深圳市地方标准 5 项，申请国际、国内标准 10 项，申请国内外专利 46 项，出版基因资源专著（monograph; treatise）8 本。目前已开展国际 / 国家重点科研项目 20 余项，合作项目共发表论文 140 余篇，其中在《自然》《科学》《细胞》等知名科研杂志上发表论文 30 余篇。

国家基因库像我们的"生命银行"，跟每个人都息息相关。每个人一生中所有关键阶段的标本都应该永久保存起来；从出生时的干细胞，20岁时的免疫细胞，到30岁时的生殖细胞（germ cell）。犹如拍下人生的不同阶段的照片。但是以往的照片只能用作留念（keep as a souvenir），不同阶段存进"生命银行"的样本，却是在我们越老的时候越有用，甚至可能在关键时刻救命。这些样本可以使人对自己身体变化状况了如指掌（know something well like the palm of one's own hand），还可根据这些数据设计自己的饮食、运动和生活节奏，过上更健康的生活，"对抗"衰老。

保护生物多样性也有重要意义。目前，保护人类生存环境，保护物种的多样性已刻不容缓（brook no delay）。对濒危（be in imminent danger）的生命物种，我们需要尽快地将这些资源存储起来，向子孙后代作一个交代。

人类越来越认识到基因资源以及保护地球生物多样性的重要。国际上，挪威斯瓦尔巴全球种子库（Svalbard Global Seed Vault）、美国自然历史博物馆、英国生物样本库等应运而生（emerge as the times require），尤其是美国、欧洲、日本先后建立的三大基因数据库里的生物信息数据，几乎涵盖所有已知的脱氧核糖核酸（deoxyribonucleic acid）、核糖核酸和蛋白质数据。国家基因库执行主任徐讯说："中国亟须这样一个平台，从国家层面对具有中国特色的生物样本和基因数据进行有效保存、管理和合理利用。"

目前，国家基因库已与联合国粮食及农业组织（United Nations Food and Agriculture Organization—UNFAO）、国际农业研究磋商小组（Consultative Group for International Agricultural Research—CGIAR）、国际生物及环境样本库协会（International Society for Biological and Environmental Repositories—ISBER）、挪威斯瓦尔巴全球种子库、美国自然历史博物馆等一百多个组织和科研机构建立战略合作关系，在人类健康、生物多样性、生物进化机制（biological evolution mechanism）等方面开展合作研究。未来国家基因库一定会超越国界，在全球范围内集聚更多资源。"国家基因库也面临着很大的挑战，尤其是如何跟国际公约、标准接轨。"联合国粮食及农业组织助理总干事王韧说："但是我们相信，国家基因库将在未来对基因科技的发展产生深远影响。"

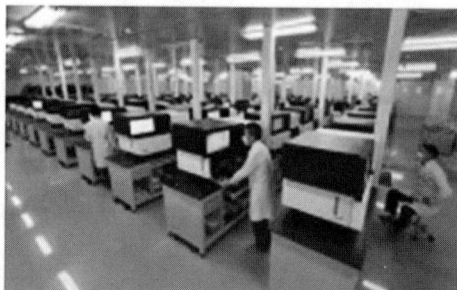

63. 聚合酶链反应（polymerase chain reaction—PCR）是20世纪80年代中期发展起来的一项体外核酸扩增技术，它可以将目标基因片段于数小时内扩增百万至数亿倍，成为当今生命科学研究最为重要且广泛使用的技术手段之一。PCR技术是生命科学领域中的一项革命性创举和里程碑，其发明人穆里斯（K. Mullis）博士因此项发明获得1993年诺贝尔化学奖。但是PCR技术的自身缺陷也制约了其在医学临床诊断上的应用，主要表现在碱基错配（base pair mismatch）及非特异性扩增（nonspecific amplification）等问题上，而如何利用PCR技术获得目的基因片段的精确扩增是拓展其应用的关键和难点所在。中科院上海生科院生化与细胞所洪国藩院士经过长期DNA基础理论的潜心研究，成功研发出了低温封闭多级PCR（Lcn-PCR）技术，克服了普通PCR技术的自身缺陷，同时具有超高的灵敏度和准确性，并能排除环境的交叉污染。洪国藩研究组历时十多年利用该项技术对数千病例的病原体感染进行了临床平行对照检测与研究，充分证实了该项技术的可行性与精确性，而且实验方法安全、简便，省去了超洁净空间所需的设备，可在普通医院中应用。

作为临床诊断技术的一项创新成果，Lcn-PCR的有关内容以独立一章的形式，被选录在《分子生物学方法》（*Methods in Molecular Biology*）丛书中。此项科学研究形成了一系列发明专利和技术秘密，具有完全的自主知识产权。Lcn-PCR技术不仅可以用于医学临床检验诊断，而且还可以应用到农业、畜牧业、渔业、食品及海关检测检疫等领域中。

64. 2016年7月，由中国工程院院士杨宝峰工作室与黑龙江天晴干细胞股份有限公司（Tian Qing Stem Cells Co., Ltd）联合完成的"长期储存与复苏培养免疫细胞技术"项目通过成果鉴定，专家组一致认为该项研究成果中的细胞冻存、复苏曲线（revive/resuscitation curve）的建立、细胞冻存液（fluid cryoprotectant

for cells）的自主研究等关键技术，已达到同类研究的国际先进水平，多项技术填补国内空白，建议进一步在国内外加强推广应用。专家组认为该项目的技术转化在自体肿瘤免疫治疗、亚健康（subhealthy）人群的免疫提高、抗衰老（anti-aging）等方面具有广阔前景。采用生物免疫技术治疗肿瘤，呈现疗效好、安全可靠等特点，但肿瘤患者的免疫细胞本身存在问题，用这些有问题的免疫细胞治疗肿瘤，疗效极其不稳定。采用异体健康人的免疫细胞，还存在安全性等新问题。最佳的办法就是人们在健康的时候，把自己健康的免疫细胞储存起来，一旦生病，可以用这些储存的健康免疫细胞治疗，效果会有显著的提升。此项技术应用推广后，人类可以在年轻健康时将具有强劲活力的免疫细胞储存起来，在免疫力下降或身体出现亚健康状态时通过临床回输治疗，达到增强自身免疫力、缓解亚健康状态的效果；也可以在患癌之后通过生物免疫细胞治疗，把年轻时储存的有活力的免疫细胞注射到体内，激活患者免疫系统，并定向查杀患者体内的癌细胞，起到治疗肿瘤的目的。

65. "海水稻"（sea water rice; ocean rice）是"用海水灌溉的水稻"。我国盐碱地（saline/alkaline land）总面积约 15 亿亩，若都能种上水稻，可增产粮食 500 亿千克，多养活约 2 亿人。

这并非痴人说梦（talk fantastic nonsense; rave），陈日胜正将这个梦想变成现实。1986 年陈日胜在湛江发现一株野生海水稻，收获 522 粒种子，坚持育种 28 年，终于获得重大突破，培育出了适应盐碱地的水稻品种"海稻 86"。

联合国报告显示，全球粮食库存在近三十年不断下降，目前全世界约有 8 亿饥饿人口。如果全世界 143 亿亩盐碱地都能种上海水稻，其"世界意义"将不言而喻。为了研究耐盐碱（saline-/alkaline-enduring）水稻品种，世界各国正展开角逐，然而有关研究仍在试验阶段。陈日胜的海水稻项目，成为世界的"领跑者"。为了对"海水稻"的功能基因进行自主知识产权保护，富程基因技术公司组织专家研究了其耐盐碱、耐淹的基因标识。

"海水稻"引起了国外注意。美国两名农业专家得知湛江育种出海水稻后，曾专程来考察。两人在田边拍摄三小时，记录下海水涨落、灌溉稻田的全过程；东南亚一些经历海啸（tsunami）、良田变盐碱地的国家，派出专家到北京找到海稻国际公司寻求合作。这些年来，不少国外机构找到陈日胜，或寻求合作或垄断稻种，均被他谢绝。陈日胜坚定地说："这是我们中国的东西，一定要留在中国。"

中国国家杂交水稻工程技术研究中心（China National Hybrid Rice R&D

Center）受袁隆平委派，专程派以中科院院士谢华安为组长、马国辉为副组长的专家组到湛江"海水稻"发源地考察。专家们一致认为"海水稻"是一种特异的水稻种质资源，建议国家加强全面保护。专家组联合签名，将此提议上呈农业部，申请"海水稻"项目国家立项（state-initiated project）。

2011 年 10 月，陈日胜投资 250 万元在家乡组建专业合作社，"海水稻"的种植面积从原来的几亩扩展到如今的 3000 亩。每逢涨潮，海水便会灌进农田，"海稻 86"趁机汲取水分和养料，涨潮后的海水还会帮忙"锄草""杀虫"。自 5 月种下后便不需要怎么打理，只需等到 11 月便可以收割。长势最旺的"海稻 86"可长到 1.7 米以上。"海水稻"能在临海滩涂盐碱地生长，并能改善盐碱地土壤成分，亩产虽少，但有不需施肥、抗病虫、耐盐碱三大特性。"海水稻"还能抗风、抗涝。2014 年，湛江遭受两次强台风袭击，不少地方发生强降雨，造成海水倒灌（sea water inwelling/intrusion），要是普通水稻，早就绝收（total crop failure）了。可是"海稻 86"不仅毫发无损（unscathed; unaffected），还长高不少。

"海稻 86"自问世起就成为媒体和市民关注的焦点。不仅在遂溪和廉江大面积种植，同时在海南、福建、辽宁、黑龙江等地的盐碱地开展多点试种。

海南大学海南省耐盐作物生物技术重点实验室也一直在从事作物耐盐性的研究，已获得耐盐性强的豇豆、辣椒、番茄和茄子四种蔬菜在海滩上种植，可以用海水直接灌溉，还培育出具有耐盐特性的水稻新种质，在含盐量 0.3%—0.6% 的土壤中能正常生长，亩产可达 400 千克，处于国内外同类研究的先进水平。该水稻已在江苏盐城大面积试种，并取得了良好的效果。

华智水稻生物技术有限公司创办人、长期从事转基因育种研究的张健，从国外引进七名专家，于 2015 年 6 月主持建设了国家水稻分子育种（molecular breeding）创新平台这座国际一流的现代种业生物育种研发和技术服务创新平台，以种质创新、分子育种、生物信息、品种测试和种子检测五大技术支撑平台为基础，着力提升大规模、高通量、集约化（intensified）和标准化的高效精确育种能力。

2016 年 10 月 14 日，袁隆平领衔的青岛海水稻研究发展中心在李沧区签约落户，在胶州湾北部设立 30 亩海水稻科研育种基地。实验成功后，可将这些盐碱地全部变为良田。当然，全部实现海水灌溉还需要几年过渡期。所谓海水稻，是在现有自然存活的高耐盐碱性野生稻的基础上，利用遗传工程技术，选育出可供产业化推广的、在不低于 1% 盐度海水灌溉条件下、能正常生长且产量能达到 200 千克—300 千克/亩的水稻品种。由于海水稻是在滩涂生长，海水的微量元素较高，所以海水稻的矿物质含量是比普通稻的含量要高的，加上海水稻在恶劣的野生条件下生长，没有普通淡水稻的病虫害，其抗病性较强，所以，海水稻的"体质"是相对不错的。2017年秋天将会收获第一批海水稻研发成果。

66. 中国科学院遗传与发育生物学研究所（Institute of Genetics and Developmental Biology）的基因编辑（gene editing）专家高彩霞领导的实验室使用原有的旧技术实现了82个基因的突变，后来决定转用革命性的新技术"基因编辑"。一年之后，她们成功在小麦和水稻上获得成功。美国明尼苏达大学的植物生物学家丹尼尔·沃伊塔斯（Daniel Voytas）说："彩霞就有适应的能力。"

上大学时，高彩霞本想学医，但被分配到了农学专业。在完成关于草原生态学的博士研究后，高彩霞再次转行，在丹麦罗斯基勒（Roskilde）市的丹农种子公司（TRIFOLIUM-DLF）从事植物基因工程工作，探索将外来基因植入草中的方法。据DLF的研究总监克劳斯·尼尔森（Klaus Nielsen）表示，这项工作非常磨人。许多草类都难以改造，而且每一个物种——或者甚至同一物种内的基因变异型——都有可能需要特殊的生长条件组合。高彩霞任职于DLF公司的12年里，实现了一次又一次的突破——完成了对几种性状的基因改造，包括控制重要草种的开花时间。但后来她选择了回国。在北京，高彩霞解决了小麦基因编辑的难题，被认为是全世界最优秀的小麦基因工程专家。

67. 2011年3月25日在中国贵州黔南正式开工建设的、世界上口径最大、最具威力的500米口径单天线球面射电望远镜（five hundred meters aperture spherical radio telescope—FAST），于2016年完工建成，9月25日正式启用。这一工程是由国家科教领导小组审议确定的国家九大科技基础设施之一。FAST的口径有500米，接收面积近30个足球场大。其主反射面的面积达25万平方米，由近460000块三角形单元拼接而成，总重超2000吨。它的圈梁由50根6米到50米高低不等的钢柱支在半空，周长约1.6千米，绕走一圈约要40分钟。其首批观测目标锁定在直径10万光年的银河系边缘，探测恒星起源的秘密，将在天文史上翻开新的一页。

与号称"地面上最大的机器"德国波恩100米望远镜相比，FAST灵敏度提高约10倍；与被评为人类20世纪十大工程之首的美国阿雷西博（Arecibo）300米望远镜相比，FAST的综合性能提高约10倍。作为世界最大的单口径望远镜，FAST将在未来20至30年保持世界一流设备的地位。

这台射电天文望远镜是电子和钢铁结合的产物，拥有一个2700吨的钢铁构成的移动结构，核心技术完全由中国自己研发，最远可以观察 100 亿光年外的天体。其天线面积有 3318 平方米，主反射面由 14 圈共 1008 块高精度实面板铺成，变形误差（deformation error）不大于 0.3 毫米。为了保证天线能准确地指向需要的方向，其直径 42 米的方位导轨采用无缝焊接（seamless welding），精度达 0.1 毫米。为了克服环境温度、重力等因素的影响，保证镜面的形状始终符合要求，其主反射面采用了最先进的主动控制技术，在每块面板背后都安装了促动器，可以精密调节其方向。这台射电天文望远镜将帮助中国的深空探测和登月工程更上一层楼（scale new heights）。同时，它也给中国人增加了一只观察宇宙的眼睛，可以帮助我们更好地认识宇宙、认识周围的世界，为最终迈入星辰大海作好准备。

其全新的设计思路，加之得天独厚的台址优势，使 FAST 突破了射电望远镜的百米极限，开创了建造巨型射电望远镜的新模式。首先，它利用贵州天然的喀斯特洼坑（karst depression）作为台址；其次，洼坑内铺设数千块单元组成 500 米球冠状主动反射面（spherical active reflector），在射电电源方向形成 300 米口径瞬时抛物面（a transient 300-meter parabolic dish），使望远镜接收机能与传统抛物面天线一样处在焦点上；最后，采用轻型索拖动机构和并联机器人，实现接收机的高精度定位。

被喻为"天眼"（Eye on the Sky）的 FAST 可以测量天体射电的强度、频谱（frequency spectrum）及偏振（polarization）等量，包括收集射电波的定向天线，放大射电信号的高灵敏度接收机，信息记录、处理和显示系统等。

作为世界领先水平的射电工程，FAST 工程带动了很多技术的发展。工程建设中的材料、结构、光激电控制和测量等，都有引领和带动作用，反射材料基本上没有跟踪和模仿，其 90% 以上的材料都是我国自己研制的。主要三大技术创新有：1）在世界上首次利用天然地貌建设巨型望远镜；2）采用主动反射面技术；3）采用轻型索拖动馈源支撑（feed cable supporting structure）技术，将万吨平台降至几十吨，实现了毫米级的动态定位精度。FAST 最大的技术成就是解决了球面镜随时变抛面镜，中国是世界上首个掌握该技术的国家。

中科院国家天文台射电部首席科学家李菂说，"天眼"的主秀场仍是天文领域，比如探测宇宙中的遥远信号和物质、开展从宇宙起源到星际物质（interstellar matter/medium）结构的探讨、对暗弱脉冲星（faint pulsar）及其他暗弱射电源的搜索、高效率开展对地外理性生命（rational extraterrestial life）的搜索等。FAST 在正式启动前进行了试验性观测，9 月 17 日成功接收到一组来自遥远宇宙的高质量脉冲星信号。科技人员计算出这些电磁波大约是 1351 光年前发出的。

未来五至十年，大射电等项目只是我国大望远镜建设的前浪（first wave）。中国 12 米光学红外望远镜已初步通过专家评审，有望于"十三五"规划期间立项。立体化作战（three-dimensional operation）的望远镜集群，不仅将大幅提高我国在天文学（astronomy）方面的各种能力，还能广泛应用于导航、定位、航天、深空探测（deep space exploration）等领域。

2015 年 12 月初，法国图卢兹（Toulouse）国家科学研究中心（CNRS）以及天体物理学和行星学研究所的天体物理学家皮埃里克·马丁（Pierrick Martin），使用 NASA 的费米伽马射线（gamma ray）空间望远镜在银河系之外、距离地球 163000 光年的其他星系中，发现了第一颗伽马射线脉冲星，并创下已知最明亮伽马射线脉冲星的新纪录。而探测河外脉冲星，本身就是 FAST 的立项目标之一。

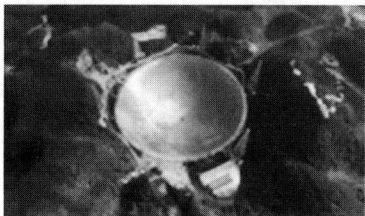

68. 我国的生产总量已居世界第二位。2016 年 7 月 25 日，法国最具权威性的经济类日报之一《回声报》（*Les Échos*）报道，据世界贸易组织（WTO）统计，2015 年中国出口占全球总出口的 14%，超过美国而称雄世界（dominate the world）。这说明中国的综合国力进一步提高。2016 年 7 月 17 日，德国《南德意志报》（*Süddeutsche Zeitung*，缩写为 SZ，又译为《南德日报》，是德国发行量最大的以订阅方式发行的日报）称中国制造业升级快，"中国制造 2025"将对接德国"工业 4.0"。德国《商报》（*Handelsblatt*）7 月 28 日刊文称，"中国制造"逐渐从廉价（chintzy）迈向优质。2016 年 10 月 20 日和 21 日，美国《华尔街日报》网站连续发表文章，称"中国高端制造业开始崛起"。"中国对世界说：不再需要你们的工厂。"下面列举我国在制造业方面的一些新成就。

1）在重型机床方面，中信重工（CITIC Heavy Industries Co., Ltd.）制造安装了第二台直径 16 米特大型滚齿加工设备（gear hobbing equipment），这也是目前世界上加工直径最大、技术性能最先进的齿轮数控加工设备，最大加工直径 16 米，最大加工模数 60，最大加工齿数 2000 齿，最大加工齿宽 1.5 米，切削速度每分钟 160 转。此外，齐重数控装备股份有限公司（Qiqihar Heavy CNC Equipment Co., Ltd。其中 CNC 是 computer numerical control 的缩写）研制成功了数控重型曲轴铣车（fission hinged whirlwind tool holder）复合加工机床，使中国成为世界上继德国、日本之后第三个能够自主设计、自主制造曲轴加工设备的国家，为我国大型船舶的发展铺平了道路。燃气轮机（gas turbine）方面，中国正在完成从引进到消化吸收的过程，制约中国新式军舰大规模量产的发动机瓶颈已被突破；武重集团（Wuhan Heavy Duty Machine Tool Group Corporation）攻克了数控螺旋桨机床的难关，让中国潜艇螺旋桨的噪声大大减小。

多轴联动数控机床（multi-axis linkage CNC machine tools）是制造螺旋桨，特别是潜艇上的静音型螺旋桨，所必需的工业装备。过去只有德国和日本能够生产此类设备，其生产和销售受到北约的严密监控。现在中国也有了此等神器，中国的军舰和潜艇将会发生什么变化，这是不言而喻的。

目前中国占据的重型工程机械世界之最还包括：世界最大轮式起重机（wheel/wheeled crane）、徐工集团（Xuzhou Construction Machinery Group Co., Ltd.）的1200吨全路面起重机（all terrain crane）、世界最长臂架泵车（boom pump truck）、三一重工（Sany Heavy Industry Co., Ltd.）的72米水泥泵车、世界最大的海上作业浮式起重机（offshore floating crane）、振华重工（Zhenhua Heavy Industry Co., Ltd.）的8000吨浮式起重机、中国南车（China South Locomotive & Rolling Stock Co., Ltd.）的载重100吨自卸铁路货车（dump rail freight）、世界最大的轮斗式挖掘机（wheel bucket ditch dredger）——太原重工（Taiyuan Heavy Idustry Co., Ltd.）的WK-75型矿用挖掘机，以及全球最大吨位的履带式起重机（crawling/caterpillar crane）、世界首台全液压平地机（full hydraulic grader）、世界钻进最深旋挖钻机（rotary drilling rig）、全球最大的上回转5200吨塔式起重机（rotary tower crane）、全球提升重量最大且高度最高的6400吨液压复式起重机（complex hydraulic crane）等。

在重型机械制造方面还包括：中国二重（China National Erzhong Group Co.）成功研制国内最大核电含铜钢锻件（copper-containing steel forgings），其力学性能、晶粒度（grain size; grain fineness number）等指标完全满足技术条件要求，标志着国内最大核电含铜钢锻件实现国产化；高速列车关键零部件国产化项目一期投产，具备年30万片高品质车轮的制造能力，标志着我国高速铁路关键零部件国产化取得了阶段性成果；中国重机研究院研制世界上最厚板坯（slab）连铸生产线（continuous casting production line），这是世界上最厚的700毫米×1500毫米高品质特厚板坯连铸生产线装备。

2）我国长岛经济区大连乾亿集团（Dalian Chiny Heavy Machinery Co., Ltd.）

制造的世界最大断面矩形盾构机（rectangular shield tunneling machine; tunnel boring machine）下线。其横断面宽 10.122 米、高 7.27 米，重达 400 多吨，其各项性能指标达到国际领先水平，为我国地下空间开发增添"利器"。这台矩形盾构机开挖断面宽 10.42 米，高 7.55 米，为当前世界之最。由于采用了三层九刀盘（three layers of nine cutterheads）布置形式，相邻刀盘的切削区域相互交叉，断面开挖覆盖率达到 95%，而多刀盘小范围掘进方式，又减少对地层的扰动，地表沉降（ground subsidence sinking）大大降低。当前国内大中城市拥堵严重，地下空间开发是缓解拥堵的重要措施，因此高效、安全、环保的大型盾构机产品市场前景广阔。据报道，北京地铁 8 号线掘进工程就启用了这款盾构机。

2016 年 7 月 17 日，中铁装备集团（China Railway Equipment Co., Ltd.）自主研发的"马蹄形"盾构机在郑州经开区成功下线，这是我国自主研制的首台马蹄形盾构机。这台世界首创的新型异形盾构机，书写下中国掘进机行业领跑世界的新精彩，实现了异形盾构装备的自主化和智能化，为我国高端设备进军国际市场提供了强有力的工程示范。

马蹄形盾构机因其开挖断面呈"U"形，远观似马蹄得名。从圆形到马蹄形，改变的不仅是形状，更是技术上的一次新跃升。它有大小九个刀盘（cutterhead），错落设置（set in a staggered pattern），最大的直径 4.9 米，最小的 1.1 米，每个刀盘都是独立的操控系统，可随意组合，同时、单个和不同方向的旋转，如同"千手观音"（Thousand-Hand Bodhisattva；Avalokitesvara）。相对圆形盾构机的一个大刀盘旋转、一套控制系统的粗放施工（extensive construction），该设备可针对不同土质层进行最大面积、最大角度的精细开挖（precision extraction）。精细化设计和制造中克服了马蹄形盾构机没有"中心对称点"（centrosymmetric point）的难点。另外，马蹄形盾构机在出土设备上也实现了新突破，它比圆形盾构机新增了一个螺旋输送机，不仅能更好地调节开挖土质层土舱压力，还可大大提高盾构机掘进出土的效率。为了在地下窄小的空间里合理"安放"它们，又不影响其他设备的正常运作，设计人员经过近百次的反复科研测试才最终成功。

马蹄形盾构机的诞生，标志着世界异形隧道掘进机研制技术迈向一个新阶段，也标志着我国已经拥有具有自主知识产权的超大断面马蹄形盾构设计和施工技术，实现了异形盾构装备的自主化和智能化。蒙华铁路白城隧道的施工中，首次将马蹄形盾构工法运用在铁路山岭软土隧道领域。这一全球首创的隧道开挖工艺将极大提高隧道空间利用率，较圆形截面减少 10%—15% 的开挖面积，为我国高端设备进军国际市场提供强有力的工程示范。

3）目前中国的机床产业不但可以自给自足，而且大量对外出口，其中不仅包括中低端（medium- and low-end）产品，也开始进入高端领域。2011 年，济南二机床集团（JIER Machine-Tool Group Co., Ltd.）囊括了福特汽车（Ford Motor）美国堪萨斯和底特律两个工厂的全部五条大型冲压生产线（press line; stamping and punching production line）订单，并于 2013 年再次赢得了福特汽车美国肯塔基工厂大型冲压线项目。该生产线由四台多连杆压力机（knuckle joint press）组成，总重 6100 吨，由双臂送料系统（two-arm feeding system）、拆垛机（unstacker; destacker）、清洗机、涂油机等设备组成，效率是普通生产线的三倍。

4）飞机发动机长期以来拖累中国航空工业的问题已经开始得到解决。飞机发动机的核心部件之涡轮盘（turbine disc）是高温镍基合金（nickel base alloy）制造的，加工时要经过高温、高压和高速旋转等程序。现在我国有了巨型模锻压机，意味着制造飞机发动机中的一个瓶颈问题可以解决了。

2016 年 7 月 1 日，使用黎阳公司（Liyang Technology）制造的一种新型发动机的飞机成功实现首飞，按照预定航路完成爬行、飞行等任务。整个飞行过程中发动机工作 7 分 33 秒，参数正常，工作稳定。

作为该型机总承制单位，公司充分发挥了"厂所结合"优势，在各承制单位的大力配合和全体参研人员通力协作（make concerted efforts）下，出色完成任务并成功实现首飞，标志着该型新机研制工作取得阶段性胜利，是中推涡扇（turbofan）新机研制中又一个非常重要的里程碑！

2012 年，配备国产 FWS-13 涡扇发动机的歼–31 首飞。FWS-13 发动机是贵发所在俄罗斯 RD-93 涡扇发动机的基础上研制而来，其加力推力（thrust augmentation）达到 9 吨以上，这样歼–31 的起飞推力就在 18 吨—19 吨。

此次中航动力发布的公告中，三代中等推力航空发动机项目就是中国国产的涡扇–13 系列发动机，包括非加力型 WS13A、减重增推加力型号 WS13E（也有大量军迷称之为 WS13B）等，未来此生产线也可以整改成 4 代中推发动机生产线。 结合先前的公开报道，此次成功首飞的，很有可能是增推型 WS-13E。其研制采取减重增推的模式，发动机最大使用重量从 1135 千克降低到 1050 千克左右，而其最大加力推力从 8700 千克上下增加到 9000 千克出头。此外还采取了 4-8-1-1 架构模式，即 4 级全新风扇，8 级气压（比 RD93 减少 1 级气压），1 级低压涡轮，

1 级高压涡轮。因为全新风扇带来进气量的提升，涵道比（bypass ratio）小幅提升。同时，因为环形火焰筒内腔高温陶瓷整体优于 RD93 水平，涡轮前温度也会有小幅提升。

WS13 基准机本来就比 RD93 中间推力大了 100 千克—200 千克，改进型的 WS13E 中间推力会升级到 5400 千克—5600 千克水平，明显优于 RD33MK 的 5400 千克水平。而中间推力的提升，在某些层面意义更大，可以使得战机有效载荷明显增加而不失机动性。该机有三代中推改矢量喷嘴计划，预计会在后续衍生型号加快研制进度。未来四代中推需要突破 10 吨级基本要求，改进型介于 10 吨—12 吨之间，推比 10 吨—12 吨。有理由相信，随着 WS15 大推的成功，技术会反哺到真正意义的四代中推上。

5）无人机工业发展很快，前不久 Facebook 宣布，其研发多时的太阳能无人机 Aquila 在 6 月 28 日成功在亚利桑那州尤马县（Yuma）完成首次试飞，Aquila 在 656 米的高度飞行了 96 分钟。Facebook 首席执行官马克·扎克伯格（Mark Zuckerberg）可谓欣喜若狂："我们不是飞机公司，但在产生这个创意短短两年内，我们建立了团队，现在甚至已经有了可以飞行一个半小时的飞机。在实现帮助所有人联网的道路上，这是个巨大的里程碑。"扎克伯格说，Facebook 将建造数千架联网无人机，与全世界的政府和电信公司合作，为城市郊区、乡村以及灾区民众提供互联网接入服务。要知道，目前全球的 60 多亿人口当中仍然有多达 40 亿人无法上网，其中 16 亿人生活在没有任何移动网络覆盖的偏远地区。

而 Facebook 要实现自己的宏伟梦想，最大的突破就是研发能够在空中持续飞行 3 个月的无人机，首先需要解决的就是无人机的能源问题。从目前来看，只有太阳能才有可能解决这个问题。Aquila 的翼展（wingspan; envergure）和波音 737 飞机相当，装备了最新的太阳能电池。Aquila 在空中以巡航速度飞行时，功耗为 5000 瓦，相当于三个吹风机或者一台高端微波炉。

太阳能飞行器以太阳能作为飞机驱动力，是非常理想的长航时（long endurance）飞机。白天，太阳能飞行器依靠表面铺设的太阳能电池将太阳光辐射能转换为电能，维持动力系统、航电设备及任务载荷的运行，同时为机载二次电源充电；夜间，太阳能飞行器释放二次电源中电能，满足夜间飞行的需要。如果白天储存的能量能满足夜间飞行的需要，则太阳能飞行器理论上可以实现"永久"飞行。太阳能飞行器巡航时间长、飞行高度高、覆盖区域广，可以执行多种任务，具有常规飞行器不可替代的优点，可用于军事侦察、森林防火、地理及环境监测、应急救灾通信、互联网通信等领域，具有非常大的商业应用前景。

太阳能驱动的互联网中继无人机将以低建设及维护成本实现空中互联网信号向地面的大范围覆盖，改变信息传播方式，掌握信息权，从而改变世界信息互联模式。由太阳能无人机替代地面基站构建的空中互联中继网，对更大规模的互联网应用有划时代的意义，将带来几万亿美元的互联网市场份额，商业前景无可估量。其实，我国无人机制造的许多方面，已在世界上处于领先地位。

2016 年 6 月 21 日，第七届"尖兵之翼"（wings of the vanguard）无人机大会在北京的北安河机场举行，汇聚了 80 余家专业展商，展出 300 余架次，专业观众达 2 万人次以上。

贵州飞机有限责任公司在此次展会上展出了一款联翼与 V 尾融合尾吊布局验证模型，动力布置在 V 尾与联翼结合处的前段，主翼外端布置副翼，两个 V 尾舵面实现飞机俯仰和航向的控制。据悉，这样的气动布局具有升力系数高、升阻比高、结构重量轻和装载能力强的优点，可以发展为大型高空长航时无人机，执行远程灾害搜救、海洋监测、警戒巡逻、侦察探测任务等。该机采用的气动布局为我国首创，在国际上尚无类似布局无人机。

关于贵航，还有一则重要消息：中国航空工业第一集团公司（Aviation Industry Number One Corporation of China）组织成都飞机设计研究所、贵州航空工业（集团）有限责任公司等有关单位设计出了"翔龙"高空高速无人侦察机概念方案，包括无人机飞行平台、任务载荷（task load）、地面系统等三个部分。"翔龙"高空长航时无人机机长 14.33 米，翼展 24.86 米，机高 5.413 米，正常起飞重量 6800 千克，任务载荷 600 千克，机体寿命暂定为 2500 Fh。巡航高度为 18000 米—20000 米，巡航速度大于 700 千米 / 小时；作战半径 2000 千米—2500 千米，续航时间最大 10 小时，起飞滑跑距离 350 米，着陆滑跑距离 500 米。和美国应用的几种无人机不同，"翔龙"无人机没有一味追求性能上的高指标，而一切以国内的实用条件和用户需求为主。由于没有美国远程全球战略的要求，飞机的留空时间没有很高的要求，外形尺寸和重量载荷都小于"全球鹰"（Global Hawk）。"翔龙"则是定位于"捕食者"（Predator）和"全球鹰"之间的一种无人机。

"翔龙"无人机大量采用复合材料，机翼设计采用菱形布局，机身上曲线连续而光滑，都符合减小雷达横截面（Radar Cross-Section—RCS）反射面积的原则。飞机的雷达截面积并不算大，据推测会小于典型的战斗机目标，加上会采用复合材料和吸波材料（wave-absorbing material），RCS 在 1 平方米左右，缩短远程监视雷达和高空防御系统的发现距离。

　　"翔龙"无人机携带的电子设备类似于"全球鹰"，有高清晰度数字照相机，包括单色高分辨率（monochrome high-resolution）和彩色图像两种模式，可提供分辨率很高的静态侦察照片供阅读和判别；有高清晰度数字电视，能够提供动态的数字视频图像，方便实时监控，视频信号还有夜视（night vision）能力，有独立的红外热成像（infrared thermal imaging）通道，可以提供 8 微米—12 微米长波自然热辐射视频或者更先进的高清晰度凝视 3 微米—5 微米中波热成像，后者对机器动力的机动目标观察效果更好。

　　"翔龙"无人机装备有几套相互平行的通信系统，多通道战术短波数字电台可用于直接与地面指挥所、地面信息共享单位的直接联系和信息播发，允许通过授权将信息通道的下载权限下放到更低的作战单位，比如师、旅、团等。飞机上还有更高传输速度的定向通讯装置，可以与地面接收站或者卫星进行点对点高速数据传输。

　　另外，"翔龙"无人机也可以通过更换模块化的机头电子任务舱段，执行数字通讯中继任务，担负起一个很高的信号转发塔（transponder）作用。用于类似于蜂窝移动通讯（cellular mobile communication）概念的时候，一个无人机机站工作在 20000 米高度，可以为半径为 200 千米的数十万门的无线短波通讯提供中继（relay）和数字交换（digital switching）。同时，还允许多架同样任务的无人机在天空中组网，实现战时临时架设的无线数字通讯中继交换网络，这比以前用有人飞机来实现同样的目的费用要低廉得多，效能却要高出数十倍。

　　除了通讯中继，"翔龙"还可以执行电子干扰（electronic interference）任务。"翔龙"的任务载荷可允许使用两个吊舱（pod; nacelle），将干扰源架设在 18000 米以上高度，不易遭受到反辐射导弹的威胁。特别是现在使用新型的 GPS 干扰机，"翔龙"的载荷允许搭载超过 20 种不同原理的 GPS 干扰机，能够有效干扰和压制半径 400 千米以内的简单 GPS 设备，以及压制半径 150 千米以内有一定抗干扰能力的 GPS 接收机，并让 60 千米半径以内的 GPS 接收机致盲。

　　在使用重量只有 100 多千克光学侦察设备的情况下，"翔龙"无人机可以携带 1—2 枚 FT-3 这一类 250 千克级别制导炸弹，能够初步实现"发现即摧毁"的效果。如果进一步扩展，还能够使用激光制导炸弹或者 C-701 一类的电视制导导弹。

　　中国突然之间成为武装无人机的主要出口国，并有望在未来几十年里显著增长，从而对美国的出口构成挑战。而且，考虑到无人机的战斗力极强并日益成为不少战场所选择的武器，武装无人机的扩散越来越令人担忧。除美国和中国外，当前只有少数国家生产专用武装无人机。目前，中国出口的无人机有两款，即由中国航天科技集团公司研发的"彩虹"（Rainbow）无人机和成都飞机工业（集团）有限公司（Avi Chengdu Aircraft Industrial Group Co., Ltd.）设计制造的"翼龙"（Pterosaur）无人机。这两款无人机与美国的两种主要机型 MQ-1B "捕食者"无人机和 MQ-9 "死神"（Reaper）无人机相似度惊人。

"翼龙"无人机体积与"捕食者"无人机相当：约 29 英尺长，翼展 45 英尺。不过"翼龙"无人机的有效载荷要小得多。但每架"翼龙"无人机的造价约为 100 万美元，仅为"捕食者"无人机的四分之一。"翼龙"无人机已销往埃及、阿联酋和沙特阿拉伯。

新型的"彩虹-5"无人机的翼展达 66 英尺，起飞重量约为 3 吨。

中国有针对性地研制的"利剑"（Sharp Sword）隐身无人机已于 2013 年首飞，它采用了全隐身设计，隐身性能好，具备较强的突防能力。该机还采用无尾飞翼（tailless flying wing）加机背进气道（craft back air inlet case）设计，能够较好地兼顾隐身、航程、载荷等多方面性能。"利剑"隐身无人机的首飞，使得中国成为世界第四个试飞大型隐身无人攻击机的国家，意味着中国已经实现了从无人机向无人作战飞机的跨越，其重大意义不亚于歼-20 等新型第四代战机的试飞。

据深圳大疆创新科技有限公司（DJI Innovation Technology Co.）公关人士说，我国家用无人机工业发展迅速，而领军者多为新成立的小公司（small start-ups）。2015 年 DJI 生产的无人机设备销售额就达到 600 万元，占据了海外市场份额的大约 80%。据德国工业市场研究公司"无人机工业洞察"（Drone Industry Insights）报道，这样的公司还包括小米（Xiaomi）、零度智能科技（Zerotech）等。主要原因是价格便宜和技术创新。中国航空器拥有者及驾驶员协会（Aircraft Owners and Pilots Association）发布的消息说，中国是世界上最大的家用无人机生产国。据艾媒咨询（iiMedia Research）估计，到 2019 年中国无人机销售额可能达到 2.4 亿元。

但是这并不意味着中国只能生产低档的无人机。名为"VD200 垂直起降无人机"的货车车厢升空无人机就是由中国自主研发的一种具有独特的外形和飞行方式的无人机。

这架无人机竟然可以从货车背后敞开的车篷中直接爬升到高空，随后转入平飞状态。预计续航时间在 6—8 个小时之间，其最大的特点在于具备了垂直起降能力，还可以具备固定翼飞机的高速飞行能力。其核心难题就在于对螺旋桨叶片的选择和制作上，要满足较大的升力空间，还要能够在平飞时不受到过多的阻力。我国研发人员在经过试验后成功设计制造了一种简单的结构，解决了这个难题，使得无人机具备了垂直起降和高速飞行的能力，但没有直升机那样复杂的旋翼（helicopter rotor）结构，也方便进行维护。

目前，这种垂直起降无人机还属于迷你型（mini-type），下一步目标是开发能够外挂 200 千克，航程超过 800 千米的中大型无人机。最大时速超过 300 千米的中型无人反应迅速，适应能力超强，可以在全世界九成的地域起降，对于灾害救援、电力巡查，地形参会，侦察火情等方面都有大显身手（give full play to one's power）的空间。当然最重要的还是可以大量装备在舰艇上，执行侦察巡逻甚至加挂小型导弹对敌方小艇或者简易目标实施察打一体打击。在陆地上可以装载在卡车的后车厢中隐蔽机动，涂上隐身涂料后还能进行反辐射等自杀式攻击任务，直接奔向敌方雷达。

据《环球时报》2016 年 9 月 12 日报道，由四川傲势科有限公司（AOSSCI）研制的中国首款民用垂直起降固定翼无人机 X-Hawk 即将交付用户。X-Hawk 创造性地融合了多轴（multispindle; multishaft; multiaxial）与固定翼飞行器技术的设计理念，兼具固定翼飞机和旋翼飞机的优良特性，可在狭小范围内垂直起降，长距离、长航时、全天候、复杂地形自主飞行，最高时速可达 120 千米／小时，最大起飞重量 18 千克，正常载荷 3 千克—5 千克，升限 5000 米，最大操控距离 50 千米。X-Hawk 可以搭载一台单反相机（single lens reflex camera）在天上飞行一场足球赛的时间。该无人机的研制，填补了中国无人机领域垂直起降转高效率水平飞的技术空白。同时，这也将是全球首款成功投入民用的尾座式（tailstock type）无人飞行器。这款无人机的螺旋桨采用了变矩桨（varying pitch propeller），权衡了螺旋桨的在悬停和平飞两种状态的效率，使 X-hawk 可以随时切换悬停／平飞两种模式和长航时飞行核心技术。这架无人机还能够在进行动力系统发生故障后自动重构。此外，X-hawk 还采用了矢量控制（vector control）等前沿技术，可在使用者设定任务后自主设计航线飞行，同时也可切换手动飞行或指令飞行模式。并具有失控返航、一键返航、低电量返航、断链路（chain scission）返航、可设置的虚拟围栏等高级功能。

该公司还有一款面向高校的教育版无人机 X-Hound。该机融合多轴与固定翼飞行器先进设计理念，是一款具有极客（geek）精神的无人机。大展弦比（aspect

ratio; span-chord ratio）前掠下反翼 V 尾的反常规设计，让 X-Hound 具备优异的机动性和敏捷性。与目前市面上大量存在的多旋翼无人机相比，其气动外形设计极端反常规、充满科幻色彩，似乎有向《星球大战》（*Star Wars*）、《星际迷航》（*Star Trek*）系列中的星际飞船致敬的意味。目前，X-Hound 已经用于电子科技大学的实际教学。

在无人飞机方面，中国还有一项新成果，即彩虹新型无人自转旋翼机。无人自转旋翼机用途广泛，不仅在军事领域大显身手，在民用领域也不遑多让。在军用领域，它可在起降条件困难的边境地区执行巡逻任务，也可执行侦察、监控、察打一体等作战任务。在民用领域，它可承担森林防火、气象勘测、海洋测绘、地质勘探和植物保护等诸多任务。彩虹新型无人自转旋翼机顺应了国际先进技术发展趋势，满足了国内军事、民用需求，是一款多用途、可短距起降的无人机系统。这一系统的成功研制填补了我国在该领域的空白，为军民应用提供了一种新型装备，具有良好的社会价值与经济意义。本次试飞成功，不仅为后续型号研制奠定了坚实的技术基础，同时开创了我国大型旋翼无人机的发展之路。中国新型无人自转旋翼机成功全自主试飞。

最近的一场令世界瞩目的"创客大赛"，让一个中国帅哥一夜之间刷爆北美的朋友圈！包括《福布斯》，彭博社（Bloomberg L.P）、科技资讯网（CNET Networks）等众多国际媒体争相报道。在这次大赛中，八个在美国硅谷层层角逐（contend level by level）中胜出的海外高层次人才创新创业项目，现场巅峰对决（confront each other at the peak）。一个叫王孟秋[1] 的 80 后中国小伙凭借"计算机视觉与智能控制融合技术"（computer vision and intelligent control integration technology）拿下唯一的一等奖，获得 20 万元大奖，某高科技企业当场表示，给予该项目 1500 万美元投资。

这款自拍无人机整机仅重 240 克，搭载有 1300 万像素（pixel）摄像头（webcam），支持 4K 视频拍摄。它采用了高通（Qualcomm）骁龙（Snapdragon）

---

[1] 王孟秋先后在美国卡耐基梅隆大学攻读计算机专业硕士，斯坦福大学攻读计算机博士课程，是一名拥有超高学历的学霸。他先后在 Facebook、Twitter、阿里云工作，在 Twitter 里和两名工程师一起支撑起 Twitter 40% 的营收，最后却放弃 Twitter 诱人的股权激励，自己回到中国创立公司，励志的人生经历让人感叹。

801 处理器，能拍摄 360 度全景照片（panoramic photo）。它采用碳纤维外壳包裹扇叶，保护机身不易损坏，机身底部有对地面镜头和声呐（sonar; acoustic susceptance），用来保证平稳飞行。操作简单，按下开关后放手即可飞行，在手机端可以选择追踪对象，方便自拍。它还能运行所有计算机的视觉算法（vision algorithms），自动识别并追踪动态人脸，而且不会撞上其他物体，随便推它也能调整平衡，只要伸手抓住 Hover Camera 即可使其停止飞行，没电的时候能自己慢慢地降落地面，碳纤维结构的机身也保证了降落时的安全。其外形酷似电脑硬盘。由于它轻薄的外形和强大的飞行能力，一

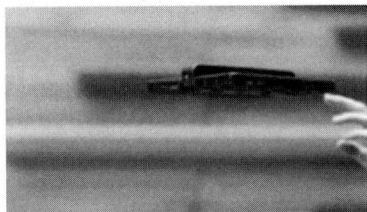

经公布就吸引了全球自拍爱好者的目光，很多投资商纷纷与这家公司进行合作。宣传片一推出，更是刷爆了美国人的"朋友圈"。

王孟秋的团队表示，现在这款自拍无人机已量产（batch manufacture），由总部位于北京的零零无限科技有限公司（Zero Zero Infinite Technology Co., Ltd.）销售。价格在 600 美元左右，未来还将增加手势控制、光学感应模块（optical sensing module）。

美国有专家认为，如果美国还自以为是，认为自己才是无人机世界的老大，那么很快将尝到苦涩的果实。中国的民用无人机制造商例如大疆公司已经开始垄断消费级无人机的全球市场，而当航天科技、成飞这样的中国军用无人机厂商在国际上摧城拔寨时，如果美国不加以干涉，中国人很快就会将美国甩在身后，到那时再后悔已经迟了。

5）2016 年 7 月 23 日，大型灭火 / 水上救援水陆两栖飞机（amphibious aircraft）AG600 在珠海总装下线（roll off the final assembly line）。AG600 是当今世界在研的最大一款水陆两栖飞机，也是我国首次研制的大型特种用途民用飞机。飞机机长 37 米，翼长 38.8 米，机高 12.1 米，最大起飞重量为 53.5 吨，最大巡航速度是每小时 500 千米，最大航时 12 小时，最大航程 4500 千米。也就是说，它可以从三亚飞抵我国整个南海海域执行各项任务。因为有承载需要，AG600 头部比一般的机型要大，像是海豚（dolphin）的脑袋，全部流线形设计。全机有 5 万多个结构和系统零部件，近 120 万个标准件，98% 的结构和系统零件由国内供应商提供；全机载成品九成以上为国产产品。国内有 20 个省市、150 多家企事业单位、10 多所高校数以万计的科研人员参与了项目研制。AG600 飞机总体技术

水平和性能达到当前国际同类飞机的先进水平，完全具有自主知识产权，并满足中国民航适航规章要求。据介绍，AG600具备执行森林灭火、水上救援等多项特种任务的能力，可在2米高海浪的复杂气象条件下实施水面救援行动，水上应急救援一次可救护50名遇险人员，提供了开展中远海距离水上救援工作的保证。此外，AG600还可以根据需要进行改装，在海洋资源开发、海上公共服务等多个领域发挥关键性作用，可在岛礁间穿行，满足执行海洋环境监测与保护、资源探测、岛礁补给（reef supply/replenishment）、海上缉私（marine anti-smuggling）、海上执法与维权等多任务需要，尤其是可为"海上丝绸之路"航行安全提供最快速有效的支援与安全保障，是名副其实的多面手（generalist）。

AG600采用单船身、悬臂上单翼和前三点可收放式起落架（landing gear）布局，选装4台涡桨发动机（turboprop engine），最大起飞重量53.5吨，20秒内可一次汲水12吨。除了像普通飞机在陆上起降外，在任何江海湖泊，只要给它一片长1500米、宽200米、深2.5米的水域，它都能"说走就走"。

6）我国国产大型军用运输机运-20战略运输机已经正式服役交付空军使用。我国成为世界上能研发200吨级以上大型战略运输机的第四个国家，这是中国近几年来国家实力重大提升的表现。运-20战略运输机可以装载吨位为60吨级的重型主战坦克，并且将其投送到数千千米之外的远处。一个大型运输机师，如果动用全师50余架运输机则可以在20个小时内，将一个机械化步兵师的全师辎重和人员以及物资投送到距离本国机场数千千米之外，完成对战场的快速支援干预，以及快速部署，使得原本不属于快速反应部队的重型机械化师也成为具备快速反应能力的部队，这个意义是空前的。

我国为运-20日后大规模生产和全国产化准备的发动机有两个，一个是以俄制D-30KP2发动机为原型研发的WS-18中等涵道比（bypass ratio）发动机，推力为12.5吨级。还有一个是正在测试的发动机WS-20。这款大涵道比发动机，不但可以用于军用运输机，也可以用于大型民航客机。这种发动机燃油消耗小，可以更多地利用气流通道喷射的空气，产生额外的推力。目前在试飞飞机上测试当中。

我国国产军用运输机的技术发展进步，使得我国拥有了逐步完善且强大的空中军力投送能力，建立起强大的伞兵部队和快速反应部队，提高了我军对于突然事发状态的应变速度和短时间兵力投送能力。运-20服役使大型军用运输机需要进口的局面获得改观，不再受制于人。运-20工程的意义绝对不亚于航母和核潜艇工程，也是国家的战略工程。其突破不仅在于实现了中国军用投送能力的有无之争，更重要的是为我国军用大飞机技术的发展赢得了关键性的时间节点（time node）。标志着我国在大飞机技术领域不再存在关键性的技术瓶颈。可以说，运-20不是一种军种装备，而是国家机器。它的列装（field/deploy military equipment）不仅是空军战略投送与远程打击能力的技术支撑，更重要的是在国家战略层面，运-20为中国军事存在与行动自由提供了更为有力的技术支撑。中国军事力量投送能力从20吨以下级一下子提升到了60吨以上级，这不仅是战术空军向战略空军跨越的基本台阶，也是国家军事能力和战略辐射能力提升的重要标志，更是中国走向战略空军的第一个台阶，这将成为我们国家战略能力成长新的起点，会对我们的军事投送模式与信息化联合作战样式的改变起到关键性作用，越来越多的大型军事运输机的列装，也将彻底改变我国的作战样式和联合作战模式，大大提升中国作为区域大国的军事辐射与战略影响力。

对于中国航空军工而言，新型军用大飞机项目的起点必须有很高的站位，同时要考虑到我们现有的航空研发能力。在经济全球化与技术一体化（integration）的今天，任何一个国家都不可能仅凭独立研发之路实现技术上的成功。运-20的国际合作之路，不是对现有技术的无条件引进，而是在"为我所有"的技术追求中，尽快地消化外来技术，在引进的同时实现国有技术能力的全面提升。

7）中国自行研制并形成战斗力的大型预警机2000预警机（airborne early warning aircraft—AEWA）是全世界最先进的，领先美国E-3C预警机接近一代。

众所周知，预警机造价高昂，不可能大量装备，为了保持对天空的不间断监视，需要每架飞机的续航时间较长，巡逻时间一般要求在4小时以上。考虑到往返于机场和作战区域的时间，要求预警机的续航时间大于6小时。预警机需要有较大的机内空间来容纳各种设备和操纵人员。预警机必须有较多的引导人员，才能同时引导较多的战斗机。而且大的机内空间有利于安装温控和降噪设备，改善乘员的工作环境，否则乘员难以坚持长时间的工作，中国预警机的内部设计非常先进，远远超过了落后的俄罗斯A-50I预警机。

中国新航母舰载机歼-31"鹘鹰"（Gyrfalcon），是一款中型双发单座多用途隐身战斗机，从尺寸到重量都和美国海军的F-18E/F超级大黄蜂（Hornet）相类似。"鹘鹰"的前起落架使用了舰载机型的双前轮起落架，能和歼-20进行高低任务搭配，保持持续打击能力。

8）第十一届中国国际航空航天博览会（China International Aviation and

Aerospace Exhibition）于 2016 年 11 月 1 日在珠海拉开帷幕，除了运－20 战略运输机（Y-20 strategic transport plane）、空警 500 预警机（KJ-500 early warning and control aircraft）、轰－6K 远程轰炸机（H-6K long-range bomber）外，众人期待的歼－20 首次在中国航展亮相。这是中国自主研制的新一代雷达隐形战斗机（radar-evading stealth fighter）首次公开亮相。两架歼－20 战机在广东珠海航展上进行了 60 秒的飞行表演。歼－20 是中国第一款重型双发（heavy twin-engine）隐形战斗机（stealth fighter jet），是继美国的 F-22 猛禽（F-22 Raptor）和 F-35 闪电 II（F-35 Lightning II）战机之后，世界第三款战斗机。歼－20 隐形战斗机配备了一系列尖端技术（a host of cutting-edge technologies），其中包括光电分布式孔径系统（electro-optical distributed aperture system — EODAS），在空战时可以为飞行员提供一个清晰视野，全方位同时探测和追踪敌方飞机和导弹。

除了万众期待的歼－20 以外，此次亮相珠海航展的还有长剑－20 地面攻击巡航导弹（the CJ-20 land attack cruise missile），以及"翼龙"I 号和 II 号侦察／作战无人机（Wing Loong I and II reconnaissance/combat drones）。

9）据媒体报道，我国已经启动了六代机（the sixth generation of aircraft）的预研项目。2015 年 12 月，《中国航空报》（*China Aviation News*）在报道中国航空工业集团公司（Aviation Industry Corporation of China，简称"中航工业"）党组成员、副总经理李玉海一行到中航工业沈飞、沈阳所检查年度工作进展情况时针对后续工作（follow-up work）指出，沈阳所要重点关注新一代机研制工作。"新一代机"就是指"第六代机"。

美国媒体报道称，中国人民解放军空军正致力于研发一种新的远程战略轰炸机，这种飞机可威胁美军夏威夷基地。但是关于这项计划已知的细节很少。2016 年 9 月 3 日，美国《国家利益》（*National Interest*）双月刊网站报道说，北京目前的远程打击能力主要倚仗西飞集团的轰－6K 型巡航导弹运载工具——这种飞机是 20 世纪 50 年代苏联图波列夫设计局的图－16 "獾"式轰炸机的一个高度现代化的变体。但是，这种飞机没有穿透敌方领空的能力，其航程也不足以对美国大陆发起进攻。Mitbbs.com 报道称，北京正在研发一种新的轰炸机这一事实并不出人意料。就广袤的太平洋战区而言，一个能够携带大量有效载荷进行远距离飞行的平台将是非常有用的，因为几乎没有可用的地面基地。在中国大陆以外，北京只有少量易受攻击的人工岛屿跑道可以用于向前部署其空军能力。因此，一架新的、拥有洲际航程、能够携带大量载荷的远程轰炸机将赋予中国在更远航程对美国军队构成威胁的能力。这可能意味着，利用武装有巡航导弹的大规模轰炸机群，在较之目前的轰-6K更远的海上距离攻击美国的航母战斗群——与冷战期间苏联计划利用图波列夫设计局的图-22M3逆火轰炸机打击这些舰船相仿。此外，中国还可以利用这样一架飞机打击更遥远的美国潜在集结待命地区，例如夏威夷的军事基地等。Mitbbs.com报道称，凭借足够远的航程、足够大的有效载荷能力和恰当的陆地攻击巡航导弹加载，一架新一代的中国轰炸机或许能够令美国本土的目标处于危险之中。目前，除了网络攻击之外，中国尚没有常规性实力能够打击到美国本土的目标——正如兰德公司在最近的一项研究中所指出的那样。与此同时，在发生战争的情况下，美国不太可能在对中国大陆的目标发动攻击时表现得畏首畏尾。

报道称，尽管目前关于中国的轰炸机项目尚无细节可知，北京可以选择与波音B-52亚音速远程战略轰炸机或是图-95"熊"远程战略轰炸机相仿的远程超音速巡航导弹运载工具；或是一种在概念上与图波列夫图-160"海盗旗"轰炸机相仿的远程超音速设计；或是某种与诺思罗普—格鲁曼公司的B-2"幽灵"隐形战略轰炸机相仿的隐形设计。鉴于中国已经以成飞歼-20和沈飞歼-31展现出一些研发隐形战机的能力，北京有可能会选择一种低可侦测性的设计。

10) 2016年珠海航展上展出的武器装备中有50%是首次亮相。兵工集团生产的精确制导弹药（precision-guided munitions）就是其一。精确制导弹药主要是空地炸弹、导弹和反坦克导弹系统。在本届展会上首次露面的新型弹药有蓝箭-21导弹，该导弹引导方式目前为半主动激光制导，该导弹的威力、射程比现有"蓝箭-7"导弹有更大提高。还有云雷-14精确制导炸弹、云雷-15型50千克制导炸弹、YJ-6卫星滑翔增程（gliding extended range）子母弹撒布器（shrapnel spreader）、新型AKD-10A空地导弹、蓝箭-21导弹实弹、GB-6A动力增程滑翔撒布器等。GB-6A型撒布器实际上是一种隐身短程巡航导弹。

航天科工（China Aerospace Science and Industry Corporation）与航天科技集团（China Aerospace Science and Technology Group Ltd.）也带来了许多首次亮相的新型弹药，包括弹药全部使用统一的发射系统来进行发射、并具备多用途性能的A-100、A-200、A-300、CX-1、M-20火箭炮和多种导弹。其中"袖剑"导弹武器系统是一种多用途导弹，主要设计用来打无人机，但也可以用来打击各种战场目标；"鹰击-12"出口型CM-302导弹，射程达到290千米的外贸型潜射反舰导弹CM-708UNB；AG-300系列导弹尺寸虽小，射程十分惊人，AG-300/M导射程为 18 千米，AG-300/L 导弹射程更达到了 40 千米，AR-2 导弹的重量仅为 16 千克。

现代战争中，先进武器横行的时代，大部分国家都会致力于各种超高速武器的发展，似乎忽视了机载炸弹的存在。制导炮弹（guided projectile）是一种高新技术炮弹，它可以使得火炮之类的间接瞄准杀伤武器瞬间远距离杀伤力上升。制导炮弹主要是采用激光半主动制导方式，部分是采用红外复合制导方式。再加上炮弹本身具备自动寻找目标的功能，从而可以大幅度提高精准度（accuracy）以及首发命中率（first hit probability）。制导炮弹虽然可以实现精确制导，但是还是和普通弹药不一样。相比较之下，导弹的射程会更加远，速度更快，准确度更高。其次在结构上区别于其他炮弹，本身不具备动力装置，只是靠火炮发射的初速度来达到炮弹稳定飞行的目的。说白了（to put it plainly），制导炮弹就是制导技术和具有"分身术"（the magic of replicating oneself）的子母炮弹（artillery cluster cannonball/shell）的结合体。子母炮弹又称"集束炸弹"（bomb-cluster），当母炮弹被送上空中爆炸之后，提前装好的众多小子弹就会倾泻飞出，集体扑向坦克，给予坦克致命的打击。我国在这类武器方面真正做到了研制成功并且已经将其投入到作战队伍当中，中国的实力大大提升。

69. 海洋开发勘探船（ocean development exploration ship）"海洋石油 720"把中国的海洋油气勘探能力一举从 500 米提高到了 3000 米，可以覆盖全球 70% 的海域，其姊妹船"海洋石油 721"性能更佳。它们和远洋支援船（ocean support vessel）配套将组成船队出海勘探，成为中国走向深水、走向远洋的先锋。

针对南海设计的 981 平台是专门针对深海的钻井平台（drilling platform），其最大 3000 米的作业水深可以覆盖几乎所有的南海区域。而"海洋石油 201"平台除了铺管作业，还具备 4000 级的起重能力，可以完成海上石油平台上部模块等大件的吊装与拆除和导管架的辅助下水与就位等动作，还能对开采出的油气进行初步的加工，然后再通过管道或船只运送到陆地。我国自主研制的世界最大、作业能力亚洲第一、世界第二的无动力驳船（unpowered barge）"海洋石油 229 号"也已在南海完成安装。此前，一个重 3.2 万吨、亚洲最大的油气平台导管架已经事先安装完毕。该平台是我国自主研发、亚洲最大的深海油气平台，高 68 米、浮托重量 3.2 万吨、价值 50 多亿，相当于一个小型炼油厂。其全部结构重量达 7 万多吨，接近于两个"鸟巢"的主体钢结构重量，超过了"辽宁号"航母的总重量，是一座名副其实的海上工厂，年产天然气 120 亿立方米。

2012 年投入使用的饱和潜水母船（saturation diving mother ship）"深潜号"，随船配备了 300 米饱和潜水系统，集生活舱、过渡舱、逃生舱、潜水钟（diving bell）、生命保障系统于一身，可以支持多名潜水员在水下连续工作多日，潜水钟可供 3 名潜水员同时进行潜水作业，其最大 3000 米的作业深度可以为上述 3000 米的海上油气勘探、钻井、铺管、开采等一系列作业提供支持和保障。

上海海洋大学崔维成永远不会忘记他人生中最重要的一次下潜。四年前，他乘坐蛟龙号深潜器，达到了太平洋马里亚纳海沟（Mariana Trench）7000 米的深度。崔维成说："那里十分荒芜，但有种奇异的美感。"他是载人深潜计划的领导者之一。蛟龙号使得中国成为少数几个有能力探索深海的国家之一。蛟龙号得名于神话中的海中巨龙，它的下潜深度大于所有其他现役中的研究型载人研究深潜器，让中国得以探索 99.8% 的洋底。

蛟龙号具备自航、观察和作业能力，可以完成诸如勘察、采样、打捞、检测和救生等任务，不但可应用于科学考察，还可以应用在军事和经济领域。其首个应用海区便是中国南海，和军事演习、执法巡航、三沙建市、油气开采等动作结合在一起，这是整套组合拳（boxing combination; combination punch）中的一环，未来中国还将继续进行深潜器的研制工作，实现关键部件的国产化，包括钛合金耐压球壳（pressure resistant spherical hull）、水下动力系统等等。

崔维成的目标是到达地球上最深的所在：深达 11000 米的马里亚纳海沟底部的挑战者深渊。为了实现这一目标，他正领导着建造一艘更抗水压的三人深潜器"彩虹鱼号"。崔维成说，在 2020 年建成后，彩虹鱼号将供全世界科学家使用。海洋属于全人类，而不是单个的国家。

美国伍兹霍尔海洋研究所（Woods Hole Oceanographic Institute）的海洋地球物理学家（marine geophysicist）林间表示"这象征着中国在深海研究领域日益增加的雄心壮志和领导能力。"直到最近，中国的海洋研究还主要聚焦于海岸水域和近海水域。但出于不断增长的资源需求，以及在有关海域的国际争端中取得更有利立场的目的，中国正在提升对深海科学研究的支持。

2016 年 8 月 23 日，中国科学院在京发布消息：中国科学院"探索一号"船于 6 月 22 日至 8 月 12 日期间，在马里亚纳海沟深渊开展了我国第一次综合性万米深渊科考活动，取得多项突破。这是继"蛟龙号"七千米海试成功后我国海洋科技又一里程碑，标志着我国的深潜科考开始进入万米时代。

长 94.45 米、宽 17.9 米的"探索一号"，是一座移动的"海上实验室"。船上有 11 个固定实验室、2 个可拆卸式（demountable; removable; detachable）移动实验室，不仅能开展多学科、多种实验，还能很好地保存各种样品和数据。其搭载的许多核心深海科研设备和探测"神器"（artifact）均为我国自主研发。比如，万米级自主遥控潜水器（autonomous and remotely operated vehicle）"海斗号"、深渊着陆器"天涯号"与"海角号"、万米级原位试验系统"原位实验号"、9000 米级深海海底地震仪（ocean bottom seismograph—OBS）、7000 米级深海滑翔机等。

"海斗号"万米级自主遥控潜水器，也被称为"全海深水下机器人"（all depth underwater robot）。它采用竖高立扁的形体，自带能源，搭载有全海深 CTD 传感器和水下摄像机。最大工作水深 11000 米，空气中重量 260 千克。这次"海斗"号不仅创造了我国水下机器人的最大下潜深度纪录，还为我国首次获取了万米以下深渊及全海深剖面的温盐深数据。

这次考察还创下了几个纪录：

1）单次获取大量海底水样。本航次在国际深海领域进行了大量开创性工作并取得突破。其中，在万米深度，"原位实验"号深渊升降器（elevator）搭载实验装置在海底成功进行了深渊底部氮循环（nitrogen cycle）的原位培养（in-situ incubation）实验，"天涯号"深渊着陆器（lander）单次获取大量海底水样（>100 升），这在国际同等或类似装备上都无先例。

2）首次获得深渊西部完整地震剖面。科考中使用了国产海底地震仪，首次在挑战者深渊西部开展主动源人工地震勘探，成功获得一条完整地震剖面。

3）获得了 9150 米水深的箱式沉积物（sedimentary; deposit sediment）样品，创造了同类型深海装备作业深度的新纪录。

4）"海斗号"无人潜水器成功进行了一次八千米级、两次九千米级和两次万米级下潜应用，最大潜深达 10767 米，使我国成为继日、美两国之后第三个拥有研制万米级无人潜水器能力的国家。

5）深海滑翔机（字面直译是 deep sea glider，国际上称 autonomous underwater vehicle，简称 AUV）下潜深度达到 5751 米，接近目前国际上水下滑翔机最大下潜深度（6000 米），创下了我国水下滑翔机的最大下潜深度纪录。

6）国产海底地震仪工作深度首次突破 7000 米。最大工作深度达 7731 米，记录数据完整，采集到了自 1900 年以来第三次发生在马里亚纳海沟大于 7.7 级的天然地震信号。

7）深渊着陆器多次突破万米深度。我国自主研制的"海角号"和"天涯号"深渊着陆器、"原位实验号"深渊升降器共进行17次大深度下潜，其中"天涯号"和"原位实验号"三次突破万米深度，最大深度达10935米，在海底停留作业皆超过12小时。

8）作为我国4500米和万米载人／无人潜水器母船以及综合性海斗深渊科考作业平台，"探索一号"具备了6500米以深海洋的常规探测作业以及支撑万米深潜科考作业的能力。

9）获得首批万米温盐深剖面数据。利用"海斗号"无人潜水器成功获得了2条九千米级（9827和9740米）和2条万米级（10310和10767米）水柱的温盐深数据，为研究海斗深渊水团（abyss/abysm water mass）特性的空间变化规律和深渊底层洋流结构，以及万米载人潜水器的设计提供了宝贵的基础资料。

10）深渊着陆器和升降器共进行了13次大生物诱捕实验，在从5000米到10000米级的6个深度首次获得两千余个具深渊特性的等大生物样品，其中包括钩虾（gammarid）、深渊专属的狮子鱼（liparis，亦称snailfish）及未知物种，探索海斗深渊物种的起源与演化、群体遗传特征及其共生微生物对极端高压环境的适应机制提供了宝贵的样本。

11）利用船载沉积物采集装备和深渊着陆器，成功获得了深度序列完整的海底沉积物样本，从7000米、8000米、9000米到最大水深10822米。大深度沉积物样本的获取为研究深渊沉积对全球气候变化的响应、深渊早期成岩活动、化能生命与地质活动内在联系等重大科学问题创造了条件。

12）利用船载采水器、深渊着陆器、升降器，成功获得了深度序列完整的马里亚纳海沟水样，包括7000米到10000米多级水样，最大采样深度达10900米。这些水样的获取为揭示深渊水体生态环境演变、深渊物质循环以及极端高压微生物学研究提供了珍贵的研究样本。

13）自研装置圆满完成实验任务。通过深渊着陆器搭载自主研发的原位固定装置完成了近十个站位的原位水体（in situ water）微生物收集工作，采样实验的最大深度达7850米，单次过滤水样体积达150升。此装置所获得的样品能最大程度反映深渊底部原位环境下的微生物组学信息，为揭示深渊微生物群落结构、代谢途径和环境适应机制提供了珍贵的研究样本。

70. 2016年12月26日，瑞典人类学和地理学会（Swedish Society for Anthropology and Geography—SSAG）发布消息称，鉴于在青藏高原冰川

（plateau-glacier）和环境研究方面所作出的贡献，2017 年维加奖（Vega Medal）将授予中国科学院青藏高原研究所姚檀栋教授。瑞典人类学和地理学会成立于 1877 年。维加奖设立于 1881 年，是著名地理学家和北冰洋航道开拓者阿道夫·艾瑞克·诺登舍尔德（Adolf Erik Nordenskiold, 1832—1901）在 1878 至 1880 年间，率领"维加号"首次通过大西洋和太平洋东北部，完成环绕欧亚大陆的历史性航行之后设立的。维加奖每三年在全世界范围内对杰出的地学科学家进行海选（preliminary selections）之后评选出一名获奖者，由瑞典国王颁奖，有"地理学诺贝尔奖"之称。维加奖设立 135 年来共有 65 位获奖者，姚檀栋是首位获奖的中国科学家，也是获此殊荣的首位亚洲科学家。中国科学院院士姚檀栋目前担任中国科学院青藏高原研究所（Institute of Tibetan Plateau Research）所长、中科院青藏高原地球科学（geoscience）卓越创新中心主任和中国青藏高原研究会理事长，是国际上公认的冰冻圈（cryosphere）研究领域最有成就的科学家之一。过去二十年中，姚檀栋领导的科研项目与美国、法国、德国、瑞士、荷兰、冰岛、俄罗斯、巴基斯坦、印度、尼泊尔、日本等几十个国家的科学家开展合作，研究青藏高原环境变化及其影响。由他发起的"第三极环境计划"（Third Pole Environment—TPE）不但凝聚了国际上从事青藏高原环境变化研究的科技精英，也取得了重要科学发现。姚檀栋和他的研究团队通过冰芯记录、冰川变化实地观测、卫星遥感数据分析、模型模拟等不同方法的综合集成研究发现，现在是过去 2000 年来最温暖的时段，当今的全球气候变暖和印度季风与西风交互作用是造成青藏高原冰川退缩及其区域差异的重要原因。

71. 1989 年，国家海洋局极地考察办公室（Arctic and Antarctic Administration）执行副主任秦为稼第一次来到南极时，就爱上了这片"未知大陆"。秦为稼说："这是一片神秘的大陆，充满了未知和极限。"自那时起，他已经六次来到那片冰封的大陆，包括在 1996 年带领中国的第一支南极内陆考察队冲击南极大陆的最高点冰穹（ice dome）A，后来参加了冰穹 A 的一系列远征。2009 年中国南极昆仑站（Kunlun Station）在冰穹 A 上落成。

2015 年 12 月，一支国际科考队借助中国的首架极地固定翼飞机，搭载透冰雷达和其他传感设备，在南极洲东部伊丽莎白公主地区上空数千平方千米的区域考察了冰下的特征。科考队发现了地球上最长的峡谷，以及南极冰盖下最大的融水流域之一。"这是对南极大陆上我们所知极少的一部分区域的首次同类研究，"

英国伦敦帝国学院的冰川学家马丁·西格特（Martin Siegert）表示，"而且结果非常引人注目。"

秦为稼表示，希望中国能够从冰穹 A 上取回地球上最古老的冰，它有助于揭开南极冰盖的历史，并告诉我们冰盖曾发生过哪些变化。"只有到那时，"秦为稼说，"我们才能预测冰盖会对变化的气候作何反应。"

72. 磁流体推进（magneto hydrodynamic drive—MHD propulsor）核潜艇技术被称为"天顶高科技"（the zenith of high-tech），世界各强国都搞过，但只有中国研发成功。有了该技术，中国第四代核潜艇在水底下的航行速度能达到 100 节（180 千米／时），比鱼雷还快，为地球上速度最快的军舰，而且无任何噪音，声呐不能定其位。

73. 试验舰（experimental ship; test vessel）是为测试研制开发海军新型装备而专门建造的一类舰艇，是海军新型武器的搭载和试验平台。是否拥有试验舰，是衡量一个国家海军是否具有现代化水平的标志之一。20 世纪 90 年代，中国海军在进行 052 型导弹驱逐舰（guided missile destroyer）研制的同时，也着手进行新一代导弹驱逐舰的研制工作，新一代导弹驱逐舰的发展重点之一，是解决海军极为迫切的、尚属空白的舰艇区域防空能力问题，为此，进行了红旗-9 型地空导弹上舰工程，与此相关的 AJK03 型垂直发射舰空导弹武器系统和 346 型相控阵雷达（phased array radar）也在抓紧研制中，新型的舰炮武器系统和舰舰导弹武器系统的研制也有很大进展，部分已经进入陆上试验阶段。按照中国海军舰艇武器试验阶段的规定，陆上试验后要进行海上试验及定性。在此之前，中国海军尚无专职试验舰，舰载电子和武器设备的试验基本都是在现役舰艇上通过改装的方式进行测试试验及定型，这不但占用了当时中国海军数量较少的舰艇，而且因其任务的单一性和改装的烦琐性而导致费效比很低，而且，这一时期新研制的电子武器系统因其系统复杂庞大，对测试系统、分析系统和姿态控制系统要求极高，故此也不适合在很多现役舰艇上进行试验。由中国船舶工业总公司（China State Shipbuilding Corporation—CSSC）第七〇一研究所设计，上海中华造船厂（Zhonghua Ship Building Factory）建造的 909 型综合试验舰，于 1997 年 12 月 4 日正式交付。

909 型海军综合试验舰外形借鉴作战舰艇的设计并兼有军用辅助船的功能，其模块化（modularized）和通用化（generalized; universalized）设计涵盖了八个方面，如被试武器系统、被试设备的数据传输和被试武器接口等，对新武器上舰试验的兼容性（combatibility）极强，可同时试验三套舰载武器系统。909型综合试验舰的研制，使得中国海军舰载电子武器系统的试验走向了专职化、模块化和系列化，成为中国海军舰船行列中的重要一员。909型海军综合武器试验舰除具有舰船常规系统之外，最为主要的就是被试武器系统，被试武器系统包含有试验指挥系统、姿态精确测量系统、数据录取及分析系统、跟踪测量系统、高精度导航数据系统和830联合基座（joint base）等等。其中830联合基座更是达到了水平精度不低于10秒、变形量不大于10秒的特高精度。为适应海军舰载电子武器繁重的试验任务，中国海军在909型海军综合试验舰后又发展出衍生型号909A型，如"华罗庚"892海军试验舰，此外为适应更新一代装备的试验，又研制生产了新型"詹天佑"893水中兵器试验舰和"李四光"894综合试验舰。

74. 据媒体2016年10月3日报道，中国建成世界最强万吨级战舰055级驱逐舰。其第一艘首舰将会在2017年下水。这是中国第一种同时能兼顾对地、对空、对海、反潜等多种任务的大型驱逐舰。美国媒体说，055型驱逐舰甚至是可以"击落卫星"的战舰，它拥有X波段和S波段雷达，可以搭载拦截导弹、巡航导弹、对地攻击导弹，甚至是远程超音速反舰导弹。该舰采用通用垂直发射系统，发射单元多达128个。这都得益于国产航母的建造，这才使得055大驱有机会享受大分段建造技术。采用这种大型分段技术要拼出万吨级巨舰，最多20个分段就可以完成，极大提高了战舰的建造速度。

大驱未来采用的武器将包括鹰击-18反舰导弹、鹰击-83反舰导弹、长剑-10巡航导弹、红旗-9防空导弹和红旗-16防空导弹、霹雳-10防空导弹，还有鱼-8火箭助推式鱼雷。装备这些武器装备表明中国将拥有打击火力超出美军阿利伯克级（Arleigh Burke Class）战舰的世界最强水面战舰。这也是一个历史性的标志性事件。因为这是从古至今中国第一次拥有了世界最强海上军舰。中国之所以建造这种大型军舰有三个目的：1）加强反介入战略（anti-access strategy）的打击精度和密度；2）用于保护国家的海外利益；3）中国基本没有海外基地，如果在远洋长时间航行，就必须要有自持能力强的大型军舰。

75. 由中国主导的最新一代可控核聚变（controlled nuclear fusion）试验装置东方超环（EAST—experimental advanced superconducting Tokamak）中使用了高温超导线圈，用于提供约束核聚变材料所需的超强磁场。

可控热核聚变（controlled thermonuclear fusion）的特点是产生过程中辐射

可忽略不计，从储量丰富的海水中提炼氢的同位素氘、氚作为燃料，不会带来污染物。据预测，每一升海水中所蕴含的氘如果提取出来，发生完全的聚变反应，能释放相当于 300 升汽油燃烧时释放的能量。以此推算，根据目前世界能源消耗水平和海水存量，核聚变能可供人类使用数亿年。由于聚变能资源丰富和无污染，是清洁无限的能源希望，被科学界认为是最有希望彻底解决能源和环境问题的根本出路之一。我国自 21 世纪初正式参加国际热核实验堆（International Thermonuclear Experimental Reactor—ITER）计划后，经过十多年的努力，核聚变科研能力、重要部件制造工艺能力、工程建造能力、大科学工程管理能力等均已达到国际先进水平，具备建设自主产权聚变工程实验堆的能力。在开发核聚变能的路上，中国已从"追赶者""并跑者"，成长为具备强大国际输出能力的"领跑者"。

核聚变与核裂变相比有三大优势：1）释放的能量更大；2）无高端核废料，可不对环境构成大的污染；3）燃料供应充足，地球上重氢有 10 万亿吨（每 1 升海水中含 30 毫克氘，而 30 毫克氘聚变产生的能量相当于 300 升汽油）。

这意味着，核聚变不但可以大幅降低能源成本，还环保且燃料供应极其充足。所以，这一技术对能源来说将是革命性的。

作为国家大科学工程项目，"人造太阳"热核聚变装置（EAST）于 1998 年立项，建设历时 8 年、耗资近 2 亿元，2006 年 9 月 28 日在安徽合肥首次放电成功。之后，该试验装置的研制获 2008 年度国家科技进步一等奖。

EAST 的成功运行受到国内外专家的高度评价，他们称赞"EAST 是世界聚变工程的非凡业绩，是世界聚变能源开发的杰出成就和重要里程碑"。目前，由欧盟、美、日、俄、中、韩、印七方共同承担的国际热核聚变实验堆（ITER）计划，是全球规模最大、影响最深远的国际科技合作项目之一。该项目总投资几十亿欧元，中国投资额占 9%。EAST 虽然规模比 ITER 小，但 EAST 使用了与 ITER 类似的先进技术。更为重要的是，EAST 比 ITER 早投入实验运行 10 年至 15 年，将为 ITER 计划积累宝贵经验。位于安徽合肥的中科院等离子体（plasma）所是这个国际科技合作计划的国内主要承担单位。 1998 年中国科学院等离子体研究所成立 EAST 团队，于 2006 年 9 月建成世界首个全超导核聚变实验装置"东方超环"，并完成了首次成功放电，获得电流 200 千安、时间接近 3 秒的高温等离子体放电。这一成就不只填补了国内空白，还进入国际领先行列，使我国可以与国际一流的核聚变实验室平等交流、对话。从人才培养来看，现在全球各聚变实验室几乎都有我国的科研人员。ITER 组织中方人员数量在七方成员中仅次于欧盟，占据第二。

"人造太阳"ITER 计划 2015 年已经完成工程概念设计，将于 2021 年建成，2027 年全面开始以氚、氘燃料为主的实验堆实验。

76. 核工业代表一个国家的实力。目前看，能源结构调整亟需核电出力，核电将要在非化石能源发展中贡献较大的力量，国内经济也需要核电装备的发展来提振。

据中国广核集团（China General Nuclear Power Group—CGN，简称"中广核"）通报，该集团下属的辽宁红沿河核电站 2 号机组于 2008 年 3 月 28 日开工建设，2013 年 11 月 23 日首次并网发电（be combined/connected to the grid），2014 年 5 月 13 日通过 168 小时满功率试运行（full-power pilot run），这是可以进入商业运营的必备条件之一。该核电站一期工程采用的 CPR1000 核电技术，是该集团在大亚湾、岭澳核电站一期基础上形成的具有自主品牌的改进型压水堆（pressurized water reactor）技术，进一步提升了我国核电自主化、国产化水平，反应堆压力容器、蒸汽发生器（steam/vapor generator）、核岛环吊（nuclear island ring crane）等设备均实现国产，综合国产化率达到了 80%。

根据国家能源局（National Energy Administration）权威数据，目前我国运行核电机组 21 台，装机容量 1902 万千瓦；在建的核电机组有 27 台，装机容量 2953 万千瓦，在世界上在建机组数排第一位。

国务院于 2014 年 11 月发布的《能源发展战略行动计划（2014—2020 年）》提出，到 2020 年，我国核电装机容量达到 5800 万千瓦，在建容量达到 3000 万千瓦以上；到 2030 年将有 110 座运行的核电站。

业内人士预计，未来六年，国内每年将建设 6—8 台机组（每台机组容量为 100 万千瓦）。以每千瓦 1.2 万元投资计算，核电年均建设投资规模将在 700 亿元以上。核电站建造将为核电设备制造企业带来商机，核电站建成后需要大量设备维修以及核燃料生产和后处理企业的服务。

此外，核电大幅发展的空间为民资进入提供可能。国务院印发的《关于创新重点领域投融资机制鼓励社会投资的指导意见》特别指出，在确保具备核电控股资质主体（qualified holding entity）承担核安全责任的前提下，鼓励民间资本进入核电设备研制和核电服务领域。除核军工核心科研生产外，与核电相关的设备研制均将为民企进入敞开大门。这些领域包括核级密封件（nuclear-sealing）、电缆、阀门等设备领域，以及射线检测等服务领域。

长久以来，国内核电技术路线呈现"三足鼎立"（like the three legs of a tripod）的状态，无论是中核、中广核，还是国家核电技术公司（State Nuclear Power Technology Corporation—SNPTC，简称"国核技术公司"）均有自主知识产权的三代核电技术，分别为中核的 ACP1000、中广核的 ACPR1000+ 和国核技的 CAP1400。

2014 年 12 月 5 日，中国自主三代核电技术"华龙一号"（Hualong One）通过国家能源局和国家核安全局联合组织的设计审查。2015 年 5 月 9 日，机组核岛反应堆厂房底板混凝土浇筑工作顺利完成。这标志着中国核电建设迈进新的时代。"华龙一号"的技术是中核 ACP1000 和中广核 ACPR1000+ 两种技术的融合，被称为"我国自主研发的三代核电技术路线"。其定位是对外输出技术，在反应堆、燃料元件、辅助系统等方面可以完全做到自主运营、建设。"华龙一号"百万千瓦级核电机组的诞生和建设，使中国成为继美国、法国、俄罗斯等国之后，又一个具有独立自主的三代核电技术的国家，具有里程碑意义。

与高铁相似，核电也是我国装备制造业走出去（going global）的代表产业。推进核电走出去，参与国际市场的竞争，一是可以培养核电国际竞争力，带动国内高端制造业发展；二是整合世界核电矿产资源和市场份额。

2013 年 11 月李克强总理出访中东欧国家期间，同罗马尼亚、捷克分别签署和平利用核能合作文件，并与匈牙利就核能领域合作达成共识。中核集团正在建立海外市场开发体系，积极推动与英国、阿根廷、巴基斯坦、埃及等近 20 个国家的核电项目合作。2014 年 7 月，国家主席习近平访问阿根廷期间，中阿签署《关于合作在阿根廷建设重水堆核电站的协议》。

2014 年 11 月 8 日，在北京 APEC 会议期间，李克强总理与加拿大总理哈珀（Stephen Harper）共同见证了中核集团总经理钱智民与加拿大坎杜能源公司（Candu Energy Inc.）总裁皮特森·斯沃福（Preston Swafford）在人民大会堂签署了关于中核集团与加拿大坎杜能源公司组建合资公司的框架协议（framework agreement），双方将共同研发和推广先进燃料重水堆（heavy water reactor），联合开拓国内国际核能市场。

2014 年 11 月 24 日，国家核电技术公司、美国西屋公司（Westinghouse Corporation）和土耳其国有发电公司 EUAS 签署合作备忘录，启动在土耳其开发建设 4 台核电机组的排他性协商（exclusive negotiation）。

2014 年 6 月，李克强访英期间，和当时英国首相卡梅伦（David William Donald Cameron）一起见证了中英双方就高铁、机场、能源等基础设施签署的《联合声明》，英方欢迎中国企业继续在英投资核电、高铁等项目。2015 年 10 月，习近平主席出访英国之际，中广核与法国电力集团（Electricite De France—EDF）正式签订了英国新建核电项目的投资协议。英国首相特蕾莎·梅（Theresa May）于 2016 年 7 月刚上任之际，以国家安全为由暂停了中国参与建设的欣克利角（Hinkley Point）C 核电站项目。9 月 15 日英国政府声明，在与法国电力集团签署一份经过修订的协议后，最终批准了该项目。根据协议，中广核将要主导建设的英国新建核电项目布拉德韦尔 B 项目亦将采用"华龙一号"核电技术，并把防城港核电二期工程作为其参考电站。

中国国家核电副总经理郑明光在 2016 年 9 月伦敦世界核协会（World Nuclear Association）会议期间对路透社表示，中国在未来五年将建造约 30 座核反应堆（核反应炉），之后的五年将兴建更多座。他表示，中国主要核电企业每年将至少新建两座核反应堆。新建的 60 座核电厂将包括 6 至 10 座 CAP1000 堆型，也就是东芝（6502.T）旗下西屋（Westinghouse）所制造的 AP1000 堆型中国版。首批新建的六座当中，将包括中核在浙江三门所建造的两座新反应堆，西屋有望在明年初为该厂完成 AP1000 的头两个机组。国家核电将在山东海阳再建造两座核反应堆，西屋将负责在当地建造两座 AP1000，中核将在广东陆丰建造两座反应堆。

关于核电最近还有一则消息。据 2016 年 10 月 9 日媒体报道，近日中国研发团队成功推出了"核电宝"（nuclear power bank）。简单说，"核电宝"可看作是采用了核能的充电宝（power bank）的升级版。虽然其价格高，但用途广泛，功率也高。"核电宝"采用的铅基快中子反应堆（lead-based fast neutron reactor）技术能造出只有集装箱大小的迷你型核电源装置"核电宝"，以满足海岛海洋平台、偏远地区分布式供电需求。事实上，2016 年 4 月就有报道称，中科院合肥物质科学研究院核能安全技术研究所建成中国首座铅冷快堆关键技术实验装置高温液态纯铅实验回路（high temperature pure liquid lead experimental circuits），并成功调试。该装置采用纯铅作为循环工质，设计运行温度达 600℃，具备开展铅冷快堆结构材料腐蚀、非能动热工安全循环以及关键设备验证的研究能力，可为第四代反应堆主选堆型之一。这一达到国际领先水平的研发将进一步增强我国在先进核能领域的竞争力。除了应用于第四代核电、未来聚变（atomic fusion）电站等，这一技术可在海水淡化（sea water desalination）等领域发挥作用，从而推动清洁能源的发展。

核电的安全是人们最关心的。我国对核电站安全性高度重视。例如位于重庆的816地下核工厂就隐藏在深山中。其主体工程高近80米，相当于20层高楼。其建筑结构可以预防100万吨当量氢弹空中爆炸冲击和1000磅炸弹直接命中攻击，能抗8级地震的破坏。

77. 2010年中国就超过了美国，成为全球制造业第一大国。目前，在世界500种主要工业品中，中国有220种产品产量位居全球第一位。其中包括生铁、粗钢（crude/raw steel）、电解铝（electrolytic aluminum）、黄金、煤炭、水泥、化肥、化纤、平板玻璃、工程机械、汽车、船舶、彩电、手机、集成电路等。此外，中国进出口贸易总额、科技人力资源、互联网用户、宽带及移动互联网用户等也都居世界第一。美国发布的世界军事强国排行中，中国名列第三，仅次于美国和俄罗斯。

目前，中国开始实施消费品工业增品种、提品质、创品牌（brand-making）的"三品"专项行动，提高消费品有效供给能力和水平，以适应消费升级需求。中国的家电、制鞋、棉纺、化纤、服装等产能占全球的50%以上，轻工、纺织出口占全球的30%以上，是名副其实的消费品制造、消费和出口大国。2015年，中国最终消费支出对GDP增长的贡献率达66.4%，比上年提高15.4个百分点。中国正处在消费者结构快速变动和升级的时期，消费者对消费品的花色、品种、质量、规格、品牌、安全性等方面的要求不断提高。目前，中国消费品工业有效供给能力和水平如何适应消费升级是迫切要解决的问题。国务院近日印发的《关于开展消费品工业"三品"专项行动营造良好市场环境的若干意见》，明确增品种、提品质、创品牌三个方面共12项任务，涵盖了轻工、纺织、食品、医药和消费类电子等行业，目前正在研究制定实施方案。

在一些新兴产业方面，我国也取得了很大进展，虚拟现实（virtual reality—VR）技术就是其中之一，在文化娱乐、工业制造、国防军事等诸多领域均表现出巨大的应用空间。国务院于2016年5月底发布的《国家创新驱动发展战略纲要》（National Innovation-Driven Development Strategy Outline）将虚拟现实及其相关技术领域列入"战略任务"部分的内容。目前，我国已有华为（Huawei Technologies）、乐视（LeTV）、暴风科技（Baofeng Technology）等一大批企业涉足VR行业，游戏、旅游、地产销售等领域已开始尝鲜VR。

又如智能穿戴设备，不只是改变人们的生活方式，更是通过软件支持、数据交互实现强大智能互联功能。全球数据公司（International Data Corporation—IDC）发布的 2016 年一季度数据显示，全球可穿戴设备市场同比增长 67.2%，无论是研发还是商业化水平，我国都与国际水平持平。2015 年中国可穿戴市场零售量为 1810 万台，同比增长 321%。并有不少具有中国特色的创新之处，如促进亲子沟通（parent-child communication）的智能手表等。据了解，目前小米公司（Xiaomi Science and Technology Co. Ltd.）、歌尔声学（Goer Tek）等一批国内企业开始进军这一领域。

78. 全球半导体封装设备（semiconductor packaging equipment）领域资深专家刘劲松创办上海微松工业自动化公司（Micro-Pine Industry Automation Co., Ltd.）自主研制的 WMB1100 型晶圆植球（wafer balls）设备应用于九款 iPhone 手机芯片制造上，在芯片智能制造装备上突破了国外长期垄断，改变了我国高端自动化设备全部依赖进口的状况。2015 年，刘劲松又推出代表业界顶尖水平的第二代智能制造机器人装备生产线，实现了"中国制造"由大变强的历史跨越。

这里还要提一下，2012 年成立的成都卡诺普自动化控制技术有限公司（CRP Automation Technology Co., Ltd.）自主研发生产的机器人控制系统，2016 年实现销售 2500 多套。被称为机器人"大脑"的控制器、伺服电机（servo motor; actuating motor）和减速器的三大核心零部件都是自主研制的。该公司在 2016 年上海国际机器人博览会上推出了三款新品，包括 RTEX 总线型机器人控制器、驱控一体型机器人控制系统等，与同类产品相比在可靠性方面有明显优势。生产的第二代机器人控制系统，被广泛应用于喷涂（spraying; spray coating）、焊接、搬运、码垛（stacking; stow; pile tally）、抛光打磨（polishing and burnishing）等领域，目前国产工业机器人本体的控制系统国产化率大约已经超过 50%。

79. 2016 年 3 月，智能机器人 AlphaGo 对战世界顶级围棋棋手李世石（Lee Sedol）获胜后，在世界范围内人们对智能机器人的兴趣更加浓厚。近年来，美国、日本等公司智能机器人不断升级，应用越来越广泛，2015 年年底全球人工智能初创企业已有 855 家，总估值超过 87 亿美元。我国智能机器人正在快速发展，其中沈阳新松机器人公司（SIASUN Robot & Automation Co., Ltd.）产品出口 20 余个国家和地区；小鱼儿科技（Xiaoyuer Science and Technology）推出自主研发的智能陪伴机器人；"小 i 机器人"能同时应答服务 100 个客户，对客户服务的响应时间能达到毫秒级，得到广泛应用。中国国家发改委等部门近日联合印发《"互联网+"人工智能三年行动实施方案》，提出到 2018 年形成千亿级的人工智能市场应用规模。

我国米文动力科技公司（MiiVii Dynamics）就为众多机器人设计公司提供一站式智能控制系统解决方案"米文大脑"（MiiVii brain）。该方案集成了具备超级计算机能力的硬件和优秀的人工智能控制算法，能够全面提升机器人的"感知""决策判断能力"，提高机器人智能化水平及完成复杂任务的能力，从而让天下没有难开发的机器人。

5. 中国标准

随着中国社会经济的发展，中国在世界贸易格局中也正经历着从"中国制造"向"中国标准"的角色转变。2016 年 9 月 10 日至 14 日在北京举行的第 39 届国际标准化组织（International Organization for Standardization—ISO）大会再次将中国标准工作聚焦在世界舞台中央。

"标准"一词对普通民众而言可能稍显"无感"。但当提到"ISO9000 质量管理体系""3C 认证"[1]，多数人则会感到熟悉。从某种意义上说，这些认证标准是人们确认产品质量和安全性能的"定心丸"（本是一种药的名称，英文是：heart soothing pill；作为比喻性用法，指 remark or action that puts one's mind at ease），指导着人们的经济行为。有话道："三流企业做产品，二流企业做品牌，一流企业做标准。"确立标准是企业做大做强的不变信条。

事实上，正是由于英特尔（Intel）确立了中央处理器（central processing unit—CPU）标准、微软（Microsoft）把持了操作系统的标准、苹果主导了手机应用标准，这些巨头才能牢牢掌握国际市场竞争和价值分配的话语权。而作为国际贸易的"通行证"，标准认证是消除贸易壁垒（trade barrier）的主要途径。经济合作与发展组织（Organization for Economic Co-operation and Development—OECD）和美国商务部的研究表明，标准和合格评定影响了 80%

---

[1] "3C 认证"的全称为"强制性产品认证制度"，英文名称 China Compulsory Certification，英文缩写 CCC，是中国政府为保护消费者人身安全和国家安全、加强产品质量管理、依照法律法规实施的一种产品合格评定制度。

的世界贸易。作为覆盖世界国民总收入 98% 和全球人口 97% 的标准化组织 ISO，被称作"技术联合国"。而作为 ISO 的最高权力机构的 ISO 大会，是世界标准领域最重要的会议之一。

作为全球第二大经济体、第一大货物贸易国，如今的中国正在大力推进标准化事业改革发展，国家标准、行业标准和地方标准总数超过 10 万项，企业标准超过百万项，已经基本形成覆盖一、二、三产业和社会事业各领域的标准体系。不断提升的影响力也意味着更大的全球责任。作为 ISO 常任理事国，中国在国际标准制定和促进世界经济合作、互联互通中扮演着愈发重要的角色。

近年来，我国积极参与国际标准化活动，中国在工业和通信业领域已承担了 40 余个国际标准化技术组织秘书处工作，担任技术组织领导职务 140 余人次，已有超过 129 项我国提出的提案被 ISO 等国际标准化组织正式批准成为国际标准；同时，中国积极采用和转化国际标准，转化率已达 73.4%，基本实现了与国际接轨。

如今，中国在国际标准制定方面的影响力和话语权日益增强，由中国提出和主导制定的国际标准数量逐年增加。截至 2016 年 5 月，中国已有 189 项标准提案成为 ISO 的国际标准，特别是在高铁、核电、通信、汽车等领域，中国在国际标准上实现了从跟随到引领（a follower turning into a leader）的跨越。随着越来越多的"中国标准"成为"世界标准"，包括高铁、核能等在内的中国高端制造业正在迅速扩展世界市场，越来越多的中国行业标准成为世界标准。为此，中国将加快制定和实施中国标准"走出去"工作专项规划，助推国际装备和产能制造合作。在电力、铁路等基础设施领域，高端装备制造、生物、新能源等新兴产业领域以及中医药、烟花爆竹、茶叶等传统产业领域，推动共同制定国际标准；同时，在设施联通、能源资源合作等方面，组织翻译 500 项急需的中国国家、行业标准外文版，促进"中国标准"的对外传播。

"得标准者得天下"这句话，揭示了标准举足轻重的影响力。而在中国企业"走出去"的过程中，输出"中国标准"一直都被视为最高追求。

中国铁路总公司（China Railway Corporation）总工程师何华武介绍说，从 2012 年开始，中国铁路总公司在中国开展了"中国标准"动车组研制工作。国外高铁距离一般只有 1000 千米左右，中国高铁则一般在 2000 千米以上，适应我国国情、路情的动车标准当然与众不同。中国幅员辽阔（have a vast territory），地形复杂，气候多变，被极寒、雾霾、柳絮（catkin）、风沙"淬炼"

（quenching）出的"中国标准"正逐渐超越过去的"欧标"与"日标"，被越来越多的国家采用。

2016 年 11 月 17 日凌晨，从美国传来捷报，在决定全球通信技术标准的 5G 方案大战中，中国华为以绝对优势击败欧美列强，主推的 PolarCode（极化码）成为 5G 短码最终方案。这意味着 5G 的半壁江山被中国拿下；3G、4G 被法国 Turbo 统治十多年的日子宣告结束；未来的全球通信技术标准，将由中国企业参与制定，甚至主宰（dominate）。

在这个互联互通（interconnection and interworking）的时代，通信几乎决定着一个国家的命运。2G 时代，通信领域中国完全被忽视，毫无话语权。到了 3G 时代，中国才意识危机，自此之后，中国通信技术才刚刚跟上世界的脚步。

到了 4G 时代，中国放手大干（go all out），TD-LTE[1] 的突破让中国通信技术第一次成为世界主流技术。但可悲的是，好不容易取得的成就，其核心代码还是引用自他国。

这一幕太相似——曾经让中国六次打败美国，蝉联世界第一的超级计算机"天河二号"，其核心芯片（core chip）使用的也是美国芯片。没过多久，美国就下令禁止向中国出售高端芯片。

而今天，在即将到来的 5G 时代，华为的取胜代表着中国自主研发的技术得到了世界的认可，终结了欧美的垄断，再次印证"中国科技需靠西方技术才能拿下第一"的时代已经结束。

华为 Mate 9 手机中国发布之日，华为放出了一句话："三到五年，国产手机制造商将面临消失。"这绝非危言耸听，当我们被一个个国产手机以高通（Qualcomm）、三星（Samsung）芯片为特色宣传刷屏的时候，这就是天大的败局。

高通起诉魅族（Meizu）；杜比（Dolby）起诉 Vivo、OPPO；爱立信（Ericsson）起诉小米；就连华为，也被三星起诉。几乎所有的国产手机，都开始被他国巨头打压。这是一场史无前例的科技大战，背后更是一场抑制中国崛起的大国博弈。中国企业如果不自主研发，就永无安宁之日。

在数字电视领域，中国数字电视标准成为国际电信联盟（International Telecommunication Union—ITU）国际标准后，已被全球 14 个国家采用，覆盖全球近 20 亿人口，带动了中国多个数字电视品牌走出国门。中国国家标准化管理

---

[1]　TD-LTE 是"Time Division Long Term Evolution"的缩写，意为"分时长期演进"，由"第三代合作伙伴计划"（3rd Generation Partnership Project—GPP）组织涵盖的全球各大企业及运营商共同制定。

委员会（Standardization Administration）主任田世宏表示，中国希望与世界各国和地区分享国际标准化实践经验和成果。

2016 年 9 月 9 日—14 日，第 39 届国际标准化组织大会公开研讨会在北京人民大会堂召开。本次大会的主题是"标准促进互联互通"，有来自 ISO 的163 个国家（地区）成员，欧洲、泛美、亚太等 10 多个区域标准化组织，以及国际电工委员会（International Electrotechnical Commission—IEC）、国际电信联盟、联合国贸易和发展会议（United Nations Conference on Trade and Development —UNCTAD）、联合国工业发展组织（United Nations Industrial Development Organization—UNIDO）、国际铁路联盟（International Union of Railways—UIC）等 14 个国际组织的近 700 名代表参加会议。

ISO 主席张晓刚、国家质检总局（General Administration of Quality Supervision, Inspection and Quarantine）局长支树平、工业和信息化部（Ministry of Industry and Information Technology）副部长怀进鹏等领导出席大会。怀进鹏作了题为《标准促进开放、合作、共赢》的主旨演讲。他指出，随着科技革命和产业变革日益兴起，全球产业格局正在发生重大调整，提升标准化水平、加快产业转型升级、抓住新一轮技术创新和产业变革的机遇已成为全球产业界共识。中国工业和通信业按照制造强国和网络强国的国家战略部署，坚持创新驱动、标准引领，推动中国制造向中国创造转变、中国速度向中国质量转变、中国产品向中国品牌转变。

怀进鹏提出了三点合作建议：第一，不断深化国际标准化合作交流，积极参加国际标准化组织的活动，支持和推动科技和产业界的力量，更全面、更深入地开展国际标准协同研制与转化。第二，共同推进 5G、智能制造、物联网、大数据、虚拟现实／增强现实（augmented reality）等新兴领域国际标准制定与实施，为全球经济繁荣发展作出更大贡献。第三，持续推进"一带一路"沿线国家的标准互认，为国际产能和装备制造合作提供标准支撑，促进沿线各国优势互补、资源共享、共同发展。

9 月 14 日，大会发表了《北京宣言》。该宣言围绕 ISO 的战略规划和愿景，以推动国际标准化持续发展，促进世界互联互通为主题，强调国际标准化活动的价值，倡议加强标准化实践的合作，期望通过交流和分享知识、经验、技术和资源，实现人和组织的和谐发展。

6. 文化自信

在习近平总书记"七一"讲话中，除了"不忘初心"（stay true to the mission），同样备受瞩目的一个词是：文化自信（cultural self-confidence）。这也是公开报道中，一个半月以来，习近平至少第三次提"文化自信"。足见这四个字在他心中的分量。中国的自信，本质上是文化自信。文化自信，是继道路自信、理论自信、制度自信之后，中国极为重视的第四个自信。文化自信是更基础、更广泛、更深厚的自信。这三个"更"，凸显了"文化自信"在"四个自信"中的地位。习近平主席指出，在5000多年文明发展中孕育（breed）的中华优秀传统文化，在党和人民伟大斗争中孕育的革命文化和社会主义先进文化，积淀（deposit; inherit）着中华民族最深层的精神追求，代表着中华民族独特的精神标识。可见，让中国人"自信"的"文化"，至少包括三个层面：中华优秀传统文化、革命文化、社会主义先进文化。

自十八大以来，习近平对这三个方面的文化，均有大量论述。2012年11月15日，习近平履新（take/assume one's new office/post）总书记当天，会见中外记者时即谈到，"在漫长的历史进程中，中国人民依靠自己的勤劳、勇敢、智慧，开创了各民族和睦共处的美好家园，培育了历久弥新的优秀文化"。

全党要坚定道路自信、理论自信、制度自信、文化自信。当今世界，中华民族是最有理由自信的。"自信人生二百年，会当击水三千里"（I am confident that if I can live a whole life of two hundred years, I can surely strike the water for three thousand li.）的底气，我们就能毫无畏惧面对一切困难和挑战，就能坚定不移开辟新天地、创造新奇迹。

我们的文化自信要建立在5000多年文明传承基础上，继承历史发展中孕育的中华优秀传统文化、在党和人民伟大斗争中孕育的革命文化和社会主义先进文化，这些积淀着中华民族最深层的精神追求，代表着中华民族独特的精神标识。当前，我们要弘扬（carry forward; develop and expand）社会主义核心价值观，弘扬以爱国主义为核心的民族精神和以改革创新为核心的时代精神，不断增强全党全国各族人民的精神力量。

坚定文化自信，和坚定道路自信、理论自信、制度自信是分不开的。其中文化自信是最基本、最深沉、最持久的力量源泉。坚定文化自信就是要构建中国特色哲学社会科学，一是要体现继承性、民族性。要善于融通马克思主义的资源、中华优秀传统文化的资源、国外哲学社会科学的资源，坚持不忘本来、吸收外来、面向未来。坚定中国特色社会主义道路自信、理论自信、制度自信，说到底是要坚定文化自信。

中华文化是凝聚人心的理想信念。中华民族具有五千多年连绵不断的文明历史，创造了博大精深（extensive/broad and profound）的中华文化，为人类文明进步作出了不可磨灭的贡献。经过几千年的沧桑岁月（vicissitudes of the years），把我国 56 个民族、13 亿人紧紧凝聚在一起的，是我们共同经历的非凡奋斗，是我们共同创造的美好家园，是我们共同培育的民族精神，而贯穿其中的、更重要的是我们共同坚守的理想信念。

中华文化是海内外中华儿女共同的精神基因，是中华民族自强不息（constantly strive to become stronger）、发展壮大的强大精神力量。

中华文化崇尚和谐，中国"和"文化（culture of harmony）源远流长（long-standing and well-established），蕴涵着天人合一（unity of heaven/nature and man）的宇宙观、协和万邦（build universal peace）的国际观、和而不同（seek harmony instead of chiming in with others blindly）的社会观、人心和善（the heart of man being kind）的道德观。在五千多年的文明发展中，中华民族一直追求和传承着和平、和睦、和谐的坚定理念。以和为贵，（harmony is to be prized）与人为善（do…for the good of others），己所不欲、勿施于人（Do not do to others what you do not want done to yourself.）等理念在中国代代相传，深深植根于中国人的精神中，深深体现在中国人的行为上。

中华文化积淀着中华民族最深沉的精神追求，是中华民族生生不息（continuous reproduction breed in an endless succession）、发展壮大的丰厚滋养。中华优秀传统文化是中华民族的突出优势，是我们最深厚的文化软实力。中国特色社会主义植根于中华文化沃土、反映中国人民意愿、适应中国和时代发展进步要求，有着深厚历史渊源和广泛现实基础。

我们要坚持社会主义先进文化前进方向，用社会主义核心价值观凝聚共识、汇聚力量，用优秀文化产品振奋人心、鼓舞士气，用中华优秀传统文化为人民提供丰润的道德滋养，提高精神文明建设水平。

发展社会主义先进文化，要协调推进（promote in coordination）政治建设、文化建设、社会建设、生态文明建设以及其他各方面建设，实现社会主义市场经济、社会主义民主政治、社会主义先进文化、社会主义和谐社会、社会主义生态文明全面进步，为经济发展提供更好制度保障和环境条件。

为建设社会主义先进文化服务，要重视中华传统文化研究，继承和发扬中华优秀传统文化。实现中华民族伟大复兴的中国梦，必须要有中国精神，而中国精神必须在坚持社会主义核心价值体系的前提下，积极深入中华民族历久弥新（remain fresh as time goes by）的精神世界，把长期以来我们民族形成的积极向上向善的思想文化充分继承和弘扬起来，使之为培育和践行社会主义核心价值观服务，为建设社会主义先进文化服务，为党和国家事业发展服务。

提高国家文化软实力，关系"两个一百年"奋斗目标和中华民族伟大复兴中国梦的实现。要弘扬社会主义先进文化，深化文化体制改革，推动社会主义文化大发展大繁荣，增强全民族文化创造活力，推动文化事业全面繁荣、文化产业快速发展，不断丰富人民精神世界、增强人民精神力量，不断增强文化整体实力和竞争力，朝着建设社会主义文化强国的目标不断前进。

7. 工匠精神

2016年3月5日，李克强总理在《政府工作报告》中说，鼓励企业开展个性化定制、柔性化生产（flexible production），培育精益求精（always endeavor to do still better）的"工匠精神"。"工匠精神"一词迅速流行，成为制造行业的热词，随后，各行各业都提倡"工匠精神"。国务院常务会新闻通稿中首次使用"品质革命"这一提法。《咬文嚼字》（*Excessive Wording*）杂志将其列为2016年年度热词之一。

"工匠精神"（craftsman's spirit）是指工匠对自己的产品精雕细琢（work with great care）、精益求精的精神理念（spiritual notion）。提出"工匠精神"是为了促进消费品工业增品种、提品质、创品牌，更好满足群众消费升级需求。

"匠人"（craftsman）也称"工匠"，从事各行各业的都有，如木匠（carpenter）、铁匠（blacksmith）、石匠（stonemason）等。"匠"字本身就有"在某个方面有造诣（highly skilled）"的意思，如"文学巨匠"（literary giant）。"独具匠心"（have an inventive mind; show unique ingenuity）中的"匠"字表示的也是这个意思。真正的工匠非常敬业（have professional dedication），他们会不断改善自己的工艺，享受产品在双手中升华（sublimate）的过程。无论是使用的材料、设计还是生产流程（production procedure），工匠们都力争完善，追求完美和极致（be of uttermost premium quality）。"工匠精神"的目标是要打造出本行业最优质的、其他同行无法匹敌（matchless）的卓越产品。瑞士的手表制造行业可以说是典型的代表。另一位真正的工匠、英国航海钟发明者约翰·哈里森（John Harrison, 1693—1776）费时 40 余年，先后造出了 5 台航海钟，其中以 1759 年完工的"哈氏 4 号"航行了 64 天，只慢了 5 秒，完美解决了航海经度定位（longitude positioning）问题。

当今社会心浮气躁（impetuous。汉语常讲究四字对偶，英语则讲究简洁明了），追求"短、平、快"（stress little investment, short production period, and quick result），即追求投资少、周期短、见效快带来的即时利益，从而忽略了产品的品质灵魂。因此，企业只有坚持"工匠精神"，不断改进和完善产品，才能最终成为众多用户的骄傲。在这个过程中，有一种脱俗的（free from convention/vulgarity）精神上的享受。

"工匠精神"的核心内涵包括以下几个方面。

1）精益求精。注重细节，追求完美和极致，不惜花费时间和精力，孜孜不倦（with indefatigable zeal），反复改进产品。

2）一丝不苟（be conscientious and meticulous）。不投机取巧（do things by irregular ways），确保每个部件的质量，对产品采取严格的检测标准。

3）耐心，专注（devote one's mind），坚持。不断提升产品质量和服务，无论是使用的材料、设计还是生产流程，都在不断完善。

4）专业，敬业，打造本行业最优质的、其他同行无法匹敌的卓越产品。

"工匠精神"要求创新精神和责任感，缺一不可。"工匠精神"在一定程度上承载着中国从制造大国向品牌强国转变的梦想，更需要几十年如一日（persist on for decades like one day）的坚持与韧性（tenacity）。

在这个日新月异的互联网时代，我们并不缺少创新，但缺少好的、经得起时间考验的创新。如果没有工匠精神对本职工作的专注，想在创新之路上走得远，无异于痴人说梦（tell some fantastic tales）。创新是工匠精神的延伸，只有把创新精神与工匠精神相结合，才能有效提高产品的质量和效益。

8. 暖心医生

2016 年 12 月 23 日，哈尔滨一名 102 岁的老人因骨折接受手术，这台本身就风险极大的高龄患者手术因为几张图片红遍网络，原因是一名医生在患者接受麻醉（anesthesia）时始终把患者抱在怀中，并不停安慰，直到手术结束。

老人平时身体不错，三天前不小心跌倒而造成了右侧股骨粗隆骨折（femoral intertrochanteric fracture）。老人的家属曾托人找其他医院联系住院，但其他医院都表示如此高龄老人，手术风险太大，无法收入院。老人的家属抱着试试看的心理，来到了哈医大一院（the First Affiliated Hospital of Harbin Medical University）。骨科主任刘明辉看到这位百岁老人后，也挠了头（head scratching），做手术吧，风险太大，麻醉这一关都不好过；不做吧，也只能眼睁睁看着（watch helplessly）老人家痛苦。最后，刘主任还是咬着牙决定试一试。他们在手术前请来了有着丰富经验的麻醉医生董英伟主任，董主任对老人家的身体状况进行了详细的评估后认为，老人家的状况不是很好，不能耐受全麻（general anesthesia），如果采用全麻唤醒都是个问题；如果采用腰骶（lumbosacral）加硬膜外麻醉，常规的侧卧姿势老人家也耐受不了，会增加很多疼痛感，这些疼痛感对于百岁老人恐怕就是个很大的危险因素。经过慎重考虑后，董主任决定让身材魁梧的赵亮医生抱着老人家固定体位，然后在后面进行腰椎穿刺（lumbar puncture）。一些年轻的麻醉医生可能从来都没有见过这样的麻醉姿势，也从来没有经历过麻醉如此高龄的患者，她们纷纷拿出手机拍照留念。

照片中，老人身上盖着被子，对此，董英伟表示本来不应该给患者盖被子，"因为老人特别怕冷，而且手术室确实很冷。老人本身就有肺感染（lung infection），如果发烧会很麻烦。老人就跟精美的瓷器似的，需要给她保暖，但拿被子的话我们就得多消毒。"

这或许是这个冬天最温暖的"抱抱"，但却并非医生们唯一的"暖心姿势"。

2016 年 3 月，一张"淮安洪泽医生跪着手术"的照片就曾感动无数网友。照片中的主人公是淮安市第一人民医院集团洪泽县人民医院脑外科医生赵光元。

病人是晚上六点多送到医院的，当时值班的赵大夫正开始巡视病房，突然接到急诊电话称有一名脑溢血（cerebral hemorrhage）的患者，并患有糖尿病（diabetes）多年，情况十分危急，急需手术。七时许，他们将患者推进手术室开始手术，切皮、开颅都很顺利，但在清除患者脑部血肿时，他发现站着手术不管手术刀以何种姿势握持都有死角（blind angle），手术台虽然可以升降，但在手术中进行升降可能会给患者造成不必要的二次伤害，于是他想也没想就跪下来，发现跪着为患者手术清除脑部血肿是最佳位置，跪在硬邦邦的手术室地面上约半个小时后，觉得膝盖有点难受，于是他让护士找来一垫子垫在地上继续为患者进行清除脑部血肿手术，后又为其进行止血（hemostasis; stop bleeding）、缝合。"手术结束时已是夜里十一时许，算起来，赵光元主任已跪着为患者做了近两个小时的手术"，手术室护士朱雯雯告诉记者，他们都知道赵主任患强直性脊柱炎（ankylosing spondylitis）多年，还跪着为患者做手术，她以前只在新闻报道中看过这场面，没想到发生在自己身边，深受感动的她用手机拍下赵光元主任跪着为患者手术的照片，待手术结束离开手术室后，她在第一时间将照片发到微信朋友圈。

2016 年 12 月 22 日，两张医生在手术室席地酣睡的照片在微信群中疯传。照片中，两名医生身着手术衣，戴着蓝色手术帽、口罩，依靠在手术室冰冷的墙上和衣而睡，让人不忍心打扰。照片中人物之一郴州市桂阳县第一人民医院麻醉科医生江莫星说，这种情况对于一个手术医生来说很平常，江莫星所在的医疗团队接连数日施行六台高强度手术，经过通宵持续作战，医护人员身心疲惫，来不及走入休息间，就席地坐下，靠着手术室门睡着了。

近日，还有一张一位护士给正在做手术的医生喂面包的照片在网络上"走红"，发布照片的医生戴宁写道："主刀医生从早上九点开始做消化道肿瘤内镜（digestive tract tumor endoscopy）下挖除术，一直到下午五点半仍没有做完，没时间上厕所，也来不及吃饭、喝水，直到护士拿来面包，才匆忙吃上几口。"照片中的主角是浙江大学医学院附属邵逸夫医院消化内科（department of gastroenterology）副主任医师於亮亮，他说这张照片其实就是医生的工作常态，很多医生为了节省吃饭、上厕所的时间，会少喝水，或者兜里放几块饼干，有的干脆早上专挑扛饿的（hunger resisting）粽子（zongzi）、玉米吃。

西安医务人员的朋友圈里还曾疯传一组照片：一个 9 岁的小女孩躺在手术椅上，第四军医大学口腔医院牙体牙髓科（department of endodontics）医生屈铁军跪地为她进行手术。照片引起网友一片点赞，称这是"最美的姿势"。接受采访时，屈铁军说，这个手术时间比较早了，应该是 9 月 5 日。九岁的患儿来自宝鸡农村，因为牙齿受外伤穿孔，出现慢性炎症导致畸形发育（dysmorphic development），需要手术治疗，但手术区域大约 5 毫米，且在腭侧（palatine）拐弯的地方，平常手术用的显微镜照不到，只能头戴镜子来操作，这样医生的眼睛就要和孩子的牙齿保持平行状态，只能采用卧姿或跪姿。此外，为了小女孩将来口腔内的美观，还采用了美容小切口。在四十多分钟的手术中，屈铁军全程跪着为小女孩做手术。据了解，屈铁军当时还是带病坚持工作，在给小女孩做完手术后，他自己去找医生看牙周脓肿（parietal abscess）。手术过程被一位护士无意间拍到，照片被同事发到了朋友圈，随后网友点赞声不绝："一个小小的跪姿，饱含着一丝丝发自心底的温暖，感动，敬业（dedication to one's work）。""最美医生，最美的姿势，大赞屈医生。""跪地为患者治疗！治疗环境和方法让我们最可敬可爱的医生体现出了忘我的大爱。""如此珍爱他人，如此敬重自己的职业，不仅是好医生也是个好丈夫、好父亲！点赞！""真的感觉到了，白衣天使！业界良心啊！"

这几位医生的暖心姿势反映了他们对生命的敬畏与尊重，也告诉人们医务人员非常辛苦。我们应该对医务工作者多点理解，多点信任。

9. M 型社会

"M 型社会"（M-shaped society）指的是在全球化（globalization）的趋势下，富者在数字世界（the world of figures。请思考这里为什么不能把 figure 换成 number，为什么不能用 digital world）中，大赚全世界的钱，财富快速攀升；另一方面，随着资源重新分配（redistribution of resources），中产阶级因失去竞争力，而沦落到（be reduced to）中下阶层，整个社会的财富分配的中间这块，忽然有了很大的缺口，就像字母"M"的形状，整个世界分成了三块，左边的穷人变多，右边的富人也变多，但是中间这块，陷了下去（subside），甚至不见了。

首先提出"M 型社会"的是被称为"战略之父"的日本趋势学（trendology）研究者大前研一（Kenichi Ohmae）。他以日本近 20 年发展历程为研究对象提出社会发展这种类型的判断，即原本人数最多的中等收入阶层，除了一小部分能跻身少数的高收入阶层，其他大多数沦为低收入或中低收入，原本的中间阶层凹陷下去，变得很小。于是，社会像个被拉开的字母"M"。

众所周知，中产阶级是维持社会稳定的核心力量。最稳定的社会类型是橄榄形（olive-shaped）或倒 U 形。但是"M 型社会"正在出现。

一个社会里有多少人是中产阶级？有多少人只是自认是中产阶级？大前研一给那些自认是中产阶级的提出了三个问题：

1）房屋贷款对你造成很大的生活压力吗，或是你根本不敢购置房产？

2）你打算生儿育女吗，也许你连结婚也不敢？

3）孩子未来的教育费用让你忧心忡忡吗，也许你连生孩子也不敢？

这三个问题，只要有一个的答案是肯定的，那就意味着你不算是（cannot be counted as）、不再是中产阶级了，富裕和安定（affluence and stability）正离你愈来愈远。

关于"M 型社会"的说法，绝不是危言耸听（alarmist/shocking statement，也可用英语习语 cry wolf）。根据大前研一的统计，日本已有八成人口沦入（fall into）中低收入阶层。事实上，美国比日本更早步入了"M 型社会"。现在美国有 85% 以上的人开始沦为中下阶层。美国最有钱的前 1% 家庭 1% 的收入，就相当于社会底层两千万家庭的收入总和。

中国同样正面对这种现象。大前研一说：台湾已经出现日本当初的征兆（omen），成为"M 型社会"。在经济日益增长的大陆地区，虽然人们的工资在日益增加，但同时开支也在直线增加（climb up straightly），尤其是教育、住房及医疗等方面的支出费用上涨得太快。对工薪者来说，生活负担日趋沉重。目前上海及北京的家庭整体债务比例（debt ratio）竟然比美国还要高。也就是说，虽然人们的收入是增加了，但支出的增加比收入更快。另外，根据麦肯锡模型（McKinsey model）计算，2011 年时内地下层中产阶层人数就已达到约 2.9 亿，占城市人口的 44%，成为内地城市中规模最大的社会阶层。国家发改委宏观经济研究所（Academy of Macroeconomic Research Institute of National Development and Reform Commission）研究员丁元竹指出："中国的整个社会结构还没形成橄榄形就已经逐步呈现 M 形了，本来很弱的中间阶层在往下塌陷。"所以，在中国，中产阶层实际上也在日渐消失，"M 型社会"正离我们越来越近。在我国，最高收入及最低收入的群体差异高达 10 倍，而国外一般为 5—6 倍左右。我国 69% 的家庭年收入在 3 万—5 万元人民币之间，贫富悬殊（the gap between the poor and the rich）增大，原地踏步（march on the spot; mark time）就会变成中低阶层。"穷者愈穷，富者愈富"已经成为一个时代的特征和写照（portrayal; portraiture）。

在"M型社会"里，如果企业与个人都不展开自救（save oneself），政府又继续往错误的方向施政（carry out administration/governance in a wrong direction），在这样的恶性循环（vicious circle/spiral）下，社会的失业率和物价年年上扬，收入永远跟不上物价，整个社会对于未来都将失去积极性。从个人角度说，以各种贷款、分期付款来花未来钱的习惯，已不是聪明的花钱方式。量力而行（act according to one's abilities），而不是追求好车、好房、好学校，恢复节俭的传统消费习惯，才是有效的应对方式。

无论是大前研一提出的"M型社会"理论，还是美国社会学家罗伯特·莫顿（Robert K. Merton, 1944—）归纳的"马太效应"[1]（the Matthew effect），都指明了一个不争的事实：穷者越穷，富者越富。随着全球化的资源优化配置，富者通过掌控的资源开始迅速聚敛（amass）财富，而穷者因为缺乏资本或者其他资源而在新一轮的经济快速发展中越来越穷。这些研究对中国有一定的借鉴意义。

"M型社会"中，消费者开始走向两个方向，随之消费者市场也同样向奢华（luxury）和省钱两个方向挪移。在奢华模式中，消费者不惜高价购买高级品质和满足情感需求的产品和服务。中国这几年奢侈品消费额的增加正是凸现了作为这类消费者的市场需求；而在省钱模式中，消费者尽可能地寻找低价高品质的商品。这就是说，处于M型社会中另一端的社会大众，则希望购买到优质低价的产品，既不失品位又能够支付，不过由于经济压力他们更喜欢低价的产品。与此同时，互联网、无线和数字等技术的成熟让消费者的选择和变化也越来越快，他们对新产品研制的速度也提出了更多的要求。在这样一个转型的社会中，众多的企业仍需更多关注"M型社会"中的大多数。因为对于富者而言，虽然他们的消费能力强，但是他们的市场毕竟有限。关注金字塔的底层，这才是未来企业获取利润的最大空间。麦肯锡（McKinsey & Company）的研究报告表明，中国还有一个巨大的尚未被满足的大众消费市场，他们由潜在的约3500万个准富裕家庭（would-be affluent family）组成。他们具有强大的购买力，但是却因

---

[1] 马太效应，指强者愈强、弱者愈弱的现象，广泛应用于社会心理学、教育、金融以及科学等众多领域。其名字出自圣经《新约·马太福音》中的一则寓言："凡有的，还要加给他叫他多余；没有的，连他所有的也要夺过来。"

为地处边远，物流不能到达以及没有引起关注而受到漠视（ignore; overlook），需要在满足他们的需求方面下功夫。

大前研一写过一本名为《M 型社会：中产阶级消失的危机与商机》，已由刘锦秀和江裕真译成中文（中信出版社，2010）。感兴趣的读者可以一读。

10. 莫用三爷

2016 年"五一"小长假后第一个工作日，习近平《在第十八届中央纪律检查委员会第六次全体会议上的讲话》全文发表，表明了党中央对党风廉政（incorruptible government; honest/clean politics）建设和反腐败斗争的高度重视和坚定决心。在谈到"坚持坚持再坚持，把作风建设抓到底"（Grasp the construction of work style with persistent effort.）这一点时，习近平指出："从近年来查处的腐败案件看，家风败坏往往是领导干部走向严重违纪违法的重要原因。

我国自古有家训（family admonitions; parental/family instructions）的传统，家训是家庭的核心价值观，家规是家庭的"基本法"。而家风是家族子孙代代恪守家训、家规而长期形成的具有鲜明家族特征的家庭文化，是一个家族最宝贵的财产，是每个家族成员自豪感的源泉，是每个家庭成员"三观"的基石。家风是民风社风的根基，也是社会和谐的基础。家风建设是党员干部的必修课。习近平强调："每一位领导干部都要把家风建设摆在重要位置，廉洁修身、廉洁齐家，在管好自己的同时，严格要求配偶、子女和身边工作人员。"习近平说："一家仁，一国兴仁；一家让，一国兴让。"（Benevolence of the state starts from the benevolence of the family, and the modesty at home produces a modest state.）习近平指出"领导干部的家风，不是个人小事、家庭私事，而是领导干部作风的重要表现。"领导干部家风好坏、其配偶子女在社会上的言行举止（comportment）等，直接决定着干部和干部队伍在群众心中的形象。对领导干部而言，良好家风既是砥砺（temper）品行的"磨刀石"，又是抵御贪腐的无形"防火墙"。2015 年 1 月 12 日，习近平同中央党校第一期县委书记研修班（training class，有讨论的可称 seminar）200 余名县委书记学员座谈时指出："身边人害我们这些为官者的不在少数，被老婆'拉下水'（drag someone into the mire。请思考是否能将 mire 改成 water）、被孩子'拉下水'、被身边秘书和其他身边人如七大姑八大姨（very distant relatives）'拉下水'。"从揭露出来的大量违纪违法案件看，家风败坏是领导干部走向违法犯罪的重要原因之一。

2015 年 2 月 27 日，习近平主持召开深改组第十次会议，审议通过了《上海市开展进一步规范领导干部配偶、子女及其配偶经商办企业管理工作的意见》。《意见》指出："各级党委（党组）要重视领导干部家风建设，把它作为加强领导班子和领导干部作风建设的一项重要内容，定期检查有关情况。"正人先正己，正己才能正亲。党员领导干部想要亲属、下属廉洁，先要自身廉洁，廉政的根源在领导本人。如果自身都是当面一套、背后一套（say one thing in the face of someone, and another behind his/her back），台上大讲反腐，回家大肆受贿，怎能立起好家风？要求别人不能做的，却想着法子为自己或家人行方便、开"绿灯"，这样的做派，又怎能服人？习近平告诫："不要把当官作为一个满足无穷贪欲、获得无限私利的捷径，那样迟早要完蛋。"

习近平指出："家庭是社会的基本细胞，是人生的第一所学校。不论时代发生多大变化，不论生活格局发生多大变化，我们都要重视家庭建设，注重家庭、注重家教、注重家风。""家之兴替，在于礼义，不在于富贵贫贱。"知礼义、重家风是中华民族的优秀传统。

2015 年 12 月 28 日至 29 日，中共中央政治局召开专题民主生活会，对照检查践行"三严三实"[1]（be strict and steady both in three aspects。有人译为 three stricts and three steadies，这一译法不符合英语习惯，而且不符合英语语法，笔者认为是一种懒人之译）情况，讨论研究加强党风廉政建设措施。习近平指出："中国古代历来讲格物致知（investigate things to attain knowledge）、诚意正心（be sincere in one's thought and rectify one's mind）、修身齐家（cultivate one's moral character and put one's family affairs in order oneself）、治国平天下（govern the state and keep world peace）。从某种角度看，格物致知、诚意正心、修身是个人层面的要求，齐家是社会层面的要求，治国平天下是国家层面的要求。"习近平说："中央政治局的同志不能有权力上、地位上的优越感。无论公事私事，都要坚持党性原则，都要加强自我约束，鼓励和欢迎下级和身边工作人员监督，不折不

---

[1] 习近平总书记 2014 年 3 月提出了"严以修身、严以用权、严以律己（be strict in cultivating one's moral character, in the exercise of power, and in disciplining oneself），谋事要实、创业要实、做人要实"的重要论述，被称为"三严三实"讲话。

扣执行党的纪律和规矩。对亲属子女和身边工作人员，要严格教育、严格管理、严格监督，发现问题及时提醒、坚决纠正。""察德泽之浅深，可以知门祚之久暂。"（The continuity of one's family fortune can be known by examining the depth of his/her moral cultivation.）习近平指出："要留留神，防微杜渐（check erroneous ideas at the outset; crush/nip the evil in the bud），不要护犊子（spoil or overindulge one's child; be unreasonably partial to one's child）。干部子弟也要遵纪守法，不要以为是干部子弟就谁都奈何不了了。触犯了党纪国法要从严处理，做给老百姓看。"严是爱，宽是害。领导干部严格要求家人，既是对家庭的负责，更是对家人的爱护。干部对亲属决不能因为亲情而睁一只眼闭一只眼（turn a blind eye to something; wink at something），一旦发现亲属有利用自己职权谋利的倾向，就要坚决制止，防止小错酿成大祸，保证家庭风清气正。习近平指出："要教育家属、子女不搞特殊化（ask for special treatment），不打着我们的旗号收受好处，乱说话，乱办事。"良好家风是中华文明的璀璨明珠，是党长盛不衰的红色基因，是党员干部干事创业的重要软实力。党员干部只有自觉做到廉洁自律、清白做人、干净做事，并为子女作出好的榜样，树立一个好的形象，才有较强的说服力和教育示范作用，为树立清廉家风奠定良好基础。党员干部要成为道德榜样和良好家风的建立者、守护者。一方面以自身清正为"齐家"树立标杆，另一方面要严格要求配偶和子女，决不能纵容、默许亲属利用自己的职权或影响谋取私利，以免"后院起火"、养痈遗患（Neglecting a carbuncle will cause trouble./Failure to deal sternly with evildoers will lead to serious trouble.）。"不少领导干部不仅在前台大搞权钱交易（trading power for money），还纵容家属在幕后收钱敛财（accumulate wealth by unfair means），子女等也利用父母影响经商谋利、大发不义之财（ill-gotten or dishonest gains）。有的将自己从政多年积累的'人脉'（connection，'很有人脉'可译为 be well connected。一些国内媒体译成 interpersonal relationship，有中式英语之嫌）和'面子'，用在为子女非法牟利上，其危害不可低估。"

习近平引用了三句古训（old maxim）："将教天下，必定其家，必正其身。"（Before going to educate people, one must first discipline his family and be upright himself.）"莫用三爷，废职亡家。"（Do not use the three close kin, or one would ruin his job and family.）"心术不可得罪于天地，言行要留好样与儿孙。"（One's intention should not violate the principle set by heaven and earth. / One's words and deeds should set a good example for the descendants.）第一句是告诫为官从政、施

行教化者先要管好家人，端正自身；第二句强调为人要注重品行修养，以身立教，率先垂范（teach through setting good examples），为儿孙树立榜样；中间一句说的则是用人与身家命运的关系。"莫用三爷，废职亡家"是清朝官场上流传的一句谚语。这里所说的"三爷"，并非指一个人，而是指"子为少爷（英文里的 childe 一词表示此意，但家里的仆人等称呼时多用 young master，'老爷'则被称为 lord/his lordship），婿为姑爷（从亲属关系上说是 father's sister's husband，习惯上是女方家里人对女婿，即 son-in-law 的称呼），妻兄弟为舅爷（wife's brother，英语只能是 brother-in-law，但 brother-in-law 不能用作称呼，也许可借用 cousin 一词）"三种人。古人就说过"一用子弟至亲，百弊丛生（All kinds of corruptions creep in.）"。"莫用三爷，废职亡家"的潜在含义是说，权力一旦被"三爷"利用，就难免狐假虎威（解释性译法：bully people by flaunting one's powerful relative; adorn oneself with borrowed plumes 或 strut in borrowed plumes，可简单借用英语习语 the ass in the lion's skin），大搞权钱交易，如果官员一再对其任意放纵，最终不免落得个"废职亡家"的结局。更何况不少无原则提拔自己"三爷"的领导们往往还会对这类至爱亲朋"扶上马，送几程"（help them onto the horse and see them go safely for some distance），结果常常使"三爷"们在违法犯罪的道路上越走越远。

从已查处的一些腐败案件来看，有的一人当官、全家敛财；有的前门当官、后门开店；有的裙带攀附（resort to nepotism）、鸡犬升天（all relatives and followers get promoted），不少贪官"全家腐"甚至家族式腐败。很多被重用的"三爷"还会"坑爹""坑娘""坑亲戚"。

被中纪委点名"全家腐"的落马官员并不鲜见。从 2015 年 2 月 13 日至 12 月 31 日，中纪委网站共发布 34 份省部级及以上领导干部纪律处分通报，其中 21 人违纪涉及亲属、家属，比例高达 62%。一半以上属于利用职务上的便利为亲属经营活动谋取利益。正如有贪官称"冰冷的手铐有我的一半，也有我妻子的一半"。

2014 年 3 月开除党籍的重庆市城口县人大常委会原主任于少东，就导演过一场"一人当官、全家腐败"的悲剧，将自己连同妻子一起送进牢门。在城口县，于少东的妻子李某是响当当的"大姐大"（alpha sister; big sister）。她不仅抽烟、喝酒、打牌样样在行，而且脾气暴躁，谁的账都不买（show no one respect）。在一次机关干部运动会上，因为对裁判的判罚不满，她就"身先士卒"（charge at the head of one's men）率领本单位职工与对方发生激烈冲突，影响恶劣。李某不仅自己"擅长"权钱交易，还不忘做好于少东的"贤内助"（wise better half）。一位锰矿老板为表示感谢，有意送给于少东一套重庆主城的房子。李某得知后，全程一同看房、选房并完成办理购房手续。之后，她又"亲自"收取对方 12 万元的房屋装修费，加上购房费用总计 68 万余元。于少东落马前给儿子办的一场"高大上"的婚宴更在当地引发争议。"数十辆豪车组成的迎亲队伍，五星级酒店的 100 多桌盛宴，华丽梦幻的婚礼现场，动用大型摇臂设备和数台摄像机多角度实时拍摄，高达 40 万元的婚礼花费……"连见过不少世面的酒店服务生都为之惊叹："好大的排场（ostentatious and extravagant; parade one's wealth）！"大排场的背后，是大肆收受礼金：在婚礼现场的签到台，主办方准备了空红包，送礼者领取空红包装入礼金，在红包上写上名字，交给接待人员。这场多达千人参加的婚礼，于少东收受礼金 200 多万元，其中，收受党政机关人员和企业老板礼金共计 58 万余元。

2015 年 7 月 24 日，河北省委原书记、省人大常委会原主任周本顺，利用其职权收受财物、礼金、礼品，对配偶子女放任纵容。他妻子段雁秋在书画界拥有多重头衔，据称"曾多次参加全国和省市的书法展并多次获奖"，其书法标价动辄百万；他儿子则豪言说他"没有办不了的事"。在周本顺被查时，其秘书刘小军、其妻段雁秋、其子周靖、其妻弟刘延涛、其侄女婿宋达勇等在同一时间被带走调查。据报道，周靖在湖南商界纵横，一手缔造了涉及政府工程、房产、汽车销售、金融投资的商业巨舰，曾与湖南省政协前主要领导胡某之子胡雄杰联手，暗中借力于父辈，至少拿下长沙市一项政府工程、一处旧房改造项目。他们在长沙地产界频频"虎口夺食"，抢得有主地块的使用权后，再转手倒卖给第三方。2015 年周本顺落马，父子联手建立的商业帝国"轰然崩坍"。

十八大以来第一位落马的"副国级"高官、全国政协原副主席苏荣是"一人当官，全家发财"的家族腐败典型案例。家里面从老到小、从男到女都有参与。苏荣落马后在忏悔录中写道："我家成了'权钱交易所'（money-power exchange），我就是'所长'，老婆是'收款员'。"他担任江西省委书记期间，其妻于丽芳频繁插手土地出让、工程建设、招标投标，索取收受巨额财物。其子多次插手土地、工程项目，大肆收取好处费。经查，苏荣共有十余名家庭成员涉案，可谓夫妻联手、父子上阵、兄弟串通、七大姑八大姨共同敛财。其子苏铁志通过"代言人"前台收钱，再让老子后台办事，进而完成卖官鬻爵（sell offices and barter ranks）、权钱交易事项。

早在 2015 年 5 月，中央纪委监察部网站就提出领导干部要"修齐治平"（即"修身、齐家、治国、平天下"）。"齐家"是做官前的"必修课"。中国历史上有名的两本家训《孔氏祖训箴规》（*Ancestor's Instructions, Guidelines and Advice of the Kong Family*）和《颜氏家训》（*Admonition of the Yan Family*）。《孔氏祖训箴规》告诫子孙出来做官的要真正感知百姓疾苦，做到克己奉公（work selflessly for the public interest）："务从理断而哀矜勿喜，庶不愧为良吏。"（One cannot be counted a good official unless he judges by ration and extend sympathy without being self-satisfied.）《颜氏家训》要求后人重视早教、正途取仕，斥责通过歪门邪道（crooked means）求取官职的行为。所以，当官首先要正家风。俗话说："己所不欲，勿施于人。"（Don't do to others what you don't want done to yourself.）自己做不到的，就不要奢望别人能做到。所以，正家风首先要做到正己修身。要有"一颗红心向着党"的忠诚，有"情为民所系、权为民所用、利为民所谋"（The heart is attached to the people; the power is used by the people; and the purpose is to benefit the people.）的担当，还要有"不义而富且贵，于我如浮云"（I deem ill-gotten wealth and high position as clouds floating by.）的清廉。做到立党为公，执政为民，守得住清贫（live in poverty but maintain one's virtue），耐得住寂寞（bear loneliness），抵得住诱惑（resist temptation），顶得住压力（withstand pressure），抗得住打击（survive strikes），经得住考验（stand tests），始终保持共产党人的高尚情操（noble sentiment）和政治本色。倘若公私不分（mix up the public and the private），心存杂念，凡事不管对错只论亲疏，只想着"封妻荫子"（win high positions for one's wife and children），"近亲繁殖"（give official positions to one's close relatives，这里显然不宜用生物学术语 close breeding），任由"公权"被亲情绑架（allow public power to be kidnapped by kinship or family affection），只会自食苦果。领导干部必须为家人、亲朋和身边工作人员树立标杆，堂堂正正（upright amd above-board），坦然阳光。其次，还要管好身边人。为官者不仅要做"手电筒"（flashlight; electric torch），用自己的清正廉明去照亮身边人，还要勇于拿起"整容刀"（face-lifting scalpel），剔除身边人利用自身职权影响，经商谋利、大发不义之财的"毒疮"（carbuncle）。对于身边人的不正之风，一定要下大决心加以遏制，不论是自己的至爱亲朋（next of kin and close friends），还是身边工作人员，一旦触犯了党纪国法都要被严肃处理。所以，为了避免出现"废职亡家"的悲剧，领导干部对身边人，

要严格教育、严格管理、严格监督，发现问题及时提醒、坚决纠正。

由于"三爷"们并非因能力和德行而升迁，出了问题反过来连累了提拔任用自己的至亲官员。例如河北省委原书记程维高提拔干部以"是否帮儿子"牟利为标准，给国家造成了巨大经济损失。程维高也因此被开除党籍、撤销正省级职级待遇。当然，"三爷"们也不是不能做公务员或者干事业，关键是要建章立制，划定"红线"。

《诗经》中说"战战兢兢，如临深渊，如履薄冰"（Be apprehensive, and cautious, as if standing at the brink of a deep abyss or treading on thin ice.），就是说官当得越大，就越要谨慎，古往今来都是如此，每一个党员、干部特别是领导干部都应该明白这个道理。两千多年前孟子告诫人们，"天下之本在国，国之本在家，家之本在身。"（The root of the empire is in the state; the root of the state is in the family; the root of the family is in the person of its head.）领导干部要牢记自己的公仆身份，"把家风建设摆在重要位置，廉洁修身、廉洁齐家"。

"新松恨不高千尺，恶竹应须斩万竿。"（For new pines, it is not enough even if they grow a thousand meters high, but for malicious bamboos, they should be cut by tens of thousands.）如果不除恶务尽，一有风吹草动就会死灰复燃（revive）、卷土重来，不仅恶化政治生态，更会严重损害党心民心。有人说，如果这一次反腐败斗争还是出现反弹（rebound）、出现回潮，那人民就失望了。所以，军令状（a soldier's pledge）不是随便立的，我们说到就要做到。

11. 问责制

"问责制"（accountability system）是贯彻《中国共产党问责条例（rules/regulations of accountability）》所必需的。习近平总书记反复强调，有权必有责、有责要担当、失责必追究。（One who is bestowed with power must assume due responsibility, which in turn must be fulfilled, and he who neglects his responsibility must be investigated and held accountable.）习近平指出，党的问责工作是由党组织按照职责权限，追究在党的建设和党的事业中失职失责党组织和党的领导干部的主体责任（entity responsibility）、监督责任和领导责任。问责要真正发挥作用，就必须使真劲、动真格（do something in real earnest），不能感情用事，不能有怜悯之心，要"较真"（take something serious）、"叫板"（challenge），发挥震慑效应（stunning effect）。

2016 年 7 月 19 日，王岐山在《人民日报》撰文，专门谈论问责条例。文章说，习近平总书记把对党员领导干部的要求凝练为六个字：忠诚、干净、担当（loyal, clean, and take on the responsibility）。党的十八大以来，党中央紧紧抓住落实主体责任这个"牛鼻子"（grasp the key link），把权利与义务、责任与担当对应统一起来，强化问责成为管党治党、治国理政的鲜明特色。

该文说，问责是全面从严治党的应有之义和重要保证。党的观念淡漠、组织涣散（weak and lax in organization）、纪律松弛问题，归其根本在于一些党的领导干部没有正确认识权力与责任的关系，把两者分离开来，甚至只想要权力、不愿担责任。一些党组织党内政治生活失去原则性和战斗性，好人主义（seek good relations with all and sundry at the expense of principle; the principle of seeking good relations with everyone）盛行，搞一团和气（full of goodwill toward one another）、不愿得罪人，基本不开展批评，即便批评也是抽象空洞的，包装了再包装，致使批评失去了锋芒，成为无的放矢。

党的历史证明，担当精神是共产党人的魂，是脊梁精神。革命战争年代，担当就是为民族独立和解放抛头颅洒热血，前赴后继，在所不辞；在今天，担当就是要把人民对美好生活的向往作为奋斗目标，对党和人民负责、为党和人民担责。立足当前，制定问责条例就是要释放强烈政治信号：党中央对问责是动真格的，要让失责必问、问责必严成为常态。

有人说，"动员千遍不如问责一次"。制度的生命在于执行，执行制度关键在人。各级党委尤其是主要负责人要联系实际、从自身做起，以身作则、以上率下，手电筒对着自己照，不能只对着下级说事。

12. 两学一做

"两学一做"（Two Studies, One Action）学习教育具体指的是："1）学习共产党党章党规（the constitution and regulations of the Party）；2）学习贯彻习近平总书记系列重要讲话精神（the spirit of the series of speeches by Xi Jinping, general secretary of the Party）；3）做合格党员。"这一口号是 2016 年 2 月中共中央办公厅印发的《关于在全体党员中开展"学党章党规、学系列讲话，做合格党员"学习教育方案》中提出来的。开展"两学一做"学习教育，是面向全体党员深化党内教育的重要实践，是推动党内教育从"关键少数"（the key minority）向广大党员拓展、从集中性教育向经常性教育延伸的重要举措。

"两学一做"学习教育也是为了巩固拓展党的群众路线教育实践活动和"三严三实"专题教育成果，进一步解决党员队伍在思想、组织、作风、纪律等方面存在的问题，保持发展党的先进性和纯洁性。

"两学一做"的学习教育不是一次活动，要突出正常教育，用心用力（be diligent and exert oneself），抓细抓实（stress meticulousness and actual results）。"两学一做"的基础在学，关键在做，其根本任务是要引导党员自觉按照党员标准规范言行，进一步坚定理想信念，提高党性觉悟，坚定正确政治方向，增强大局意识（the consciousness of the overall situation）和看齐意识（the consciousness of emulating the advanced），进一步树立清风正气（establish clean working style and healthy atmosphere），严守政治纪律政治规矩，勇于担当作为（be brave in taking up responsibilities and achieving accomplishments），在生产、工作、学习和社会生活中起先锋模范作用。

习总书记指出："打铁还需自身硬。"（The blacksmith needs a hammer harder than the iron to be forged.）"两学一做"中"一做"是关键，着重于党员的自身修炼（cultivation）和磨砺（tempering），要习之有方（study in a proper way），要让学习常态化（become normalized），不可生吞活剥（swallow something raw and whole），不可随波逐流（drift with the tide），党员要自发探寻"两学一做"具体内容背后的真理，要带着自身的问题学，结合工作实际学，融会贯通，谨防心口不一，人学分离。

开展"两学一做"学习教育，要坚持学用结合（integrate study with application），知行合一（achieve the unity of knowledge and practice），要有针对性（with a clear focus）。"学"要带着问题学，"做"要针对问题改。着力解决一些党员党的意识淡化（wear off）的问题，表现为组织纪律散漫（undisciplined），不能完成党组织分配的任务，不按党的组织原则办事，利己主义（egoism）严重，漠视群众疾苦、与民争利、执法不公、吃拿卡要（ask for bribes）、假公济私（use public office for private gains）、损害群众利益，在人民群众生命财产安全受到威胁时临危退缩等。一些党员精神萎靡不振（dejected and apathetic），工作消极懈怠（sluggish in one's work）、不作为（accomplish nothing）、不会为、不善为，逃避责任，不起先锋模范作用，更有一些党员道德行为不端（behave improperly/ dishonorably），违反社会公德（transgress social morality）、职业道德（professional ethics）、家庭美德，不注意个人品德，贪图享受、奢侈浪费等。这些都必须要持之以恒地纠正。

开展"两学一做"可采取下列具体方法：1）围绕专题学习讨论；2）创新方式讲党课；3）召开党支部专题组织生活会；4）开展民主评议党员活动；5）立足岗位作贡献；6）机关领导干部作表率。为保证效果，还要注意以下几点：1）层层落实（put into effect at every level）责任；2）强化组织保障；3）注重分类指导；4）发挥媒体作用。

13. 两面人

习近平总书记在十八届中央纪委六次全会上指出，"两面人"（double-faced man）对党和人民事业危害很大，必须及时辨别、清除出党。

习近平列举了党内一些"两面人"的表现，包括修身（cultivate one's moral character）不真修、信仰不真信，很会伪装，喜欢表演作秀，表里不一（behavior belies thought）、欺上瞒下（deceive one's superiors and delude one's subordinates）、说一套、做一套（say things in one way and act in another way），台上一套、台下一套（act inconsistently on and off the platform），当面一套、背后一套。有的在公开场合要党员、干部坚定理想信念，背地里自己敬鬼神，笃信风水（*fengshui*；

geomantic omen）、迷信"大师"；有的张口"廉洁"、闭口"清正"，私底下却疯狂敛财（accumulate wealth by unfair means）。

有人这样说"两面人"："口言善，身行恶，国妖（demon of the state）也。""两面人"自古就有，例如，被列入中国历史上十大奸臣的唐代李林甫（683—753），口蜜腹剑（hypocritical and malicious，直译 with honey in the mouth and a sword in the bosom，英美人也能理解，不过在一定上下文中也可借用出自《圣经》的 as if with a Juda's kiss），妒贤嫉能（be jealous and resentful of the capable）；明代的严嵩（1480—1567），结党营私（form cliques for selfish ends），窃权罔利（steal power and profits）；清代的和珅（1750—1799），溜须拍马（fawn on someone; lick someone's boots），贪得无厌（be insatiably avaricious）。他们官居高位、权倾一时（hold the greatest power for a period），然而巧言令色（have a glib tongue and an ingratiating manner）、道貌岸然（be sanctimonious），干的却是贪赃枉法（take bribes and bend the law）、祸国殃民（bring disaster on the nation and the people）的勾当。这些人没有一个有好下场。

现在的"两面人"，形形色色（of every hue），不输古人。十八大以来查处的领导干部中，周永康、薄熙来、徐才厚、郭伯雄、令计划、苏荣、王敏、周本顺、万庆良、廖少华、杨卫泽等，就是"两面人"的代表，他们台上道貌岸然，台下乱纪枉法（violate the law and discipline）；人前正襟危坐（sit in great state），人后骄奢淫逸（wallow in all vices; be extravagant and dissipated）。用百姓的话来说，点灯是人，熄灯是鬼。有的领导干部既要当共产党的官，又准备随时"跳船"，把境外当作大后方。他们早已把配偶、子女移居到了境外，有的把贪腐得来的巨额不义之财转移到境外，有的通过假离婚、隐瞒向境外转移腐败资产的罪行，处心积虑（be bent on）留后路，一旦风吹草动，立即摇身一变远走高飞。

"两面人"表面五湖四海（unite with people from all corners of the country，从上下文看这里加译是必需的），背后拉帮结派（gang up）。他们表面上为了党和人民的事业"奔波忙碌"（be busy running about），广交朋友；实际上则在经营自己的"小圈子"（small coterie）。党的十八大以来，随着反腐深入，"石油帮""秘书帮""山西帮"覆灭，每一个"大老虎"背后都有一个"圈子"，拔出萝卜带出泥（bring out the mud when pulling up the turnip, meaning "other criminals are revealed when one of them is found out"），才有了某一地区、某一领域的"塌方式腐败"（series of corruption cases happening like cave in）。

形成"两面人"的原因最主要的是"三缺"：1）缺信仰：缺少马克思主义信仰、缺少共产主义远大理想；2）缺爱心：内心冰冷，既缺少对党的爱、国家的爱、民族的爱，更缺少对人民的爱；3）缺道德：脸皮厚、心肠硬，说假话不脸红，做坏事不害怕，缺少做人的基本道德。为了以权谋私，道德沦丧（morally degenerate），甚至不惜犯法。

"两面人"是政治上的投机者（speculator）、行动上的两面派、道德上的伪君子（hypocrite），这种人善于变脸、善于隐藏。然而，假的就是假的，天网恢恢，疏而不漏（Heaven's vengeance is slow but sure.）。"两面人"无论怎样伪装最终都难逃被揭穿、被惩治、被清除的下场，被永远钉在历史的耻辱柱（be nailed on the pillory of history）上。

"两面人"最怕三招：1）怕信息公开。信息公开是揪出"两面人"的有效手段。不仅要实施党务公开和政务公开，要公开干部每天在做什么，包括上班时和"八小时之外"在做什么；2）怕监督。要给干部构建起党内党外监督互补、上中下监督一体的立体化监督平台，让上级监督、同级监督、下级监督和群众监督互通互动、协调统一，让干部、特别是重要岗位上的干部和一把手的言行始终处于360度监督之下，让"两面人"无处藏身。3）怕巡视（inspection tour）。巡视在发现"两面人"方面作用巨大。习近平指出："强化党内监督，发挥巡视利剑作用。"要不断创新巡视方式方法，定期与不定期结合、明察与暗访结合，特别对那些群众反映大的干部要增加突击巡视

"两面人"是有文化的流氓（cultivated hooligan）、阳奉阴违（comply in appearance but oppose in heart）的野心家、厚颜无耻（have no sense of shame）的骗子。我们不仅要将"两面人"清出党的队伍、干部队伍，还要让他们成为人人喊打的过街老鼠（someone hated by everyone like a rat crossing the street; target of universal detestation）。

14. 僵尸企业

"僵尸企业"的英文是 zombie company。zombie 的意思是"靠巫术起死回生（revive; resurrect）的僵尸、迟钝无生气的人或动作呆板而不动脑筋的人"，也叫"活

死人"（living dead），也用于表示进程结束但尚未消亡的一种状态。"僵尸企业"是媒体提出的一个经济学概念，指那些无望恢复生气（back to life），但由于获得放贷者或政府的支持而免于倒闭的负债企业。"僵尸企业"不同于因问题资产陷入困境的问题企业，能很快起死回生。"僵尸企业"的一个特点是"吸血"的长期性、依赖性，而放弃对僵尸企业的救助，社会局面可能更糟，因此具有绑架勒索（kidnap and blackmail）性的特征。

"僵尸企业"保有大量的工作机会，能稳定市场，在经济衰退之时，如果没有了"僵尸企业"，其他企业就不能作出利他主义（altruistic）安排，市场型的企业出于自利本能，会把包袱抛出来，成为压垮社会的主因。从这个角度上看，"僵尸企业"的存在有其合理性，是特定历史阶段的特定产物。

银行和地方政府之所以要给"僵尸企业"输血，主要有三方面原因：第一是历史原因，这些企业初期承担着地方融资窗口的角色；第二，地方政府担心这些企业在岗职工的就业压力；第三，有些企业实际上初期效益是很好的，但是地方企业拉郎配（arbitrarily arranged/forced marriage），让一些好企业也变成了僵尸企业。这就是说政府也要负一定的责任。

据统计，我国 A 股市场上，共有 200 多家"僵尸企业"，负债高达 1.6 万亿元。2012—2014 年三年，这 266 家公司从资本市场募集资金 2500 亿元，获得政府补助 356 亿元。合计收到政府补助超过 5 亿元的就有 15 家。其中以中国远洋（China Ocean Shipping Company—COSCO）为最，三年总共收到政府补助 29.78 亿元。鉴于 A 股市场的融资功能，很多"僵尸企业"都想方设法避免退市。它们并非靠主业扭亏为盈（turn losses into gains; make up the deficits and get surpluses; cease to lose and begin to turn out a profit），而是将政府的补助资金直接转化成为利润，或者靠出卖名下土地或固定资产获得的收益，使报表（statement; financial report）扭亏。这些都是他们扭亏为盈的"法宝"、保壳的"利器"。由于 A 股市场退市制度的不健全，二十多年来，真正宣布退市的上市公司只有 40 多家。所以"僵尸企业"发现，自己的"壳资源"（shell resources）不仅能通过重组、并购等卖出好价钱，还可以作为一个题材受到二级市场投机资金的热炒。"僵尸公司"现在是能保壳就保，就算无力扭亏为盈，也可以被市场认作"利空出尽"（The bad is totally out.）的重组、并购股票，常常成为炒作的热点。

然而，"僵尸企业"不但会制约经济增长和经济转型，也会影响金融体系的下一步改革。有银行业人士透露，如果是一般的企业，负债率达到 70% 红线，银行坚决不会放贷。但是如果是国企以及超大型企业，可能还会不得已放贷，这会让银行的坏账（bad debt/loans）率高速积累。

诺贝尔奖得主、美国经济学家莫顿·米勒（Merton Miller, 1923—　，1990 年获得诺贝尔经济学奖）称，日本"失去的十年"，就是救助僵尸企业的结果。他认为，"允许破产就鼓励发展"，日本当初就不应该救那些企业。对于我们来说，目前的问题是如何恰当地处置"僵尸企业"。就 A 股市场而言，可以从三个方面着手让僵尸企业退出：第一，要推动市场化的资产证券化，创造良币驱逐劣币的市场正能量，加大国企改革的力度；第二，国家要设计出一套失业稳定保障体系，帮助这些企业完成脱胎换骨（thoroughly remold oneself），保证兼并企业的合法权益。第三，要严打涉嫌市场操纵，从严从重处理。而且罚款和没收的资金完全可以拿去补充"僵尸企业"的失业保障基金。

"僵尸企业"的主要问题有两个：一是吞噬了经济活力，因为它们消耗了原本可以投入新兴企业和部门的税款、资本和劳动力；二是大幅削减价格以增加销量，可能会拖垮（drag down）状态较好的竞争对手。

所以，保护僵尸企业，就会造成经济学家熊彼特（Joseph Schumpeter, 1883—1950，美籍奥地利政治经济学家）所谓的"创造性破坏"（creative destruction），从而影响到长期增长。创造性破坏是指资源从衰落的企业和部门再分配到增长的企业和部门。这个过程是痛苦的，但也是必要的。

破产法是对付"僵尸企业"的有力武器。破产法庭清算最弱的企业，同时让具有潜在生存能力的企业清偿一部分债务，以便重新开始赢利。

20 世纪 80 年代，美国东方航空公司（Air Lines Group, Inc.）在申请破产的情况下仍获准继续飞行，从而拖垮了美国航空业。在增长缓慢的 20 世纪 90 年代，日本借款者借新债还旧债，这种手法使银行免于承认亏损。日本政府出动了巨额财政，但并未带来经济的长足发展。

对于关而不清（closed but not liquidated）、倒而不破（fall but not bankrupt）的"僵尸企业"长期悬搁债权债务关系，严重妨碍市场秩序和社会发展要求。一些企业通过破产退出市场有利于助推经济转型升级，不仅能够让企业重新上路，还能让债权人的利益得到最大程度的实现。反过来，很多产能过剩（excess production capacity）行业本该被市场淘汰的"僵尸企业"靠地方财政补贴勉力"续命"，实际上是给去产能添堵（bring more vexation）。

有调查发现，"僵尸企业"平均享受到的包括技术创新补贴和税收返还（tax returns）在内的政府补贴是其他企业的 3.57 倍，而非"僵尸企业"的人均开发支出是"僵尸企业"的 2.52 倍。可以说很多"僵尸企业"的形成是企业领导人折腾的结果。他们将主要精力放在争取外部资源而不是增强企业的自身实力，缺乏竞争力进而出现经营亏损，逐渐演化成"僵尸企业"。

国际货币基金组织（IMF）对中国居高不下且日益严峻的公司债务问题忧虑日重。该组织在 2016 年 4 月发布的《全球金融稳定报告》的分析显示，中国商业银行公司贷款中，存在潜在风险的贷款比例快速上升，尽管目前仍然可控，但急需解决，以防未来出现严重问题。IMF 认为，成功应对这一问题对于中国经济转型非常重要；同时，因为中国经济体量巨大，以及与全球经济的不断融合，对于整个世界经济而言也至关重要。由 IMF 中国磋商代表团团长詹姆斯·丹尼尔（James Daniel）、何塞·加里多（Jose Garrido）和玛丽娜·莫雷蒂（Marina Moretti）共同撰写的文章说，中国当局已经宣布他们正在集中力量解决公司债务水平过高，及对银行乃至整个经济体带来的负担，这令人感到鼓舞。但该文章也指出，银行通常不具备经营和企业重组等专业知识，而债转股（debt-to-equity swap）可能造成利益冲突，即银行可能继续为现在的关联方提供贷款。中国的公司债已经上升到约占 GDP 160% 的水平。这与其他国家，尤其是发展中国家相比，已经是很高的。

一直维持低迷的国内钢价曾一度出现反弹，显示出持续拉涨的态势。很多钢铁厂开始复工和增加产量，其中不乏早该关停的"僵尸钢厂"。这引发了一些地方政府的警觉，接连出台严厉措施，严防僵尸钢企死灰复燃。要钢铁企业自己主动去产能是非常困难的，没有哪家企业会主动承认自己是落后产能，更不会主动率先减产。只有要盈利空间，钢企都有增加产量的动能。地方政府要加强对关停产能的控制力度，否则很难实现去产能的目标。

企业出清必须由市场说了算，必须走市场化的方式，特别是突出破产制度的核心作用，行政手段只能是辅助性的。对连年亏损、无法清偿债务、复苏无望的"僵尸企业"，要果断破产清算；还能继续经营的或不得不救助的企业，可进行适当的债务重组和资本重组，增强其市场生存能力和竞争力。

2016 年 5 月 20 日，国资委副主任张喜武在国务院政策吹风会（briefing）上透露，国资委（State-owned Assets Supervision and Administration Commission of the State Council—SASAC）初步考虑用三年时间完成处置 345 户"僵尸企业"，

并计划用两年时间压缩煤炭和钢铁 10% 的产能。

美国《国家利益》双月刊网站于 2016 年 5 月下旬说，中国经济只有一个引擎在运转，能源和重工业部门与服务业的差距越来越大。中国政府有意去产能过程引发了工业部门当前经济的严重萎缩。由于国际市场大宗商品价格下跌，以及钢铁和铝产品供应过剩，经济已经受到严重冲击（take a serious blow）。在多个国家压力下，中国同意取消对纺织、钢铁、化工、医药、建材以及农业等行业的补贴。然而中国为取消行业补贴付出了沉重的代价，预计相关产业将流失大量工作岗位，中国政府划拨了 230 亿美元资金用于安置下岗工人。大约 200 个尚在计划中的燃煤发电站现在可能永远无法见天日了，而其他发电站可能要推延到 2018 年以后建设。政府的目标是削减目前已超过 5 亿吨的煤炭过剩产能。其他效益低下的产业将出现大规模人员下岗，政府寻求最终采取行动砍掉所谓的"僵尸国企"。此外，数十年激进的工业化带来的环境问题也迫在眉睫（just around the corner; extremely urgent）。随着越来越多土地被工厂和城市发展侵占，耕地面积也越来越小。一些企业的发展以环境为代价。该文章称，中国当前的经济困境背后还隐伏着环境危机，应对这个危机的唯一方法就是去产能，接受比现在要慢得多的增长模式。当然，对于国企改革，应建立"容错制度"（fault tolerant system），鼓励在改革中创新、突破、试错。国家发改委曾就东北等老工业基地振兴战略有关情况举行发布会，说目前国家发改委正研制新一轮东北振兴三年滚动计划，解决转型发展问题；对于重点专项领域改革争取在东北地区先行先试。业内人士认为，在供给侧结构性改革与国企改革的双轮驱动下，把东北地区的国企推向国资改革的实验台，将成为再次振兴东北的新契机。

2015 年 11 月 4 日，李克强总理主持召开国务院常务会议（executive meeting of the State Council），会后发布的声明指出，决定推进以市场为导向的资源配置（market-oriented allocation of resources），加快"僵尸企业"重组。

在这一过程中，关键要"保人不保企"，把人员的安置作为处置"僵尸企业"、化解过剩产能的重中之重。能培训的培训，能转岗的转岗，确实不能转岗的要做实做细托底（set up a foundation for）工作。

15. L 型经济

"L 型经济"（L-shaped economy）指的是经济增长的一种模式。在经济学上，按照字母的形态经济走势有 V 型、L 型和 W 型三种。V 型是经济向下运行，触底（bottom out）之后很快反弹恢复增长，这是最好的；L 型是经济下来了之后会在低位持续运行一段时间；而 W 型是上下起伏，波动较大。

我国经济持续高速发展了二十多年，目前正处于经济增长速度换挡（change/shift gear）期、产业结构调整阵痛（birth pangs）期、前期刺激政策消化期这"三期叠加"（overlying of three phases）的关键时刻。不可能一直像以前那样继续高速度运行。

2016 年 5 月 9 日，《人民日报》一版显著位置刊登了一篇题为《开局首季问大势——权威人士谈当前中国经济》的文章，在文章中权威人士提出了一个极为鲜明的观点：我国经济运行不可能是 W 型，更不可能是 V 型，而是 L 型的走势。而且，这个 L 型是一个阶段，不是一两年能过去的。

不过，"退一步"是为了"进两步"。我国经济潜力足、韧性（tenacity; toughness）强、回旋余地（berth; leeway; margin; elbowroom）大，即使不刺激，速度也跌不到哪里去。当然对一些经济指标回升，不要喜形于色（light up with pleasure; beam with joy）；对一些经济指标下行，也别惊慌失措（be thrown into a panic; be terrified and frustrated，文学作品中可用 like a duck in a thunder storm）。不能也没必要用加杠杆（lever）的办法硬推经济增长。最危险的，是不切实际地追求"两全其美"（make the best of both worlds），盼着甘蔗两头甜，不敢果断作抉择。在未来的一段时间内，中国经济的走势会呈现出 L 型。

"L 型"一下子成为全球媒体界的热搜词。其实，"L 型经济"就是经济平稳增长（steady growth/ increase）的一个新说法。

从十八届三中全会之后，针对国内外经济形势发展的新变化，我们在财政政策、货币政策、税收政策等等都进行了相应的改革，引导产能过剩的传统实体经济依据需求端发生的变化进行供给端改革，通过去库存、去产能、去杠杆等一系列有效措施，尽力化解国内企业中低端产品的高产能与国人对于中高端产品的高需求之间不太匹配（matching）的矛盾。总之就是一句话，面对国人大量从海外购买品质优良的中高端产品的现实，国内的传统实体经济必须升级转型，才能满足国人的需求。

传统实体经济的升级转型，不是一夜就能完成的，它会受到各种因素的影响而相对延滞（arrearage; retardation），这就使得中国经济的增长从前几年的中高速增长逐渐演变为平稳增长，这也是"L型经济"的由来。

"L型经济"的特点之一就是消灭暴利（windfall profit; profiteering）经济，令国内各个产业的利润率趋于平衡，这一点在今年的投资理财市场上表现得也是格外明显。

面对"L型经济"，要做到以下几点：1）明确股市、汇市、楼市的政策取向，即回归到各自的功能定位，尊重各自的发展规律，不能简单作为保增长的手段；2）保持战略定力（strategic focus），多做标本兼治（resolve the current problems and eliminate the root causes; seek both temporary and permanent solutions; treat both symptoms and root causes of a disease）、重在治本的事情，避免用"大水漫灌"（irrigation by flooding; broad irrigation）的扩张办法给经济打强心针，造成短期兴奋过后经济越来越糟。要彻底抛弃试图通过宽松货币加码来加快经济增长、做大分母降杠杆的幻想（illusion）。对各类金融市场存在的风险隐患，监管部门要密切配合，摸清情况，做好预案；3）要把控好"度"，既不过头，也防不及。

文章还指出，稳预期的关键是稳政策，不能摇来摆去。要善于进行政策沟通，加强前瞻性（foresight; perspective）引导，提高透明度，减少误读空间，及时纠偏，避免一惊一乍（easily get surprised and frightened）。成绩和不足都摆在那里。对成绩不能说过头，对问题不能视而不见，甚至文过饰非（try to cover up one's errors），否则会挫伤信心、破坏预期。我们不但要肯干、敢干，还要能干、会干。

对待企业家 要让他们既有"恒产"又有"恒心"，和他们建立"亲"和"清"的新型政商关系，把企业家当作自己人，让他们充分体会到权利平等、机会平等、规则平等。在一些具体政策执行上，不要盲目翻旧账，使创业者（start-up）有安全感；对那些确实无法救的企业，该关闭的就坚决关闭，该破产的要依法破产，不要动辄搞"债转股"，不要搞"拉郎配"式重组，那样成本太高，自欺欺人，早晚是个大包袱。我们要保持警觉，密切关注价格的边际变化（marginal change），尤其是工业品、消费品、资产的价格及其相互作用。对部分食品涨价问题，既要加强调配、保障供给，也不能反应过度，干扰价格信号。

在凯恩斯（John Maynard Keynes, 1883—1946，现代西方经济学最有影响的经济学家之一）理论框架中，从需求角度，一国 GDP 可分成消费、投资和出口，这被称为驱动经济的三驾马车。该理论认为，经济萧条总是需求不足造成的，解决问题就要扩大总需求，即通过政府投资（结合货币宽松方式），来补救经济有效需求不足问题。

中国目前面临的情况是：作为创造社会财富的主体，民企部门一方面要面临社会有效需求不足（导致利润长期萎靡），另一方面要应对政府刺激导致的人力、土地、原材料等各项要素的价格上涨，加上融资难，实体经济环境空前恶化，迫使越来越多的企业索性放弃生产，或者移民出国，或者加入房地产投机浪潮中。2016 年，中国固定资产投资同比增加，而民企投资比去年同期回落，清晰反映出这一点。在这种情况下，政府精兵简政、打破垄断格局、财政转移支付是必要举措，然而，这对既得利益群体形成冲击，也制约了改革核心环节。

长期以来，有限消费和生产过剩，是多数中国人的共识。住房、养老、教育占据普通国人大部分支出，尤其多年地产泡沫促成的高房价，将太多中产阶层裹挟（be coerced）其中，从而制约了社会消费需求。而提振社会有效需求，则需要大幅降低房价，这又触动地方财政、银行资产和开发商等环节利益，这是中国经济改革又一痛点。

正如该文章分析的那样，总需求低迷和产能过剩，将成为未来几年困扰中国经济的顽疾，政府如不拿出"破釜沉舟"（burn one's boats; cut off all means of retreat）式的勇气，进行大刀阔斧（make bold decisions; solve a problem unencumbered by minor details）纵深式改革（in-depth reform），中国经济很难出现真正底部反转。可以说，中国经济正面临改革 30 多年来未曾出现的变局，如何驾驭中国经济这艘大船乘风破浪、冲破重重险阻，全系于作为舵手的政府意志和政策本身。

根据 2017 年第一季度的情况看，GDP 同比增长 6.9%，说明我国济恢复和发展的势头继续"稳中向好"（grow steadily for the better），发展势头良好，已经走完了 L 底线，开始向上翘尾。

16. 她健康

2016 年 5 月 7 日母亲节前夕，由中国妇幼保健协会（Maternal and Child Health Care of China Association）、全国妇联（All-China Women's Federation—ACWF）人才开发培训中心（talent development and training center）、中国妇女发展基金会（China Women's Development Foundation）共同筹备，北京电视台生活节目中心策划宣传，杏霖妇科内分泌研究院（Xinglin Gynecologic Endocrine Research Institute）组织实施的"她健康"（Her Health）女性健康教育公益项目，在北京经济技术开发区（Beijing economic and technological development zone）正式启动（launch）。该项目旨在提高妇女自我保健意识（awareness of one's own health care）、促进健康行为的形成，进一步提升中国女性的生命质量和健康水平。上述筹备单位以及超过百名来自全国 63 家三甲医院的院长、权威专家共同出席启动仪式，为女性公益活动（public benefit activity）助力。

"她健康"公益项目的首要任务是头两年在全国完成 1000 场女性健康巡讲，帮助改变中国女性的健康命运。而另一项任务是"拯救子宫（uterus）行动"，关注对象为子宫内膜癌（asymmetrical cancer）患者。据悉，"她健康"公益项目将在中国妇女发展基金会设立"她健康"基金，通过社会众筹（social crowd-funding）、企业定向筹款（directional fund-raising）等方式募集资金，用于女性健康科普教育、医护人员技能培训和子宫内膜癌等重大疾病贫困患者的救助。

启动仪式上，北京电视台主持人王倩代表在场各界人士发出"让她健康，让家幸福，从我做起"的号召，倡议在全国范围开展《女性健康宣言》签名征集活动，积极号召社会大众、爱心企业踊跃参加，献出自己的一分力量。

女性越发成为职场主角，然而，工作和生活的双重负担，往往使女性承担着比男性更多的压力。资料显示，我国一线城市妇科疾病（gynecologic disease）发病率在逐年增加，已占女性总患病率的 70%，其中各类妇科炎症占一半，子宫肌瘤占近 20%，乳腺（mammary gland）疾病也不低。尤其是很多女性朋友都或多或少地面临着生理和心理的压力，亚健康（sub-health）的状态在每个人身上都有不同程度的体现，很多人还尚未察觉。"她健康"公益项目专为女白领、女企业家、女商户等各行各业女性群体提供健康咨询、防病科普和免费健康检查等服务，帮助她们"对抗"亚健康。

近年来，女性健康管理成为热门话题，致力于提高女性生活质量和健康的项目也越来越多，而在此过程中也遇到了不少的问题。丰厚资本创始合伙人吴智勇表示，目前医疗健康领域的创业项目，很多尚不够成熟，但从长期的角度看，他依然看好（be optimistic about）医疗健康这个创业方向。

17. 话说保健品

随着我国人口的老龄化（aging）和人们生活水平的提高，各种保健品（health care products）成了市场热销产品。然而，火热的保健品市场背后，是大量保健品依靠炒作概念（concept hype）、夸大（glorify，在这个上下文中比 exaggerate 好）宣传等占领市场。一些保健品"伪装"成药品、普通食品，号称有保健功能等现象层出不穷，不少产品靠"忽悠"（fool; shortchange，现也有媒体用拼音 *hooyou*）蒙骗消费者赚取暴利。

例如有一种被称为"极草"的 5X 冬虫夏草（字面直译 winterworm-summerherb，其实应为 Chinese caterpillar fungus，学名是 Cordyceps sinensis）纯粉片—至尊含片，0.35 克规格的 81 片装礼盒售价为 29888 元，即每克售价为 1054 元。其生产厂家青海春天药用资源科技利用有限公司宣称，其"微粉粉碎（micro powder grinding）和纯粉压片（pure powder tabletting）专利技术（proprietary/patented technology）"可以使冬虫夏草"含着吃"（be sucked），并声称"极草纯粉含片比原草至少多七倍精华溶出（dissolved essence）"，这让不少消费者认为一片极草等于七根虫草的功效，不惜重金购买。然而，业内人士透露，该公司投入 10 亿元广告费占了其成本中极大的一块。事实上，微粉粉碎和纯粉压片专利技术并不是什么高科技，国内早有应用，其广告中"比原草多七倍精华溶出"的说辞不实，在业界存有广泛异议。其暴利不是靠技术和质量，而是靠营销。

不久前，国家食品药品监督管理局（China Food and Drug Administration—CFDA）公开发文要求停止高价保健品"极草"的相关经营活动。实际上，许多高价保健品的营销策略都与"极草"类似。按照国家规定，保健食品的科研经费应占其利润的 3% 至 5%，但很多保健食品企业在科研上的投入不及利润的 1%。保健品行业利润可达 100% 至 200%，这已成为行业内部公开的秘密。很多厂家自己不研发，而是采取买断经销权（buy out the franchise）或外购产品的办法经营保健品，导致各路厂家更加陷入炒作式营销。

保健食品只有辅助治疗的功效，但为了吸引眼球，一些企业和经销商大肆宣称其治疗效果优于专门药物，无副作用。近年来各种保健品"忽悠"式营销不断升级，特别是炒作高科技概念，部分消费者对此偏听偏信（believe what is but a one-sided view）。

安徽合肥一位姓胡的老人以前一直靠吃药控制血压，没想到看了保健品广告后笃信（sincerely believe in; be a staunch believer in）"是药三分毒"（All medicine is a risky mix. / Every medicament contains some poisonous element.），就擅自停药，结果血压飙升，一下子中风（have a stroke），至今还在重症监护室。

患者迷信保健品以致延误治疗并非个案，近年来一些晚期肿瘤患者把一些夸大其词的保健品当作"救命药"，耗尽家财大量购买，甚至人去世了保健品还没吃完。

推销保健品的骗子（swindler）很多，常以带老人旅游、开健康讲座、免费为老人体检的方式引诱老人。有一个推销员骗老人说他们得了癌症，让他们购买所谓的"防癌疫苗"，骗取两位老人 4 万多元。他们卖给老人的一种保健品，进价仅为 980 元（其实这里厂家已赚足了利润），要卖 5980 元，赚的完全是黑心钱。

深圳一位老人被保健品销售公司忽悠，四年里花了 60 多万买保健品，整个房子到处都堆满了，为此儿女与之闹翻（fall out）。这老人每天坚持要吃七八种保健品，但最终导致病情恶化。

一家名为"天津人康生物技术（biotechnology）有限公司"的保健品公司，在全国拥有 13 家省会城市的分公司，地级市（ville-préfecture; prefecture-level city）分公司多达 100 个以上。其华东区的济南人康生物科技有限公司已在当地开了 7 家店面，规划要扩大 150 家。每个店的店长（store/shop manager）都是忽悠高手。店堂里挂着写着"国家 863 项目惠民（benefit the people）进万家""代天下儿女尽孝（practice filial piety），为世间父母分忧（share worries）、为中华民族人人身体健康而努力奋斗"等标语的条幅（banner）。为了推销一种叫南极磷虾油（south pole krill oil）的产品，将其介绍编成歌，在"上课"时带着老人唱。上完课后，听课的老人可以从店里免费领到面粉、面条等生活用品。隔一些日子店里还组织老人免费旅游，不过，参加旅游的条件是必须买过公司的产品，或者已表明有购买意向、可能成为潜在顾客。参观游览时，对一些腿脚不便的老人，有员工全程搀扶照料，晚上还有员工给老人泡脚，泡温泉时还帮老人搓背（rub the back）、按摩。一些老人说，自己的儿女都没这么服侍他们。经过几番笼络感情（endearment）后，店长开始推销起自家的保健品来。同时还为老人进行所谓的免费查体。由店里一名女员工假扮医务人员，还用一个屏幕上显示出血管的仪器作为道具（prop）。对老人做简单的检查后，那个假医生总能说出每个老人的病情，比如高血压、低血糖（hypoglycaemia）、脑血栓（cerebrovascular occlusion），血管硬化（angiosclerosis）等。实际上店里对带来旅游的老人的病情已经摸清了底细（find out the facts）。为了让老人买产品，会把老人的病情说得重一点，让他们感到不买保健品吃就不行了，也就是行业内所说的"下危机"（crisis warning），意思是这种病不治就完了。甚至煞有介事（in all apparent seriousness）吓唬老人说："某某某不治，结果就怎么样了。"这么一渲染（play up）之后，很多老人的心理防线（psychological defense line）开始松动。接着，推销会在酒店的会议厅举行，一名声称是某知名医科大学毕业的"资深专家"（senior expert）开始给老人讲课，宣称他们研制的南极磷虾油是国家重点科研项目，可以治各种老年病。让中老年人的心脑血管疾病发病率和死亡率降低90%，还能增强中老年人的视力。南极磷虾油是所有产品中无法比拟的产品。扬言"有了南极磷虾油，我们活到120岁成为可能，给我们中老年人带来了希望"。公司还推出包括"细胞能量液"（energy liquid for cells）、"聚邦片"（aid concentrated pill）等"优惠套餐"（preferential set），价格最高的套餐要21000元，可以赠送豪华饮水机和空气负离子机，最低的套餐也要9800元以上。结果有150名老人购买了22万元保健品，他们得到的回报远远高于支出。老人们还觉得有收益。

　　为了将产品打造成"神药"，一些保健品广告已不满足在电视等传统媒体上狂轰滥炸（carry out wanton bombardment），互联网和新媒体也成为保健品新的营销渠道，甚至有大量没有取得保健品"小蓝帽"的假冒伪劣产品也出现在网上。

　　食药监部门专家说，目前我国认可的保健品27种保健功能中，并没有防癌抗癌这一功能。然而，网上很多"神药"都号称有抗癌功能。如一家名为婕斯（Jeunesse）的公司旗下"沛泉菁华"（Peiquan Quintessence）和"基因修护AM & PM"两款食品，每天以数百个相关的公众号，发布各种"生命奇迹"，分享服用心得，并将其奉为"抗癌圣品""糖尿病（diabetes）克星（invincible opponent；bane）"。其广告中说该产品"内含多种高效抗氧化剂（antioxidant）"，吹嘘其功能包括能"延长年轻细胞寿命"，"延缓细胞老化"（delay the aging of the cells），"对抗自由基（free radical）伤害，降低疾病发生的概率"，"有效改善心血管功能"，"提升新陈代谢（metabolism）作用，帮助体重管理"，还说该产品能"透过凝胶吸收，快速摄取营养"并"穿透红细胞，帮助抵抗氧化压力"。

这些极度夸张，有些甚至胡乱吹嘘的鬼话，常对一些老年人起到"洗脑"（brain washing）的作用，此外推销保健品的人员还用一些小利诱人入彀（其原意是 come within an arrow's shooting distance，这里可译为 fall into the trap）。

近年来，街上常会看到有人往老人手里塞保健品小广告。小广告被严格查禁后，一些保健品公司或销售人员就给邮局付些钱，让邮局把广告夹在报纸里送给订户。有些广告采用报刊的形式，还印上一些来头很大的、似乎很官方的"医疗协会"之类的头衔。笔者还常常接到推销保健品的骚扰电话（harassing phone calls）。电话那头"大爷""叔叔""大妈""阿姨"的称呼听起来非常亲切，千方百计套近乎（cotton up）。各种形式的广告除了推销保健品的，还有层出不穷的针对老年人的免费"健康讲座"。不知从什么地方找来个"专家"，穿着白大褂有模有样（presentable）地信口开河（run off at the mouth），吹嘘某保健品如何有神效。有的还送纪念品或鸡蛋、拐杖等小礼品，甚至安排免费去郊区旅游。天上不会掉馅饼，（Pies will not fall from the sky.）由于保健品利润大，推销者只不过从高额利润里挤出一点小甜头（sweetener; pleasant flavor）让老人深陷迷局（fall into a tricky setup），推销人只是花小钱赚大钱。买的人永远没有卖的人精，他们搞的是专门针对老年人的精准"忽悠"。

湛江市退休老干部黄红英说，自己80多岁的老母亲几年前参加了一次保健食品的聚会后，听信现场"专家"建议，购买了他们推荐的某款降血压保健食品，并停用了自己的降压药，子女怎么都劝不住，服用了他们的产品一段时间后，老太太的血压非但没有降下去，血糖却升上来了。

有的老人被"洗脑"后，儿女阻止买保健品被认为是"不孝顺"。安徽一家三甲医院药剂科主任告诉记者，连她都无法阻止父母去听所谓的健康讲座、购买保健品。

西安一位80岁的老太太，被一家卖健品的推销员迷得五迷三道（extremely confused and unable to find one's way），想着法子去交钱买东西。开始，子女们都不知道，后来老人向外孙借 300 元钱说要买什么药，这才露出了端倪（clue; inkling）。老人的三个女儿再三叮嘱老人不要上当受骗，她也口口声声（keep on saying）答应女儿们，不会去买保健品。直到女儿们回到家里翻出保健品时，老人才不好意思地笑了，"当时宣传时说可以包治百病（guarantee to cure all diseases），还说是'中央领导服用的'，我就相信了，花了 4999 元，他们还送了好多礼品。"老人说，这家公司曾多次邀请她去听课，说是请来的是北京的专家，通过实验证明他们的保健品还能治疗癌症，"他们很热情，我相信了。"经过女儿们耐心劝说，老人才让女儿陪同着前往推销保健品的西安宿德生物科技有限责任公司，退回了购买保健品的钱。

知情人称，老人购买的保健品只能起到有限的调理血脂（regulate blood fats/lipids）的作用，根本没有治疗功能。其实际市场价也比该公司的售价便宜得多。食品药品监督管理部门对这家公司进行了检查，发现这家公司有营业执照，但没有保健食品经营许可证（business license）。因涉嫌无证销售保健食品，这家公司已被责令停止经营行为并进行整改。

药剂专家说："药品需要通过严格的临床测试，如果保健食品真的有如此奇效，那企业还生产药品干什么？"一些保健食品好像"颇有效果"，实际上是非法添加了一些对人体有害的违禁成分。特别是减肥类保健食品，很多都非法添加西布曲明（sibutramine）、酚酞（phenolphthalein; phenothalin）等违禁药物，食用后短期内体重迅速下降，但长期食用副作用十分明显。专家说，消费者无法从外观、口感等判断保健品质量和功能优劣，因此广告和推荐就成为选择保健品的"指南"。而企业有法不依、有关部门执法不严，都让保健品行业陷入靠吹牛赚高价的恶性竞争中。

发生保健品给消费者利益造成损害时，多数情况下仅仅是退还产品费用。因此，违法成本过低，对此类违法行为没有任何威慑力（deterrent force），需要政府有关部门加大监管和引导力度。同时，行业和企业更需要加强自律，建立以质取胜的良性竞争规则。此外，提高全民健康常识、让消费者不盲目迷信保健品也是当务之急。"即使是优质保健品，也要根据个人体质和需求服用。"多位药剂专业人员表示，现在国家正在大力推进签约家庭医生项目，因此消费者在选购保健品时不妨咨询一下医生，避免因迷信广告导致"只买贵的不买对的"。

许多去美国的朋友回国时往往会带回许多保健品，如花旗参（American ginseng）、深海鱼油（deep sea fish oil）、卵磷脂（lecithin）、善存片（Centrum

Tablets）、辅酶 Q10（Coenzyme Q10）等。然而，据传美国人很少服用。美国人的观念是平衡饮食比服用保健品更有利于健康。美国的科技很发达，但赚钱的门槛也更精。生产这些产品为美国带来了巨额利润。当然不是说这些保健品没有任何作用，但是未必物有所值，（The price not necessarily reflect its real value.）国人千万不能迷信。

18. 老龄事业

党的十八大以来，国务院连续下发了《关于促进信息消费扩大内需的若干意见》（*Several Opinions on Promoting Information Consumption and Expanding/ Boosting Domestic Demand*）、《关于加快发展养老服务业（elderly care service industry）的若干意见》、《关于促进健康服务业（health service industry）发展的若干意见》等一系列文件，为发展老年健康服务业、提高老年人的健康保障水平指明了方向、提供了良好的政策环境。

2016 年 5 月 27 日，习近平主席在中共中央政治局就我国人口老龄化（population aging）的形势和对策举行第 32 次集体学习时强调，要采取党委领导、政府主导（led by the government）、社会参与（participated by the masses）、全民行动相结合的措施应对人口老龄化和促进经济社会发展相结合，满足老年人需求和解决人口老龄化问题相结合，努力挖掘人口老龄化给国家发展带来的活力和机遇，努力满足老年人日益增长的物质文化需求，推动老龄事业（undertakings for the aged）全面协调可持续发展。

人口老龄化是世界性问题（global issue），对人类社会产生的影响是深刻持久的。我国是世界上人口老龄化程度比较高的国家之一，老年人口数量最多，老龄化速度最快，应对人口老龄化任务最重。满足数量庞大的老年群众多方面需求、妥善解决人口老龄化带来的社会问题，事关国家发展全局，事关百姓福祉，需要我们下大气力（make great effort）来应对。党的十八大和十八届三中、四中、五中全会以及"十三五"规划纲要都就应对人口老龄化、加快建设社会养老服务体系、发展养老服务产业等提出明确要求。各地区各部门加大投入（increase input/ investment）、扎实行动（take firm actions），积极推动老龄事业发展，取得了显著成效,但在政策措施、工作基础、体制机制等方面还存在明显不足。习近平强调,要着力增强全社会积极应对(cope with actively)人口老龄化的思想观念,要积极看待老龄社会,积极看待老年人和老年生活。老年是人的生命的重要阶段,是仍然可以有作为(capable of making outstanding achievements)、有进步、有快乐的重要人生阶段。有效应对人口老龄化,不仅能提高老年人生活和生命质量、维护老年人尊严和权利,而且能促进经济发展、增进社会和谐。

敬老爱老是中华民族的传统美德。要把弘扬孝亲敬老(practice filial piety towards one's parents and respect the old)纳入社会主义核心价值观(socialist core value)宣传教育,建设具有民族特色、时代特征的孝亲敬老文化。要在全社会开展人口老龄化国情教育(education in the national conditions of China)、老龄政策法规教育,引导全社会增强接纳、尊重、帮助老年人的关爱意识(consciousness of concern and love)和老年人自尊、自立、自强、自爱意识。要教育引导人们自觉承担家庭责任、树立良好家风,巩固家庭养老基础地位。同时要加强老龄科学研究,借鉴国际有益经验,搞好顶层设计,不断完善老年人家庭赡养和扶养、社会救助、社会福利、社会优待、宜居环境(environment suitable for living)、社会参与等政策,增强政策制度的针对性、协调性、系统性。要完善老年人权益保障法的配套政策法规,统筹(plan as a whole)好生育、就业、退休、养老等政策。要完善养老和医疗保险制度,落实支持养老服务业发展、促进医疗卫生和养老服务融合技术(integrative development)的政策措施。要建立老年人状况统计调查和发布制度、相关保险和福利及救助相衔接的长期照护保障制度、老年人监护制度、养老机构分类管理制度,制定家庭养老支持政策、农村留守老人(left-behind elderly in rural areas)关爱服务(caring and helping services)政策、扶助老年人慈善支持政策、为老服务人才激励政策,促进各种政策制度衔接,增强政策合力。

我国正处于人口老龄化快速发展期。目前,我国60岁以上的老年人已经达到了2.22亿,占总人口的比重为16.1%;到2030年,我国老年人口将达到3.71亿,占总人口的25.3%;2050年将达到4.83亿,占总人口的34.1%,届时每三个人当中就有一个老年人。老龄服务事业和产业发展空间(space of development)十分广阔。这就要求积极发展养老服务业,推进养老服务业制度、标准、设施、人才队伍建设,构建居家为基础、社区为依托、机构为补充、医养相结合(combine medical treatment with recuperation)的养老服务体系,更好满足老年人养老服务需求。要培育老龄产业新的增长点,完善相关规划和扶持政策(supportive policy）。2014 年我国养老服务业市场容量或已超过 4 万亿元，养老产业已经进入投资窗口期（investment window）。2020 年我国养老产业市场空间将达到 7.7 万亿元，到 2030 年将达到 22.3 万亿元，目前我国养老机构和设施严重供给不足。要求各类市场主体充分发挥作用，鼓励民营资本大量进入养老市场，以缓解资源不足，让老年人老有所养。针对养老服务市场主体小而分散的问题，引导跨行业、跨区域的整合兼并，支持服务机构向着规模化、专业化、连锁化、品牌化的方向发展。养老产业应该与其他社会事业联动，与旅游、文化、互联网等结合，让老人生活有质量，在思想精神上跟上时代的步伐。

习近平指出，要着力发挥老年人积极作用。要发挥老年人优良品行在家庭教育中的潜移默化作用和对社会成员的言传身教作用，发挥老年人在化解社会矛盾（solve social contradictions）、维护社会稳定（maintain social stability）中的经验优势和威望优势，发挥老年人对年轻人的传帮带（pass on experience, give help and set an example）作用。要为老年人发挥作用创造条件，引导老年人保持老骥伏枥（字面意思是：An old steed in the stable still aspires to gallop. 意思是说 old people may still cherish high aspirations）、老当益壮（old but vigorous; hale and hearty; healthy and strong，"老当益壮者"也可以称 a green old age）的健康心态和进取精神（entrepreneurial /enterprising spirit，其实 aggressive 也有"有进取心"的意思），发挥正能量，作出新贡献。习近平强调，要着力健全老龄工作体制机制。要适应时代要求创新思路，推动老龄工作向主动应对转变，向统筹协调（overall/comprehensive plan and coordination）转变，向加强人们全生命周期（whole/full life cycle）养老准备转变，向同时注重老年人物质文化需求、全面提升老年人生活质量转变。

中国一直以儒家思想为主导，长期以来形成了"家庭养老"的传统模式，赡养老年人已成为国人责无旁贷（be one's indispensable responsibility）的责任，"养儿防老"（bring up sons to support the parents in their old age/to provide for one's old age）、"父母在，不远游"（do not stray far from home when one's parents are alive）、"百行孝为先"（Piety is the foundation of all virtues.）等都体现了孝道伦理（filial piety ethics）。父母养育了子女，子女就必须赡养年老的父母。这种以孝文化为传统的赡养方式，两千多年来一直由家庭单位直接承担，早已根深蒂固于国人的思维之中。家庭养老促进代际交流，给予老年人精神归属感（sense of spiritual belonging）。家庭是老年人毕生精力和努力的结晶，保留了老年人整个生命历程的印记，使老年人感到安全和对亲情需求的满足，满足老年人"叶落归根"（return home like the fallen leaves set on the roots）的心理。"儿女孝顺，含饴弄孙（字面意思是 dally with one's grandchildren with sugar in his/her mouth，实际意思是 live a carefree life in one's old age with grandchildren around）"是中国老年人晚年生活的最高理想和最大精神寄托。我国一向提倡尊老爱幼（respect the old and cherish the young），赡养父母自古以来被认为是子女一种理所当然、责无旁贷的义务。

在社会经济高速发展的过程中，子女数量少了，很多子女不在父母身边，他们事业的压力也很大，还要照顾自己的子女。所以很多子女不再把赡养父母作为最高的人生价值了。这些变化都使以子女为核心的家庭传统养老功能面临着冲击和弱化。社会中普遍存在的独居老年人问题、留守老年人问题、空巢老年人（empty-nest elderly）问题、高龄老年人问题等都在不同程度上与家庭养老功能的弱化有一定的关系。养老成了家庭不能承受之重。

不少老人被送进养老院。但是，养老院模式往往会让老年人出现一个心理上的"老年式断奶期（weaning period）"。提到进养老院，不少老年人不仅多有不愿，而且甚至于觉得很伤心。老年人告别家庭、离开家人，尤其是离开自己习惯且产生了心理依赖的生活环境之际，心情无比复杂，难免生出一种被抛弃感（feel abandoned）。而有些养老院收费较高，收费较低的则排不上号，据说有的要等十年才能轮到。

单纯的家庭养老或单纯的社会养老在现阶段都遇到了挑战。以居家养老（home-based care for the aged）为主、社区养老（community-based care for the aged）为辅，这将是中国养老方式的合理取向，适应现今中国的社情。老年人在自己家里和社区接受生活照料的服务形式，适应了老年人的生活习惯，满足了老年人的心理需求，有助于他们安度晚年。

居家养老和社区养老综合利用了各种养老资源，一方面，通过社会化，把老年人养老的成本通过社会——个人保险的形式由社会、个人共担，可减少国家的财政压力和单个家庭承担养老成本的负担。另一方面，老年人居住在家庭中与其他家庭成员一起生活，既符合中国的传统文化，又可以解决老年人精神上的空虚寂寞，从而最大限度地提高老年人生活质量。

居家养老是指以家庭为核心、以社区为依托、以专业化服务为依靠，为居住在家的老年人提供以解决日常生活困难为主要内容的社会化服务。服务内容包括生活照料与医疗服务以及精神关爱（spiritual care; concern and love）服务。主要由经过专业培训的服务人员上门为老年人开展照料服务，或在社区创办老年人日间照料中心（day care center），其中办老年食堂是居家养老服务的主业。开办居家养老不完全采取被动的方式，要动员那些能自理的、身体比较好的老年人尽量从家里走出来，到社区机构网点场所接受服务，参加一些社区组织的活动，这样对老年人的精神文化情感方面大有裨益，另外可以让老人更好地了解社会、融入社区。服务可以通过固定的阵地服务，也叫机构设施的服务，这样老人能够得到比较好的满足。对生活不能自理（unable to take care of oneself in daily life）的老人，要培养训练一批居家养老的护理人员上门去服务。除了专职护理人员，还可组建志愿者队伍，发动社区、单位、学校的人利用自己的技能知识，利用节假日休息日给老人提供相应的力所能及的帮助和服务。

从本质上说，居家养老服务属于公共服务或者说是福利性服务的范畴。因此，即使它是有偿的，但在服务老人的过程当中，如果发现有一些老人的收入或家庭子女给他的赡养费用还不足以支付他应该享受的服务费用的话，政府应给予相应的补贴。根据有关调研，选择居家养老的老年人占90%，只有约10%的老年人选择机构养老。在这种情况下，政府、社区、养老机构如何把养老服务延伸到居家养老的老年人，满足他们对社会化养老服务的需求，是必须着力解决的一个现实问题。

居家养老服务成本较低、覆盖面广、服务方式灵活，是一种投入小、经济和社会效益高的养老方式。更为重要的是，居家养老采取老年人在自己家里和社区接受生活照料的服务形式，适应了老年人的生活习惯，满足了老年人的心理需求，有助于他们安度晚年（spend one's remaining years in peace and comfort），对稳固家庭、稳定社会起到良好的支撑作用。

"社区养老"可以说是"居家养老"的一种扩展形式（extension），它以社区为平台，整合社区内各种服务资源，为老人提供助餐、助洁、助浴、助医等服务。这种服务模式既解决了在养老院养老亲情淡泊（lack of family affection）的问题，又解决了传统居家养老服务不足的难题，是一种介于家庭养老和机构养老之间的新型养老模式，是一种整合社会各方力量的养老模式。

社区养老将机构养老中的服务引入社区，通过政府扶持、社会参与、市场运作，逐步建立以家庭养老为核心，社区服务为依托，专业化服务为依靠，向居家老人提供生活照料、医疗保健、精神慰藉、文化娱乐等为主要内容的服务。社区养老让老人既享有家庭温暖、又能体会同龄人认同，是一种"双赢"策略。另外，像社区老年大学这样的机构，还提供"老有所为"的机会，让老人比有儿女相伴更有价值感。

在这种情况下，我国一些大城市陆续出现了"驿站（courier station/post house）式"养老服务这一新生事物，受到人们的关注。其实，"驿站式"养老就是社区养老的一个新名称，服务的范围更广，专业性更强。有了"驿站"，老年人在家门口就能享受日间照料（day care）、医疗护理、无障碍出行（barrier-free travel）、情感慰藉（emotional solace/comfort）、老年营养餐配送（delivery of nutrient food for old people）、法律咨询等上门服务，是一种全新的有益探索。"驿站式"养老服务兼有居家养老的优势，能实现许多老年人"养老不离家"的愿望，越来越多的养老驿站引入了社会资本，立足于高端服务，设有理疗（physlo therapy）室、助浴室、活动室、餐厅。一些"驿站式"养老护理员是素质较高的大学生，不少还有海外留学背景，能为入住老人提供个性化定制服务。但是，这种服务收费不菲，由于目前我国尚没有能力实行完全以政府力量为主的公益模式，或以社会福利协会志愿组织主导的半公益模式，故而出现叫好不叫座（draw much attention and applause but few actually pay for it）的结果，多少有点令人遗憾。主要问题恐怕还是缺乏公共元素的介入。

由于社会的物质条件大为改善，尤其是房产等资源越来越丰富，再加上居民小区人文环境（humanistic environment）日渐宜人（agreeable; delightful），使得以社区主导、邻里互助、志愿服务建立养老驿站得以迅速发展。社区养老服务驿站的一大优势在于就近，在老人身边能够提供像护士站（nurse station）、总服务台（front/reception desk）一样的服务。居民区内的"驿站"养老机构还有一个优越性，即子女每天下班回家就能探望，共享天伦（share the happiness of a family union）。

2015 年，北京朝阳区率先推出社区养老服务驿站。到 2016 年底，北京已建有 150 家养老服务驿站。2017 年还要至少再建 300 家，并逐步引入连锁经营（chain operation/management）和"酒店集团"的经营模式，将社区养老服务驿站定位为承接（undertake）基本公共服务的场所，政府将承担更重要的职责，即在可控的范围内，在场所、设施等方面提供更多免费资源，比如将社区中闲置或挪作他用的房屋等调配给社区养老服务驿站使用。这些驿站正在逐步打造成"养老机构＋驿站＋餐饮"的站点联合体（combo）的形式，由一个法人（legal person）

或几家企业运营，每家企业成立专门的驿站管理集团。

许多地方也已试验引入社会资本建立"驿站式"养老服务。有些地方的社区养老驿站为老人举办免费的电脑学习班、微信学习班。还安排了志愿者和社工，代为老人买米、面、油，帮助老人家里搬东西等，打个电话驿站就会派人上门服务。有的地方专门开办"老来乐（delights in old age）养老生活馆"，内设读书区、理疗室、茶吧、多功能室、代购区等功能区块，老人可以在那里聚会，还可参加兴趣班，听健康课，下午还有茶点。除了在中心内的活动，有的养老驿站还推出了老年驴友（tour pal）俱乐部，和旅行社合作定期推出旅游线路。每次出游，每15位老人配有1个专职陪护人员。

这些"驿站"设施齐全（with well-equipped facilities）、环境安静、规模不大却功能齐全、温馨、舒适、周到，尤其护理员（medical orderly）素质高，能为入住老人提供个性化定制服务。问题是收费较高，大多数家庭难以承受。不少地方的地产企业开始介入到"驿站式"养老运营，以解决个人经营资金不足，场地难寻等方面的问题。相关部门也对此寄予厚望（pin great hopes on）。但是，政府仅仅起牵线搭桥的作用是不够的，必须要置身其中。譬如，制定法规制度，对行政机构在社区养老方面的权责、职能加以界定，以明确责任主体，提高服务效率，并采取切实措施，鼓励民间组织和社会福利协会参与，为社区养老提供必要的政策支持和资金支持，培训护理人员和志愿者。"养老不离家"的深层内涵其实更是"养老不离政府"，作为一项公益事业，"养老驿站"不能只是看起来很美，更应该做得更美才是。

还有一种被称为"候鸟式（migrant bird style）养老"的养老方式成了时髦的养老新概念。这种养老方式在2016年5月在北京举行的"第五届中国国际养老服务业博览会"上尤其吸引眼球，黑龙江、山东、河北、成都等地相关产品展台面积很大，利用气候、环境、价格等优势吸引北京老人休闲养老。如今北京老人已成为四川、山东、河北等地最主要的"候鸟式养老"人群。

随着时代的发展，老年人的需求越来越多，要求在度过安全、便捷、舒适晚年生活的同时，获得多元化、个性化、专业细致的养老服务。"智能养老"提上了议事日程。2012年全国老龄办率先提出智能化养老的理论。2015年11月23日，由华龄智能养老产业（intelligent elderly care industry）发展中心及社会科学文献出版社（Social Sciences Academic Press）共同举办的首部智能养老蓝皮书《中国智能养老产业发展报告（2015）》在北京发布。智能养老产业是以互联网、人工智能等为代表的新技术与老龄服务业融合发展而形成的新业态。当前，在老龄领域，智能住宅、智能家居、智能服务、智能健康、智能装备、智能教育、智能文化等业态迅猛发展，不仅加速了老龄服务业的技术革新，同时也深刻改变了老龄产业的发展方式。

智能设备在年轻人的生活中迅速普及，然而在老人世界中的功用却发挥得并不理想。对于这个代表高科技的新鲜玩意，有的老人心气很高（ambitious）却不会使用，有的老人认为会发出高辐射，还有的老人打心里抵触和恐惧。智能设备应该强调实用性、方便性和耐用性，不能太复杂，也不能太贵，从设计到广告都要能真正走入老人的内心。

有一款老人智能手表就颇受老人欢迎。这种手表不仅能定位老人的位置，还能通过内置感应设备（sensing device）测量心率和每天运动情况。一旦老人发生心率异常（abnormal heart rate; cardiac arrhythmia），不仅家属可以实时接收到报警信号，老人还可以长按一键呼叫按钮，紧急呼叫医院。还有一种戴在脖子上的"跌倒感应器"，也非常受老人欢迎。这种感应器看起来像白玉项链一样圆润，重量只有 15 克，却能感应佩戴者的突发跌倒，还能发求救信号。记者在一家养老院戴上一条，随意走进一个房间，做了个跌倒在床上的动作，7 秒钟后，走廊看护员的电脑中就响起了警报："×××在××房间号按键报警！"看护员接到报警后用了不到 5 秒钟便跑进该房间，迅速将"跌倒者"救起。这种跌倒感应器可与养老院看护员电脑进行绑定，在家时则可以与子女手机进行绑定，如老人跌倒，呼救器会在第一时间通知他们。还有一种智能手表，不但其手环计步能显示佩戴者走了多少步，还能一键上传至朋友圈记录锻炼剪影。打电话也不必再举着个手机，对着智能手表按两下，就能一边吃着零食一边与手表里的联系人对话。

此外，市场上已推出了老人用 PAD（portable android device，即平板电脑）、智能小机器人、装有感知设备的特制衣服等各种智能养老设备。我国智能养老产业方兴未艾（be in the ascendant），但我国智能养老整体还处于"学、抄、拿"（mimic, copy and take as one's own）的起步阶段并存在着观念认识、体制机制、核心技术、市场模式等诸多问题，发展的主要瓶颈在制度碎片化（fragmentation），没有形成统一衔接的良好制度体系，缺乏顶层设计，政出多门（each department acting on its own）、标准不一、制度创新乏力、激励措施不落实等，严重束缚了行业市场的拓展和企业间的技术协作。

随着老龄化程度的提高，老年群体的服务需求呈现出了新的特点。一是老有所乐、老有所学、老有所为等精神文化生活需求将成为老年人的主要需求；二是对保健康复的需求越来越迫切；三是对服务便捷性（convenience and promptness）的要求不断提高。无论是在家里还是在社区和养老机构，老年人都希望得到更加便捷优质的服务。智能技术能够极大地提高服务的便捷性和质量。

2012年以来，国家在推动养老服务信息化（informationized）建设方面出台了一系列政策措施，特别是信息惠民、互联网＋行动计划、促进大数据发展等政策颁布，有力地支持了以互联网为主的智能养老产业的蓬勃发展，以信息网络技术平台为支撑，依托现代技术手段为老年人提供高效便捷的服务。

近期开发和生产的"移动智慧医疗"将慢性病患者纳入平台管理，搭建了面向全国的智慧医疗健康服务云平台（medical service cloud platform），整合大医院优质医疗资源下沉、服务延伸，完善三级医疗体系，优化分级诊疗（hierarchical medical diagnose and treatment）、双向转诊（two-way referral/transferring for medical treatment）流程，实现了远程医疗（tele-medicine）慢病管理创新模式，并将其纳入医保。目前，浙江生产的好络维远程多参数监测系统（Helowin remote multi-parameter monitor system）已广泛应用于临床，产品遍布全国200多家医院、1500多个干休所和养老中心、2000多家社区卫生服务中心。临床应用8年多以来，给450万患者提供服务，挽救了大量高危心血管病患者的生命，其中危及生命的有1500多例，包括急性心肌梗死（acute myocardial infarction）患者470例、恶性心律失常（malignant arrhythmia）360例，室性心动过速（ventricular tachycardia）241例等。未来远程医疗将广泛应用于老年人的养老保健，通过远程医疗创新基层慢性病管理模式、控制慢性病发病率、减少重大疾病的发生率将成为可能。

各地在这方面屡有创新。如北京推广具有大数据采集分析功能的养老助残卡；上海为养老院老人戴上智能腕表，以多种方式推进养老领域的个性化智能服务；厦门为老年人提供智能化手环，可进行定位和一键式呼叫救护；南京建设的养老服务网整合了家政、物业、餐饮、物流等行业资源，为全市120万老人打造了一个服务平台，老人通过拨打热线电话即可享受各项服务。还有地方在独居、空巢老人家中引入了"大管家"服务平台，通过其终端设施（terminal facilities），服务对象能够在最短时间里与家人、平台指挥中心、医疗急救单位、互助志愿者等取得联系。"一键通"呼叫器将紧急救助、社区服务和生活服务联系在一起，为老年人提供紧急情况的呼叫服务。简单实用的安全防范设施，如"摇一摇、报平安"的平安猫，老年人每摇动一下，这样的系统均会向"一键通"发出呼叫指挥中心"报平安"的指令，所有的数据信息均在网络中呈现，让服务人员能在最短时间内作出相应的处理。从这些变化可以看出，传统意义上的儿女绕膝（with children around）、嘘寒问暖（inquire after someone's health）、端茶送药的家居养老模式正在发生变化，凭借新技术的应用，建立在"互联网+"基础上的智能养老模式将成为解决养老难题的新模式，而这也将推动养老产业的快速发展。

不久前出现了一种"虚拟养老院"（virtual nursing home for the aged）。"虚拟养老院"是政府建立的一个信息服务平台，老年人有服务需要时，拨打电话给信息服务平台，信息服务平台就会按照老年人的要求，派服务企业员工上门为老年人提供服务，同时对服务质量进行监督。"虚拟养老院"看似"虚"，其实很"实"。它整合了社会上的许多有利资源，实现了居家养老的专业化。老人通过一个电话或网络的一个指令就可以在家享受到便捷的上门服务。"虚拟养老院"的服务标准也很翔实，加上有政府的社会化管理和监督，老人从心理上完全能够接受，更具安全感，人性尊严也得到了保障。由于虚拟养老院的规模化运作大大降低了运营成本（operation cost），会成为今后老年人养老的一种新的趋势。

"虚拟养老院"是一座"没有围墙的养老院"，投资少，服务范围大，老人不必住在养老院中被动接受服务，在家就可以挑选、享受专业化的养老服务。加入虚拟养老院的老人们划分为三类：一是空巢老人、三无老人等没有任何经济收入的，对这类人群政府部门将给以补贴；二是对社会作出贡献的老人，比如科研工作者等人群，这类人群也享受一定的政府补贴；三是有经济收入或生活条件较好的人群，此类人群将自己购买服务，但价格将会比市场价有优惠，这部分优惠由政府部门补贴给提供服务的企业。

"虚拟养老院"设有服务专线，老人需要服务时只需拨打电话，话务员就会指派服务人员赶到现场。而指挥平台还会记录工作人员出发时间、到达时间和工作用时，并在服务完成后与老人通话，了解服务的满意度如何。"虚拟养老院"服务中心以为老人提供日常生活照料服务为主，分为家政便民、医疗保健、物业维修、人文关怀（humane solicitude）、娱乐学习、应急求助等六大类。每个月按约定向客户收取服务费用。在整个过程中，系统从客户确认服务开始便对服务过程进行全程跟踪、回访、咨询意见，并以客户的满意度来考核服务商提供的服务质量。这种信息化管理技术通过主动获取老人需求，快速编制计划，及时组织服务，有效进行监督，规范实施管理方式，虚拟养老院既拥有机构养老所缺少的个性化管理，又实现了机构养老所具有的专业化服务。虚拟养老院有效整合了社区内的各种资源，节省了大笔资金。由于虚拟养老院成本相对较低，规模化运作在市场竞争中无疑将占据主导地位。

"社区养老"由"实体化"转向"虚拟化"，使居家养老又上一个新的水平。"居家养老中心"没有一张养老床位，也没有工作人员洗衣烧饭的忙碌场景，但在整洁有序的呼叫中心的另一头却联系着在家中养老的老人们。能解决居家养老不善、不力，引发众多的家庭矛盾和纠纷的情况，可以说是居家养老服务上的一次理念和机制创新。这种虚拟化的养老服务模式，还通过借助社会家政服务等资源达到了与社会保障资源的有效对接，不仅积极化解了社区场地、资金、人力等面临的难题，而且还达到了养老服务效能的最大化和最优化。

2014年6月23日，中国保监会发布《关于开展老年人住房反向抵押（reverse mortgage）养老保险试点指导意见》，于7月1日起至2016年6月30日，在北京、上海、广州、武汉开展住房反向抵押养老保险试点。

"以房养老"就是依据拥有资源在自己一生最优化配置（optimized disposition）的理论，利用住房寿命周期和老年住户生存余命的差异，对广大老年人拥有的巨大房产资源，尤其是住户去世后住房尚余存的价值，通过一定的金融或非金融机制的融会以提前套现变现（cash out），实现价值上的流动，为老年人在其余存生命期间，建立起一笔长期、持续、稳定乃至延续终生的现金流入。以房养老有多种具体操作模式，包括"倒按揭"（reverse mortgage）、售房养老和房产养老寿险等。具体方式有以下几种：1）子女养老，房产由子女继承；2）抚养人养老，房产由抚养人继承；3）租出大房再租入小房，用房租差价款养老；4）将房子出租或出售，自己住老年公寓，用租金或售房款养老；5）售出大房，换购小房，用差价款养老；6）将住房出售，再租回原住房，用该笔款项交纳房租和养老；7）将房屋抵押给有资质的银行、保险公司等机构，每个月从该机构取得贷款作为养老金，老人继续在原房屋居住，去世后则用该住房归还贷款。

然而，试行期满发现响应者寥寥无几（very few）。据《第一财经日报》2016年5月30日报道，在中国保监会推出试点近两年后，"以房养老"在全国四个试点城市的成绩不佳，"以房养老"自2014年起为期两年的试点期间一共只有78人59户，其中办完所有流程的为47人38户。2016年7月，中国保监会发布通知，将试点期延长至2018年6月30日，并将试点范围扩大至各直辖市、省会城市（自治区首府）、计划单列市（municipalities with independent planning status;

cities specifically designated in the state plan），以及部分省的部分地级市。从外部环境来看，目前推进以房养老，还存在三大劣势。首先是"以房养老"需要面对社会观念和传统伦理的挑战。我国的传统是反哺（regurgitation feeding）式的养老方式。养儿防老，老人的房子由儿女继承也是天经地义（perfectly justified）的，要打破这个伦理观念很难。其次，"以房养老"目前的协调沟通成本和交易运营成本都比较高。而从行业角度来说，"以房养老"既有机遇又有风险。从保险公司角度来讲，主要是贷款利率变化和被保险人的长寿风险。目前受全世界经济下行影响，人民币汇率不稳定，而我国还没有锁定利率互换（interest rates swap）的机制和市场。其次，对于保险公司来说，也面临房产价值大幅度波动的风险。保险公司开展"以房养老"业务，是长期资产负债的匹配，精算（actuarial studies）的基础是房产价格稳定或稳中有升。如果房价下跌，对保险公司来讲也是一个很大的挑战；而房价上涨，保险公司也可能面临另外一种风险，就是投保人可能会退保，之后再重新保险，这样拿到的养老金会更多。第三个风险，是反向按揭贷款过程中，可能会发生欺诈、信息不对称、误导甚至是道德风险。所以需要探索出一条路然后慢慢探索推进。以后市场可能会扩大，越来越多的保险公司会参与进去，也会有越来越多的老年人家庭参与投保。一些社会学专家曾评价，对"以房养老"模式过度抬高的隐患之一就是，将养老的概念等同于给付养老金，以为让老人生活、医疗的费用有着落（be guaranteed）就解决了养老问题。这无疑夸大了赡养义务中经济扶助的成分，而忽视了儿女在赡养义务中还应履行的照顾义务。

"异地养老"（spend one's old age from home）是一种最时尚的养老方式，就是指老年人离开现有住宅，到外地居住的一种养老方式，包括旅游养老、度假养老、回原籍养老等。老年人希望通过旅游观光来丰富自己的休闲生活，提高健康水平。南"飞"过冬，北"漂"避暑，养老的同时还能旅游，这种养老的新模式逐渐被越来越多的老年人所接受。此种方式适合所有老年人，尤其是体弱或有慢性病者，但往往费用较高。

异地养老可分为异地集中养老（如入住各地的养老院、老年公寓等）和异地分散养老（住儿女家、亲戚家或自己租房子住等）。可以异地短期养老也可异地长期养老。

异地养老可以丰富老人的生活内容。天南地北的老人聚到一个养老院，经过一段接触了解后，可能会结识新的朋友。专业人士分析认为，如果能让老年人到周边城市居住或回原籍居住，还会明显减轻原居住地的人口压力，缓解中心城区的交通、住房压力，降低青年人就业成本。

但是"异地养老"仍存在很多困难，除了养老院本身的费用，还有一些问题，如养老金异地领取手续繁杂，有的地区养老金还不能异地领取，异地看病不能报销，以及与原单位联系困难，很多问题无法解决。

此外，"异地养老"将在一定程度上导致精神赡养义务的弱化。再者，住在集中式养老院的老人们远离了正常社会环境．缺少了代际间交流和人文关怀，长期在这样的环境中生活，将可能影响到老年人的心理健康。老年人生病的风险相对较大，能否承受"移地"这一路途过程，也是老年人及其子女们普遍担忧的问题。其次，老年人在他乡可能不适应当地的生活环境、饮食习惯、天气环境的变化，有的甚至可能因此引发疾病或发生意外。

说起养老，有一则"寺庙养老"的事值得一提。据《南方周末》2016 年 5 月报道，福建省三明市沙县琅口镇镇头村村北的红山山顶有一个吉祥寺。这座藏于深山的佛教寺庙因面向社会免费收住老人，从默默无闻变成福建佛教界的明星寺院。在那里养老的近 70 位老人遵循寺里的规则，每天早上五点跟着僧人上早课（attend early morning classes），六点半进早斋，从上午九点，老人们要依次念佛（recite Buddhist texts）、进午斋、上晚课、药石（have the last meal of the day）、暮鼓（listen to the evening drum），直到晚上八点熄灯。佛门视生命平等，来了大家吃的住的都一样，每天必须完成的功课也都一样，不会因为家庭条件好就吃住比其他人好，也不会因为当过官你就不用做功课。

这种养老模式最大的吸引力在于入住老人在物质层面的平等和精神层面的富足。吉祥寺的 120 张床位已快不够用了。佛教界也意识到寺庙养老的前景。早在 2009 年 3 月的全国两会上，全国政协委员、福建省佛教协会副会长普法法师（master）就提交了《大力引导宗教界融入社会参与兴办养老事业》的提案："积极参与兴办养老公益事业，建设以老人赡养为主的专业养老机构，使老有所养、老有所学、病有所医、死有所安。"2012 年，全国政协委员、中国佛教协会副会长、上海玉佛寺（Jade Buddha Temple）方丈（abbot）觉醒法师提出了一个鼓励宗教界参与社会养老的提案，提出"相关部门应出台相应的法律、法规、政策给予宗教团体创办养老院以优惠和保障"。2014 年 9 月，国家宗教事务局在青岛召开宗教界从事养老服务情况座谈会，邀请了全国二十多家开设养老服务的宗教机构代表参加，其中包括吉祥寺。但是会开完很长时间也没见有什么下文。

2009 年 8 月，吉祥寺受到福建省民族与宗教事务厅的表彰，获得"全省宗教界'服务社会，服务海西'先进集体"称号。佛教界也希望复制吉祥寺的模式。然而，从 2009 年到 2014 年，佛教界一直呼吁的相关配套优惠政策，至今没有出台。

补记：《北京青年报》2016 年 6 月 10 日报道：养老院高额押金是监管盲区，成了不法分子吸金（money spinning）的法宝。

报道说，一家名为"怡养爱晚"的公司宣传有 17 个养老基地分布在全国各地，甚至韩国的风景宜人地区，开展度假式养老、候鸟式养老，"夏天避暑去庐山，冬天过冬住海南"。公司网站宣传中"健康养生、专车接车、专业医护"等字眼格外引人注目。该公司承诺，会员可以申请在任何一个基地免费饮食居住。但老人需要交纳至少 10 万元的本金成为会员，交得越多，享受到免费服务的时间越长、体验项目就越多。从 2015 年开始，"怡养爱晚"推出所谓"零风险"的养老投资和"零费用"的养老服务，许诺投资的年化收益率（annualized return）最高可达 16%，合同期满后，养老服务的缴费还能全额返还。在销售人员花言巧语（sweet words; blandishments）的诱导下，陆续有 1300 多名老年人成为会员。为了入会，有的老人甚至卖掉了家里唯一的房产。公司募集了上亿元资金。2016 年 5 月 21 日，该公司却突然宣称因公司销售业绩下滑而关闭了北京全部门店。投资居住的养老基地也停止了各种服务，食堂关闭、水电费自理，80 多岁的老人们只能自己买菜做饭。据了解，一些养老院的"吸金"（absorb funds）方式多种多样，如交纳高额医疗保障金，购买老年公寓若干年使用权，回购房屋产权等。这些做法会让社会上最屏弱人群失去最后一笔养老钱，从而面临血本无归（lose one's life savings。习语 lose one's shirt 也有此意）、老无所依的危险境地。但很多案例处于法律监管空白点，因此亟待政府监督管理。

19. 甩老族

"孝"是传统社会中家庭养老的道德基础。但现今社会，无论是城市还是农村，子女不孝敬父母，甚至虐待、遗弃老年人的现象多有披露。

全国各地"甩老族"（young people who try to throw away their aged folks）频现：把爸妈送养老院玩失踪（play the trick of disappearing），探望次数承诺协议成了空头支票。

一般养老院接收老人时，会跟老人子女签订一个协议，拖欠费用不准超过半年，但是遇到"甩老"的情况，这种协议却毫无作用。一些养老院为了不让"甩老族"钻空子，会更加重视对老人家庭条件的调查，根据老人家庭情况，判断出儿女送老人进养老院的目的到底是不是为自己"摆脱累赘"（get rid of the burden）。

前一段时间，外地一些养老机构发生多起"甩老"事件，老人家属无一例外全都是欠费玩失踪，养老机构又不能把老人赶出去，只能贴钱照顾。

北京一位 78 岁的老人去年由儿子安排住进香山附近的一家养老院。可是儿子交了半年的费用之后便再无音讯。半年的费用早已耗尽，老人被孤零零地甩在了养老院。院方根据老人的儿子留下的联系方式却无法联系到老人的儿子。对于欠下费用玩失踪的家属，院方也十分无奈，只能先贴钱照顾着老人。如果再无法联系到家属，院方只有通过法律手段进行维权。类似的案例在当下常常发生，养老院与老人家属间上演着追与逃的拉锯战（see-saw battle）。不但养老机构要倒贴钱养护老人，老年人也因此在精神上受到一些打击。一旦老人出现突发疾病，让家属签字时，却无法联系到家属，这就无故地给老人增加了很大的健康甚至危及生命的风险。为此，有律师建议立法，实行财产托管制度。在老人进入养老院前，养老机构可以通过申请变更老人的监护权，对老人财产实行托管，用以支付养老费用。

20. 宽松世代

　　"宽松世代"（the easy generation，源自日文"ゆとり世代"。有人译为 the loose generation，请思考为什么不合适？）指以"重视人性教育（humanistic education; person-centered education）"为教育理念培养出来的一代人。广义上指 2002 年日本颁布并实施经修订的"学习指导要领"到 2011 年再次修订期间就读小、中学以及 2003 年进入大学的一代人。与之相对的是，军国主义（militarism）时期，以及战后艰苦创业（do pioneering work with painstaking efforts）重振经济的一代日本人，后者受军国主义影响，下级绝对服从上级，学校里低年级学生服从高年级学兄学姐，连商业机构也受军事化作风的影响，一切由老板说了算。"宽松世代"摒弃了以往的填鸭式教育（cramming education），减少学习时间，提高学生的动手及知识应用能力。学校对学生不排名次（ranking），不安排过重的作业，每周有两天休息日，以让他们有一个宽松的自由成长环境。但这一政策受到了很多家长的批评，认为新一代没有老一代日本人的拼搏精神（combatant spirit）。狭义上讲，"宽松世代"指接受宽松教育的世代中具有一定共同特征的一类人。这一代人现在差不多在 19—28 岁之间。最年轻的现在也是大二的学生（sophomore），最年长的如果顺利念完大学，应该有六年的社会工作经验了。

　　"宽松世代"初期即这些人上小学时期，正是各种电脑游戏和通信交流型游戏盛行期。他们热衷于与小伙伴一起在户外玩游戏机。此外，Windows 95 带来的计算机家庭普及化、手机网络的发展也对这一代人的兴趣养成产生了深远的影响。这代人生活在 J-POP（此名由日本一家广播电台 J-WAVE 于 1988 年创造出来，一度代表"新音乐"，后来在日本被广泛地用来代称呼受西洋影响的现代音乐，包括流行音乐、R&B、摇滚、舞曲、嘻哈和灵魂音乐）流行的时代，除了传统的 CD、卡拉 OK，手机铃声下载、音乐游戏等新型音乐消费品也成了他们从小就入手的消遣项目。用人企业对于这一代人的评价是：不接电话、不记笔记。泡沫经济（bubble economy）崩坏后长期奋斗过来的人面对这样的后辈感到很无奈，认为这样培育出来的人才不符合追求即战力（combat effectiveness）的企业需要，因此，他们几乎一边倒地（overwhelmingly）指责宽松教育的失败，评论说"宽松世代"的想法太稚拙。

2016 年 4 月 17 日，一部题为《宽松又怎样》（*What about Taking Things Easy*，日文原文是"ゆとりですがなにか"，也有译为《是宽松又怎样》《是宽松怎么了》）的电视连续剧在日本首播，受到人们的关注，连国内也有好几个网站播放。这部电视剧的故事讲述"宽松世代"三个人物的经历。一个是因没有任何竞争心而被不负责任的后辈折磨得苦不堪言的上班族，另一个是因为喜欢上了实习教师而产生许多烦恼的小学教师，还有一个是混迹于街头巷尾（haunt the streets）、挑战大学接连失败的资深高考复读生（return students—students re-attending classes after failing the college entrance examination），命运驱使这三个年轻人在途中相遇。他们谈论着爱情、友情、职场、人际。他们已到了该成为社会中流砥柱的年龄，却还是为各种问题迷茫着，为了各自的人生奔忙操心，并为了憧憬的未来而全力打拼（spare no effort in fighting for the future one has been looking forward to）。

有人归纳出"宽松世代"有以下几个特点：

1）他们有强烈的自我意识（self-awareness /-consciousness），一般都倾向于私生活第一，工作第二。对他们来说，工作只是确保满足私生活需求的一种路径，并没有提升上到人生意义（significance/meaning of life）的层次。他们也没有意识到同事间的团结和上司的重要性，拒绝参加自己不感兴趣的聚会。

2）一点小小的挫败就能把他们打垮，搞得上司们都不好对他们发飙（blow off）。有些人被斥责后干脆装病请假，就这样不来上班甚至自动离职。

3）可能是因为他们从小就习惯于不需要思考就可以轻易找到答案的生活模式。通常他们不会自己主动采取行动，而是干坐着（sit idly）等待指示，对于规章指南有着强烈的依赖心理（anaclisis）。因拘泥对错而不敢提出自己的主张。

4）他们大多不会肆意挥霍（freely squander）工资，而是将钱存起来。他们感到日本经济基本上停滞不前，没有好转的迹象。所以，为了将来考虑，他们的储蓄意识较强。

5）他们不在乎传统式的成功。由于看到过很多倒闭破产的剧目，他们会觉得公司说不定什么时候就倒闭，并以此为出发点考虑各种问题，更注重个人发展问题而不是公司等组织。他们急切想成为具有市场价值的人才，却对于不能如愿成才感到无比焦虑。

实际上，不被人看好的"宽松世代"并不是为宽松教育所累，更多是受到社会大环境的影响。任何一代人都是时代的产物。例如美国 20 世纪 50 年代"垮掉的一代"（the beat generation, 其成员称为 beatnik），他们并没有因为看到二战后的萧条（depression; recession; stagnation）和因冷战形成的死气沉沉而垮掉，反而唱响了轰轰烈烈变革的序曲。只是因为他们的上一代认为他们不如自己努力和坚韧而给他们贴上"垮掉"的标签。

中国的 80 后、90 后甚至 00 后，也经常受舆论诟病（denounce; castigate），有人说他们类似"垮掉的一代"，现在又有人批评他们和"宽松世代"类似，既缺乏实践能力也不善于思考。回想起来，早些年港台地区曾把年轻人称作"草莓族"（strawberry generation），意思是像草莓一样脆弱，遇到点压力一捏就坏；更早的话还有鲁迅在小说里写过的九斤老太（Old Lady Jiujin who weighed 9 *jin* when born），成天念叨着"一代不如一代"（each generation inferior to the previous one）。上一代人总是对下一代人各种指责，其实他们年轻时也是一样的。

从社会大环境来看，科技发展越来越快，尤其是 90 后生在网络时代，从小就接触各种各样另类多元文化（offbeat multi-culture），发展出来的兴趣也让大人们觉得匪夷所思。有些年轻人喜欢宅在家里不出门，摆了一屋子手办（garage kit）；有些对高科技或电子产品非常痴迷。从就业的观念上来讲，年轻人也更加开放，对一家公司的忠诚度并不高。以前的就业中国是吃大锅饭（直译是 eat from the same big rice pot，现在一些境外英语媒体也这样说。不过也可解释性译为 practice egalitarianism），国家分配，现在"说走就走"跳槽（job-hopping）非常正常。

曾经不被看好的中国 80 后中，许多人已日渐成长为各行各业的顶梁柱（pillar）。可以说，这也应了"儿孙自有儿孙福"（All descendants will have their own fortune.）的老话。

2016 年 6 月 29 日，《新民晚报》发表文章，建议人们对于身边不想工作的"宽松世代"，要了解他们的特点，消除偏见（eliminate the prejudice），为他们的创造力提供发挥的空间，这样才能激发他们的社会活力。

21. 间隔年

"间隔年"（gap year）在中国也许还是个相对较新的词，在西方已经有不短的历史，指的是青年在升学或者毕业之后工作之前，用一段较长的时间（通常是一年）进行一次旅行、社会考察（social investigation/observation）或实习，以便在步入社会之前体验与自己生活的社会环境不同的生活方式。期间，很多学生也适当做一些与自己专业相关的工作或者一些非政府组织（non-governmental organization—NGO）的志愿者工作，以培养自己的国际观念和积极的人生态度，学习生存技能（survival skills），同时增进自我了解，从而找到自己真正想要的工作或适合自己的工作，更好融入社会（integrate/fit into society; socializing）。

"间隔年"在发达国家非常流行，可以是游学（study/learning tour）、当义工（volunteer; voluntary worker），或者只是休息一段时间去思考自己的人生。它不同于短期的近距离旅行，又不完全等同工作旅行。还有一种"职业暂休"（career break）的说法，指的是已经有工作的人辞职进行"间隔旅行"，以调整身心或者利用这段时间去做别的事情。总之，无论是学生的 gap year，抑或有工作一族的 career break，都是为了从固定不变的生活模式中暂时跳出来，去另外一个环境体验新的生活，经历更多以能更好地迎接未来。人生的际遇就是这样，其实，只需要"跳出来"一下，或许就能得到可以支撑整个人生的幸福。

在"间隔年"期间，青年心怀壮志（have great aspiration/lofty dieas）离开自己熟知的地方，旅行的同时也从事适当的劳动，体验与以往长期生活截然不同的社会环境，可以培养自己的国际观念和积极的人生态度，更加虚心，懂得倾听，包容不同，了解自己，并用更开阔的视野（broad vision），从多个角度观察世界，了解各地的文化，也让世界了解自己。不少人通过国际公益活动和海内外的非营利性组织（nonprofit organization）交流适应并融入社会，同时也体现了自我的价值，回馈社会（repay society）。

"间隔年"可以让人走出熟悉的环境，去学会适应陌生世界，学会如何与他人平和共处，如何应对压力和突发状况，如何用冷静而理性的成人方式解决问题，更能学到如何照顾好自己。让自己变得更加独立、成熟、专注。"间隔年"的旅行，也是探索之旅和发现之旅，从中发现自己真正的兴趣点，然后再回到校园准备追求新志趣。18—25 岁时正是一个人形成成熟世界观的时候，记忆力、体力都处在最佳状态，心无杂念，待人真诚可爱，在法律、经济、道德各方面开始对自己的行为负责。这个年纪，如果背上简单的行李，到地球的另一面去，踏足未曾见过的名山大川，跨越未曾想象的大江大海，途中也许会遇到失落、困苦、彷徨（at a loss），但是困难和挫折能锻炼年轻人的韧性，培养他们的胸襟、毅力和智慧，面对复杂、残酷的现实社会时能战胜各种障碍。

二战后的十年中，各国政府开始提倡青年的旅行和文化交流，从而有效地增进全人类间的共识，以防止再次发生世界性大战。这就是"间隔年"概念的起源。不过，第一个真正的"间隔年"始于 20 世纪 60 年代的英国。当时，西方社会在政治、经济和文化各方面都经历了前所未有的巨大震荡（shock; concussion）。反越战示威、美国总统肯尼迪（John Fitzgerald Kennedy, 1917—1963）遭暗杀、反种族运动、伦敦的前卫时装风潮（avant-garde fashion trend）……各种新思潮和新事物的冲击促成了婴儿潮（baby boomer）们"摇摆的六十年代"（swinging sixties）的产生。在这股风潮下，活跃于四五十年代的"垮掉的一代"开始演变为更加活跃的反主流文化群体（counter-culture group）嬉皮士（Hippies）。他们用公社式的和流浪的生活方式来表达对越战和民族主义的反对，提倡非传统的宗教文化，批评西方国家中产阶级的价值观。1967 年，尼古拉斯·麦克莱恩－布里斯托（Nicholas Maclean-Bristol）成立了名为"事业信托"（Project Trust）的教育信托基金，并把他的头三个学生送到了埃塞俄比亚首都亚的斯亚贝巴，开发了"间隔年"独立旅行和志愿者就业市场。20 世纪 80 年代，工作旅行（或"工作兼旅行"）成了"间隔年"的第三个要素。

被称为"生来就会旅行"的英国人托尼·惠勒（Tony Wheeler）长途跋涉来到了亚洲，并写下了《穷游亚洲》（*Across Asia on the Cheap*）一书，这就是后来世界上最大的旅行指南出版社孤独星球（Lonely Planet）所出的第一本书。在旅行公司和自助游指南的共同作用下，独立旅行的市场终于诞生了。1984年，雷励行动（Operation Raleigh）成立，1992 年更名为雷励国际（Raleigh International）。而此时，"间隔年"已成为了英国私立学校中少数有钱人进大学前的一个普遍选择。1979 年，STA 旅行公司，一家专为学生和青年（26 岁以下）服务的商业旅行机构成立，为"间隔年"旅行添上了浓重的一笔。现在该公司的分支已遍布世界。

2000 年后，随着互联网的发展，"间隔年"旅行在全球范围都蓬勃增长。现在"间隔年"几乎成了人生转折时期的一种选择，对高等教育入学、全球旅行市场和企业员工驻留产生了惊人的影响。在英国、澳大利亚、新西兰和加拿大，各年龄段的"间隔年"活动都在加速发展。在美国，为"间隔年"服务的事业也日渐繁荣。一些机构向美国青年提供有计划的"间隔年"项目，也有的公司提供文化传播和社区服务的全球旅行项目，包括学期项目、社区生活和特殊地区的教学和跨文化学习。哈佛大学每年都有 80—100 名学生选择体验"间隔年"。美国每年约有 3 万—4 万学生有参与"间隔年"的意愿，2015 年申请人数增长 22%。还有少数学生申请了超过一年时间的"间隔年"。奥巴马的大女儿玛利亚（Malia）2016 年 6 月完成高中学业，就没有马上进入哈佛大学，而是选择美国近年开始流行起来的"间隔年"，等到 2017 年秋季再入学。

"间隔年"活动也传入了中国。打工换宿（take a temporary job in exchange for boarding）成为不少中国学生"间隔年"旅行的一种流浪方式。豆瓣（douban.com）、天涯（tianya.com）等网络社区中有相应的召集帖，国内各地的青年旅社也都提供这样的项目，可在各地青年旅社打工，然后换取免费的食宿，以劳动换取基本生活，既公平又便宜。在一个地方待上一段时间，还可以换到下一个目的地，相当自由。另一个正在兴起的趋势是投身于全球教育，包括语言教学，居住在当地人家，文化传播，社区服务和独立学习。如今全球有许多公益性的非政府组织，不少在全球各地都有相应的组织机构和项目，比如英国著名的义工组织 National Trust，中国香港的 Voltra 国际工作营、澳大利亚的 Conservation Volunteers 环保义工组织等。

流浪式的"间隔年"开始时可以是没有明确的目的地，只是朝着一个大方向走，但是很可能到了某个地方，发现自己爱上了这个地方，就暂时不想走了，那就租个房子，过过当地人的生活。不少地方有一些单身公寓或是短租房，可以根据自己的经济能力来选择。因为有一定的资金，也暂时不用担心生活问题，每天在这个地方游荡一下，与当地人聊聊天，品品当地的美食，看看当地的风景，这样的收获或许比一直漂泊在路上更多。

在世界各地成功举办了 14 年的远征项目"雷励远征"（Raleigh Expedition）活动后的 1998 年，雷励国际和中国青少年基金会在中国的山东、江苏合作举办了一期中国远征。在 2008 年的远征 10 周年聚会中，当年的中国籍队员决定将雷励带回中国，因此雷励中国（Raleigh China，全称：上海杨浦区雷励青年公益发展中心）在上海成立，在甘肃、江西、贵州举办了四次远征，带领 200 名青年为当地社区建起小学的基础设施和环保设施，更是影响了一批年轻人。

2009 年出版的《迟到的间隔年》一书首次把间隔年这个概念介绍给国内青年人。其作者孙东纯于 2006 年 12 月 1 日，带着一张仅存有 21000 元人民币的国际银行卡，离开自己生活多年的城市，带着一个不知道可以给自己带来什么的"间隔年"主题，从原来计划的三个月走到十三个月，从原来计划的目的国印度变成一次横跨亚洲的旅途，从澳门经泰国、老挝、云南、缅甸、印度、巴基斯坦、新疆，到西藏、尼泊尔，一路上边旅行，边以义工的身份服务于非政府组织，帮助当地需要帮助的人……在路上，遇到了他的日本妻子，开始懂得向家人感恩，学习怎样关心照顾身边的人，迟到的"间隔年"成了一次学习爱的旅途。

2015 年，我国首个间隔年公益基金成立，项目资助了八名 90 后大学生在步入社会之前体验了另一种生活方式。同年"中国间隔年计划"正式施行，受到资助的八位 90 后大学生有的选择骑行北美；有的投身公益事业，到肯尼亚贫民窟为孩子们建造学校；还有的申请澳洲首批对中国开放的打工旅行签证，边打工边进行澳洲摩旅；到国外的孔子学院调研和教学，边推广汉语，边感悟生活。在实践中他们真正体会到了"纸上得来终觉浅，绝知此事要躬行"。

中山大学的 90 后女生廖小涵也幸运地成为受资助的学生之一，决定到诺贝尔和平奖获得者特蕾莎修女（Mother Teresa，英文原名 Agnes Gonxha Bojaxhiu，被称为 the Saint of the Gutters——贫民窟的圣人，1910—1997）在加尔各答创办的仁爱之家（Habitat for Humanity）做义工。廖小涵被分在儿童之家的残疾部工作。照顾残疾儿童让她有了一种使命感（sense of mission）。2016 年 8 月她又去里约做巴西奥运会志愿者。

中国青少年研究中心青年所所长邓希泉认为，随着我国经济社会发展，"间隔年"在中国兴起是必然趋势，也是符合青年发展潮流的一种积极现象。邓希泉说："绝大部分青年人从小到大，一直到大学毕业，大都在家长安排下，循规蹈矩地沿着既定的路线在走。这种发展路径，有可能导致部分青年依赖性较强，社会适应性较弱。他们在进入社会之后，碰到困难就不太会处理，很容易与成人世界、同辈群体产生冲突，处理不好关系"，间隔年的意义在于，让青年有一个机会摆脱既有的环境，充分发挥自己的主体性，在这个过程中认清自己的优势和不足，从而更好地融入社会。

22. 慢就业族

近年来，我们身边逐渐多了一些这样的年轻人。他们都是大学毕业，却并不急于找工作，也没有出国或继续深造的打算，而是暂时选择游学（take study tours）、支教、在家陪父母或者创业考察等，慢慢考虑人生道路。他们是告别传统"毕业就工作"模式的一群90后，被人们称为"待定族"（yet-to-settle group）或"慢就业族"（late career beginners）。如今，这个族群的人数正在悄然壮大。一份有关大学毕业生就业的调查报告这样显示：对于慢就业，57%的受访者的理由是"找不到满意的工作"，"在没有具体方向前不想被工作束缚"和"想要自主创业（start one's own business）"的选项也是他们不急于就业的重要理由；而他们更多的说法是，与其现在就确定自己干什么，还不如留出一段时间来思考自己到底要什么样的未来。这一切都反映了90后"慢就业族"的心态：他们充满活力、崇尚自由，同时又盲目乐观、脱离现实。

有人认为，对于大多数"慢就业族"来说，与其说留出时间思考人生，不如说更多的是"怕就业"与"懒于就业"的心理作祟。所以，他们最先应突破自我的屏障。很多90后毕业生不愿找工作，也不愿意继续深造，主要是面对当今竞争激烈的社会环境感到抵触，能力不足其实是导致这些年轻人信心不足的主要因素。再有就是家长们一般也不会狠下心去赶儿女出去工作，对他们的行为也成为一种默许。在这样的状态下，他们在这段时间不仅要多加强锻炼、多与人接触、关注招聘信息，同时也要再次学习来提高自己的竞争力，比如通过网络进行学习可以帮助他们提高技能。同时，网络学习特别提倡学生之间和学生与老师之间的互动，在互动中也可以更好帮助他们走出心理阴影，用积极的心态去面对未来。对于那些有创业意愿的年轻人来说，有关创业指导、人力资源、中小企业管理等网络课程都会为他们提供宝贵的创业经验。

90后"慢就业族"是一种不可忽视的社会现象。与"啃老族"不同，这些年轻人依然坚信自己会有更好的发展。但是，"慢"不是蹉跎青春（waste away one's youth）、回避竞争的借口，无论打算走入职场，还是自主创业，他们都要付诸实际行动，通过学习让自己快速达到自己满意的标准。也只有如此，他们才能后来居上，走上有序的人生轨迹。

随着现在经济和文化的发展，社会的多元性和宽容性增加，大学生就业的方式也变得多元起来。毕业后马上进入工作，准备买房结婚的生活已经是过去式，如今大部分的毕业生都是"90 后"，家庭条件优越，很多毕业生对于赚钱没有迫切的需求，所以更加想要去提高自己，或者追求更高的发展。他们的工作，也不再局限在朝九晚五的办公室环境下，很多大学生思想比较新奇，会选择新媒体或者当网红等职业。对于现在的年轻人，不要强迫他们毕业就去就业，只要自己有挣钱的能力，不是"啃老"，"慢就业"也不要太多指责。

23. 轰趴馆

笔者年逾古稀，对一些新事物还真的跟不上时代，感到 out 了。2016 年 8 月 10 日，《北京晚报》发表了题为《"轰趴馆"轰"趴"了谁》的文章。笔者想了好一会儿才回过神来，猜测"轰趴馆"可能是由英文 home party 的音译词"轰趴"衍生出来的。不过"轰趴"原来指"家庭派对"，是一种非正式聚会，邀请来的都是亲朋好友，聚餐吃的都是家中制作的食品，一起聊聊天，玩玩游戏，既不用担心衣冠不整（scruffy; sloppily/not properly dressed; disheveled），也无需端着姿态（posture oneself）走路，正如英文所说的 feel at home。往舒适的沙发里一躺，悦耳的音乐中，人人都是"派对动物"。

有人评论说，现代人的"轰趴"似乎带着一点返璞归真（recover one's original simplicity; return to one's original nature）的味道，当外面的世界逐渐变得喧嚣（tumultuous），"轰趴"能给人心灵上的自由和宁静。

中国时下流行的"轰趴"，其实就是"室内聚会"或"室内派对"，聚会的地点不是在自己或某个朋友的家，而是选一个提供聚会的商业场所，即"轰趴馆"。因为参与者主要是年轻人，出现了许多"青春派轰趴馆""别墅轰趴""派对俱乐部"。也有一些是所谓的主题性派对（theme party），比较流行的有生日宴会、青春派对（youngsters' party）、舞会（ball party）、暖屋会（house-warming party）、茶话会（tea party）、聚餐会（dinner party）等，还有参加各个自带食品供品尝的聚餐会（potluck party）。

在上海、北京、南京、重庆等大城市，"轰趴"场地租赁服务已经形成成熟规模，生意红火（brisk; booming; thriving）。预计在更多的城市会出现越来越多的"轰趴"场馆。

不少单位也常举办一些聚会，但由于项目单一、老套（corny），年轻人觉得不带劲，加上聚会群体偏好不一致，众口难调（it is difficult to suit everyone's taste）。而"轰趴馆"环境相对优越，整体装修很有青春派风格，而且游戏项目丰富、设备齐全，可选择的娱乐方式较多。除了有 KTV、台球以及几十上百种桌游，大多数还提供自助厨房。加之"轰趴馆"按照参加者人头收费，价格从几十到百元不等，青年人完全负担得起，故而博得众多年轻人的青睐。

对聚会者而言，"轰趴"是一种聚会方式；对经营者来说，则是一种新兴形式的房屋租赁行业。一方是服务购买者，另一方是场地服务提供者，两者构成了一种市场关系。不过，作为顾客的聚会者应该遵守公共秩序，并注意防火、防电等人身安全问题。而对于经营者来说，应该加强对聚会者人身财产安全的保护，对于一些涉嫌违法犯罪的聚会活动应监督和检举，比如赌博、卖淫、吸毒、邪教传播等。

文章说，"轰趴"作为一种相对新兴的聚会方式，近年来逐步进入公众视野。北京已有数百家"轰趴馆"（home party hall/chamber）营业，大多按小时计费，人均消费几十元到上百元不等。然而，一些"轰趴馆"公然开进了居民区，唱歌、喝酒、打桌球、玩棋牌，"疯狂"（go hog wild）营业到凌晨，住在附近的居民不堪其扰。一位"轰趴馆"主在北京国美第一城小区擅自将同楼层对门的两套单元房（apartment）打通相连，合并成了一间屋子。为了开辟出一个能容纳十余人进餐和娱乐的空间，还将次卧和餐厅之间的墙体凿开，代之以一座铁艺屏风（iron art screen）。为了划分出更多的功能区域，还将屋内的墙体进行了大规模改动。这家"轰趴馆"还提供厨房，客人可以自带食材在厨房里做饭。厨房空间并不大，除了燃气灶，里面还配置了烤箱（oven）、微波炉（microwave oven）等设备。然而电线电路随意接插在接线板（terminal board/block）上，走向复杂，距离灶台很近，电路一旦被引燃或形成短路（electrical short-circuit），后果不堪设想。更危险的是，为了隔音，这家"轰趴馆"的 KTV 房间墙体包裹了一层吸音软包材料，房间内狭小昏暗（caliginous），没有任何消防设备，有火灾隐患（fire hazard）。

北京像素北区里有一家"轰趴馆"，可谓生意兴隆，周末来"轰趴"至少要提前一周预约。该"轰趴馆"要求进入房间的客人必须脱鞋，换上店家为客人准备的拖鞋。但每次用前是否消毒就不得而知了。记者发现有的鞋面上有明显的污渍。该馆室内的布局分成了许多区域，摆放了不少游乐设备。虽然大部分家具表面看起来光洁如新，但是一些细小的地方并没有彻底清洁，例如在沙发扶手的缝隙中，记者看见了残留的食物残渣，摆放绿植的花盆里稀稀拉拉地躺着几个烟头。该"轰趴馆"的 KTV 包间里配备了 3 个话筒，可是并没有提供一次性的话筒套。

漫画作者：关印

由于"轰趴馆"是个新鲜事物，缺乏相关行业规范，往往存在安全、卫生等诸多问题，监管处在真空地带，治理往往遭遇"无法可依"的窘境。这需要有关管理部门迅速制定规则，严格执行，以保证各方安全，尤其不能让"轰趴馆"轰趴周围的居民。

24. 魏则西事件和莆田系

莆田系（Putian Group/System，有人译为 Department of Putian，大概以为是某个大学的"系"，简直是闹笑话）是福建莆田东庄镇人开办的民营医疗机构所辖医院集合的简称，以詹氏、陈氏、林氏和黄氏四个家族为代表。其治疗各色皮肤病（skin disease; dermal disease）、整容（cosmic surgery）和不孕不育（infertility; sterility）医院的广告长期活跃在各都市报、地方台和网络上。据官方统计，莆田系医疗商占据中国民营医院 80% 的份额。

莆田系成为人们的聚焦点，是因为魏则西事件。

魏则西是西安电子科技大学（Xidian University）一名学生，因查出患有滑膜肉瘤（synovial sarcoma），通过百度推广查询得知，北京武警第二医院有高效美国生物免疫疗法（biological immunotherapy）专治此症，随后倾家荡产（spend the fortune of one's family）进行治疗，但治疗无效。随后家人找到真正有希望治疗此病的技术，但家里已经山穷水尽（at the end of one's tether），只能等死。治疗期间魏则西友人在美国通过谷歌查询得知该生物免疫疗法被认为是一种低效的失败疗法，美国并未投入临床实施。去世前一个星期，魏则西发表文章讲述了整个事件经过，引发了广泛的关注。

酿成这场悲剧的有三方：百度、莆田系和武警第二医院。

百度在魏则西事件发生后第一时间就启动了对搜索结果的审查，发现"该医院（武警二院）为公立三甲医院，其提交给百度的资质齐全"。声明中还附带了医院方提供的资质证明文件。但是舆论像洪水汹涌奔腾，百度不堪讨伐，再度作出回应，包括向武警二院的主管部门递交审查申请函等。

在这件事上，百度负有不可推卸的责任。"百度推广"的前身正是由百度打造的"竞价排名"系统。在同一条链接有许多人买的情况下，出价一个比一个高，按照出钱多少确定排名顺序。由于竞价太激烈，为了防止系统崩溃，百度就设置了词条价格，把第二名作为第一名，剩下的从第二名到第 N 名依次排序，直到没有人加价才开始显示搜索结果。

莆田系医院对于词条的竞价十分激烈，几乎将所有能想到的医院主治的病症都买断（buy out）了，第一、第二名出价都在三百多。也就是说，只要有人点开这个链接，莆田系医院就得付给百度 300 元。很多医院付不起这么多钱，只能依次排在下面。进行搜索，你会发现甚至前两页都不会出现正常排序的结果，如果你挨着把排名靠前的链接点进去，你就相当于为百度创收上万元。羊毛出在羊身上（有一个解释性译文为 After all, the wool comes from the sheep's back — in the long run, whatever you're given, you pay for. 不过，根据上下文，这里可意译为 All the cost shall finally be paid by the customer.），这么高的广告费，当然是患者那里挣回来。

竞价排名更名为"百度推广"也只是换汤不换药（the same medicine though prepared in a different way）。2013 年百度广告总量 250 亿元，莆田民营医院就做了 120 亿，2015 年、2016 年怕是只增不减。这就是百度的原罪（sin）。广告带来流量（rate of flow）、流量带来患者、患者带来收益，一个个魏则西的悲惨遭遇支撑着莆田系和五分之一的百度。

不过，还不能说百度是罪魁祸首。企业就是为了赚钱，没有流淌着光辉"道德血液"的利益交易，近代资本的积累就是一部浸满鲜血的黑债。

莆田系从游医（roving doctor）发家（build up a family fortune），专治皮肤病、湿疹（eczema）、性病（venereal disease）等让普通人难以启齿的顽症。其始祖陈德良就是误打误撞（accidentally）配出偏方（folk prescription）治疗了当年在东

南盛行的皮肤病而被推上神坛（lift onto the altar），由其八位弟子将师尊的行当"发扬光大"。这个过程大致可分为四步：

第一步：做云游医生，本身没有合格的医生资质（qualification），抱着所谓的偏方云游江湖（wander from place to place/in all corners of the country），在电线杆上贴广告，主要治疗性病、鼻炎（rhinitis; coryza）、狐臭（bromhidrosis; armpit odor; body odor）、风湿（rheumatism）、皮肤病，向苦苦求医的患者兜售"祖传秘方"，往往是一锤子买卖（"once-for-all" deal），骗了就跑。等患者发现被骗已经再也找不到那些"仙风道骨"（sage-like）的"神医"。

第二步：到了1995年，电线杆上贴小广告的模式告衰，小广告成为围剿对象。而此时国家开放了公立医院承包（contract to run）。承包出去的科室要按时给医院上交份子钱（pay a due share），剩下的则成为自己盈利。莆田系的骗子医生找到各地的二甲三甲医院，以军队、武警、消防医院为主，他们承包科室后，挂"××中心"的招牌，治的还是以前电线杆贴的病，却有了正宗的招牌。但是患者并不知道给他们看病的已经不是真正的医生，也不是这些医院的医生。

尽管这些江湖医生（quack doctor）不懂得治病，但是网络宣传的造势（build up the momentum）使正规医院成了他们的壳。挣到钱后再去聘若干低资质的医师，给以比公立医院高四到六倍的高薪，陪着他们一起骗。一个高中没毕业的云游骗子可以被吹成教授。他们的鬼把戏（sinister plot; dirty trick）很多：把常见药套上进口包装，价钱就翻了几百倍；所谓"微创"手术（minimally invasive surgery）其实就是将病人麻醉（anesthetize），在身上划一刀，什么都不做却骗病人说"病灶（focus）取出来了"。靠着这种租借公立医院的把戏，莆田系的骗子积累了大量财富，直到2002年卫生部颁布规定禁止私人承包科室。

第三步：因为卫生部只能管理普通医院，军队医院和武警医院直接由解放军总后管理，这些部队医院就成了莆田人落脚的根基。同时2002年卫生部开放民营医院牌照，这时候莆田人就可以开自己的医院了。这个针对所有人开放的政策，成了莆田人独享的蛋糕——公立医院的医生和医科大学毕业生有知识和技术，没钱，他们脱离不了公立体制的教育、晋升的福利，也脱离不了莆田的借壳（shell reactivation）模式。结果，莆田系在中国的民营医院领域竟然没有一个同类竞争者。

第四步：2003年和百度竞价密切携手，搞竞价推广。流量带来患者、患者带来利润。十年前，就有媒体深入揭露：《福建莆田游医黑幕：掌控80%的中国民营医院》。

莆田系不光与百度携手搞竞价推广，其骗子医生甚至凭着一己之力养活了一个产业——"删帖"（post deletion），把所有对莆田有着负面影响的文章扼杀在摇篮里，连郎咸平于 2006 年针对莆田系录制的三期辛辣有力的时评视频也因为郎的"普通话不标准"而被撤回未播。

人们出于对人民子弟兵的信任，对军队医院高度信任。然而许多部队医院有许多科室都被承包出去，而其中 99% 都是由莆田承包。

全国的民营医院有 1 万多家，莆田系就占了 8000 多家。多少患者满怀希望去治病，结果倾家荡产，油尽灯枯（come to an end like the lamp goes off when it's out of oil），想找媒体，结果媒体失语（keep silent as one does not know what to say or does not want to take side）；想发文又被百度删帖；找卫生部门投诉（complain）被告知他们没有管辖权限；找部队解决，可是一个平头百姓（nobody）想要联系中国人民解放军总后勤部去查一家下属医院，可能性几乎是零；上访反映问题又常被公安机关遣返。对踏进这陷阱的人来说，真是无路能通。

那么，谁才是魏则西之死的凶手？百度、莆田系、监管部门也许都是，但是核心的核心还是监管问题。我们的监管，一抓就死、一放就乱。

2014 年 6 月 28 日成立的"莆田系"官方机构全称为"莆田（中国）健康产业总会"（Putian [Chinese] Health Industry Association），号称"全球最大的健康产业联盟组织"，旗下拥有全国 8600 多家民营医院会员，提供 100 多万医护人员就业，年营业额达到 2600 亿元人民币。一位业内人士透露说，东庄镇人所办的民营医院及相关企业创造的产值，超越了中国中西部一般省的国民消费总值。耳熟能详（often heard and well remembered）的仁爱医院、美莱整形整容、曙光男科、和美妇儿、天伦不孕不育、远大心胸、爱尔眼科等，绝大多数都是莆田人所开。经过了二十几年的沉浮，莆田系积聚了雄厚的力量，在全国各地从事医疗产业的莆田人达到了 6 万多。

2000 年前后，"院中院"的混乱引起卫生部重视，大量院中院被取消。而此时积累了大量资金的莆田系开始寻求"蛇吞象"：由承包一个科室转为承包整个医院。莆田系也自建大量的医院，由于它们"与生俱来"（innate）的优势，这些新建的民营医院专注于妇科（gynecology）、男科（andrology）领域，初期经营极不正规，仍保持当年"老军医"的风格。这些专科医院体会到公立医院在服务质量和细节上的不足，瞄准公立医院弱项，弥补自身治疗能力不足的短板。专业人士称，识别莆田系医院最好的办法，是看这家医院是否大量做广告。

莆田系多年来游走在政策边缘，习惯了小心翼翼，躲藏在背后，通常以"集团"的方式建立或购买医院，聘请医生和院长，自己完全隐身。有人曾在微博吐槽（debunk; gibe）民营医院怪象："在国内，真正诡异的地方在于，执业医生想要自己开个诊所都很不容易，而莆田系不靠谱的民营医院倒是开得遍地都是。"恶果是，靠谱（reliable; trustworthy）的医生很难走出公立医院，即便走出公立医院也很难开成靠谱医院。而莆田系这样一批敢于打政策擦边球的民营企业快速成长，也吞噬靠谱民营医疗机构快速成长的可能。一组来自医疗门户网站的调查数据甚至显示，在国内，有高达 79.3% 的人对民营医院抱有不信任的态度。而莆田系的医院更是作为典型。

有人归纳出莆田系的成功有三大法宝：

1）骗：确切说，莆田系并不是所谓"游医"起家，全世界的游医也不可能做到如此辉煌，他们纯粹是行骗起家。早年他们开小诊所，在电线杆上贴广告，主打性病梅毒（syphilis）、尖锐湿疣（pointed condyloma）、不孕不育、包皮过长（redundant prepuce）、体癣（tinea corporis; ringworm）、股癣（tinea cruris; jock itch）、花斑癣（tinea versicolor）等，都是些难言之隐（secret sorrow），也不容易治死的病。他们会把小病说成大病，把没病说成有病，盯着钱包看病。后来承包三甲医院走的是同样路线。莆田系，从头到尾、自始至终，都是披着医院的外衣，实质靠行骗赚钱。

2）钱：莆田系的核心法宝就是砸钱打广告，其砸钱的力度超过任何普通企业的想象，据说他们把差不多 80% 的利润都投入到广告，这是莆田同行之间互相交流出来的不二秘诀。有钱能使鬼推磨（Money makes the mare go.）不算什么，砸钱可以颠倒黑白（call white black），这才是真正可怕的地方。全国各地莆田系医院很多列属"高端、国际、中外合资"的形象。它们承包了电台、电视台、报纸、互联网，几乎所有的媒体平台，利用近乎信息炸弹、洗脑宣传的手段和力度，控制了群众目所能及的全部信息入口，莆田系把砸钱的力量发挥到了极致。

3）权：最高端的骗术 3.0，就是要与权力捆绑。莆田系下辖无数烂污民营医院，2014 年抱团成立"莆田（中国）健康产业总会"。网曝的一份莆田系某公司节日送礼清单，遍布全国各地多家部队医院，上至院长政委，下至科室主任，从每人几十万到几千元，一网打尽。这样一来，当然无人再敢小瞧莆田，尽管他们仍然在像过去一样骗钱要命，但受害者将可能不得不忍气吞声（submit to humiliation; eat humble pie），一些爆料者遭到封杀和报复。

莆田系这三大法宝，不光剑指医院，也是我们这个社会的命门和死结。

随着百度生态体系的完善，来自其他方面的收入持续增长，医疗广告这块的占比（proportion）相对下降。加之国家对医疗机构监管更严，由于"莆田系"医疗有很多不正规，甚至坑害患者的行为，导致百度经常遭遇外界抨击，百度也不愿长期背负骂名（have a bad fame; be scolded by people），与"莆田系"的关系也越来越远。而严重依靠广告来打市场的"莆田系"民营医院，生存的空间也开始变小。2016 年 4 月 4 日，"莆田系"健康行业总会宣布全体会员单位自 4 月 5 日起全面停止与百度在竞价推广上的合作。但就在"合作叫停"的第三天，网上就曝出莆田系内部出现分化，很多医院不愿停投带来巨大收益的百度推广。4 月 7 日，莆田总会开始"履行诺言"，以各地分会、巡查办等名义对未下线百度推广的医疗机构发动了大规模"恶意点击"，部分非莆田系医疗机构也遭到波及。由于"恶意点击"属违法行为，百度发布严正声明称已向公安机关正式报案，并配合公安机关调查取证；同时将从技术上屏蔽恶意点击行为，保障客户利益，并表示"绝不会向虚假医疗机构作任何妥协，将坚决与这种黑社会的行径作斗争"。百度与公安机关联手打击"恶意点击"的行动将有利于优质医疗资源的推广，患者将成为最大受益者，同时也将有力推动整个医疗行业健康有序发展。

2016 年 9 月 1 日，《互联网广告管理暂行办法》正式实施。北京海淀工商稽查大队（industry and commerce inspecting team）发现百度等搜索平台对北京宝岛妇产医院等三家医院所发的广告涉嫌未尽审查义务，决定立案调查（put the case on file for investigation and prosecution）。据媒体报道。上海工商部门也因类似原因对百度、搜狗立案调查。

魏则西事件，不仅是无法挽回的悲剧，而且是射中我们社会信任的一支箭。李彦宏这次陷入的，不仅是声誉危机，还有商业模式的危机，以及被政府处罚的危机。但李彦宏却采取"鸵鸟政策"（bury one's head in the sand like the ostrich）作为回应，以至按捺不住的网民都想替他写封道歉信。

有人提出，要跳出魏则西事件本身，从如何建立一个好的社会"信任结构"（trust structure）的角度看待这一问题。人是脆弱的，面对很多境遇时都无法自主决定命运，而要依靠社会资源以及它们所带来的专业知识。一切社会建构的本质都是信任和信用的建构。要是没了信任，社会分工就无法展开，专业化的知识和技能的积累就无从谈起，那只能自给自足，进化极慢。而考古证据表明，和人类文明相关联的核心事件，比如脑容量的急剧扩张、直立行走、言语能力的出现，都与交换和分工紧密关联。信任是一种依赖关系，以诚实守信为基础。讲信用的社会才可能是好社会，"信任结构"是一个社会正常运转的基础。

事实上，百度模式是价高者得，即那些"推广"都是花钱买的；2016 年第一季度百度总营收为人民币 158.21 亿元，其中在线营销业务营收为 149.31 亿元，没有偷没有抢，是莆田系们自觉自愿的。所以人们应该明白，百度就是一门生意，"不可全依赖"，所托非所望，还要靠自己。既然信任过，就意味着必须承受被伤害的风险。

一个社会的信用结构可以通过两个层面来观察。

第一个层面，看信用主体是体制性（规定性）的，还是竞争性（响应性）的。所谓体制性的，就是说没有其他选择可能。比如，一个国家不可能有两支武警队伍或两个国家电视台。这样的主体，从也是从，不从也是从，不能不从。所谓竞争性的，就是说有不止一个信用主体在提供服务。

这两类主体的赋信增信（gain and build up one's credit）方式是不同的。体制性主体主要靠国家权力和特别规定（如专营），竞争性主体主要靠专业知识、服务能力、市场拓展、顾客响应等。当竞争性主体获得垄断地位时，它的体制性色彩会增加，会更多依靠已有的强势地位而不是更好地响应顾客需求。"体制性主体"的地位是牢固的，但不是牢不可破。因为顾客可以投票，人是会流动的资本，可以从一个城市迁到另一个城市，从一个国家迁到另一个国家。

第二个层面，是社会信用的生成和治理。无论体制性主体还是竞争性主体，要建立、保持和增强信用，扩大信任，都要建立好的机制，比如多劳多得的内部激励机制，还需要建立好的文化，比如以客为尊（respect the customers），以人为本（people oriented; human centered），都需要有外部的监督、法治规范和对权力的限制。

一般来说，竞争性主体的赋信增信方式，比体制性主体更令人满意。被誉为"现代管理学之父"的彼得·德鲁克（Peter F. Drucker, 1909—2005）曾说过，即使是那些最有企业家创新精神的人，掌管公共服务机构，尤其是政府机构半年以后，"其行为也会变得像最糟糕的混日子的官僚和争权夺利的政客一样"。所以体制性主体要改革的方向就是借鉴竞争性主体的做法。

竞争性主体的赋信增信地位也不是一劳永逸的。世界著名未来学家阿尔文·托夫勒（Alvin Toffler, 1928—   ）说过，在工商界，官僚主义的猖獗程度绝不亚于政府机关，世界上许多大公司同样地陈腐保守和傲慢无礼（hoity-toity; brash）。为此，公司也需要不断改革，"力求更加灵活，更加革新，更富有企业家精神"。

百度的核心问题首先是价值观，其次是激励机制。百度是竞争性主体，它的很多好产品都是在竞争中打造出来的，但当谷歌离开，当百度事实上拥有了搜索广告的话语权，它的体制性味道越来越浓，客户和百度打交道也越来越难。不止一位朋友说，更改公司在百度百科上的介绍就要等半年一年。

魏则西事件中的莆田系让整个民营医院蒙羞，但正如公立医院也有"天价医疗费"的事件，人们依然趋之若鹜（scramble for; run after），民营医院的发展前景并不会逆转。市场需要更多元的医疗服务供给主体，这也不会改变。要是中国一些公立医院的名医能用自己的名义开诊所，我相信他们只会更加负责，而不是像现在，患者排队三小时，医生看病三分钟。

武警医院的信用为政府所赐，结果这么多三甲医院却走上出租之路，情何以堪？

对于从百度到莆田系这样的商业组织来说，即使你有垄断地位，或者有缝隙市场的统治力，都请记住《希波克拉底誓言》[1]（*Hippocratic Oath*）中的自律性要求：我愿尽余之能力与判断力所及，遵守为病家谋利益之信条（credo），并检束一切堕落和害人行为，我不得将危害药品给予他人，并不作该项之指导，虽有人请求亦必不与之。……我愿以此纯洁与神圣之精神，终身执行我职务。我之唯一目的，为病家谋幸福，并检点吾身，不作各种害人及恶劣行为，尤不作诱奸之事。

这一誓言值得一读再读。技术无比重要，但只有信仰牵引的专业服务精神，才能为技术赋信，信用带来信任。单有技术，或者股东利益最大化意识，那可能走向社会责任的反面，甚至是一种"平庸的恶"（the evil of mediocricy），也就是自甘于体制化的认同，默认体制和社会本身隐含的那些未必违法、但事实上不正直不道德的行为。

---

[1] 希波克拉底（Hippocrate, 古希腊文：Ἱπποκράτης，约460B.C.—约370B.C.）古希腊伯里克利时代的医师，被西方尊为"医学之父"，是西方医学奠基人。他的医学观点对以后西方医学的发展有巨大影响。《希波克拉底誓言》是希波克拉底警诫人类的古希腊职业道德的圣典，是他向医学界发出的行业道德倡议书，这个誓言（中文）总共只有五百多个字，但是产生的影响却非常深远。几乎所有学医学的学生，入学的第一课就要学《希波克拉底誓言》，而且要求正式宣誓，可以说医学界的人没有不知道希波克拉底的。在其他领域里，如律师、证券商、会计师、审计师、评估师、推销员等，都拿希波克拉底誓言作为行业道德的要求。这个誓言成为人类历史上影响最大的一个文件之一，成为全社会所有职业人员言行自律的要求。

政府是掌握着强大资源的信用主体，其资源和信用的分配，更多基于社会成本的考虑，基于公义的考虑，从构建一个好社会出发，而不是基于身份，因此不能只对有形资源的分配感兴趣，更重要的是投入资源后形成的无形资产、信用资产能否让社会共享。真的希望监管者自身也能成为社会信用生成过程中的正面的、正直的、建设性的力量。

信用比钱重要，甚至比命重要。医疗领域是社会高需求、信用高期待的地方，而优质供给长期不足。"莆田系"要反思欠缺商业伦理的问题，政府也要反思，要建立公平、公正的规则，让更多优质的供给主体进入这个市场并得到平等对待。要全面依法治国，首先要下更大的决心对公众所关心、关切的问题进行整治，要从法治的程序设计和轨道上，像强势反腐那样，严惩某些攀附于中国医疗利益链上的各种害群之马（sleaze factor）、祸国殃民的"老虎"和"苍蝇"。

补记1：人民监督网记者调查得知，北京德胜门中医院原来也是庞大的莆田系所诞下的一个医疗怪胎（monster，这里当然不是 malformed）。实际控制医院的是福建莆田系吴氏家族，医院董事长是吴福建，他的两个妻弟，老大吴志峰是医院董事，老二吴信扬是医院总经理。德胜门中医院每年为他们"赚取"3亿多元。

医院大厅内两面的墙壁上挂满了满头白发的老者的照片，照片下面密密麻麻地标注着专家、名医等各种头衔。网上有关报道中居然还出现了"诺贝尔奖获得者医学峰会组委会"的字样，其主任张矩是该医院的顾问之一。据说该机构不惜重金聘请了卫生系统的十多名副部级、部级退休或在职高管作为顾问为其站台（act as a propagandist for）、抬轿、背书。宣传资料中还说该院于2015年聘请国医大师张大宁、石学敏为医院名誉院长，国医大师颜正华、唐祖宣、金世元、吕景，以及著名老中医专家史大卓为医院名誉顾问。医院简介说：北京德胜门中医院在借鉴、传承千年中医精髓的基础上，对中医进行创新应用。我院除了特有的中医秘方外，还有多年临床经验（clinical experience）的老中医亲诊，根据患者的症状制定个性化的诊治方案，再施以治疗，效果显著……

然而，记者在谷歌搜索输入"北京德胜门中医院骗人"关键词，结果有829000条中国各地患者血泪控诉该院骗取钱财信息，可见，这家高喊"救死扶伤"（heal the sick and the wounded, and rescue the dying），"打造炎黄健康人航母"（construct the aircraft carrier for building up the health of the Chinese people）的医疗机构一直是劣迹斑斑、久遭诟病。

补记2：可以说，莆田帮派能量超出大众想象。

一位从百度离职的前员工透露，"北京普通一家莆田系医院，每天推广的费用都达数万元。"

在中国大多数旅游风景区（tourist scenic spot）中，为数众多的名刹古寺（famous and ancient temple）的经营权据说也落入了莆田人手里！在中国旅游界、宗教界早已不是什么秘密。

莆田还曾因为大量产出仿冒名牌的运动鞋，被戏称为"假鞋之都"（capital of fake branded shoes）。一种流传甚广但难以证实的说法称，国内市场上90%的假运动鞋都来自这里。

不能不提的是，在北京木材市场，近100%的市场为莆田人垄断，而现在全国各主要木材集散地（distributing center）或口岸掌控局面的，几乎也都是莆田人。

在珠宝首饰（jewelry）业，10个人中有9个是福建人，而其中8个是莆田人。这一说法虽然有点儿夸张，但莆田从事珠宝首饰业的人数之多，也由此可见一斑（get a rough idea of something）。有人做过粗算，莆田人控制着全国近40%的金银珠宝交易。另外，占全国1/3的油画创作及经营，背后也是莆田人。加油站也是莆田人的目标。全国大部分民营加油站都出自这个地区的商人之手。《莆田晚报》2011年曾报道，莆田仙游以做石化生意闻名。仙游籍商人在外投资加油站，数量达1万多家，占全国民营油站的一半以上，其中在外投资800万元以上的特大型加油站3家，400万—600万元的中型加油站20家，400万元以下的小型加油站60家。

补记3：2016年7月国家工商总局发布《互联网广告管理暂行办法》，于9月1日正式开始实施。明确规定了互联网广告的概念和形式，并对广告发布者、经营者以及互联网广告形式等作出了一系列要求，首次明确推销商品或者服务的付费搜索属于广告，并要求互联网广告应当具有可识别性，显著标明"广告"，应当与自然搜索结果明显区分，使消费者能够辨明其为广告。各类广告要经审查机关进行审查，否则不得发布。国家工商总局相关负责人表示，《互联网广告管理暂行办法》旨在规范互联网广告经营活动，强化各大网站广告自律审查责任，保护消费者的合法权益，促进互联网广告行业及互联网业健康发展。

"魏则西"事件的爆发，舆论除了一致针对莆田系以外，互联网广告亦成为矛盾关注点。互联网公司特别是以百度为首的搜索引擎,刻意模糊搜索竞价排名,游走在法律的边缘,大打擦边球,最终吸引不少用户落入陷阱。

作为"魏则西"事件的责任方之一,百度认为,新规将为互联网广告行业塑造一个更为公平公正、透明高效的商业环境。百度将坚决拥护新规,切实遵照执行,与行业伙伴一起促进互联网广告行业及互联网业更为健康发展。

25. 挥霍善意

由于我国没有实现免费医疗,得了重病即使有医保和大病统筹(comprehensive arrangement for serious diseases; social pooling for catastrophic diseases),不少人得了大病仍付不起昂贵的医疗费用。有的病人亲属通过扮成卡通人物、献抱、挨打自虐等办法向路人筹款,有的女孩甚至以身相许(pledge to marry someone),但效果不好。很多人通过众筹等方式募捐(raise donations)筹措医疗费用,使病人筹得了必要的款项,大众的爱心挽救了他们的生命。媒体上报道这样的例子很多,

下面是笔者看到的近两年的此类报道。

2014 年 3 月 12 日下午,福安市公安局范坑派出所门口锣鼓鞭炮响起,范坑乡范坑村群众陈宝明等人送来一面"警民情深,恩重如山"的锦旗,感谢范坑派出所民警、文职、协警为其村陈某云募捐治疗善款。范坑村村民陈某云,父亲早年病亡,母亲是先天性痴呆(congenital dementia),其因遗传导致智力低下,生活无法自理,长期无人照顾,流浪在范坑乡范坑村沿街乞讨生活。范坑派出所民警获悉陈某云的情况后,组织全所人员率先伸出援助之手,慷慨解囊(be generous with one's money to help other people)为陈某云捐款。经过努力,共捐款 1 万多元,范坑派出所将捐款转交给了陈某云监护人。

2014 年 6 月,内蒙古鄂伦春自治旗大杨树第一小学全体师生为身患先天性脊髓裂(myeloschisis)和脑积水(hydrocephalus)的杨重生同学举行了爱心捐款仪式,筹集善款 9879.5 元,杨重生深深感受到了党的温暖,全校师生的关爱。杨重生的亲生父母因其患病生下来就将他抛弃了,被以卖豆芽为生的杨福红和李桂霞夫妇路过时捡到并收养。这些年来,杨福红夫妇已经为他做了两次手术,

病情也有所好转并能够入校上学，但在 2015 年春天，杨重生病情加重，经常摔跟头，还经常尿裤子，甚至现在无法站立。为了给他治病，养父母花光了家里的所有积蓄并负债累累（heavily in debt; debt-ridden）。大杨树第一小学全体师生举行了爱心捐款仪式，将筹集到的善款 9879.5 元送到杨重生同学手中。大家用爱心为杨重生同学托起了"重生"的希望，也点亮了杨重生同学心中的那盏希望的灯。

2014 年 6 月 28 日，福建龙岩 7 岁女孩琪琪（化名）被有精神问题的继母吴某剁下右手。虽然当天琪琪手掌就已接上，但因身体原因，还需再做一次手术。先期在医院的治疗费用就需要 6 万元，再加上后续的费用，让年收入不足 2 万元的家庭压力巨大。经过媒体报道后，琪琪的遭遇引起了许多爱心人士的关注，他们纷纷前往医院看望琪琪，不是带上一些营养品，就是送上一个红包，表示心意。并行动起来，自发为其捐款。大阳小学的 300 多名师生，虽然大多经济条件一般，捐款也超过 3500 元，武平县义工联合会（volunteers association）等共募集到善款 7 万多元。第二次手术成功，琪琪保住了右手。

2015 年 3 月 9 日，江西赣州有市民看到江西环境工程学院（Jiangxi Environmental Engineering Vocational College）几名学生带着几十叠 5 角、1 元的硬币在银行存钱，加上少数 10 元、100 元的纸币共有 2 万多元。据了解，这些钱是他们为班上母亲患癌的一名同学募捐的钱。记者在该校校园内看到写有"不抛弃不放弃，一个不能少"的红色棚子下放着募捐箱，十多名学生整齐地站成一排，集体向前来捐款的同学一一说"谢谢"。他们是该校汽车营销（automobile marketing）二班的大一学生，为班上来自广西的韦同学患有鼻癌（nasal cancer）晚期的母亲捐款。韦同学从小失去了父亲，母亲靠种田为生，把她和哥哥抚养长大，常年劳累，家里几乎没有积蓄。母亲突然病倒，担心而无助的韦同学在 QQ 空间发的母亲患病的文字引起了老师和同学的关注，打去慰问电话，安慰她，让她要坚强起来。开学后，为韦同学母亲捐款的倡议得到班上同学的一致支持。3 月 25 日，募捐活动发起的第一天，韦同学所在班级的 33 名学生就为她捐款 3000 多元。两天后募捐得到近 3 万元。寒假以来一直在家照顾母亲的韦同学，得知学校师生们的倾力相助后，除了感动、感激，还表示一定会坚持下去，等母亲好起来再回到校园上学。

2015 年 5 月，山西民间篮球队"星动力篮球队"队员高俊德被发现患了脉管炎（angiitis; vasculiti），疾病"吞噬"着他的身体。该球队在忻州市静乐县与那里的篮球爱好者进行了一场公益篮球赛，现场募捐。一名观众 2000 元拍得该球队一件 T 恤，其他观众纷纷解囊，一夜之间筹得 12086 元的善款。

2015 年 5 月 9 日，浙江省瑞安市民王芙蓉一家在搬家过程中，因管道燃气爆燃导致家中 4 人严重烧伤，怀孕 8 个月的王芙蓉还失去了腹中胎儿。巨额的医药费，成了摆在这家人面前最大的问题。王芙蓉怀孕后就休养在家，丈夫黄献在温州工作，是普通的工薪阶层，父亲老王是高楼凤翔社区的一名协警（auxiliary police），母亲没有工作。王芙蓉一家所在的安阳街道和清莲小区华瑞社区筹集了近 15 万元善款。他们一家的遭遇经记者报道后，牵动了整个瑞安城。爱心，从四面八方涌进小小病房，两天内全城就募集到善款 540 多万元。

2016 年 2 月 16 日，一篇《惜惜，爸爸一定能救你》的求助文章，在黄山很多人的微信朋友圈（WeChat moments）里被转发。文章是该市市民方浩所写，他 3 岁的女儿方杨惜不幸患上白血病。文章详细描述了孩子病情、治疗经过，称家里已花了十五六万，小夫妻俩均已辞职，家庭陷入贫困。后续做移植手术仍需要数十万元，实在没办法承担。还公开了孩子的病历、医院证明等详细文件，还公开了孩子照片、自己的身份证信息以及手机号码。他希望能通过这样的方式募集"脐带血造血干细胞（umbilical cord blood hematopoietic stem cells）移植"的手术费用。令方浩没有想到的是，一天不到就筹得善款 40 万。方浩表示感谢全社会的好心人，并承诺所有的善款一定会用于女儿的巨额手术费用及后续治疗，善款的使用情况会通过有公信力（credibility; public trust）的媒体向外界公开，做到公开透明。

2016 年 3 月，广东省汕尾海丰发生"3·20"砍人血案，三名被砍伤的孩子在重症病房中面临死亡威胁，他们的不幸遭遇及各自家庭困境被报道后，迅速在海陆丰掀起一股爱心热潮：政府及时介入，医护人员争分夺秒全力挽救三个孩子的生命；社会力量吹响爱心"集结号"（assembly bugle-calls），短短一周便汇聚了超过 200 万元善款，让三个来自社会底层的贫苦家庭重燃希望。他们表示，如有剩余将全部捐给慈善机构用于帮助其他需要帮助的人，将爱心继续传播下去。

2016 年 4 月 3 日，清明（有多种译法，尚未见有关部门颁布正式译法：Tomb Sweeping Day; Pure Bright Festival; Clear Brightness Festival; Qingming Festival）小长假（three-day day-off）的第二天，山东临沂第十九中学的 40 多名学生自发来到市区人民广场，将一堆看起来稚嫩的练习画、书法作品摆满一地，他们在大风中坚持站了一整天，进行义卖（charity sale）募捐活动，为患了白血病、等待骨髓移植（bone marrow transplantation）的韩国琪同学筹募医疗费。从上午8点多到下午4点，共募捐到善款22300.9元。捐款活动结束后，校方将所捐善款第一时间送到了韩国琪父亲手中。据了解，韩国琪在2015年11月份不幸确诊患上淋巴母细胞肿瘤（lymphoid cell tumor，即俗称的"白血病"）。由于之前没有找到配型骨髓，所以只能在济南齐鲁医院进行化疗，他在此前已经化疗了四次，忍受了常人无法忍受的痛苦。好在化疗效果非常好，目前正在等待配型结果，准备进行骨髓移植。韩国琪出身农村家庭，父母平时靠打零工（do odd jobs）挣钱，巨额的治疗费用让本就不富裕的家庭举步维艰（find oneself hard put to it）。短短几个月的治疗时间已经花去了20多万元，这其中大部分都是东拼西凑（scrape together）借来的。骨髓移植仅手术费就需要50万元，后续也需要很多钱。韩忠华说："儿子治疗期间多亏了学校老师和同学的帮助，上次学校师生给捐了13万多元，现在又给送来了两万多元，俺真是不知道该说什么好，真是谢谢老师和这些孩子们了！"4月1日，临沂第十九中学全体师生齐聚操场为韩国琪进行募捐，共筹集到137248.8元，其中很多同学连放假回家的路费都捐了出来。张俊湘校长带领部分师生代表在第一时间赶赴韩国琪同学的家中，亲手将这份厚重的爱心交到了韩国琪父亲的手中，并叮嘱韩国琪同学要安心养病，要坚强地面对生命中的每一次挑战。郑天军老师还为韩国琪带去了全班同学给他写的"心灵寄语"。面对老师和同学的关爱，韩国琪的脸上露出了久违的笑容，他感动地说："感谢老师和同学对我的关心和帮助，我一定会努力调整心态，以乐观的态度去迎接命运的挑战的。"

2016年4月，山东师范大学第十七届研究生支教团（volunteer teachers' group）联合峰高中心小学全体师生开展了爱心募捐活动，为重庆市荣昌区峰高中心小学三年级五班学生窦孟媛同学募捐医疗费。窦孟媛患有先天性心脏病，需要进行二次手术。孟媛在未满月时住院治疗就花费了5万多元，现在9岁的她病情愈发严重，不得不再次进行手术，医生预计整个治疗过程要花费20万元，这一大笔费用对一个农村家庭来说无疑是一个天文数字，无力承受。山东师范大学研支团得知此事后，和峰高中心小学老师一起利用课间操时间组织全校师生进行捐款，募得21023元，并通过网络募集11528.19元，共计32551.19元，全部转交到窦孟媛家长手中。

这些募捐的事都令人感到欣慰。然而，2016年9月23日《北京晚报》却发表了张丽写的题为《没有多少善良可以被挥霍（squander）》的文章，令人深思。该文章问道："人之初，性本善"（Man's nature is good at birth.）这句话被人们广为知晓，但到底这天然的善意有多少，能泽被（spread all-round benefit to）几人呢？

文章举了两个例子。家住重庆巴南的 24 岁青年王浩于 5 月被医院确诊患上尿毒症（uremia），向社会募捐，先后收到善款 87226 元。但曾捐助善款的庄先生发现王浩买了一辆新的 SUV（中文名为"优威"）车。这款车最低售价都要 11 万多元，这让庄先生感觉自己受了欺骗。随后，庄先生通过微信质问王浩，王浩称捐款并没有动，买车的钱是找亲戚借的。庄先生和另外几个朋友通过微信、QQ 和手机质问王浩，结果全被拉黑。虽然后来证实，王浩确实患有尿毒症，他称，准备跑滴滴打车来赚钱治病。但此说法还是让人疑惑。不过，"性相近，习相远"（By nature, men are much alike; in practice, they are far apart.），比如山西大同人王伟，才 36 岁，被尿毒症折磨得形销骨立（as thin as a skeleton），但依旧坚持自己挣药费，不麻烦别人。

过往的新闻中，"轻松筹款"变成"轻松骗钱"的事例并不少。有些因为信息不透明而引起人们怀疑，也是急需解决的问题。

2012 年 10 月，河南某地发生这样一件事：小龙被查出患有"左肾母细胞瘤（blastoma）"，好心人捐助 16 万帮他治病。肿瘤切除手术顺利，小龙逃出了死神的魔掌。手术只花了 28000 元，剩下 13 万。10 月 25 日，小龙刚刚做了六次化疗，小龙的未婚母亲伍静利（化名）突然消失，带走了好心人捐助的 13 万救命钱。本该在医院继续化疗的小龙，因为没钱医治，被父亲陈泳（化名）带回河南老家。妻子离开后，陈泳一刻不停地找妻子。陈泳称，前段时间，他曾联系上伍静利，刚开始对方称每月给他几千块钱，后来就告诉他钱已经全部用完了。最后她这个手机号又关掉了。后来几个月，陈泳先后六次去湖南找到伍静利老家，每次都只有她爷爷奶奶在家。由于电话打不通，人找不到，无奈之下，父亲以小龙的名义把母亲告上了法庭。

2014 年 10 月 9 日，男扮女装的王海林在成都的街头卖卫生巾，声称是为自己年仅两岁半、患有白血病的女儿筹集医药费。当时，人们称赞这个戴着红色假发、穿着粉红套裙的男子为"顶天立地（be of indomitable spirit）的纯爷们儿（true man）"。现场有人直接掏出 50 元、100 元塞到他手中。在媒体曝光之后的几天里，就有超过 150 万元的捐款汇入他的银行账户。然而，一则"王海林带着巨额善款离开"的消息让他置于风口浪尖。虽然事后证明他只是去济南为女儿联系医院，办理骨髓配型（bone marrow matching）手续。不过他获得的捐款已经超出女儿前期治疗所需的费用。剩余的善款如何使用，也许还将引来后续的关注和质疑，而他的生活也势必会在公众的关注下进行。

2015 年 6 月，南京 4 岁女童柯蕾因患罕见疾病脊索瘤（chordoma），通过网络短短 20 天时间获捐 485 万元的事件，曾在网上引发强烈关注。发帖人称，5 月初柯蕾曾在北京一家医院手术，可手术结果不理想，只能到海外就医。网帖还称，目前只有美国、德国、日本等国家能做这种部位的手术，初期费用要 200 万。截至 6 月 10 日下午 2 点，捐款总金额达到了 4854682 元。同时，网上也出现各种各样质疑的声音：1）柯家已有四套房，经济条件并不差，为什么还要募捐？2）在筹到 200 万的初期治疗费用以后，为何不停止接受捐款？3）为什么一定要去国外治疗？4）善款何时公布账目明细？面对网友的质疑，柯江夫妇也通过媒体对网友的质疑一一作出了回应，并于 6 月 17 日与南京知名慈善实体——南京市浦口区博爱之家（habitat for humanity，即南京爱心妈妈群）——签订协议，由后者作为第三方托管善款。此后，爱心妈妈群经过志愿者 36 个小时的梳理，确认最终获捐 646 余万元。还表示"博爱之家"将持续公布未来的治疗费用、救助进程及善款使用情况。然而，正当大家企盼小姑娘尽早赴美获得治疗之际，南京爱心妈妈群于 6 月 26 日发出了《关于南京市浦口区博爱之家解除柯蕾善款托管的声明》。声明称："由于在柯蕾赴台治疗事件中尚存在未厘清（clarify）事项，无法向博爱之家作出有效解释，同时，家长未能按照博爱之家对公账户拨款方式，自行将款项拨付境外账户。鉴于美国医院对病人隐私的保护，通过私人账户汇往境外的款项使用情况及后续可能存在的退款情况，博爱之家无法跟踪，从而无法尽到托管责任。因此南京市浦口区博爱之家决定解除与柯江达成的托管协议。此决定已告知柯江夫妇。特此声明！"

2015 年 12 月 16 日凌晨，年仅 11 个月的乐乐病情急转直下（the situation turns into a precipitous decline），被诊断为"嗜血细胞综合征"（hemophagocytic syndrome）。她从广东佛山转院至南方医科大学珠江医院的 ICU 儿童重症监护室。她的父亲阿永（化名）称，此前住院治疗费近 2 万元，但进入 ICU 五天后，他总共收到总额约 5.8 万元的发票。因为无法承担高额医药费，阿永向公众募集医药费，不久他就拿到了 14 万元的网友捐助，但是女儿却离开了人世。令人没有想到的是，尚未走出爱女离世悲痛的阿永一家人却出国旅行。

也是 2015 年 12 月，广东佛山的卢兆泉在某众筹平台上为女儿筹集治疗费约 10 万元。遗憾的是，孩子因治疗无效去世，卢兆泉用剩余善款中的 1.3 万元，和妻子一道去西藏为女儿"做法事（Buddhist service）"，让不少捐助人直呼"被骗"。

2016 年 2 月 10 日，一位在德国留学的白血病患者在某平台发起个人求助，希望筹款 500 万元治病，后不知何故将金额改为 50 万元，并在两天后筹款成功。该事件被媒体报道后引起了轩然大波（cause a big stir/uproar），因为在德国注册的大学生都需要购买强制公保医疗保险，大部分的治病和药费是全额报销的。

2016 年 5 月 19 日，有网友在微博上爆料称，一个置换髋关节（articulatio coxae，俗称 hipjoint)的手术需要 3 万至 7 万元治疗费，受捐者按照 7 万元来众筹，却选了 3 万元的方案，同时医保还能给这 3 万元报销 85%，最后病治了，还赚到 65500 元利润。

这样的例子不胜枚举（too numerous to enumerate）。某地一位母亲抱着患眼癌的女儿跪地前行，以换取捐款，结果被证实是精心策划的骗局；某地有人借口家中有孩子得两种病募捐，可是得到捐款后却拿钱盖房，而不是去救孩子；济宁一个孩子身患骨癌，爱心捐款竟被亲生父亲卷走。人们的善心一次次白白落空。由于没有法律制度对个人受捐者行为进行规范，仅凭道德约束的个人募捐，质疑似乎成了保障爱心不受欺骗的唯一手段。

《2014 年度中国慈善透明报告》（*Transparency Report on China's Philanthropy 2014*）显示，接受调查的全国 1000 家公益慈善组织中，信息公开透明指数达 60 分以上的仅 233 家，1000 余名受访者对慈善组织信息披露工作满意度仅为 28%。如何透明使用捐款，这个问题再一次成为公众关注的焦点。对此，律师表示，个人募捐是一种个人民事行为，目前没有法律条款加以约束。只有募捐者在募捐时涉及欺诈、刻意的侵占等行为，属于刑事犯罪，要受到惩处。律师们呼吁国家能出台相关法律法规，对民间筹资行为进行规范，解决司法实践中存在的许多法律问题，如：1）社会募捐法律性质及各方当事人间权利义务关系；2）募捐目的已达到或不可能完成而消除，善款余额权属该如何确定；3）募捐得到的善款余额可否支付募捐对象欠的其他债务。只有妥善解决上述问题，才能保障捐款人的合法权益，避免对社会公信力造成伤害。

26. 小马云

"小马云"真名叫范小勤，是江西吉安永丰县万辉村的一个孩子。邻村一名村民从外地回家时，发现范小勤和阿里巴巴总裁马云（Jack Ma）竟然长得十分相像。他把范小勤的照片上传至网络，让从不缺乏娱乐谈资的互联网再次掀起波澜（cause a new upsurge）。2016 年 11 月初，范小勤一夜之间"被出名"（be made famous），很快他就有了个新名字——"小马云"。

在互联网这个虚拟的世界，谁都能感受到令人亢奋（excited; exuberant）、躁动（agitated）的"节日气氛"。马云和"小马云"，一个是电商帝国的巨头，一个是江西农村的贫苦孩子，他们在互联网这个虚拟的世界"相遇"，彼此知道却素未谋面（have never met before）。马云本人曾在微博上回应"乍一看到（at first sight/glance）这小子，还以为是家里人上传了我小时候的照片，这英武的神态（heroic image），我真的感觉自己是在照镜子啊"。而不少网民依然认为范小勤只是马云照片被恶搞出来的"表情包"（emoji; meme。比直译 expression package 好）。

范小勤那深凹的颧骨（concave cheekbone）、扭曲的头发和马云小时简直一模一样，但他稚气未脱（still posses the innocence of a little child），有时候露出旁人读不懂的呆滞（dull; sluggish）。平时有人欺负他，他从不还口还手，回家也不告状。

同村的村民大多不知道范小勤这个名字，但他们却知道村里"有个长得像马云的小孩"。范小勤一家住在蜿蜒着钻进山冈脚下的一条马路尽头，背靠着树木丛生的山冈。范小勤家生活拮据（be badly off），家里没有电视机，只有一盏节能灯（energy-efficient light bulb），为了省电，晚上也不愿意长时间开灯。范小勤的哥哥上四年级，父亲范家发年轻时被蛇咬，截去一条腿。范小勤的母亲因小时候得了小儿麻痹症（infantile paralysis）而智力低下，又不幸被牛戳瞎一只眼睛。范小勤的奶奶已经 83 岁了，患有老年痴呆症（senile dementia，医学名为 Alzheimer's Disease），耳朵也听不清楚。这个家全靠范小勤 59 岁的父亲支撑。他每天早晨 6 点就起床，给全家做早饭，8 点多送两个孩子到学校上学，然后下地干活，中午和傍晚再接孩子回家。

一家五口每月的低保金、养老金和慰问金等收入大约是 700 元，除此之外，范家发还种了 3 亩田，养了五六只鸡和一头牛。这是他们全部的财产。但他们花销同样不小：范小勤每学期学费 165 元；哥哥范小勇读四年级，每学期学费 260 元。2015 年，县里落实精准扶贫（targeted poverty alleviation）政策，范家发一家还拿到过 5000 元的补助。范家发花了 1500 元买了一辆二手电动三轮接送范小勤兄弟俩上学放学。政府还给他们发了 1 万多块钱的建房补助，范家发请同村人帮忙盖房子。去年夏天，由于天气太热，帮忙建房子的人不愿再干。范家发只好买了一台冰箱给大家提供一些降温的饮料、食品，房子才最终建成。从那以后，这台冰箱再没有插电，因为用不起，一直闲置在范家发房间门口。

长相酷似马云的范小勤出名后，镇上一家奶粉店最早送来了 500 元现金，对外宣传"小马云"是吃他们店的奶粉长大的；深圳一位老板则打算花 1000 元购买范小勤的头像，作为他网上订餐店的商标。范家发去年从村干部那里得知范小勤的照片被传到网上，并被网民笑称"小马云"。村里熟络的人也开始"马云马云"地叫范小勤，但他鲜有应答。范家发一家不知道这张照片在网上引起多大的关注，因为他们从未"触网"（get access to the internet）。对范家发来说，存钱、供小孩读书就是生活的全部，而吃饱、玩好、上学则是范小勤要思考的全部。他说："只有读书才能改变命运，希望儿子健康成长。"作为一名父亲，他更希望孩子能认真读书，"起码将来能当起一个家"。这个每日为生计操劳奔波（toil and run around every day）的农民，怎么也想不到自己的二儿子范小勤会成为网红，并且红得有点惊人。儿子走红后，困扰范家发的不仅只是有许多陌生人的频繁来访，周围村民的态度也发生了一些变化。范家发说："有爱心人士（warm-hearted people）送了四斤猪肉过来，他们（村民）就说送了五六十斤。""还谣言说我跟人合作拿儿子去赚钱，拿了几十万，我就赌气说，不止哦，我拿了上百万呢！其实都没有的事，到现在收到的爱心款总共大概有七八千元。"范家发为此常常蹲坐在板凳上抽闷烟（smoke in depression）。

"小马云"家境贫困一事被当地媒体报道后在网上引起热议。其中有网友呼吁"让马云资助他上学"。11 月 9 日早上，马云表示，"自己愿意承担'小马云'的上学费用，供到大学毕业。"

11 月 6 日起，来范家发家的人逐渐多起来，有扛着摄像设备的媒体记者，有提着大包小包食品、衣物和文具的爱心人士，也有前来了解情况的政府工作人员。

11 月 10 日，永丰县宣传部部长李冬根到"小马云"家慰问，并从身上拿出

500 元慰问金送至"小马云"父亲手上，对方激动得无法言语。永丰县志愿者协会（voluntary association）会长裘忠坚表示，每月定期为范小勤家庭发放贫困物资（一袋大米和一桶 5 升食用油），特批两份壹基金（One Foundation）温暖包（warm bag）给"小马云"及他哥哥，并表示会不定期看望他们。

11 月 11 日，江西农村淘宝工作人员到"小马云"家慰问，小郎酒公司也派人前来慰问。

同一天，广东东莞的几位爱心人士从东莞开车到江西来看望范小勤。他们声称，要帮助重新装修范家的房子，装好电路，买洗衣机等电器。

由于到访的外地人太多，村里的干部不得不组织人力在前往范小勤家的必经路口值班，了解来访者的来意，并时不时到范小勤家确认安全。严辉村村党委书记黄国兴回想前两天发生的一件事依然有点后怕（fear after the event; lingering fear）。11 月 9 日，有几个外人到范家发家，并自称爱心人士，说想带范小勤去拍拍东西，"幸好半天的时间就将他送回来了。"至此，严辉村村委饶有春就经常开着摩托往范小勤家里跑。他对范家发千叮万嘱，绝对不能让任何人再带走范小勤，"这个社会复杂，带着各种目的的人都有"。

11 月 10 日，"快手"直播网站的一名主播找来，要带父子两人去镇上拍视频。在这名主播的"快手"网站主页里，有 13 段小视频全部与范小勤有关。实际上，他们是利用"小马云"的名气炒作圈钱。还有一位刘先生，坐了 14 个小时火车从北京赶到江西，他说自己的目的简单直接，"就是为了蹭热点加粉（add some fans）"。几天时间里，他把镜头对准了范家的一切，除了范小勤外，还有他的哥哥、爸爸、妈妈、奶奶、房屋、桌子、饭碗，以及村民，视频都冠以"小马哥"的名号。11 月 18 日中午，范家发把范小勤送到学校上课。在校门口，刘先生把镜头对准范小勤，反复叫他说"我是小马哥"，直到磕磕绊绊地说出这几个字，那个刘先生这才心满意足。下午，他不停地对范家发说："小马哥以后不用读书了，可以开直播挣钱，你们自己注册一个账号吧。我做的都是对你有利的。"刘还计划带着这些视频，到阿里巴巴北京办公楼下发布。"视频网站能把小视频推荐给附近的人，阿里巴巴的人一定能看到，肯定会火。"不过，对于这些，范家发并无兴趣，他只回了一句，"不懂"。

11 月 18 日中午，一批浙江义乌人找到范家发，要把范家人接到义乌"搞募捐"。他们自称是志愿者，却拒绝透露真实姓名，开车进村时故意用塑料袋遮挡住了车牌。他们实际是义乌一家网络科技公司的工作人员。这家公司成立于

2016 年 9 月，主要在淘宝、天猫（Tmall）网站从事日用百货、玩具、服装、文体用品等小商品的网络销售业务。这次显然也是奔着"小马云"商标而来的。为了让范家"就范"（submit oneself; give in），该公司一行人找到严辉村委会，承诺"公益活动不影响孩子学习，让他更多地接触社会"。村支书黄国兴觉得孩子太小，没有答应，"对方板着脸，说我们不支持公益活动。"

11 月 24 日，一位浙江老板把范小勤领到房车（motor home; limo）里，众人簇拥着（cluster round）范小勤摆姿势拍照。9 岁的范小勤刚上一年级，连自己的名字还不会写。但这丝毫不影响追逐者的热情，镜头前，他们不断重复地教范小勤喊"我是小马云"。有很多次，这个内向的小孩几乎一言不发，木然地（woodenly）跑开了。拍完照后，众人心满意足，他们需要的只是"小马云"的一张脸而已。

范小勤出名后，到严辉村探望"小马云"的人络绎不绝（come in a continuous stream），"每天都有十几拨，最多时候他家里有四五十人。"范家发的邻居说，这也让范家发忙得够呛。由于要接待来访者，没时间干农活，别人家的红薯都收了，范家的红薯还长在地里。好不容易找了一天中午，范家发赶到镇上，打算请帮他割水稻的朋友喝酒，表达谢意。菜还没点，范家发的手机响了五六次，一家企业说已经到家里了，让他必须回来。

"小马云"因撞脸（be as like as two peas in a pod; like each other's mirror image。俚语 dead ringer 也有这个意思）马云而走红之后，让一个原本远离大众目光的农村家庭，受到全社会的注视，家里来了越来越多的造访者，有公益人士，有媒体记者，有基层干部，也有各路商家。访客轮番上场，孩子俨然成了"道具"，他们怀着各自的目的前来，不顾"小马云"一家感受，目的达到后各自散去。可是面对众多的谣言，面对摆脱贫困的持续性问题，"小马云"一家无所适从。

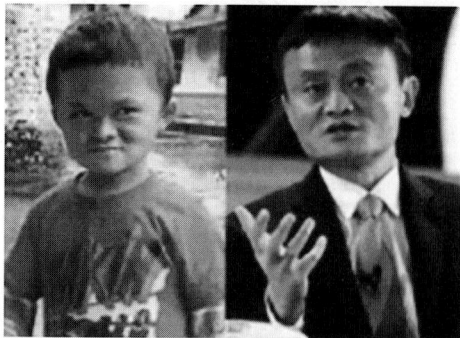

视频中，孩子无所适从（not knowing what to do）的尴尬，其他看客的哄笑，让人揪心（heart-rending）。即便是真心的慈善人士，在给予他们帮助和关怀的同时，更多的要注重对孩子们的尊重和保护，要以更加平等的态度去呵护每一个孩子的成长，而不应该让新闻、视频等成为孩子的负担。至于那些把"小马云"当作道具，想压榨这样一个内向的孩子身上的附带价值，以此谋取私利的网红主播、无良商家，应该受到谴责。

11 月 13 日，阿里巴巴集团公开回应"小马云"事件：这不是笑话，是沉重的现实，"我们社会还有那么多未脱贫人群，乡村留守儿童的教育、成长问题……让人深思和焦心。解决一个孩子的教育费用生活费用不是很难的事情，但要解决千千万万的贫困儿童生活学习困难就需要唤醒更多的力量，为今天这个现实做更多系统的努力，给这成千上万留守儿童一个敞亮的未来……"这话说得很中肯。

《钱江晚报》发表了题为《娱乐"小马云"是荒诞（absurd）的》的文章，提醒津津乐道的旁观者也要认真思考，不要把"小马云"当作娱乐新闻，一笑了之。《法制日报》11 月 23 日刊登了题为《开发"小马云"商业价值当心触法》的警告性文章。

同日，《人民日报》发表题为《应正视小马云提出的脱贫考题》的评论，还刊登署名李拯的文章《被榨干的"小马云"路在何方？》。新华社也发表了题为《贫困儿童群体比"小马云"更值得关注》的文章，该文指出，"小马云"的背后是一个庞大的贫困儿童群体，"小马云"们，以及他们的未来才是更需要被关注的焦点。 对贫困儿童群体的关注不应是昙花一现（a flash in the pan），改变他们未来的，也绝不是与名人"撞脸"的侥幸。 比起"一阵子"的关切和"一次性"的捐助，"小马云"们更需要的是"精神之氧"，是国家精准扶贫体制下的常态（normality）性帮扶。改变他们命运的，不是"一炮而红"（become famous overnight），而是长效的教育机制和完善的救助制度。快餐式的消费过后，"小马云"或将淡出舆论的风口浪尖，但贫困儿童群体，却始终是我国全面建成小康社会进程中不容忽视的一块"拼图"。他们的未来，才更值得我们关注。

27. 治堵

首都北京一度被称为"首堵"（capital of traffic congestion）。据统计，截止到 2015 年底，北京机动车数量已超过 560 万辆。本来就不宽敞的大路小路两侧停满了汽车，通行能力大大降低。公安部门划出一个个停车位，实行收费，对缓解交通压力不起丝毫作用。不少人建议建立体停车场（multistorey parking garage; parking tower），不知何故始终没有下文。

这几年北京采取了很多方法治理交通拥堵的问题。例如修建新的地铁路线，不但在市区和远近郊区建了四通八达的地铁网，还修建了或正在修建连接天津、秦皇岛、张家口、唐山的城市间轻轨，从根本上解决了很大问题。改扩建市区的道路，提高路网密度，加强高架桥、高架路的施工，先后修建了四环、五环、六环，甚至七环等高速路，努力改善中心市区交通微循环，建设次支路（secondary branch road），打通断头路（dead-end road/highway），建立直通高速路等。措施还包括公交实行低价，鼓励大家乘坐公共交通工具出行，以减少私车行驶，建立全市出租自行车网络，这些起到了一定作用。实行摇号限购（restrict car purchase through drawing lots）汽车，减少公车，实行单双日限行（odd-even license plate rule），提高交通拥堵的商业区停车收费等措施，也都对治堵起了一定的作用。北京全年公共电汽车运营线路 877 条，运营车辆 24083 辆，全年客运总量达 47 亿人次。但仍在不断优化线路布局，在主要道路设置公交专用车道，高峰时在一些路段开放潮汐车道（reversible lane; tidal flow）。统计表明，北京有 21% 的交通拥堵是由轻微违反交通规则造成的。2016 年 8 月起严格执行小事故违章不挪车造成拥堵对司机进行罚款 200 元并记 3 分的处罚。这一措施对缓解拥堵也起到了一定作用。根据北京市发布的《2016 年北京市缓解交通拥堵行动计划》，将通过 5 个方面 46 项任务打一套"组合拳"（combination punch）进一步治堵。"十三五"期间，北京将建设公交都市，城市轨道交通运营里程（operating kilometrage）提高到 900 千米。

此外，疏散分流一些低级市场，尤其是在通州区新建城市行政副中心（subsidiary administrative center），此外，拆除违章建筑（demolish illegal buildings），总的可带动 40 万人向外疏解。并将在大兴、顺义、昌平三个新城区按照新型城镇化规划，让他们也承接北京功能疏解。也会对缓解交通压力起到非常大的作用。

但是，要从根本上解决交通拥堵的问题，还需要更多精细化的"新招"，提高智能化交通管理水平。

为了进一步平衡道路交通的结构，2016 年 5 月，北京环保局和交通委等部门参考新加坡、伦敦等外国大城市的做法，制定了收取交通拥堵费（traffic jam fee; congestion surcharge）的方案，曾经被提及的拥堵费政策，今年或将动真格（be really serious）。上海、广州等大城市，也先后进行了收取拥堵费的研究，至少将其作为一个政策储备。

收取交通拥堵费本质上是交通需求管理的一种经济手段，目的是利用价格机制来限制城市道路高峰期的车流密度，达到缓解城市交通拥挤的目的，提高整个城市交通的运营效率。

反对收取"拥堵费"的人士提出，这和政府在其他方面收费或设立新税种差不多，税费负担重了，而税费支出却不太透明，公款浪费随处可见。更重要的是，他们忧虑收取"拥堵费"之后，拥堵情况并不见好转，只不过是政府又多了一项财源。更有人说，这实际上是让车主为政府的错误埋单，让政府从自己的错误中受益。而且"拥堵费"只对私家车有制约作用，对公家花钱的大量的公车缺乏制约作用。

有专家表示，收取道路拥堵费有其合理性，其实施有助于改善城市的道路交通环境以及城市空气质量。但要在全国普及存在一定困难。

"拥堵费"怎么收是个问题。人工收费，收和不收，很大程度上会产生拥堵的现象，电子收费会产生一个隐私的问题。其次，实施收费要在所有的出入口建立一定的设置，本身投资也不会小，场地也有一定困难。

深圳于 2016 年 8 月 1 日起首先在滨海—滨河大道开始实行"多乘员通道"（HOV—high-occupancy vehicle lane）交通管理，只允许乘坐两人及两人以上的汽车通过。对违反规定在 7:30—9:30，17:30—19:30 时段进入"多乘员通道"的车辆，8 月第一周进行口头教育，从 8 月 8 日起罚款 300 元。

"多乘员通道"可以提高道路使用效率，缓解交通拥堵，降低交通污染，该车道还比相邻车道汽车行驶速度更快，具有较高等级的路权（right of way），从而鼓励人们共乘出行，使用公共交通车辆，减少车辆尾气排放。不少人建议，北京也可考虑这一措施。

28. 精准诈骗

2016 年 8 月，山东省临沂市接连发生至少三起电信诈骗学生案件，三名学生银行卡内资金被骗，其中两名学生猝死（die suddenly），引发社会关注（provoke a public outcry）。

8 月 12 日，临沂市临沭县临沭街道西朱车村居民、山东理工大学 2015 级学生宋振宁到公安机关报案，称被电话诈骗 1996 元。8 月 23 日早 5 时许，宋振宁家人发现宋振宁在其卧室外沙发上不省人事（lose consciousness），120 急救人员到场后，确认宋振宁系猝死。经了解，宋振宁生前生活作息正常，无异常表现。

8 月 19 日，即将上大学的山东临沂女孩徐玉玉接到了一个 171 开头的电话，电话另一端自称是教育局的，有一笔助学金可以发给她。她按对方要求将 9900 元钱汇给对方账户后才发现自己被骗。当晚，徐玉玉在和父亲报警回家的路上，家境十分贫寒的徐玉玉突然心脏骤停，经医院抢救无效死亡。

这类案件其他地方也有发生。

8 月 23 日，江苏省江阴市一名 18 岁少女遭遇电话诈骗，银行卡里的 12600 多元学费被骗子转走。

8 月 24 日晚，洛阳学生小杨卡内的 1 万元被转走。同日，上海华东师大（East China Normal University）二年级学生小文（化名）订机票后收到诈骗短信，对方自称航空公司客服（customer service），以小文的航班被取消，在自助柜员机上办改签（change one's ticket/flight）可获得补偿为由，诱导小文按照提示操作。结果，小文全年学杂费 6100 元被转走。

8 月 28 日，广东揭阳市一即将上大学的女生离家出走，家人在其 QQ 上看到了她的留言：自己被短信骗走了学费 1 万多元，无颜面对家人，因而决定自杀。她在 QQ 中说，自杀的原因就是自己太蠢了。8 月 29 日，警方在海边找到了她的尸体。

8 月 29 日，江苏省盐城市建湖县一位 19 岁的准大学生被骗走了 1 万元学费。

9 月 1 日，南京大学生小刘（化名）被骗 8000 多元学费，因悔恨自己上了骗子的当，他将暂住的某宾馆二楼房间的玻璃砸碎，跨坐在窗台上企图跳楼。经过一个多小时的劝说，警方和消防队员终于将其从窗台上救下。

9 月 4 日晚，有网友在网上发布一则寻人启事，说长春某大学一名云南籍段姓男生遭电信诈骗，学费被骗光，现已失联。据其女友小杨说，小段在 8 月 25 日那天收到一条短信，短信里面有一个链接，是收学费的。他就点进去了，里面有个网站，他就把学费打了过去，最后 5000 元的学费都被骗走了。学费被骗光后，小段整个人的状态都非常不好。小段今年 21 岁，家里还有一个上初二的弟弟，父母是农民，靠种烤烟（fire-cured tobacco）等作物为生。因为家里条件本来就不好，他觉得对不起家里人，还说不想活了。无奈之下，小杨在网上发布了寻人启事，希望见到小段的人和她取得联系。没有想到，三天后小段的遗体被发现。

青年学生群体由于社会阅历（experiences，注意：指"经验"的 experience 没有复数形式）较浅、安全防范意识（prevention awareness）相对薄弱，又是使用互联网等电信平台的主力军，成了新的电信诈骗受骗群体之一。

有人把这些诈骗称为"精准诈骗"（accurate fraud），往往因为诈骗人能说出被骗人基本信息，如身份证号码、银行账户（bank account）等，一些诈骗者还通过几个不同的电话分别冒充快递公司（express company）、银行客服、公安局办案人员等，让后者深信不疑，一步步陷入骗局。

虚拟运营商（virtual operator）的管理漏洞则让电信诈骗"如虎添翼"（like a tiger with wings added，也可解释性地译为 with might redoubled）。虚拟运营商相当于"批发商"，这些民营企业租用三大运营商的基础网络，一次性从传统运营商处"批发"大量收集上网流量、语音通话分钟数、短信数，然后设计不同资费套餐，再向用户发放。由于虚拟运营商和传统的基础运营商之间是租用的关系，虚拟号段（number section）的卡和销售渠道不可控性较大，无法做到像其他正规运营商那样严格执行实名制。

每一起通信信息诈骗中，产业链上下游往往附着至少五个专业团伙：1）策划骗术、拨打电话的直接诈骗团伙，2）盗卖个人信息的团伙，3）收集办理非实名电话卡、银行卡卖给诈骗分子的团伙，4）在互联网上搭建诈骗网络平台并与传统通信网对接及提供任意改号、群呼（group call）服务和线路维护的技术支撑团伙，5）专门负责替若干个诈骗窝点转取赃款的洗钱团伙。通信信息诈骗类型已从最初的中奖扩大到房租汇款，到网银升级（upgrade of online bank/e-bank）、邮包藏毒，再到冒充公检法等公职人员、伪造网上通缉令（arrest warrant）、助学金领取等数十种，更从过去的"撒网式"（net casting）诈骗，变成了"精准化"

锁定（latch down; latch up）。这种靶向性更强（more targeted）的行骗手段，成功概率更高。

《京华时报》收到多名大学生反映，他们在购买返校机票时，遭遇了短信、电话等形式的电信诈骗，损失均超过万元。记者暗访发现，网络上有多人出售机票信息。他们通过操作软件入侵第三方购票平台后台程序，"调取"（draw on; obtain）机票信息。

开学临近时，电信诈骗往往会将诈骗对象对准了学生和家长，发送诸如"学生成绩单"（school report; transcript）、"体检报告"（medical examination report）、"检查假期""返还学杂费（tuition and miscellaneous fees）""帮班主任投票"等含有链接（inter-linkage）的短信，学生或家长若不小心点击了钓鱼网址（phishing site），就可能导致手机中木马病毒（Trojan horse virus），银行卡被盗刷（be skimmed）。

170 和 171 的虚拟运营商号段，让诈骗也变得更加简单。虚拟运营商的 170、171 开头的电话卡，可以随买随打，不需要任何证件。不但可以和普通的手机号码一样使用，还能注册支付宝（Alipay）。个人信息，也有渠道可以买到。三线城市（third tier cities）学生及家长的信息，800 元可以买到一万条，还可以用其他数据来交换，例如 3 万条母婴信息换 1 万条学生信息等。上海市工商局一位执法人员介绍，2015 年监管部门对一家财富管理公司（wealth management company）上海分公司的调查发现，纸质资料涉及的个人信息共有 38000 余人次，电子数据保存的个人信息名单有 120M（兆），涉及 100 万余人次。据了解，一些经营理财业务的公司为拓展市场（develop the market）、发展客户，通过购买、交换等方式大量收集消费者个人信息。在收集和使用个人信息后，大多未进行妥善保管和处理，甚至二次售卖。中国互联网协会《中国网民权益保护调查报告 2016》（*Report on the Protection of the Rights of Chinese Net Users 2016*）显示，近一年的时间，国内 6.88 亿网民因垃圾短信、诈骗信息、个人信息泄露等造成的经济损失估算达 915 亿元。网络非法获取公民个人信息日益猖獗，涉及身份信息、电话号码、家庭地址，扩展到网络账号和密码、银行账号和密码、购物记录、出行记录，且形成了"源头—中间商—非法使用人员"的黑色产业链。机关单位、服务机构以及个体企业相关人员参与的泄露活动更加隐蔽，而通过技术手段实施攻击、撞库（attack through hitting the database）或利用钓鱼网站、木马、免费 Wi-Fi、恶意 APP 等技术手段窃取成为重要的泄露方式。

有专家认为，应该加大惩处力度（intensity of punishment），完善相关司法解释。目前我国并没有专门的个人信息保护法，现有法律中的相关规定过于宽泛、模糊，应尽快出台司法解释完善电子证据的认定标准，对有关"帮助信息网络犯罪活动罪"等，应加强法律适用、加大追责力度。

由于电信诈骗属于"非接触式"（non-direct contact）犯罪，环环相扣（hooked up; all linked with one another），很难留下诈骗的确凿痕迹，而且"精准诈骗"团伙的网络交易分工明确，公安机关抓获的此类犯罪嫌疑人大多是处于链条末端的"取款人"。而且，由于电信诈骗不受地域和空间限制，使得发现、跟踪和抓捕有很大难度，破案成本非常高。此外，由于追赃定赃难，使得电信诈骗量刑过轻，对犯罪分子的威慑力不够。电信诈骗的两个关键环节"诈骗电话"和"银行转账"在目前尚没有"源头"管制措施。由于运营商拦截不力，能够虚拟任意号码的网络电话仍处于无人监管状态。

《京华时报》发表过题为《以精确打击对付"精准诈骗"》的文章，指出对精准诈骗，需要治理、打击上的"精确制导"（precision guidance）。面对日益猖獗的电信诈骗，国家层面已经在行动，泄露个人信息的行为已入刑（be included in criminal law），最严手机实名已施行。但仅靠手机实名制遏制电信诈骗是远远不够的。实名制无法屏蔽通过境外拨过来的电话或境外号码发送过来的短信，以及境内的伪基站（pseudo base-station）的电信诈骗。遏制电信诈骗最关键的还是提高自己的防骗意识，让电信诈骗无机可乘。

对山东临沂徐玉玉电信诈骗案，公安部发布了 A 级通缉令，据媒体报道，随着此案一嫌犯自首，主要嫌犯已全部归案（be brought to justice）。

2015 年 9 月 17 日，一位姓王的男子报案称，有人打电话威胁要殴打其在安徽某大学上学的儿子。电话中，对方操东北口音，准确说出了王某的姓名及其儿子所上大学的相关信息。打电话的人自称是东北黑社会人员，王某自己又得罪过人，就以为这些人受人之托欲找其麻烦。对方称只要花钱即可了结此事，否则，将危害王某及其儿子的人身安全。王某虽将信将疑，但因担心儿子的人身安全，还是将 5000 元汇至对方指定账户。事后，王某越想越觉得可疑，于是报案。同年 10 月 9 日，犯罪嫌疑人王彦忠、时震、杨占清被抓获。紧接着，公安机关又陆续接到个人和学校的报案。10 月 15 日，安徽某大学报案称：该校 700 余名学生家长接到恐吓威胁诈骗电话，对方以绑架、殴打孩子为由实施诈骗，已有一名学生家长被骗 5000 元。经查，王彦忠通过 QQ 在网上购买了 2000 多条公民信息，包括安徽某大学学生身份证号码、联系方式及其家长信息等，随后他利用这些信息以打电话的方式进行敲诈。王彦忠没想到，他从网上购买的公民信息被别人盯上了。原来，他购买信息并到姐夫时震的电脑上打印后，信息未删除，被时震发现。时震私自复制该信息并再次打印，然后，伙同妹夫杨占清以相同方式拨打诈骗电话达 600 次，然而敲诈未果。经检查，从王彦忠电脑中提取到公民个人信息 3000 余条，从杨占清处查扣的公民个人信息 1213 条，而时震处则达到 2 万条。

在公安部、山东省公安厅的统一组织指挥和有关省、市公安机关的支持配合下，临沂市、临沭县公安机关专案组分赴福建、四川、广西、河南及省内多地市，全力侦办临沭宋振宁被诈骗案。经连续奋战，截至 9 月 9 日，抓获主要犯罪嫌疑人上官伟科等 14 名犯罪嫌疑人。

2013 年至 2016 年 9 月，全国共发生被骗千万元以上的电信诈骗案件 94 起，百万元以上的案件 2085 起。仅北京法院就审结（conclude）各类电信诈骗相关案件 59 件，判处有期徒刑以上刑罚 405 人。2015 年全国公安机关共立电信诈骗案件 59 万起，同比上升 32.5%，共造成经济损失 222 亿元。

2016 年 9 月 20 日，全国首家"公安部打击治理电信网络新型违法犯罪查控中心"在京正式揭牌（inaugurate; unveil the nameplate）。该中心主要承担全国电信网络诈骗案件涉案账号查询、止付、冻结以及通信工具的查询、封停等工作，为全国打击防范电信网络诈骗案件提供查控资金流、通讯流支撑。该中心已冻结全国涉案账户 40 余万个，冻结资金 11 亿余元；通过工作减少群众损失 18 亿余元；关停涉案手机号码 13 万余个、400 号码近 3 万个，处理伪基站假链接 1 万余个。5000 万元冻结资金将返还。为减少电信网络新型违法犯罪案件被害人的财产损失，确保依法、及时、便捷地返还已冻结资金，银监会和公安部联合印发了《电信网络新型违法犯罪案件冻结资金返还若干规定》，即日起实施。

9 月 23 日，最高人民法院（The Supreme People's Court）、最高人民检察院（The Supreme People's Procuratorate）、公安部、工业和信息化部、中国人民银行、

中国银行业监督管理委员会等六部门联合发布《关于防范和打击电信网络诈骗犯罪（Crimes of telecommunication network-related fraud）的通告》，其中明确提出，电信企业要确保到 2016 年年底前电话实名率达到 100%。根据通告，自 2016 年 12 月 1 日起，个人通过银行自

助柜员机向非同名账户转账的，资金 24 小时后到账。自通告发布之日起至 2016 年 10 月 31 日，主动投案（voluntary surrender to justice）、如实供述自己罪行的，依法从轻或者减轻处罚，在此规定期限内拒不投案自首的，将依法从严惩处（be strictly punished according to law）。通告要求公安机关依法快侦、快捕、快诉、快审、快判，坚决遏制电信网络诈骗犯罪发展蔓延势头，开展为期一年的打击侵犯公民个人信息的专项行动（special action/operations）。

警方提示下述八类电话都是诈骗，切勿上当：1）自称公检法要求汇款；2）让你汇款到"安全账户"；3）通知中奖、领取补贴要你先交钱；4）通知你有"家属"出事，要求先汇款；5）索要个人和银行卡信息及短信验证码；6）要你开通网银接受检查；7）自称领导或老板要求打款；8）陌生网站（链接）要求登记银行卡信息。

补记：

1）2016 年 11 月消息说，最高检和公安部联合挂牌督办（joint supervision）的 21 起电信网络诈骗案中，包括山东徐玉玉等 3 起涉及学生的案件，共有 32 人被批捕。除 1 起处于侦查阶段外，其余 20 起案件已批准逮捕 7 件 481 人。真是天网恢恢，疏而不漏。（The net of Heaven has large meshes, but will let nothing go through./The mills of God grind slowly but surely.）诈骗者不会有好下场。

2）2016 年 12 月 20 日，最高人民法院、最高人民检察院、公安部就电信网络诈骗的刑事案件联合发布文件。文件说，诈骗数目达到 3000 元即构成"数额较大"，以犯罪论处；诈骗弱势群体（vulnerable/disadvantaged groups）、造成被骗人自杀、死亡，或精神失常将从重处罚（punish severely），"帮凶"（accomplice；accessory）则以共同犯罪论处。

29. 大祸车

"大祸车"（large disaster causer）是"大货车"（large truck）的谐音（homophone）。早在 2013 年就有媒体将"大货车"称为"大祸车"。2016 年 11 月 12 日《工人日报》署名张伟杰的文章《"大祸车"的刹车为何踩不下？》说，大货车肇祸多、违规多。在北京，2016 年 10 月就至少发生 4 起大货车肇事致人死亡事故，11 月 5 日又有一辆大货车在朝阳区拉倒电线杆，致 1 死 1 伤。记者在北京发生事故的姚辛庄路口南北主路进行观察发现，在红绿灯变换的短短 24 秒时间内，该路口双方向最多闯过了 8 辆货车，半个小时内，双方向先后有约 40 辆车闯红灯呼啸而过，主要是大货车。文章分析了大货车司机不爱刹车的原因：一辆满载的（fully loaded）大货车从起步（starting）加速到时速 70 千米，需要 3 千米左右，从司机刹车到大货车完全停下来最少需要 500 米的刹车距离。由于每跑 1 千米消耗的汽油要一两元，踩一脚刹车再提至正常车速，几十元钱没有了。所以司机们满载时，能不踩刹车就不踩。这样既可省油又节省时间。闯红灯成了绝大多数货车司机的选择。此外，现在大货车都有保险，发生交通事故撞了人，有保险公司赔付。另一方面大货车减速再启动所需要的时间和油耗很大，这就使规规矩矩开车根本没有利润空间（profit margin），甚至会赔钱，而且往往比撞死人还"赔得多"。尽管"守法开车比撞人还赔钱更多"的说法只是个别媒体和个别业内人士的一面之词（the statement of only one of the parties），但各种过路费（road toll）、过桥费和加油费负担之重，却是公开的秘密。为了能赚钱，大货车只能超载（overload）、超速，否则就会赔本亏钱（lose money）。例如，从山东临沂载一车花到佛山南海花卉市场，载货 28 吨，全程约 2000 千米，35 小时到达，总运价为 12000 元，其中包括支付配货站中介信息费 300 元，过桥过路费 3661 元，油费 5100 元，吃饭、住宿、停车 680 元，如果不计司机工资、车辆磨损折旧（wearing and depreciation）、车子保养维护（maintenance）、保险等其他费用，跑一次也只能盈余 2259 元，支付了司机的工资，一趟就基本不挣钱。守法成本高，货运成本高，而违法成本低，这两高一低直接导致了路上不断出现"大祸车"。

其实"大祸车"不仅存在于北京，全国都有"大祸车"惨剧发生。例如，在济南，2016 年前 7 个月，大货车导致 116 人死亡，而 8 月又至少发生了 6 起涉"大祸车"事故，致 7 人丧命。公安部交管局的数据显示，货车事故的致死率为 0.32（交通事故死亡人数与交通事故伤亡总人数之比），比同期全国道路交通事故致死率高 52%；货车事故平均单起事故死亡人数为 0.45 人，比同期全国道路交通事故平均单起事故死亡人数高 54%。在肇事的货车中，重型货车又是最致命的，其导致的死亡人数又占到货车事故死亡总人数的 57.4%，而轻型货车只占 13.7%。

从大货车易发生事故的原因方面看，缺乏整车配对标准（matching standard for the whole vehicle），随意拼、改大货车使本就堪忧的制动能力更加悲剧。在车辆各种故障统计中，制动失灵占据了相当高的比例。以山西省公安厅交通管理局统计为例，在货车发生交通事故的原因分析中，刹车失灵占据了机械故障的90%。2013年，新华社的报道《大货车就这样变成"马路杀手"（road killer）》曾披露了一些货车司机私自把前轮的制动取消了。为何货车司机对这一性命攸关的保命装置做手脚（mess about with/tamper with something）呢？原来，前轮和后轮刹车有个时间差，前轮停住但后面的惯性还是推着它往前走，主车和挂车折叠容易造成事故。之所以出现这样的情况，在于我国对重型货车，特别是半挂牵引车（semi-trailer towing vehicle）的制动系统匹配标准等问题没有作出明确规范。主车、挂车、同步阀（synchronous valve）生产各有各的技术鉴定标准，却没有一个整车配对标准，挂车生产出来后跟主车随意配，在出厂时就有了"马路杀手"的潜质。

看来，仅仅靠交警在路上严格执法还不能解决问题。一要加强货车标准配备的强制性（enforcement）；二要降低运输成本、调整保险制度，从而降低"守法成本"，提高违法成本，让大货车司机不敢视路人和其他司机的生命为"可承受的损失"才是治理"大祸车"刹不下车的治本（effect a permanent cure）之策。

还要说一下的是，其实中国的货车司机也比较冤，开大货不仅面临高额的过路费用，恶劣充满噪声的驾驶环境，长途驾驶也往往得不到很好的休息，吃饭都是将就（make do with），在这种情况下，你怎么能指望货车司机有什么好心情。狭小的驾驶室（cab）是大多数中国货车的标配，后排只能勉强躺下一个人，闷热、压抑是常态。相比之下，在美国，路上跑的货车都装备精良，也十分人性化（humanized），除了后面长长的拖箱，驾驶室内部基本就是房车的结构，驾驶员随时可以做饭休息洗澡。驾驶舱里的DVD播放器连着高清（high defination）电视，休息时可以观看。冰箱里堆满各种食物。而淋浴间，看起来跟酒店没什么区别！如果有一天，中国的货车司机们都开上这种卡车，事故肯定会大大减少。

30. 五花八门的天价事件

旅游业出现宰客（swindle money out of customers; rip off; skin someone）的天价（premium price）事件层出不穷，可就是禁止不了。2017 年春节期间，云南大理几乎全城都卷入了高价宰客的事件，人们反应强烈。有关部门不得不撤销了当地五星级旅游景点的称号，全市旅游业停业反省。

下面举一些其他行业宰人的事件。

2016 年 9 月 6 日足球世界杯预选赛（preliminary）国足与伊朗的比赛刚刚结束，3 万多球迷走出球场的时候发现，10 点钟沈阳的公共交通系统已经基本停运，地铁、公交车全部停运，在场的出租车和私家车加价高达 10—20 倍，而且不讲价（bargain）。球迷们只能自行疏散，现场十分拥挤、混乱，引起人们质疑。

据媒体报道，2016 年 5 月 30 日合肥滨湖新区赵先生向记者爆料，他上周到徽州大道与紫云路附近的一家阿玛尼派（Armani Style）理发店理发，本来只想简单剪个发，店员却让他稀里糊涂（in a muddle-headed way）做了颈部、肩部和肾部护理套餐（package nursing care），赵先生花费 8000 元办了会员卡才脱身。

洗头时，一名店员说赵先生颈部有些问题，身体里堆积的毒素比较多，特别是在皮肤表层，推荐他到二楼按摩服务区，让他体验一次肩部按摩。按摩时，按摩师也没有告知价格，让赵先生在按摩椅子上趴着，颈部按摩了十几分钟，随后在他颈部涂抹了某种类似精油（essential oil）的东西。接着，按摩师对他说已经开启了一套价值 2900 多元的肩颈理疗套餐。赵先生明白过来为时已晚，只好接受。没等赵先生反应过来，女按摩师已经在他的颈部和肩部找了 15 个穴位（acupoint），随即用拔火罐（cupping glass）将各个穴位扣住，不由分说（not allow one to argue）就进行所谓的"开穴拔罐"。最后结账时赵先生才知道拔一个火罐要 50 元钱。拔罐后，按摩师又说他的腰腹部状态不太好，是肾部缺乏调养（be nursed back to health）的原因。随即用一种紫外线光的仪器，对着他的肾部做"调养"。一个多小时后，这三种调养套餐全部体验完后，赵先生一看消费单傻了，"一共消费了 8000 多元。赵先生说，他根本没带这么多钱，店方一名负责人和店员告诉他，除非办一张 1.2 万元的会员卡（membership card），才打折按照 5000 多元计算。赵先生说了不少好话，店方同意他拿 8000 元办理价值 1.2 万元的会员卡。"我用光了银行卡里的钱，又借了朋友的钱，凑了 8000 元钱，办理了一张该店的会员卡。"在赵先生提供的一张消费小票上，记者看到，肩颈保养套餐可以做 15 次，总价为 2907 元，肾部保养套餐可以做 12 次，总价为 2142 元。两笔消费金额共计 5049 元。"店方告诉我还有拔火罐等其他按摩服务，加起来一共是 8000 多元。"赵先生说，他迫于无奈在这家店办了会员卡后，才终于出了店门。回到家，看着自己颈部和肩部一块块瘀血（congestion），赵先生有些后怕，认为这家店的按摩师未取得相应资格证书，包河区卫生监督所突查也发现该店在不具备诊疗资格的前提下，有误导顾客之嫌，且存在器具消毒不规范、未能出示营业执照、卫生许可证等问题，要求整改。

事实上，该地多数档次较高的美容美发店，除了美容美发外，还能提供理疗、养生、保健等服务，而且很多店员都不知道拔罐、针灸等服务需要相应的从业资格。拔罐、针灸（acupuncture and moxibustion）、推拿（Chinese manipulation/massage）等属于医疗美容，理发店、美容店在未取得《医疗机构执业许可证》和未经卫生部门核准的情况下是不能提供医疗美容服务的。依据我国医疗机构管理的相关规定，美容院不是医疗机构，经营范围只能是生活美容，比如皮肤护理、足浴等项目。如果从事丰胸（chest/breast enlargement）、文眉（eyebrow tattooing）、除皱（rhytidectomy）、针灸等侵入皮肤的医疗美容服务，就属于违规。

浙江宁波也出现了类似的事件。小伙顾某看到一家理发店门外播出"剪发上午 10 点到下午 4 点只需 10 元"的滚动广告（rolling/rotating advertisement），就进了店，并在理发师推荐下做了"37 块钱一个"的发型。但结账时他被告知：37 块是"一个夹子"的价钱，他理发用了 48 个夹子，计费 1776 元。最终，顾某花 3200 元办了一张该店的 VIP 卡。离店以后，他拨打 12315 热线电话，向市场监管部门投诉。后经宁波江东区市场监督管理局调解，店家同意退卡、退还卡款 3200 元和顾某支付的 300 元理发费，双方签订调解协议。

据《楚天都市报》（*Chutian Metro Daily*）2016 年 12 月 7 日报道，此类天价事件似乎仍在发生。武汉一个大学三年级学生小蔡，本想在美容美发店花 360 元做个发型。可是店员给烫完发后，不停地往他的头发上滴头皮护理液（scalp moisturizer），一共滴了 12 瓶，直到洗发时仍未停止。他这才警觉，询问如何收费。店员称口头算不清，等结账时再说，随后又给他滴了 3 瓶。结账时听说要 2788 元，小蔡一下子傻了眼（be dumbfounded/stunned）。护理液每瓶要 158 元。他表示愿意拿出自己仅有的 1200 元了结此事，被店方拒绝。无奈之下，他只好向父亲和同学求助，办了一张 3000 元的会员卡，店方优惠收取此次美发费 1000 元。连生活费都成问题的小蔡无奈求助《楚天都市报》"帮到底"栏目。店方表示同意退还部分款项，但之后又反悔。后经辖区市场监督管理所（market supervision administration）调解，店方才同意退还小蔡 1600 元。

2016 年 6 月 16 日正式开幕的上海迪士尼乐园为人们提供了一个新的娱乐场所，受到欢迎。可是园内餐饮昂贵引起热议。一个米奇肉包（Mickey pork bun）售价 35 元，比日本迪士尼还要贵，一瓶矿泉水也要 10 元，结果引发热议。网友对此揶揄道："人傻钱多速来。"

还有人借教育而大发其财。办各种天价培训班在各地几乎都很普遍。为了不让孩子"输在起跑线上"，家长在孩子上幼儿园时就给他们报各种培训班：英文、美术、声乐、器乐、舞蹈、棋类、跆拳道（taekwondo，这是从韩文引入的，奥运会等正式比赛都用此词，仍有西方媒体解释性地译为 kickboxing）。这些班收费不菲，有的一个孩子的培训费每月高达近万元，小学、中学也有各种课外补习班，尽管教育管理部门一再下命令禁止，但收效甚微。假期更是各种补习班的盛行期。离暑假还有一个多月，媒体上各种补习班的广告就大行其道（popular and wide-spread）。孩子们的假期被无情剥夺，失去了童年的乐趣。

2016 年 6 月 26 日上午，上海槎溪路一家四星级酒店的会议厅里，"财富女人学院名媛（noble young lady，初进入社交界的称 debutante）培训班"开始了新一轮的授课。这家学院网上挂出开设的课程包括"兴家旺族"（make one's family and the whole clan prosper）、"第一夫人"、"气场女王"（woman with a queenly aura）、"名媛淑女"，内容涉及两性关系、茶艺、插花、礼仪、马术、高尔夫、红酒等。网上还说，其创始人韩艾桐有着"联合国峰会授予的世界和平使者"的头衔，还领了联合国的奖。但联合国申明没有"世界和平使者"这一奖项。联合国只设有一项"和平使者"奖，被联合国秘书长任命为联合国和平使者的华人只有大提琴演奏家马友友和钢琴家郎朗。该学院的学费高达 128000 元，所有课程全部学习，还可以发展学员，如果达到一定数量，还可获赠股权。

随着个人财富的增加和文化水平的提高，家长们除了给孩子报名各种培训班、兴趣班，培养孩子的特长之外，在孩子的行为仪态、交际礼仪礼数方面也不落下。有媒体报道称，上海一些家长，尤其是新富裕户（nouveau riche）的家长，热衷为孩子报名参加高价西方用餐礼仪（dining etiquette，非正式场合用 table manners 即可）培训班。男孩们穿着西装礼服，女孩们身着轻盈的裙子，伴着轻柔的音乐，优雅地使用着刀叉用餐。媒体报道称，这些来自富裕家庭的孩子们聚在一起，学习如何像绅士、淑女那样优雅地待人接物。报道称这场礼仪培训的老师大多来自英国，接受过贵族学校教育。短短 3 小时的课程，每人收费 2800 元，引来一片争议。2016 年 6 月 7 日《天府早报》报道，成都也出现了几十家礼仪培训机构，课程内容包括站姿、坐姿、待人接物（the way one gets along with people）等，培训费用以课时计算。某高端西方礼仪培训机构号称，能邀请到戴安娜王妃（Princess Diana，其名为 Diana Spencer）前管家等礼仪大师以及英国公主前来授课，一天的学费高达三四千元。如果报名学习两天全套系统课程，包括礼仪、舞蹈等课程，学费要 9800 元。事实上，有的机构请的是普通的外国人来授课，有的可能自己对西方礼仪都不甚了解，反而会误人子弟。

2016 年暑假，广州也出现了类似的天价贵族夏令营，什么"三岁幼童 CEO 培训班""儿童皇家马术夏令营""儿童高尔夫暑期夏令营"等，开设正统西方贵族礼仪（orthodox Western aristocratic etiquette）课程，有的一天学费就要 1000 元，还不包括食宿。佛山市一个英语学习班，一周两节课，一个暑假学费 8800 元。其实这些贵族班就是加点课的托儿所。

学习西方礼仪，学费高达数千元甚至近万元，对于职场人士，也许能够接受，但作为并未进入社会的孩子，有没有必要接受这样的高端培训？盲目追求高大上没必要，如此高价的学费，大多数家长直言，并不会为此买单。还有人指出，这些家长盲目追求给孩子从小建立"高大上"的社交环境，其实只是为了满足家长自己的虚荣心。这会在孩子纯真的心中过早留下社交圈的概念，难免显得过于功利，也不利孩子今后成长。

孩子从幼儿园毕业就面临竞争。有针对幼升小、小升初、中考独有各种补习班、辅导班、助考班、提分班，还有采取一对一上课的。绝大多数价格不菲。高考复习补习班更是生意兴隆。家长们省吃俭用（try to save every penny）也要送孩子上这些班。但是实际效果如何却难说。家长没有必要跟风。据了解，高考成绩好的学生多数并未参加过这类班。

近年来，国内多地涌现出了各种"国际学校"。收费不菲是这些学校的共同特点。北京国际学校名目繁多，学费多在 10 万—30 万元之间。如北京乐成国际学校，高中一年学费达 26 万元，不含其他如吃饭、住宿等费用。如此推算，高中三年仅学费就需 78 万元。各地情况差不多，如四川广元天立国际学校初一新生的收费标准为 28000 元 / 年，读完初中三年便要交费 8 万元左右，加上生活费等则需 10 万余元。

国际学校本应是一条打通中西教育的桥梁，可是现在这个桥梁奇形怪状，很难走。国际学校收费贵却性价比（performance-price ratio）低得离谱（below reasonable limits, fall far short of what is normal），而且参差不齐，一些名不副实的"国际学校"会把很多奔前途的孩子带到沟里。有些"国际学校"假冒伪劣，赚崇洋媚外的钱。

一些学生由于不喜欢传统的中式教育方式才选择去读国际学校。现在许多高校实行自主招生（independent recruitment），没有想到这也成了一些人发财的门道。高考刚结束，各大高校的自主招生考试就"接力"上场。不少培训机构从密集的考试安排中"见缝插针"（字面意思为：stick in a pin wherever there's room，解释性译文：make use of every bit of space/time），利用高考结束后和自招开始前之间几天甚至一天的时间，打出自主招生考前"突击式集训"的牌子，收取高额培训费。培训的要价大都在两三千元不等，有的集训 12 小时，收费高达 7000 元。一些培训机构还打出了"清华、北大教师授课"的旗号，甚至写明"特邀多位清华大学面试专家，现场坐镇，为考生指点迷津（show someone how to get onto the right path/way），实战演练"。有不少家长带着孩子从外地专程赶来参加培训。

网上和一些报刊常出现"协议快速提分"、考研"VIP 保过（exam pass guarantee）"、艺考"名校直通"、公考"面试保过"等诱惑人的字眼。一些培训机构承诺只要花费几万元的培训费，就可以享受"一对一"专属服务，快速提高分数，全程无忧保证进入目标学校。培训市场上，中小学各种快速提高分数，考研、艺考、公考"保过班"纷纷现身，鱼龙混杂（quite a mixed bag）。这些"保过班"的学费少则万元多则 10 万元，但是不少学生上了这些高价"保过班"，结果却没能"过"。例如，家住呼和浩特市的阚梓毅进入内蒙古自治区公务员考试面试后，被中公教育打出的面试"保过班"广告吸引，花了 13000 元报名费，参加了一周的公务员面试培训，结果却没能如愿。济南的艺考生小文，为了能上大学，报了一个"自称靠谱"的培训班，说是"一定能过"，还签了"保过协议"，答应过不了就全额退款。然而，8 个学校一个都没有考过。当她拿着那份协议去找培训学校的时候，"对方有各种理由，就是不给退钱。"一些艺考、考研等培训机构只有三五名教师，一间教室，有的甚至"蜗居"在民房中，但都打出通过率 100% 的广告，并张贴历届优秀考生成绩用以招揽学生。近年来，民办教育培训市场火爆，考研、考公务员、艺考等有关的各类培训班涌现。虚假宣传、坑蒙拐骗（cheat; swindle; defraud）、霸王条款（hegemony/overlord/overbearing terms）等问题凸显，导致教育培训类纠纷激增。数据显示，2016年上半年，全国消费者协会共受理教育培训服务投诉2626起。这些培训机构一般都是先利用"保过"字眼吸引有意培训的人，再配合"饥饿营销"（hunger marketing）和"不过退款"的手法吸引消费者。多位培训机构的工作人员私下表示，目前市场上各种保过班费用太高，价格一年高过一年，业内用"每年都打破行业最高收费"来形容这种现象。有律师指出，如果这类"保过班"真如所宣传的那样可以获取真题的话，性质就从合法变为违法，将构成犯罪。一些培训机构宣称"内部公关""独家人脉"，数万元的费用被用于"打点关系"。"保过班"被描述成一条通向灰色地带的神秘通道。"保过班"实际上玩的是概率游戏（probability game）。业内人士说，一个班里只要有考生通过考试，那么，高出来的收费就足以弥补少数无法通过考试的考生的退款。这样下来，总收益还是比普通培训班要高得多。 信息不对称等也会让一些考生盲目听信"保过"。一些培训机构还会用报名费"钱生钱"。在天津市某公职类考试培训机构里任教多年的王欣称，只要机构不停业，就有源源不断的报名费。培训机构在反复收款和退款过程中始终都滞留着一大笔"活钱"。她所在的培训机构超过一半的流动资金来源于"保过班"。王欣表示，培训机构利用这些资金投资旅游业、幼儿园、房地产、放高利贷，挣得盆满钵满（make large profits）。至于那些没通过的人，培训机构也不会吃亏，总要把基本教学费、材料费等扣除后再退款。王欣说，"这个过程中，培训机构始终是赢家。"在中小学协议提分班里，提高数十分的"某同学"只是子虚乌有。业内人士称，机构往往用李同学、张同学考取好高中、好大学，夸大其培训效果，将培训学员自身的能力与培训机构的效果混为一谈，其实"某同学"只是一个虚构的典型。

随着2017年全国硕士研究生招生政策出炉，一年一度的"考研"大戏又逐步进入公众视野。考研经济正逐步升温，各大教育培训机构更是迎来报名的旺季，有教育培训机构甚至开设了学费近14万元的天价"保过班"。

从中国消费者协会（China Consumers' Association）公布的数据来看，近年来，消费者对教育培训服务的投诉每年都超过5000起。事实上，学生能学到什么样的程度，取决于学生本身的表现，考试成绩受到试题难易程度、考生临场发挥（improvisational performance）等因素影响。针对临阵磨枪（sharpen one's spear only before going into battle; start to prepare at the last moment。应对考试可说

cram for the exam。Take a tank training 也有此意）式的考前突击培训现象，北京大学招生办相关负责人明确表示，北大从未组织过任何形式的自主招生培训，该负责人还说，自主招生面试"是一个能力的测试，不是高中学业科目的测试，大家不用特别紧张，能力提升也不是一时半会儿的事，所以说，是什么样的水平到时候坦然来考试发挥出自己的水平就行了"。

更令人没有想到的是，填写高考志愿（fill in and sign up the application for the university/college and specialties one wants to get recruited by）咨询服务也催生出了动辄数万元的天价咨询费。"大数据帮你填报上好大学"之类的广告比比皆是（can be found everywhere），部分"一对一"咨询价格更是一路被炒至数万元的"天价"。其实早在高考前，一些咨询机构就已经在线上线下开办了高考志愿填报培训班。输入"高考志愿"进行搜索，马上会出现包括高考志愿填报手册、高考志愿填报秘籍攻略（secret strategy）、高考志愿卡等等一大批相关产品。"资深"老师"一对一"报考咨询服务价格从数百元到数万元不等。记者通过电话咨询了解到考后填报志愿机构工作人员给出的报价：有三年工作经验的老师 12800 元；有四年工作经验的老师 24800 元；有五年工作经验的老师 29800 元；有七八年工作经验的老师 39800 元。如果采取面谈的方式，一份方案更要好几万元。很多咨询机构还推出了"专家级套餐服务"，包括潜能测评、生涯规划加志愿填报。

填报高考志愿确实要一定的技术，需要准确而翔实的数据支撑。上面所说的咨询多数是依据大数据的，但关键在于通过对数据的挖掘、分析和研判，以掌握和满足考生和家长最精准的需求。然而，这些咨询机构并无"报考大数据库"支持。中国教育科学研究院（China National Institute of Education Sciences）研究员储朝晖指出："这些数据只能呈现过去，不能预测到未来。当考生依据数据作出选择时，就会改变这个数据未来的状况，所以我建议各位家长一定要留心。"

令人想不到的是，属于国家义务教育的学校也出现天价的怪事。2016 年 7 月 13 日，江苏当地媒体报道，无锡市一民办普通高中——运河实验中学一年学费高达 16 万元，三年要 48 万元。然而，家长交费回单却写着："根据《民办教育促进法》第 47 条之规定：本人自愿捐资人民币 16 万元。"花 48 万上高中，这让不少家长倒吸一口凉气（give a gasp）。据了解，无锡去年四星级普通高中一学期学费是 850 元，就算择校费也只有 3 万元，三年学费算下来 4 万元不到。而一些名牌高中的国际班，一年收费是 7 万到 8 万元，三年最多 24 万元。算下来，这所普通高中的学费比名牌高中的国际班要贵一倍。该学校回应说，这是"精品班"（elite class）。许多学校打出所谓"实验班"（experimental class）、"重点班"（key class）、"尖子班"（top class）的名目，借此敛财。教育主管部门应该好好关注一下，不能因为有些家长"自愿"而睁一眼闭一眼（look the other way, wink at 也有此意，但很多汉英词典提供的 turn a blind eye to 并不确切，因为这一习语并不针对别人的过错，没有故意姑息放任、不加以阻止或批评的含义）。

据央视《焦点访谈》（Topics in Focus）节目曝光，现在有很多各种各样的所谓高级研修班，涉及企业管理、金融投资、两性情感、房地产等多个领域，大多冠以"卓越""精英""总裁"之类的名号，如"互联网金融实战总裁班""标杆企业（model enterprise）CEO 研修班""情感与家庭智慧女子研修班""卓越商道与创新经营 EMBA 总裁高级研修班"等，这些研修班都宣传名校开办、名师授课、价格不菲。有的要 70 多万元，稍便宜一点的也要 29800 元，学制一年或两年，每月集中上两三天课，平均一天的学费从 800 多元到 16000 多元不等。这些研修班的招生简章上标明要培养"带领中国经济持续健康发展的优秀管理者"，培养"青年领袖、助力基业长青、推动社会进步"。

有一个宣传材料说，其课程涵盖工商管理、文化哲学、宗教体验和修身养性等内容，学费要 798000 元，可是参加的人不少，其中一期学员中，仅上市企业（listed enterprises）的老总就有 50 多位。而另一个学费为 98000 元的研修班，学员身份也都是高端人士，其实来上这个班的人大多是想来拓展人脉（expand social relationship）的。想要结识较高层次的人，花费当然不会便宜。更有一个研修班，除了上课还会有很多聚餐之类的活动，对交友来说，饭桌比课桌更重要。这些高价研修班学费如此之贵的另一个理由则是有名师授课。在一个学费为 78800 元的研修班的招生简章上印着一大串聘请教师名单，上面有全国政协常委、中国道教协会（Chinese Taoist Association）会长任老师，中国著名企业家阿里巴巴集团董事局主席马老师等，在另一个学费要 58000 元的研修班上，课前有人隆重介绍授课老师说："今天邀请到的杨老师是国家级的摄影师，也是清华摄影班特邀专题的授课老师。"然而记者上网搜索却怎么也查不到这位"国家级摄影师"的信息。

不少培训班的名称冠以名校的名号，但是记者调查发现，其中只有很少数是高校自己的继续教育项目，有些则是高校和社会上的教育机构联合办的，有些其实与名校无关。比如，被称为"清华女子班"的"情感与家庭智慧女子研修班"，记者走访了清华大学教育培训管理处，相关人员告诉记者："确定不是清华的。"

此外，所谓"北京大学后 EMBA 商业领袖项目""北京大学标杆企业 CEO 班"等也与北大无关。

尽管高价培训市场存在种种乱象（chaotic phenomena），但这些高价研修班依旧开得火热，即使是工作日，仍有不少学生从外地赶来上课。某研修班的一位学员告诉记者："闲着也是闲着。来这儿度假，顺便学习。"有一位学员在"情感与家庭智慧的研修班"已经上了十年的课，说来这儿并不是为了要学到什么，主要是来玩的。一些民营企业老总学历较低，对所谓的挂着名牌大学的总裁班的积极性很高，因为一旦进入这种班出来以后拿个结业证（certification of course completion），社会对他的认可度（approbation degree; recognization）就会提高，在联系业务、和别人进行谈判过程中双方建立信用方面都是有很大作用的。另外一方面，因为中国人比较重视同学、战友情，将来对自己开展和发展业务也有好处，所以说它的吸引力非常大，大家都愿意去。

拍电视剧也进入了天价行列。2016 年 6 月 8 日《第一财经》报道，近日开幕的上海电视节上，国产剧越来越高的价格成为业内人士的热议话题。被戏称为"卖肾买剧"的电视剧市场，仅今年电视剧价格就涨了三十倍。这些年不断走高的电视剧价格，到底谁是背后的推手？几年前，当时最大的剧《甄嬛传》（*Empresses in the Palace*）也就卖了 30 万一集，同级别的剧在 2015 年价格涨了10 倍，2016 年涨了 30 倍。

事实上，涨价的不仅仅是电视剧的版权，这些年 IP（intellectual property 的缩写，指知识产权保护。不是互联网协议 Internet Property）价格、制作费、演员酬劳、编剧酬劳都在涨，整个行业看上去都在涨，是否只要有买方愿意买单，这个天价的现象就会持续呢？对此，曾打造过《虎妈猫爸》（官方译名是 *Tiger Mom*，请思考如将"猫爸"Cat Dad 也译出效果如何）、《如懿传》（*Ruyi's Royal Love in the Palace*）等精品大剧的金牌制片人黄澜表示："所谓的天价背后，其实是观众的强烈需求，有了需求才有市场供给，之所以版权价格会上涨，是因为创作的核心资源也在涨价。而且，只有好的剧才会卖得贵，但是可以给平台带来价值。"这里面有没有泡沫？这些泡沫会破灭吗？现在演员价格飞涨，很多过亿都不算贵。上文提到的《如懿传》，男女主角的片酬加起来就超过 1.7 亿元。很多"顶级大神"的作品一下就报了 3000 万、5000 万。相比之下，2015 年年报显示，15% 的上市公司一年利润还不到 1500 万元。在良莠不齐（the good and the bad are intermingled/mixed）的市场下，尤其需要我们理性判断。贵的剧就一定是好剧吗？这种行业泡沫应该被打破了。

2016 年 9 月，中纪委网站发布了国家新闻出版广电总局的巡视整改情况通报。通报中称，要坚决遏制"天价"片酬和明星炫富问题，将指导行业内抓紧制订抵制"天价"片酬的行业自律公约。同时指出，目前影视圈内有的当红明星（popular star）的片酬动辄（frequently; very often）一部戏几千万元甚至上亿元，导致剧组制作经费（production fee/fund）严重被占用（be occupied）。业内人士表示，这样的恶性循环将导致影视剧越来越难看。

全国人大常委会会议对电影产业促进法草案分组审议时，有委员提到应对演员天价片酬进行管理。不久前，国家一级演员、被称为解放军"史上最美女将军"的 82 岁著名电影艺术家王晓棠痛批演员天价片酬，她质疑道："科技奖最高 500万，明星婚礼却要花 1 个亿，成比例吗？"王晓棠说演员要清楚自身价值。"如果你为人民币服务的话，你就太低了吧。"

到底是谁导演了这一场版权价格戏剧性暴涨？北大文化产业研究院（Institute for Cultural Industries）副院长陈少峰认为，视频网站作为传统电视台之外的新闻入者，不惜以常年亏损的代价重金抢版权，不断发起价格战，推动了电视剧版权价格飙升。其实这些视频网站并不指望短期内能够盈利，他们更希望能够占据视频网站这一流量入口，为将来变现做准备。借助腾讯集团的力量成立的企鹅影业（Tencent Penguin Pictures）成立才半年，就在电视节期间霸气地（arrogantly; in a domineering manner，最厉害的是 tyrannical manner）连发 27 部电视剧项目，其中不乏大量超热门 IP，诸如《盗墓笔记之云顶天宫》（The Graver Robbers' Chronicles: Genting Temple）、《悟空传》（Life Story of the Monkey King）等。

不光是电视，电影似乎也得了这种"综合征"（symptom complex）。中国电影年票房已突破 440 亿元，十多年来连续高速增长，但业内浮躁之气（impetuous tendency）有所增加，尤其是明星片酬几何倍数（geometric growth）溢价。福布斯（中国）"名人排行榜"显示，个人年收入排名靠前超过 5000 万的有十人之多。拍片的半数预算被明星瞬间"拿走"的现象，已不是业内秘密。另一方面，为绑定"几张脸"，通过综艺节目、影视项目合资合作组建公司，将明星片酬从成本预算"变成"利润共享，花样百出。上海国际电影电视节上，一些老艺术家表示："过度娱乐"引发"劣币驱良币"（bad money drives out good money，这一现象常被称为 Gresham's law），最终受损的是文艺创作本身。著名导演李安在上海国际电影电视节上提醒，过度的明星化，是港台同行一路走来的教训，一定要警惕。

"关键是要拍跟我们的情怀、思想有关系的东西，最后看的是他们打动人心的品质。"参加上海国际电影电视节的韩国、印度影视工作者认为，演员是中国电影生态的"门面"，价格虚高也会波及周边国家地区，通过行业协会监督并适当调控演员价格，才能形成有秩序的区域性跨国影视市场。

2015 年，中国生产故事片 686 部，其中在商业院线上映的 320 部，另外 366 部尽管不排除在其后几年上映或参展参赛，但占比超过 53% 的国产新片成了"隐形人"（invisible man），而《喊·山》（Mountain Cry）、《盛先生的花》（Mr. Sheng's Flowers）等虽是新锐导演作品，没有"明星脸"撑场，却细腻聚焦"打拐"和养老等当下社会热点，令观众产生共鸣（resonance）。

人们要问：视频网站疯狂砸钱抢剧，演员价格暴涨，现在连横店的盒饭都涨价了。动辄几百万一集的标价，这些电视剧到底多少是真材实料而又有多少是泡沫？"天价剧"泡沫之后会不会出现品质回归？

31. 毛坦厂中学

近几年来，每年高考前毛坦厂镇的万人送考不但是当地和安徽省的一个"高考景观"，也因该校学生高考成绩突出而备受社会关注。

毛坦厂中学位于安徽省六安市毛坦厂镇，是安徽省"示范高中"（demonstration/exemplary/model senior high school）之一。现有教学班二百多个，学生近二万人。由于学校办学规模庞大，学校被称为"超级中学""亚洲最大高考工厂"。学校师资力量雄厚，师生比例为 1∶31，各学科各年级均有优秀教师。

这所建在一个小镇上的中学，每年上万毕业生，高考本科上线率竟连续四年达到 80% 以上。2015 年高考，毛坦厂中学应届理科最高分为 672 分，应届文科最高分为 659 分，应届一本（the first batch of universities and colleges to recruit new students）达线率（the rate of examinees reaching the lowest enrollment point）为 41.01%，应届本科总达线率为 85.94%。该校 2016 年高考再创佳绩，本科达线人数连续三年突破万人大关，绝对人数超过前两年。一本达线 3700 人，较上一年净增加 600 人。理科最高分 676，全省排名 134；文科最高分 625，全省排名 82；600 分以上 193 人。其中，毛坦厂中学应届一本达线率为 52.06%，本科达线率为 90.09%；金安补习中心本科达线率为 90%。就其高升学率来说，确实是一个神话，但同时也有人称之为"地狱""集中营"。在网络上，该校学生多被称为"高考工厂"生产出来的"考试机器"。

2016 年 6 月多家报纸发表文章讨论毛坦厂中学现象。有的说，毛坦厂中学是如炼狱（purgatory）般的"高考工厂"，也有人说这是乡村教育的一次成功逆袭。毛坦厂中学声名远传，来自六安以及安徽省其他地方的学生，通过各种途径来到这里上学和参加补习班，同时每年有近万名外地来的家长在该镇租房陪读（accompany someone studying at school）。在毛坦厂镇，到处可以看到无怨无悔（with no complaint or regret）的家长。"陪读经济"带动了整个乡镇的发展，镇上的居民靠出租房子就有几十万元的收入。只要离学校近，一间 10 平方米的房间，一年房租 1.2 万元，还有人抢着要。毛坦厂中学带动起的经济发展养活了名不见经传的毛坦厂镇，让六安市区的居民都艳羡（envy）。当然不是考进来的学生，每人要交好几万元的借读费。

送学生去市里高考更是毛坦厂一年一度的大事，很多当地人已经把送考当作是每年的"必修课"，许多非考生家长也挥舞印有"毛中加油"字样的小红旗夹在送考人群中。

在毛坦厂中学，学生每天都挑战时间利用的极限。早 6 点起床，6 点 20 分到校；中午 11 点半放学，12 点 20 分前赶回教室；下午 5 点 15 分放学，6 点钟前赶回教室自习；晚上 10 点 50 分下晚自习。吃饭、睡觉，一切能压缩的时间都被压缩，让位给学习。学生们都习惯各自为政埋头复习，班级唯一的集体活动就是周考、月考。有的学生直到高考前两天也不知道自己班里到底有多少人，许多同学的名字都叫不上来。

陪读的家长们更是把孩子"捧在手心"（treat as the apple of one's eye），看孩子的脸色行事（do things by adopting to someone's dispositions），尽量满足他们的各种要求，为的是"陪他们憋着这口长长的气"。

人们都说素质教育（education for all-around development，这一译文显然要优于 quality-orientated education）好，而应试教育饱受非议（under wide attack），应试教育之路又崎岖艰险，但走在应试教育之路上的人要比走在素质教育之道上的人要浩荡得多，至少在高中教育阶段是如此。可以说毛坦厂中学是中国高中教育的一个缩影。尽管存在不一定就是合理的，但不问缘由地妄加批判，更不可取。在京广沪这样的大城市里，高考或许已经成为"立交桥"，但在安徽、河南等内地省份，高考仍然是一座迈向人生彼岸的独木桥。如果有一天，高考不再是农村孩子改变人生的唯一途径，今天的毛坦厂中学，才会成为历史。

不能说毛坦厂中学就不是传道授业解惑（instruct, educate and enlighten）的教育，但它存在的意义更多更明确地指向的是考试，只有成绩才有意义；个人的喜好兴趣并不重要，重要的是排名。跟不上节奏就意味着淘汰，残酷而无情。它也许很让人亢奋，但它绝对成不了学生的乐园、教育的圣土。竞争很有必要，没有竞争就没有真正意义上的选拔。天道酬勤，（God helps those who help themselves. / God rewards the diligent. / Hard work makes great success.）安逸不是人生真谛（true meaning of life），大多数人也没有坐享其成（sit idle and enjoy the fruits of others' work）的资本，特别是对中国这样一个国家来说，一年上千万的考生，好的大学就那么几所，优质教育资源少、好工作难找，大多数中国人一生都在拼搏奋斗，这是社会不断向上的动力。但一代又一代人把自己的青春和智慧消耗在这种比拼的游戏中到底有什么意义呢？我深一点你再深一点，我难一点你再难一点，重要的不是学到了什么，而是能比你考得好那么一点点。毛坦厂中学们只是在不停地抬高着竞争的门槛，因为只有不断地加码，你才有可能冒出来。北大教授张颐武说他在毛坦厂高考生身上发现了年轻人的拼搏精神，而我们很难想象能有多少人把这种精神带到大学里。对整个大学教育来说，这种自虐式的伤害是无法弥补的。不能说你是这么苦难过来的，就一定要求别人也这么苦难过来，否则就不叫人生。

《广州日报》的一篇文章说：撇开社会现实去嘲笑毛坦厂中学可能是残忍和轻浮的。毛坦厂中学拿不出太耀眼的高考成绩单，但它以庞大的办学规模、稳定的教学效果，以及对周边社区的深刻影响而知名。毛坦厂中学只是分布在中国乡镇地区的普通高中的其中一所。毛坦厂中学的教师做了一件该做的事：把参加

高考的学生教好，努力让他们上一所好大学。在这里，"素质教育"是一种奢言，因为除了高考，考生找不到其他证明自己能力的条件。

《中国青年报》评论说，尽管办学规模很大，毛坦厂中学很难成批培养出被北大、清华录取的学生，考上二本的学生比例最高。但是人们还是信任它。上一所二本学校并不会让考生出人头地；但考不上大学，学生未来前途无疑会增加更多不确定性。这就是那么多家庭愿意让孩子再考一次、再搏一把的内在动力。在优质中学教育资源向城市集中，一流的中学教育资源局限在大城市的时候，这些乡镇中学所承担的任务，就是输出普通而合格的高中毕业生，并且向他们提供接受高等教育的机会。毛坦厂中学这样的培养模式固然有各种各样的不足，但是，它们至少满足了普通人稳定阶层地位并有所上升的需求。从某种意义上说，它代表了教育公平的基线。

人民网（people.com.cn）发表的郭华桥的文章问："我们是否知道有多少农村孩子在小学就被绊倒、初中阶段严重地流失辍学？是否知道在有些西部农村，初三也有复读、甚至要复读两三年，而他们当中能够进入大学的也只有20%—30%？"毛坦厂中学本身恰是教育资源不平衡、市场竞争的产物，对"毛坦厂中学"甚至更多超级中学的存废需有冷静、理性认识，不必急于反对或干预，等教育资源、学校软实力真正均衡了，其自会退出历史舞台。

毛坦厂中学的成功恰是师资比城区弱，通过提高治理水平走向成功的典型，不该反对，相反应该鼓励。"坐等靠"国家来解决教育资源分布不均衡、加快教育公平步伐，既忽略了大国办教育的难处，也会抹杀社会个体向上流动的自主性努力。

毛坦厂中学的教育并不是个理想的教育，甚至它有很多非理性的东西。但是在理念上反对它的同时也要在情感上理解它、宽容它，允许它在现阶段的存在，逐步给它条件使它改变，而不是群起而攻之（launch a collective attack on someone）。

32. 等第制

"等第制"（ranking/grade system）是相对于"百分制"（即满分为100分）的考试评分的一种新型的学业评价体制，实行"等第制"后，学生成绩单上不再出现具体的分数，取而代之的是知识技能（knowledge and skills）、课堂习惯、综合实践（practice）等板块，每一块下还细分若干"小项目"，每个板块都以 A、B、C、D 四个级别评价，并附上老师的学习建议。"等第制"和美国通行的 A、B、C、D 四级分制以及以前从苏联搬来的 5 级分制（说是 1—5 分，但不及格至少也是 2 分）也不一样，不单指一门考试的分数，而是学生素质的综合评价。

据《中国青年报》报道，上海市教委（education commission）决定，从 2016 年 9 月开学开始，在全市所有小学全面推行已经试验施行一年的"零起点"（starting from zero）、"等第制"评价。孩子学得好不好，不再由考试分数说话，而是由教师在日常观察、书面测验、口头测验、课堂提问、作业分析、学生访谈、过程记录、表现性任务中进行"打分"，以 A、B、C、D 或者"优秀""良好""合格""须努力"等表示。学期结束时学生拿到的不是一个综合分数。孩子和家长会拿到一本厚厚的评价本，它会告诉家长，孩子对某一门学科是否有足够的兴趣，孩子在某一门学科上的学习习惯养成得怎么样，孩子对某一门学科的知识掌握到什么程度。

"等第制"并不是"分数的转化"。暑假期间，上海市各区县所有学校都进行了专项培训，进一步细化（refine）课程标准，优化和删减教材，确保教学过程中不超前（bring forward），不拔高（raise the difficulty）。例如 2016 年 9 月启用的小学一年级第一册语文课本中，删除了部分篇幅较长、内容较深的课文，从 45 篇缩减到 40 篇；此外还对十几篇课文作了逐字逐句的删改，并调整了一些偏旁部首出现的位置，更适合学生年龄特点；识字量从原来的 350 多个降低到 296 个，即在语言环境下可以认读这 296 个字；写字量为 118 个，要求在田字格里可以描摹（copy; imitate），没有默写要求。语文课本"瘦身"（thinning; slimming），有利于小学阶段"零起点"工作的开展。但是，"零起点"并不意味着"零准备"，幼儿园的孩子不必提早学习小学的学科知识，而需要养成良好的学习态度和习惯。"零起点""等第制"怎么向学前延伸，关键要着重学习基础素养的培养，包括认知能力、注意力、语言表达等方面。知识学习不代表学习能力的培养，不是提前学得越多的孩子就越有潜力。恰恰相反，"提前学"可能会导致孩子未来出现厌学情绪（study weariness）。与"不希望孩子输在起跑线上"的想法不同，更多教育人士呼吁，不要让孩子伤在起跑线上。

上海市组织对试行"等第制"学校的调查评估发现，小学每周能开展一次"快乐活动日"（activity day），超七成学生学习压力减小。对学习的兴趣和"上学愉悦度（enjoyment; delight degree）"有所提高。此外，调查还发现，教师对学生采用等第评价并进行更多鼓励和表扬，更加关注学生学习兴趣和学习习惯培养，学生睡眠时间越充足，学生的学习状态就越好。

新学年上海深入推进小学"基于课程标准的教学与评价"工作。及时总结区县经验，帮助学校积极改进。小学实施"基于课程标准的教学与评价"情况与成效列入学校年终考核评价内容。其次，要组织编制小学中高年段学科"等第制"评价指南，逐步使"等第制"评价由小学低年级向中高年级延伸，由语文、数学、英语学科向其他学科拓展。三是推动家校合作（family-school cooperation）落实。要求各小学充分利用家长会、家访、学校开放日等活动机会，免费向每户学生家长发放《陪着孩子慢慢来——小学新生入学 30 问》。

还有一项新措施是实施小学一二年级新版《学生成长记录册》。将学生各学科课程学习情况分"学业成果""学习表现""学习兴趣"三个维度进行等第综合评价，其中"学业成果"根据学科特点分项评价。

上过学的人对"分儿，分儿，学生的命根儿"（School marks are the lifeblood of students.）这句话都有深刻体会。一直以来，绝大多数的学校采用百分制对学生的成绩进行考核。教委多次要求禁止为学生排名、公布分数的规定基本上被所有学校和家长忽视。"多考一分，就能甩掉一操场人"简直成了格言警句（aphorism）。对于分数的纠结（the obsession with sth.），可能已经成为几乎所有中小学生以及家长们的心病（worry; anxiety）。现在，至少在上海，小学生们也许可以松口气了。

"等第制"实行的"等第＋评语"的方式发挥了评价对学生学习的诊断和改进作用，不把孩子分成"三六九等"，也不是简单地把纸笔测试成绩折算成等第，而是实现教、学、评的一致性，突出评价对于学生学习的促进作用。除了纸笔测试外，学生日常作业、课堂表现等都被纳入评价中。虽然"等第制"评价依然把学生的学习成绩分成了四等，但是，毕竟有评价就会有高低之分，而且，"等第制"评价不是不评价，而是给学生们提供更全面、更科学的学业指导。

但是，新制度的实行难免会让一些家长摸不着头脑并且备感焦虑。家长的焦虑不是无厘头（unjustified，也有人根据广东方言音译为 mo lei tau）的，因为百分制评判的地位在中考、高考中不可动摇。到了"决定命运"的时刻，"多考一分，就能甩掉一操场人"仍旧无比正确。但回过头来想，人的承受能力是随着年龄的增长而增强的，孩子们在小学阶段若能培养出好的学习习惯和浓厚的兴趣，能够厚积薄发（rise abruptly based on its accumulated strength），真到"拼分儿"阶段，再做技术调整，未必不会事半功倍（yield twice the result with half the effort，也可简单说 more with less）。

还有人担心，"等第制"会不会沦为表面文章（superficial formality; tokenism）。其实，各地已经有不少学校在尝试"等第制"评价，但依旧不能完全与百分制脱钩。也就是说，将考试成绩（百分制）与学科总评（等第制）同时出炉，成绩册外还附加年级排名等"内部文件"。可以说，这样的"等第制"评价，完全没有实际意义，已经沦为真正的纸上谈兵（empty talk）、表面文章。有中考和高考百分制大战的遥控，老师、家长无法放弃对分数的执念是可以理解的。但是，此时也许可以抛出一句"心灵鸡汤"来解渴："所谓成功，是在正确的时间做正确的事情。"在高考的指挥棒依旧威力无比的今天，能让小学生们实实在在享受六年全面发展的好时光，实属难能可贵（praiseworthy），并且，学生们很可能因全面素质的提高、心态的健康发展，在中学阶段爆发出令人欣喜的整体性提升。因此，保证"等第制"评价体系的完整和纯粹，不让这一决策沦为表面文章，是非常重要的。

33. "高考后经济"和"毕业后经济"

高考一结束，准大学生们就迫不及待地嗨起来（relax and enjoy oneself，"嗨"是英文 high 的音译，故"嗨起来"意为 get high，最初用于表达吸食毒品后的兴奋），K 歌、购物、唱歌、看电影……各种休闲娱乐活动全线出击，后高考经济拉开了序幕。这也是生意人赚钱的大好机会，各家商场都推出了招揽高考学子的促销活动（promotion）。有的打出"清仓甩卖"（clearance sale: off-price sale）的告示，不少服装六折（forty percent discount），款式老一些的甚至低到三折二折特卖。针对学生族的特惠价品牌商品很多，如在学生族中大热的阿迪达斯（Adidas）、耐克（Nike）、纽巴伦（New Barlun, 有人认为此商标模仿了 New Balance）、优衣库（Uniqlo）等，都有不同程度的折扣。现在的年轻人一般都会选择款式时尚又兼顾舒适的产品，多以全棉、莫代尔（cellulose modalshi; modal fiber）等面料为主，T 恤、运动鞋、背包最受欢迎。目前消费者年龄层有越来小的趋势，高考考生成了重要的消费大军。

多家电影院、KTV 都迎来了考生的消费热潮。高考最后一门考试结束当天下午，一些量贩式（wholesale）KTV 里就来了不少刚从考场出来的考生。由于来唱歌的学生人数激增，不少 KTV 不接受电话预订，而是采取排号的方式，谁先来谁唱。

学生们说，"不管考得怎么样，大家都觉得要好好放松一下！"除了 KTV，电影院也成了考生们放松娱乐的好去处，使电影院的生意提前进入暑期旺季。在宽银幕影城，高考后几天看电影的学生比平时多了两倍。等待电影入场的观众中，大部分是结伴而来的学生。有一整个班的学生相约来看新上映的《魔兽》（Warcraft）。

早在高考之前，就已有不少高三学生计划起考后的聚会了。高考一结束，各大餐馆就瞄准高考学生聚餐这一商机，纷纷推出各类套餐（combo; set meal; package）、菜品，迎合市场的需求。价格优惠、品种丰富的自助式餐厅（buffet restaurant）尤其受到考生的青睐。他们说："我们聚餐主要是 AA 制，毕竟大家经济实力有限，选择便宜又实惠（inexpensive and affordable）的饭店，既省钱又开心。"

高考成绩公布后，很多考生给高中老师办谢师宴成了风气，请的老师包括班主任（见到不同字典和媒体有多种译法，如 class teacher/adviser; head teacher; teacher in charge of a class。美国英语中 homeroom teacher 的职责倒是和"班主任"有点类似）和主要学科老师。谢师宴当然不能有半点寒酸（miserable and shabby; scrubby），根本就不考虑价钱，不但要选高档酒楼，还要点最高级的菜肴。

此外，一些知名旅游公司在 APP（全称：Application，指智能手机的应用程序）醒目位置上设置有"毕业游专区"。为吸引更多考生，不少线路推出特价团。此外，不少驾校也趁着高考后"吸金"（make lots of money），推出了针对考生的各种优惠活动。

大学新生则带来开学经济商机。开学之际，各地卖场随处可见促销、折扣等宣传。背包、行李箱、床具用品等销售额比平时上升很多；3C 卖场也一样，年轻人追赶时髦的科技三件套（手机、电脑、平板），主力客群全是烧钱（cash burning）不手软的大学新生。此外还要添置生活用品、四季服装。大学新生变身烧钱一族，让不少家长担心扛不住（cannot stand it）。况且不少大学调涨学费，加上每月生活开销，家长称"现在一算，太可怕了"。基本"入学装备"整体花费至少 8000 元，破万元更比比皆是（Such is the case everywhere.）。以前人们觉得大学新生消费并不盲目，他们只买对的，不买贵的（buy the right goods rather than those of high prices），如今情况变了。

大学新生们自己也很伤脑筋。他们觉得，档次太高，怕被说炫富（flaunt one's wealth）；档次不够，又拿不出手（not presentable）。大学新生烧钱现象背后正是攀比心理（craze to vie with each other）作怪，校园内爱面子、爱比较的风气带来了入学前的物质烦恼。如何扭转偏差的价值观，恐怕是大学新生踏入大学校门前，必须先修的一堂课。

"高考后经济"中还有一种特殊的"学霸经济"（study bug economy。用文明话说，"学霸"指 straight A student，美国校园里称他们 smart ass），说的是考生的收入。有学生 20 天收入甚至过万。

高考高分生向来是社会各界关注的焦点，若说这些学霸是"武林高手"，那么其学习方法、学科笔记则是让他们称霸考场的"武功秘籍"（esoterica of martial arts）。高考后，不少颇具经济头脑的学霸们做起了贩售知识的生意，卖起了自己的学习笔记，或干脆"自销"做家教。这类"学霸经济"颇有市场，一本学霸笔记能卖上好几十元，而应届学霸家教的价格也比普通家教要高出不少，忙活一暑假或能成为"万元户"。由于原本供不应求（demand exceeds supply），复印版笔记也吃香。还有学生联合年级中的"学霸""大神"，制作一系列的各学科笔记、套题、知识归纳本等，包含各科的常识题、套题、笔记，还有理科实验专本等；既有手写版，也有复印本和印刷本，每份价格从 9 元到 39 元不等。

相比之下，大学本科生"毕业后经济"的规模要比"高考后经济"更大。据统计，2016 年全国高校毕业生有 765 万人，其中北京地区有 24 万人，创近七年毕业生人数之最。有调查表明，大学毕业生出手更阔绰（ostentatious），平均消费超过六千元，近三成的毕业生花费过万元。中华人才网（ChinaHR）发布的"毕业季消费"调查数据显示，在开支较大的几大消费构成（consumption mix/structure）中，毕业季的各种纪念活动，如毕业聚餐、毕业旅行以及拍摄毕业写真等，占到总开支的 35.15%，仅次于找工作、租房及交通费等"刚需（inelastic/rigid demand）消耗"的占比。各高校的学子们用种种方式与自己的大学时光告别，带动了毕业季消费热。

以前拍毕业照比较简单，无非也就是穿上学士服（baccalaureate gown）在校园里拍几张照留念。如今另类毕业照层出不穷，令人想不到的各种奇装异服（fancy/bizarre dress）纷纷出笼。除了礼服（formal dress）之外，汉服（Han

Chinese clothing）、旗袍（*qipao*; cheongsam）、民国学生装、《小时代》（*Tiny Times*）中的校服、动漫真人秀（cosplay）衣服等一应俱全（available in all varieties。英语习语 from soup to nuts 亦可表示"一应俱全"的意思，请思考为什么用在这里不恰当）。有的毕业生还要走红毯（red carpet event），服装更为讲究。尽管许多服装可以租赁，租金也不便宜。还有学生看中了天猫七天无理由退货（free refund within 7 days）的商家，走完红毯、拍照结束后就申请退货。

散伙饭（goodbye dinner party）是重头戏（highlight; main event）之一，因为大家在一起吃饭的机会吃一次少一次。大学四年有那么多回忆，平时忙于学习，有的话也没有说透（speak one's mind without reserve）。眼看室友、同班同学就要各奔东西，要利用最后的机会掏心窝聊聊（speak from the bottom of one's heart）。班级聚会尤其隆重，当然要挑平时舍不得点的菜，甚至好酒。有时在校园里的跳蚤市场（flea market/fair）卖掉自行车、旧课本、旧衣服等东西换来的钱吃一顿都不够，多亏家长也"接济"（help out）了一些，不过觉得值。学校周边的餐馆会推出种种优惠。有酒店免费提供场地、气球，午餐可赠送啤酒、大雪碧（Sprite）等饮料，以吸引毕业生前来就餐。还有的直接打出"凡毕业生订座，打折（cut-rate; with discount）"的广告。从而"掘了不少金"（dig gold/nugget）。

世界这么大，早想出去看一看。不少同学相约一起去旅行。更有一些人出国去旅行，每人一万元打不住（cannot cover it），有人说这有点浪费。他们说："毕业只有一次，青春不再来，旅行会留下青春最美好的回忆，金钱无法衡量，所以谈不上什么浪费。"当然，手头没有闲钱的毕业生，只能逛逛学校所在城市的大小胡同和四周的景点，比如约几个哥们一起租自行车骑行穿行大街小巷，回忆和这个城市的点滴记忆，一天一个人只花个五六十元就够了。这也算是毕业旅行了。

毕业是大学生人生中的重要节点，要离开校园和熟悉的老师同学、面对社会，心中难免会有不舍和焦虑，聚餐、拍照等都是可以理解的，也可以缓解毕业学子的感伤（sentimental）情绪。但是作为学生，毕竟收入有限，经济未完全独立，部分消费来自家长。毕业季不是只有吃喝玩乐，应当更加注重情感的交流。建议毕业生珍惜剩下的校园时光，量力而行，回归理性消费，也可以通过一些有意

义但又花费少的方式来纪念青春。例如一些高校的毕业生挑选平日里积攒下的校园生活视频和照片，制作了毕业视频，回顾了大一刚开学时的青涩（green and shy）、食堂的美食、校门口的串串等场景，最后再加上毕业感言，送给同窗四年的同学。还有的学生自费打印了自己大学四年写的诗歌、散文和论文，发给老师和同学，用一种带有个人浓重印记的方式来纪念大学时光，既有意思花费也不高。

34. 网购狂欢节

因为 11 月 11 日这一日期中有四个孤单的"1"字，和光棍们形单影只（be alone with yourself）的形象很贴切，因而被富于创意地（creatively）称为"光棍节"（Singles' Day; Bachelor's Day）。"光棍节"既非"土节"又非"洋节"。关于其来历有多种说法，被人广为接受的是，它起源于南京大学宿舍文化。1993年，南京大学"名草无主"（unclaimed bachelor）寝室四个大四学生每晚举行"卧谈"（bedtime chat），一段时间卧谈的主题都是讨论如何摆脱光棍状态（extricate oneself from the the status of a single），卧谈中创想出了以即将到来的 11 月 11 日作为"光棍节"来组织活动，从此，光棍节逐渐发展成为南京高校以至各地大学里的一种校园趣味文化。随着一批批学子告别校园，这个节日被渐渐带入社会，随着成年单身男女群体的庞大，以及群体活动和网络媒体的传播，"光棍节"的气氛渐渐向社会弥散（diffuse），特别是一些大学生们，还举办了"光棍"小型聚会。尽管这天不放假，这天仍旧成为单身白领圈的时尚节日（a vogue of the day among single white collars）。不过，这仍然是只属少数人的另类（offbeat）节日，而非正规节日。

其实"光棍节"不只有一个，还要分大、中、小三个。1 月 1 日只有两个"1"字，是"小光棍节"；1 月 11 日和 11 月 1 日各有三个"1"字，是"中光棍节"；有四个"1"字的 11 月 11 日则是"大光棍节"。后来，光棍们希望能在这一天摘掉光棍的帽子，于是由"光棍节"发展出了"脱光节"（Desingle Day）。"脱光"一词是伴随着"光棍节"共同诞生的，也是网络文化产物的代表之一，并且相传"光棍节"当天光棍们都要吃糖葫芦（sugar-coated haws on a stick），而且要一口气吃光，表达祈求"脱光"的美好愿望。据媒体报道，2016 年 11 月 11 日这一天，哈尔滨市登记结婚的新人有 304 对，武汉市有 2156 对。

曾经的"光棍节"，逐渐演变成了"购物节"（shopping spree/festival）。最初是因为光棍们常在这一天买礼物送给心上人。后来电商（e-commerce company）为借此搞促销（promotion）而新创造出了"双 11 购物节"（Double 11 Shopping Spree）这一说法。由于"双 11 购物节"这一天折扣较大，网友戏称这一天买到要"剁手"，干脆称其为"剁手节"（hand-cutting day）。而情不自禁（let oneself go）买了很多东西的人就被称为"剁手党"（hand-cutting party）。

据说，最早推出"双 11 购物节"的是阿里巴巴（Alibaba）旗下的天猫。可能是商家们觉得光是 11 月 11 日这一天好像赚得还不过瘾（cannot satisfy one's craving），于是淘宝（Taobao）又推出了"双 12 购物节"。归根结底，这两个"购物节"都是"国民爸爸"马云创办的。由于这一天购物主要通过网络，故又被称作"网络购物节"（online shopping spree）。

许多国家的媒体都对中国的"双 11 购物节"进行了报道。美国有一家媒体把中国"双 11 购物节"的销售称为"retail frenzy/extravaganza"（零售狂热）。美国《福布斯》杂志网站报道说，近万家商户将向数以百万计的中国购物者出售商品。2016 年"双 11 购物节"，苹果、娇兰（Guerlain）、玛莎拉蒂（Maserati）和塔吉特（Targett）以及星巴克（Starbucks）和萨拉（Sara）等品牌都出现在阿里巴巴的在线商店天猫上，购物者可以先订货后付款。为了促销，阿里巴巴还推出了虚拟现实（VR）购物体验，消费者可在家使用专用的 VR 设备，犹如亲身走进美国梅西百货公司（Macy's）和美国折扣店塔吉特百货一样尽情购物。

传统网购只能在电脑前乏味地点击鼠标，阿里巴巴不仅为网购引入了新的娱乐元素，并且充分发挥了"国际性"，并提出了"全球买，全球卖"（buy globally, sell globally）的口号。外国购买者可以通过覆盖全球 243 个国家和地区，包括香港和台湾的"全球速卖通"（Ali Express）购买其商品。2016 年参加"双 11"的国际品牌达到约 1.1 万个。一些大公司给的折扣很大，例如苹果公司某些型号的 Beats 耳机打折 50%，而耐克的很多款鞋子和服装折扣达 60%。阿里巴巴公司在一个巨大的屏幕上显示了实时销售数据以及对数据的分析。"光棍节"促销活动开始的第一个小时内，阿里巴巴旗下巨大的网上购物平台就销售了价值 353 亿元人民币的商品。活动开始仅仅 5 分钟，销售额就达到了 10 亿美元，全天的贸易额达到了 1207 亿元。从这些数据中不仅可以知道哪些地区购物最多，哪些品牌最受消费者欢迎，还能了解到中国任何地区的购物用户分布情况。按照目前增速预测，阿里巴巴有望在未来成为世界上第五大经济体（the fifth largest economy in the world）。

西班牙《国家报》（*El Pais*）报道说，中国的电商行业近年来一直保持高速增长。它也激发出了中国中产阶层的潜在购买力（potential purchase capacity），这一群体将成为世界最大的消费市场。阿里巴巴集团为 2016 年"双 11 购物节"做全面的准备，提前数月就在中国主要城市进行了筹备和推广，还在深圳大学生运动会体育中心（Shenzhen Universiade Sports Center）举行了盛大的销售活动倒计时（countdown）晚会。晚会邀请了多位中国和国际巨星参与，其中包括足球巨星贝克汉姆（David Beckham）夫妇、美国篮球明星科比·布莱恩特（Kobe Bryant）、好莱坞著名影星斯嘉丽·约翰逊（Scarlett Johansson）等，还有美式足球超级碗赛事制作人大卫·希尔（David Hill）担任总导演，美国流行天后"水果姐"凯蒂·佩里（Katy Perry）将作为"国际大使"为晚会助阵。

下面我们来回顾一下阿里巴巴开展"光棍节"促销的历史。

2009 年，阿里巴巴首次推出"光棍节"促销，鼓励零售商加入，给顾客至少 50% 的折扣。有 27 家商户参加了活动，阿里巴巴的销售额为 5000 万元人民币。2011 年，为了满足中国顾客对外国品牌越来越大的胃口，阿里巴巴开始招募国际零售商加入其平台和参加"光棍节"的活动，盖璞（Gap）和雷朋（Ray-Ban）在阿里巴巴的平台上开店。天猫也从淘宝网的 C2C 市场业务中分离出来，成为 7 万家跨国经销商和中国品牌欲进驻的平台。而阿里巴巴的在线支付平台"支付宝"创造了日交易量 3369 万笔的最高纪录。2013 年，阿里巴巴在国家工商总局注册了至少 6 个与"双 11"有关的商标。2015 年，其在线购物节销售额达 143 亿美元。这一数字与一些国家的经济体量相当，再次创造了单日销售额最高的吉尼斯世界纪录（Guinness World Record）。交易发生在 200 多个国家，近 70% 的订单来自手机。2016 年，阿里巴巴仅用了不到两小时，交易额就突破 362 亿元人民币，超过 2013 年"双 11"全天交易额。

不过，并非每个人都相信"光棍节"购物最合算。有人表示，真正的折扣很难找到。有一位女顾客说，她在"光棍节"期间只从天猫网上的日本零售商优衣库网店买东西，因为她可以将网店的价格与实体店的零售价格进行比较。"'光棍节'被各种各样的打折信息轰炸，我对所售商品的质量感到怀疑。"

中国商务部采取了措施来监督"光棍节"的促销活动，很多地方政府也警告商人不要做虚假和误导性的广告，要求他们不要先提价然后在"光棍节"再降价。 然而，这并非否认"光棍节"在中国变成了一个富矿。过去几年，阿里巴巴在 24 小时的销售额超过了美国"黑色星期五"（Black Friday）和"网络星期一"（Cyber Monday）销售额的总和。如今，"双 11"这场地球上最大的网络购物盛宴几乎是无人不知，无人不晓。《环球时报》2016 年 11 月 12 日头版头条新闻的标题就是："席卷世界的销售盛典（grand ceremony），各国网民的狂欢节（carnival），世界感受中国购物'惊奇'"。而在这一过程中，阿里巴巴也正给内地的零售业带来翻天覆地（earthshaking）的变革。11 月 8 日《北京晚报》有一篇署名禾刀的文章，题目很有意思："'光棍节'破不了光棍危机"，该文章说，阿里巴巴把光棍节当成节过，只不过是一种市场化操作，危机带来的恶性社会影响不可小觑（cannot be disregarded）。

不过，随着消费者回归理智（return to reason），他们在购物时会考虑自己的真正需求。加上由于庞大的交易量给物流公司（logistics company）带来巨大压力，递送推迟可能会妨碍人们的购物热情。

35. 被窃取的大学梦

2016 年 2 月 25 日，一条题为《女孩被冒名上大学，顶替者称折腾到联合国也不怕（not afraid even if the case were tossed to the United Nations）》的新闻上了热搜榜，王娜娜因此被人称为河南版"罗彩霞"。高考录取被冒名顶替的代名词"罗彩霞"事件至今仍留在公众记忆中，2009 年，湖南女孩罗彩霞发现三年前本该属于她的高校录取资格被人顶替，导致她不得不复读一年，却在即将毕业之际，因身份证被盗用无法正常毕业。而王娜娜则是在参加高考十三年后，才发现事情真相。

王娜娜是河南省沈丘县新安集镇新西行政村人。与不少农村考生一样，王娜娜家庭并不富裕，下面还有三个弟弟妹妹，希望有朝一日考上大学。2002 年，她高考落榜后，又选择了复读。2003 年，高考后，她迟迟等不到录取通知书（enrollment/admission notification），便外出打工，之后结婚生子。2014 年，王娜娜申请小额贷款，但在同等条件的申请人中，她没有被批准。2015 年 5 月，她申请交通银行大额信用卡，再次被拒，银行工作人员告诉其被拒原因是"个人信息不实"，银行在审查时查出其是大专学历（be of junior college educational background），而其申报资料上填的却是高中（senior high school）。王娜娜在中国高等教育学生信息网上查询发现，果真有一个叫"王娜娜"的周口职业技术学院（vocational and technical college）毕业生，2003 年 9 月入校，2006 年 7 月毕业，身份证号与其一模一样，但照片不一样。从 2015 年 10 月起，王娜娜便踏上了找寻假"王娜娜"的道路，多次去沈丘县教体局（bureau of education and sports）、周口市教育局、周口职业技术学院反映情况。2016 年 2 月下旬，王娜娜 2003 年参加高考被冒名顶替上学一事，引发社会关注。周口市迅速成立联合调查组，调查走访查证相关人员 440 余人次，查清了张莹莹冒名顶替王娜娜上周口职业技术学院的事实真相。

2003 年，王娜娜参加高考后没有收到录取通知书，以为自己落榜，随即外出打工，但是由于没有大学学历，一直找不到自己满意的工作。目前，她与丈夫一起在洛阳经营一家广告门店（store，经营商品销售的门店也可称 outfit）。这 13 年间，她并不知道，有一个女子用她的身份顶替她上了大学，过着与她截然不同的人生。直到 2015 年 5 月，她申请大额信用卡受阻，真相才开始浮出水面。

刚开始，王娜娜并没有很在意，以为只是信息录入时出了问题，但当她在高等教育学生信息网的学历查询界面输入了自己的身份信息后，才发现有一个"王娜娜"2003 年被周口职业技术学院录取，其身份证号和准考证号都是王娜娜的，但照片却不是王娜娜的。王娜娜说，当她看见照片的时候心理就崩溃了。

王娜娜是家中长女，父母当年靠卖菜和卖地的钱供她上学，两次高考失利让她对父母和弟弟妹妹满心愧疚，如今了解了真相，总算有了一个交代。然而这个真相并不能令她兴奋，此后长达五个月时间里，王娜娜陷入了前所未有的彷徨（not knowing which way to go）。本来她并没有打算去追问这件事，只是默默地接受了，直到 2015 年 10 月，王娜娜的妈妈来到洛阳她的家里，说起老家有一个亲戚的孩子考上了大学，并有些埋怨自己家的四个孩子都不争气，特别是王娜娜读了四年高中都没考上大学。随后，王娜娜把事情的原委（the whole story）告诉了母亲。心急的母亲挨过国庆长假之后，就开始了在各个行政部门之间的奔波。通过同乡的朋友和老师，王娜娜的母亲弄到了那一届假"王娜娜"所在班级部分学生，包括假"王娜娜"的电话号码。

由于影响了王娜娜的正常生活，不能正常办理信用卡，所以她希望另一个王娜娜能把学历注销（nullify）。抱着单纯的想法，王娜娜拨通了那个迟迟没打出去的电话。"你好！我是王娜娜，我想问一下，你当年上的大学是怎么上的？""我不是王娜娜！"然后对方就把电话挂了。假"王娜娜"的态度让王娜娜坚定了维权的决心。

2015 年底，在周口市教育局信访办的协调下，周口职业技术学院同意让两个王娜娜到学校对证。王娜娜通过身边的各种渠道拿到了假"王娜娜"新换的电话号码，但她还是不敢打这个电话。最终，王娜娜要求学校的领导帮她给假"王娜娜"打了个电话，约好在第二天早上 8 点半至 9 点在学校档案室见面。电话里，假"王娜娜"答应赴约。可是如此约定了几次，假"王娜娜"一直没有出现。最后一次，来的是假"王娜娜"的父亲。他带来一张姓名为王娜娜，号码为 412701 开头的临时身份证，与周口职业技术学院 2006 年毕业生档案里王娜娜的 412728 开头的身份证号显然不同。两个王娜娜，谁真谁假，一目了然。学校领导让他们先私下协商，假"王娜娜"的父亲提出愿意给王娜娜一些补偿，让王娜娜提要求，而王娜娜则希望假"王娜娜"能注销（cancel; write off）学历，两个人并没有达成一致。最后校方给出的建议是让王娜娜写一份个人诉求，王娜娜的个人诉求里有三点：一是要当事人亲自向她道歉；二是必须注销学历；三是要有一定的补偿。

2016 年春节前，假"王娜娜"的父亲主动联系王娜娜，说想好好解决这件事情，约地方见面。协商中，假"王娜娜"的父亲声称当年是花 5000 元钱从中介那里买到的大学录取通知书。事已至此，他们愿意赔偿，希望王娜娜不要再追究。但王娜娜觉得这件事不是光用赔偿就能解决的，这曾是她的梦想，她的人生，却莫名其妙地被改写了。

为了维护自己的权益，王娜娜从罗彩霞事件里总结经验，并开始寻求媒体帮助。媒体的介入，让这一事件迅速扩散开来，其中，"闹到联合国也没用"这句话被用在了新闻标题里。联合国的官方微博在转发这条消息时，配上了一个"思考"的表情。

2016 年 2 月 25 日，周口职业技术学院发出紧急通知，将彻查王娜娜学籍问题，并由学院党委宣布成立专项调查组。2 月 27 日晚，该学院注销了有关假"王娜娜"学历的信息。事件调查期间，有报道称假"王娜娜"与供职的单位解除了聘用关系，也手写了道歉信，但是王娜娜并未接到这封信。

2016 年 3 月 19 日，周口市委宣传部官方微博通报王娜娜事件调查结果：王娜娜被顶替事件属实，假"王娜娜"学籍（one's status as a student）、学历（record of formal schooling; educational background）信息被省教育厅按规定注销，毕业证书被宣布无效，假"王娜娜"被商水县教育体育局解聘，九名责任人受处分。对王娜娜来说，这十三年的错位人生终于有了一个交代。

2016 年 7 月 1 日，《北京青年报》报道，王娜娜不满周口市政府未对事件被处罚人有关信息公开，从而向河南省政府提出行政复议（administrative review/reconsideration），随后，河南省政府责令周口市对王娜娜的信息公开申请要依法作出答复。周口市政府在答复书上表示，对王娜娜申请的"被处分的九人中在王娜娜事件中分别从事哪些具体的违法违纪行为，处罚有何依据以及九人所承担领导责任直接责任分别具体指何责任"以及"联合调查组由哪些部门、单位组成，其合法性依据如何"进行了书面回复。根据周口市政府的回复，王娜娜事件一共有十三人（不包括顶替者张莹莹本人）涉及。包括顶替人张莹莹的父亲张合停及其妻侄王子胜以及将王娜娜通知书转交张合停导致被顶替的沈丘县二高教务处工作人员胡筱林共三人移交司法机关，包括沈丘县二高收发人、王娜娜录取通知书收件人等四人由周口市、沈丘县纪检监察部门分别给予了党政纪处分，三名公安干警因为对户籍把关不严格等行为由周口市公安局给予行政处分，二人因为对档案把关、交接不严格由沈丘县教体局给予行政处分，一人由周口职业技术学院党委给予党纪处分。此外，周口市政府首次公开了十三人被处罚的相关依据，分别为《中国共产党纪律处分条例》、《事业单位工作人员处分暂行规定》（*Interim Provisions on Disciplinary Actions against Staff Members of Public Institutions*）、《中华人民共和国人民警察法》（*People's Police Law of the People's Republic of China*）、《行政机关公务员处分条例》（*Regulation on the Punishment of Civil Servants of Administrative Organs*）。对于顶替者张莹莹的处罚则单独说明，为注销学籍、学历信息，宣布毕业证书无效。

王娜娜没有得到任何赔偿，只有两张准考证成了自己的陪嫁。王娜娜申请恢复学籍，直到 2016 年 10 月 26 日才得到周口职业技术学院拒绝恢复学籍的答复。第二天，她决定找人借书，备战 2017 年的高考。但愿她能如愿以偿，圆了上学的梦。

除了被人顶替上学，高考志愿被篡改事件也屡有发生。

2016 年，黑龙江省牡丹江市考生小刘的高考成绩高出最低录取线近三十分，却没有被录取。黑龙江省招生考试办公室查询后发现，在报考志愿窗口关闭前十五分钟，有人登录小刘的报考号，篡改了她的报考志愿。小刘向公安机关报了案，经查询发现，山东省某高校驻牡丹江市的招生负责人高某伙同其女公某私自篡改了小刘的高考填报志愿。公某获取其报考登录账号和密码等信息后告诉了高某，高某通过网上高考填报志愿系统私自将小刘的高考志愿篡改为仅报考高某所在学校一项。犯罪嫌疑人对犯罪事实供认不讳（confess all one's crimes）。公某涉嫌侵犯泄漏隐私，高某涉嫌犯破坏计算机系统罪，被移交司法机关。为了圆小刘的大学梦，牡丹江市警方与黑龙江省招生考试办公室进行了协调沟通，并将立案证明、破案记录以及案件事实情况提供给教育部门，证明了小刘的高考志愿是被他人篡改。目前，小刘已被山东外事翻译职业学院录取。

2016 年 7 月 31 日，菏泽单县一中的高考生小许收到了山东女子学院的录取通知书，然而该所学校并不在其当初报考的 6 所本科学校之内。他怀疑自己的高考志愿被人篡改，遂报警。经当地相关部门初步查明，包括小许在内有两名考生的高考志愿被其同班同学陈某篡改。作为受害者的四名考生与自己心仪（admire）的大学失之交臂。其中，超出一本线 30 多分且服从调剂的小凡有可能被青岛科技大学录取，目前就读山东理工大学。高出一本线 19 分的小朱有可能被国家重点学校新疆大学录取，目前就读于烟台大学。一直梦想当警察的小田，有可能被江苏警官学院录取，目前为潍坊学院免费师范生。而小许因志愿被篡改，被山东女子学院录取。2016 年 10 月 24 日，当地法院对篡改志愿的陈某以犯破坏计算机信息系统罪，判处有期徒刑七个月。

补记：冒名顶替的事甚至在留学中也有发生。上海一位 38 岁的女硕士毕某自 1999 年至 2012 年期间，冒用岳某身份信息办理了三本护照和三本港澳通行证，先后十六次至美国、法国、日本、马来西亚、新加坡以及中国香港等地求学和工作。2016 年 6 月 17 日毕某在由美国返回上海途中被上海浦东国际机场边检民警查获。毕某交代，1999 年她申请去美国求学被两次拒签，后听一黑中介说，可以用别人名义办理护照，她就花钱买了护照，没想到竟然"一帆风顺"（plain/ smooth sailing）。之后，她冒用岳某身份在美国留学五年，获得了工商管理硕士（MBA—Master of Business Administration）学位。2004 年，毕某成功在上海落户（registered as a resident of），并以岳某的名义办了张身份证并一直使用。毕某交代说："在上海，我所有的东西，包括房子、银行账户都是在岳某名下的。"2016年岳某准备出国游玩，申请护照时被告知她的名字已被人用过，便随即向公安机关报案。上海市浦东新区人民法院审理认为，毕某违反我国边境管理法规，偷越国境（illegally cross the national border），已触犯刑法，依法判处毕某拘役（criminal detention）六个月，缓刑（probation）六个月。

36. 拆二代

"拆二代"（sons and daughters of the owners of houses that were demolished）是相对于"官二代""富二代"而提出来的一个群体。这个群体多数是 20 世纪 80 年代后出生的城市近郊的人。他们继承了父辈留下的房产，在城市扩建的时候，由于拆迁补偿（relocation compensation）而突然得到一笔不小的财富，而形成了一个特殊的群体。

"拆二代"一词首先出现在 2010 年 5 月 18 日《北京日报》上的一篇题为《巨额拆迁款，农民该怎么花？》的报道中。该文报道了随着北京城市化进程的加快，大量京郊村民在获得几十万以上的拆迁款和数套回迁房（resettlement house）的同时，也有了不少问题。比如拆迁农民的"三无"：种田无地、就业无岗、社保无份。该文特别关注了"拆二代"，指出这些未成年的孩子们在变富之后，心态发生巨大变化，比富、奢侈、厌学的现象比比皆是。

"拆二代"作为一个群体占有着一定量的社会财富，城市化给原本居住在郊区的他们带来了机遇，拆迁补偿令其中一些人一夜暴富（strike great fortune overnight）。虽然手握财富，居有良宅行有好车，但他们面对世界时最大的资本就是财富，这几乎成为他们唯一的筹码（chip; counter。赌场里的"筹码"称 casino token）。有人说，他们是幸运的，因为毫不费力（without any effort）就坐享财富；也有人说，他们是不幸的，因为暴富令他们措手不及（be caught off guard）。"暴富"后随之而来的，是迷茫与困惑（get confused; be at a loss; tie oneself into knots）。很多人染上了小市民习气（the bad habit of urban petty bourgeois），由于离市中心很近，往往喜欢混迹（hang around/about）于城市之中。由于突然有钱了，有些"拆二代"未富先懒，不但生活奢靡（extravagant），甚至变得好吃懒做（gluttonous and lazy）、游手好闲（idle about; loaf）。

有的"拆二代"开上了豪车，买下数万元的名包名表；有的或赌博输光或挥霍一空（squander every penny; spend lavishly to the last penny）。甚至还有嫖娼宿妓者，赌场豪赌者，养情人者。更有兄弟姐妹为争财产而大打出手（fight brutally）、夫妻反目（husband and wife fall out）。

不过，不良行为发生率极低，不应夸大这些负面现象。部分"拆二代"的确因为拆迁带来收入，出现消费水平有所提升的现象，但大部分都在合理范围之内。许多"拆二代"并未像媒体报道的那样"一夜暴富"，有些人的收入反而降低。拆迁前，许多家庭会把富余的房子租出去，每个月能得到一笔稳定的房租收入。拆迁后房子变成了钱，装修、搬家都要花一大笔钱，每个月的收入反倒少了。"拆二代"的表现也不一样，有的依旧默默干着低薪工作，过着本色生活；还有的则用这笔钱去创业。

"未富先懒"的核心是价值观问题。如果一个人只把勤奋看作是致富的手段，那么有了钱就不会再去奋斗。但如果一个人觉得奋斗是快乐的，即使没钱挣也会很幸福。事实上，这一现象在世界各地均有出现。在英国，有所谓 NEET（not in education, employment or training）族，指的是 16 至 18 岁间的一部分人，既不上学也没工作，而且没参加职业培训；在日本，NEET 族的范围扩展到 15 至 34 岁；在美国，这一群体被称作"归巢族"（boomerang kids）；在香港地区，将其称为"双失青年"（non-engaged youth，指"失学兼失业"的年轻人）。与许多国家一样，随着经济的发展，很多人开始在一定程度上"有钱有闲"，在主观上追求一种舒适休闲的生活方式。关键在于正确引导，有关部门在这方面应踏实做工作，并帮助他们解决就业等实际问题。

37. 斜杠青年

"斜杠青年"（youth slash）的概念出自《纽约时报》专栏作家麦瑞克·阿尔伯（Marci Alboher）2007 年出版的一本书《双重职业》（*One Person / Multiple Careers: A New Model for Work Life Success*）。越来越多的年轻人不再满足"专一职业"，而是选择能够拥有多重职业和身份的多元生活。他们的自我介绍中在自己的不同职业之间用斜杠来区分，例如："李铭，律师／大学教授／制片人。"专家们认为，复合型人才（inter-disciplinary talent; versatile talent）将成为职场主力。

其实，"斜杠青年"跟多栖明星（multi-talented star）有点相似。很多明星在演员、导演、歌手、主持人等身份之间来回切换（switch back and forth），游刃有余（be more than equal to a task），有些人甚至还能跳出演艺圈，来个大跨界（trans-boundary; cross over）。比如台湾著名演员林志颖（Jimmy Lin），不仅能唱歌、演戏，还是职业赛车手及成功的企业家，每项事业都做到了令人惊羡的程度。又如香港歌手谢霆锋（Nicholas Tse）除了唱歌和演戏之外，还不声不响地经营着中国顶尖特效制作公司"PO 朝霆"（Post-Production Office Limited），垄断国内的亚洲电影、世界电视广告、跑车品牌等 80% 以上市场。《十二道锋味》（不知道海报上的 Chef Nic 是不是其正式英文名，按照意思可译为 Twelve Courses of Tse Taste）播出后好评如潮，人们大呼意外，原来谢霆锋还是个优秀的厨师！

"斜杠青年"的出现是社会发展和进步的表现，多重职业必将是大势所趋。从劳动关系的角度来看，可以说颠覆了传统的雇佣制劳动模式，让人力资源流动起来，使人才的劳动价值实现了充分、可重复的利用。"斜杠青年"可以最大限度地发掘自己的能力，通过跨界经营创造更多的劳动价值，在前进的道路上拥有更多的发展机会和人生选择，是值得社会认可和鼓励的。

在互联网发展突飞猛进的今天，人们的角色变换很方便。无论是在国内还是世界范围内，"斜杠"都是一股风潮。2016 年，美国自由职业者（free lancer）已超过了 5300 万人，占职场数量的三分之一，并有望在 2020 年达到二分之一。实际上，这一现象在目前已并不鲜见。就像很多滴滴司机都是职场人在兼职从事，他们本身可以是教师、工程师、公司职员，甚至是公司高管，但他们另外的一个共同身份就是专车司机。

再以网上很红的会飞为例。她在大学学的是医，期间自学了设计，毕业后在阿里从事网页设计，刚毕业的几年只能在偌大的公司扮演"螺丝钉"的角色。然而，短短两年时间，她已实现华丽转身（magnificent transformation），成为美食摄影师，出版了自己的美食摄影书，开办了自己的工作室；学画画 60 天后又成为一公众号的御用插画师（exclusive illustrator），成为自媒体平台第一个插画师，还联合发行了一套明信片。这一切奇迹的源头都来自于很普通的一件事：每天给自己做早餐，并把它拍下来发到 LOFTER 平台上，并于 2012 年在 LOFTER 建了一个专题"像国王一样吃早餐"，后来据此出版了她的第一本同名书《像国王一样吃早餐》。随后一些杂志也伸出合作的橄榄枝，因着魔法般做出养眼又让人馋涎欲滴（make one's mouth water）的美食，她又成了下厨房的认证厨师（certificated chef），还拿下了营养师（dietitian; nutritionist）的资格证……曾经梦想的工作机会接连出现，后来她就从公司辞职，成立工作室，成为时下最时髦的"斜杠青年"。仅仅只是做早餐这么一件再普通不过的事，居然掀起了蝴蝶效应（butterfly effect），让她走上了人生的快行道。

其实，只要用心，人人都可以成为"斜杠青年"。一位名为"红尘笑笑生"的网络作者总结出常人与"斜杠青年"之间的三步距离，颇有意思。

1）找到自己的兴趣点并发挥到极致（bring to the maximum/acme）

不要认为只有去主流社会披挂上阵（buckle on one's armor and go into battle），才有机会在千军万马中抢得一席之地，错位竞争（dislocation competition）其实更有机会。找到自己内心真正的需求，只要它真是你内心所热爱，即便是最微不足道的小技艺也没关系。听从它，将它做到极致，就已成就了有独特竞争优势的你。当你做自己特别感兴趣的事时，你就会精力充沛、灵感迸发（one's inspiration be kindled）、运气也会好到爆棚，就好像全宇宙都在帮你。只要你沉入下去做（be really absorbed in doing something），你会发现自己有巨大的潜力。而且因为是自己的真正兴趣所在，不需要任何外界的动力，你都会一直做下去，享受那一刻它带给你的美好。

2）善用网络建立个人品牌，积累自己的网络影响力

"互联网＋"逐步渗入到日常生活中，使社会逐渐进入全面多重职业的时代。微商、Uber、滴滴、淘宝、直播等移动端平台的发展，给数百上千万人提供了第二份职业。网络社交平台及各种细分垂直平台（segment vertical platform）的兴起，为每个人在网络社会建立自己的影响力提供了毫无门槛的机会。找到自己的兴趣点，再找到与之对应的最有影响力的平台，这就是你表演的舞台。不管你的兴趣在什么方面，总有一个平台聚集着千千万万你的同类。这是一个网络的时代，更是一个网络信任是刚需（rigid demand）的时代，是需要日积月累（accumulate day by day and month by month）的时代。从动手做时就开始在网络上留下自己的足迹吧，这样那些未来能够带给你资源和机会的人也能够看到你的成长、你的发展空间。

3）持续输出，静待一切美好的出现

成功总是留给有耐心的人，奇迹属于持续投入的人，只有投入时间积累到一定程度，才能从量变到质变。也许开始进步很快，但过了一段时间，就会进入瓶颈。请相信这种情况很多人都会遇到，那些已经成名成家的人也不例外。持续的输出能力是很多人或机构挑选合作伙伴考察的重点。投入时间去做自己感兴趣的事时，就专注于做事本身，不要有太多的得失心（be obsessed with gains and losses），否则会让你失去对事物本身的直觉能力。时间看得见，静待一切美好的发生，该来的自然会来。

从我们呱呱坠地（come wriggling and crying into the world）那天起，ABCD的选项都深深地镶嵌在我们的生活中，现实让我们不得不在这些选项中选择一个所谓的最佳选项，于是我们学会了舍弃，舍弃兴趣、舍弃梦想。但逐渐发达的互联网，让很多人的想法得到了发挥的平台。"斜杠青年"的生活方式也正在被人们熟知并接受。

"斜杠青年"要在不同的情景下扮演不同的角色，但前提是要分清主次。每个人在职场都会有一个岗位，首先要胜任该岗位，然后才去提高工作效率和工作质量。这里把本职工作比作"饭碗"，试想一下，连饭碗都不能保住，何谈创造更多的人生价值。成功的"斜杠青年"都有一个共同的特点，就是第一份职业小有成绩，起码是发展得不错的情况下，才开始向其他领域延伸，并且可以借助第一份职业的光环及积累的"财富"慢慢地发展斜杠，但在最初他们还是坚持着单一的工作，全情投入。

"斜杆青年"并不是将自己的职业侧面简单罗列，而是真正拥有多种行业间平行切换并获得价值的能力。第二领域的开辟的前提，是现有第一领域做得足够出色。这样才能保证有足够的时间、金钱和精力，去拓宽视野、学习知识、练习技能。在一个领域做得越精深，会收获越多的技能和才干，将更容易迁移到新领域。每个人可以用同一个能力叩开不同领域的大门，例如，如果你文字功底很好，那么可以做作家／编辑／编剧／自媒体等等各种选择；另一方面，我们可以把不同的价值提供给同一批人，如果你在电影评论圈小有名气，那么他们也不介意你顺便讨论一下音乐或者电视剧。做想做的事，而不是赚钱的事。每一个领域的切入都应该是兴趣导向，而不应该是金钱导向的。万事开头难，在开拓新领域的初期，将有一个不赚钱甚至是"赔钱"的开始，只有自己对这一领域的兴趣，才能使自己坚持到收获价值回报的那一天。

总而言之，"斜杆青年"的每一个"斜杆"，都是通过自身努力突破行业界限的勋章。在有限的时间里在已经开拓的领域中追求卓越，并力求做到极致。

38. 物联网

当互联网概念在中国资本市场上方兴未艾之时，瑞士达沃斯经济论坛（Davos World Economic Forum）上已传来对互联网的死刑判决书。互联网巨头谷歌公司的执行董事长埃里克·施密特（Eric Emerson Schmidt）在不久前举行的一次座谈会上大胆预言：互联网即将消失，一个高度个性化、互动化的有趣世界"物联网"即将诞生。

"物联网"（IoT，是 Internet of Things 的缩写，字面翻译是"物体组成的因特网"）又称"传感网"（sensor/sensing network），简要讲就是互联网从人向物的延伸。"物联网"这一概念是由英国人凯文·阿什顿（Kevin Ashton）于 1999 年提出的。阿什顿认为，计算机最终能够自主产生及收集数据，而无需人工干预，因此将推动物联网的诞生。按照国际电信联盟（ITU）的定义，物联网主要解决物品与物品（thing to thing—T2T），人与物品（human to thing—H2T），人与人（human to human—H2H）之间的互联。但是与传统互联网不同的是，H2T 是指人利用通用装置与物品之间的连接，从而使得物品连接简化，而 H2H 是指人之间不依赖于 PC 而进行的互联。因为互联网并没有考虑到对于任何物品连接的问题。顾名思义，"物联网"就是连接物品的网络，许多学者讨论物联网时，经常会引入一个 M2M 的概念，可以解释成为人到人（man to man）、人到机器（man to machine）、机器到机器（machine to machine）。但是，M2M 的所有的解释并不仅限于能够解释物联网，同样地，M2M 这个概念在互联网汇总也已经得到了很好的阐释，就连人与人之间的互动，也已经通过第三方平台或者网络电视完成。

人与机器的交互一直是人体工程学（ergonomics）和人机界面（human-computer interface）等领域研究的主要课题，但是机器与机器之间的交互已经由互联网提供了最为成功的方案。从本质上而言，人与机器、机器与机器的交互，大部分是为了实现人与人之间的信息交互。万维网（World Wide Web）技术成功的动因在于：通过搜索和链接，提供了人与人之间异步（asynchronous）进行信息交互的快捷方式。中国物联网校企联盟（SharKing IoT Circle）将"物联网"定义为当下几乎所有技术与计算机、互联网技术的结合，实现物体与物体之间、环境以及状态信息实时的共享以及智能化的收集、传递、处理、执行。"物联网"将各种信息传感设备，如射频识别（RFID—radio-frequency identification）装置、红外感应器（infrared sensor）、全球定位系统（global positioning system—GPS）、激光扫描器（laser scanner）等种种装置与互联网结合起来而形成的一个巨大网络。其目的是让所有的物品都与网络连接在一起，方便识别和管理。

IoT 既属于表，又有索引的结构，而且不存在主键的空间开销，因为索引就是数据，数据就是索引，二者已经合二为一。但是，IoT 带来的好处并不止于节约了磁盘空间的占用，更重要的是大幅度降低了输入／输出（I/O），减少了访问缓冲区缓存（cache; buffer memory）。

"物联网"的指导思想是快速增长的连通性（connectivity; connectedness），尤其是通过互联网进行连接的各种各样的嵌入式（embedded）传感器设备及系统，不仅包括现有的机器间通信，还延伸包括更多的分析及面向消费者的产品，从 Google Glass 到智能电器。

根据分析公司 IDC（International Date Corporation）的《物联网 2013 到 2020 年市场分析：数十亿台设备、上万亿美元》报告，2012 年 IoT 技术及服务在全球的开支仅为 4.8 万亿美元，2020 年将达到 8.9 万亿美元。据 IDC 预计，到 2020 年底 IoT 相关的设备总量大约为 2120 亿台——这其中包括 301 亿台自主安装的设备。据"智者报告"（Wiseguy Report）分析，2016—2020 年中国 IoT 市场复合年增长率（compound annual growth rate—CAGR）能达到 18.99%。诸如智能手机、家用电器（household appliances）以及可穿戴设备将成为物联网生态系统的一部分，并可通过互联网进行控制。这些将构成智能居家、智能购物、智能运输和智能医疗保健等的核心。该分析还认为，中国物联网在经济中的规模已开始发生真正的变化，制造业在迅速采用 3D 打印、机器人、人工智能（artificial intelligence）等新技术。这些技术将促使中国成为世界制造业的中心（hub）。

IoT 技术已在下列领域产生了影响。医疗保健：包括活动监视器，比如 FitBit（原为美国旧金山一家新兴公司的名称，常用于指"智能手环""计步器""跑步机"等产品）、临床研究数据、应急响应（emergency response）以及居家高级护理。运输业：包括对车辆位置及运行状况的地理及时间序列追踪。食品和饮料：用于对消费品进行从加工、销售到质量到可贮存性检查全过程追踪（whole-process tracing）。

工业和信息化部相关负责人表示，我国传感网标准化工作已经取得积极进展，标准化体系已形成初步框架，向国际标准化组织提交的多项标准提案被采纳。经国家标准化管理委员会批准，全国信息技术标准化技术委员会组建了传感器网络标准工作组。

《2015—2020 年中国物联网行业应用领域市场需求与投资预测分析报告》的数据表明，2011 年中国物联网产业市场规模为 2600 多亿元，2015 年达到了 7500 亿元，这种井喷式发展（explosive development）还会继续。

应用创新是物联网发展的核心，以用户体验为核心的创新是物联网发展的灵魂。有人说，物联网将是下一个推动世界高速发展的"重要生产力"，是继通信网之后的另一个万亿级市场。业内专家认为，物联网一方面可以提高经济效益，大大节约成本；另一方面可以为全球经济的复苏提供技术动力。美国、欧盟等都在投入巨资深入研究探索物联网。我国也正在高度关注、重视物联网的研究，工业和信息化部正会同有关部门，在新一代信息技术方面开展研究，以形成支持新一代信息技术发展的政策措施。

2014 年 2 月在北京召开的全国物联网工作电视电话会议上，国务院副总理马凯在讲话中强调，要抢抓机遇，应对挑战，以更大决心、更有效措施，扎实推进物联网有序健康发展，努力打造具有国际竞争力的物联网产业体系，为促进经济社会发展作出积极贡献。他还说，应用创新（application of innovation）是物联网发展的核心，以用户体验为核心的创新 2.0 是物联网发展的灵魂，而用户是创新 2.0 模式的关键，也是物联网发展的关键，而用户的参与需要强大的创新基础设施来支撑。作为创新 2.0 时代的重要产业发展战略，物联网的发展必须实现从"产学研"向"政产学研用"，再向"政用产学研"协同发展转变。

物联网应用中有三项关键技术：1）传感器技术；2）融合了无线射频技术和嵌入式技术的 RFID 标签；3）嵌入式系统技术。简单地说，物联网是互联网的应用拓展（expansion; extension; prolongation; development）。说物联网是网络，不如说物联网是业务和应用。和传统的互联网相比，物联网有其鲜明的特征。

首先，它是各种感知技术的广泛应用。物联网上部署了海量（a multitude of）的多种类型传感器，每个传感器都是一个信息源，不同类别的传感器所捕获的信息内容和信息格式不同。传感器获得的数据具有实时性，按一定的频率周期性地采集环境信息，不断更新数据。

其次，它是一种建立在互联网上的泛在网络（extensive network）。物联网技术的重要基础和核心仍旧是互联网，通过各种有线和无线网络与互联网融合，将物体的信息实时准确地传递出去。物联网不仅仅提供了传感器的连接，其本身也具有智能处理的能力，能够对物体实施智能控制。物联网将传感器和智能处理相结合，利用云计算、模式识别等各种智能技术，扩充其应用领域。从传感器获得的海量信息中分析、加工和处理出有意义的数据，以适应不同用户的不同需求，发现新的应用领域和应用模式。

物联网的实践最早可以追溯到 1990 年施乐公司（Xerox）的网络可乐贩售机（Networked Coke Machine）。1999 年，凯文·阿什顿在美国召开的移动计算和网络国际会议上首先提出物联网这个概念，提出了结合物品编码、RFID 和互联网技术的解决方案。当时基于互联网、EPC 标准，在计算机互联网的基础上，利用 RFID 技术、无线数据通信技术等，构造了一个实现全球物品信息实时共享的实物互联网，即物联网。

2003 年，美国《技术评论》（*Technology Review*）提出传感网络技术将是未来改变人们生活的十大技术之首。

2005 年 11 月 17 日，在突尼斯举行的信息社会世界峰会（WSIS）上，国际电信联盟发布的《ITU 互联网报告 2005：物联网》，正式提出了"物联网"的概念。物联网的定义和范围已经发生了变化，覆盖范围有了较大的拓展，不再只是指基于 RFID 技术的物联网。

2008 年后，为了促进科技发展，寻找新的经济增长点，各国政府开始重视下一代的技术规划，将目光放在了物联网上。在中国，同年 11 月在北京大学举行的第二届中国移动政务（mobile governance）研讨会"知识社会与创新 2.0"，提出移动技术、物联网技术的发展代表着新一代信息技术的形成，并带动了经济社会形态、创新形态的变革，推动了面向知识社会的以用户体验为核心的下一代创新（创新 2.0）形态的形成，进一步推动新一代信息技术的健康发展。

2009 年 1 月 9 日，IBM 全球副总裁麦特·王（Matt Wang）博士做了主题为《构建智慧的地球（intelligence earth; smart planet）》的演讲。提出把感应器嵌入和装备到家居、电网、铁路、桥梁、隧道、公路、建筑、供水系统、大坝、油气管道等各种物体中，并且被普遍连接，形成"物联网"，然后将"物联网"与现有的互联网整合起来，实现人类社会与物理系统的整合。

2009 年 1 月 28 日，奥巴马就任美国总统后，与美国工商业领袖举行了一次"圆桌会议"，作为仅有的两名代表之一，IBM 首席执行官彭明盛（Samuel Palmisano）首次提出"智慧地球"这一概念，建议新政府投资新一代的智慧型基础设施。当年，美国将新能源和物联网列为振兴经济的两大重点。

2009 年 2 月 24 日，2009 IBM 论坛上，IBM 大中华区首席执行官钱大群公布了"智慧地球"的最新策略，得到美国各界的高度关注，甚至有分析认为 IBM 公司的这一构想极有可能上升至美国的国家战略，并在世界范围内引起轰动。IBM 认为，IT 产业下一阶段的任务是把新一代 IT 技术充分运用在各行各业之中。在策略发布会上，IBM 还提出，如果在基础建设的执行中，植入"智慧"的理念，不仅仅能够在短期内有力地刺激经济、促进就业，而且能够在短时间内为中国打造一个成熟的智慧基础设施平台。如今，不少美国人认为"智慧地球"战略与当年的"信息高速公路"有许多相似之处，是振兴经济、确立竞争优势（competitive edge）的关键战略。该战略能否掀起如当年互联网革命一样的科技和经济浪潮，不仅为美国关注，更为世界所关注。

2009 年 8 月，温家宝总理在视察中科院无锡物联网产业研究所时，提出"感知中国"的概念，接着，物联网被正式列为国家五大新兴战略性产业之一，写入《政府工作报告》。有人甚至说，物联网的概念已经是一个"中国制造"的概念，它的覆盖范围与时俱进，已经超越了 1999 年阿什顿教授和 2005 年 ITU 报告所指的范围，物联网已被贴上"中国式"标签。

物联网被"十二五"规划列为七大战略新兴产业之一，是引领中国经济华丽转身的主要力量，物联网在"十二五"期间产业规模将达到 6000 亿，佛瑞斯特研究公司（Forrester）预测十年内物联网将成为一个上万亿的产业，规模比互联网大 30 倍。

作为被寄予厚望的新兴产业，物联网正悄然影响着人们生活的方方面面。

物联网有望改善机械的可靠性，并使个人健康和人们的生命质量得到改善。物联网是新一代信息技术的高度集成和综合运用，具有渗透性强、带动作用大、综合效益好的特点。推进物联网的应用和发展，有利于促进生产生活和社会管理方式向智能化、精细化、网络化方向转变，对于提高国民经济和社会生活信息化水平，提升社会管理和公共服务水平，带动相关学科发展和技术创新能力增强，推动产业结构调整和发展方式转变具有重要意义。

39. 漫话机器人

国际机器人联合会（International Federation of Robotics—IFR）的统计数据表明，中国拥有世界上最大的机器人市场，每年销售机器人 68 万台，过去五年以 35% 的速度增长。2015 年，全球工业机器人销量为 24.8 万台，其中中国为 6.67 万台。

我国在机器人制造上采用了多项前沿技术、关键共性技术（key generic technology）和新一代机器人平台，包括工业机器人、服务机器人、特种机器人的相关核心技术。这些都是我国机器人产业重点布局的方向。

继 2015 年成功举办世界机器人大会（World Robot Conference）后，中国于 2016 年 10 月 20 日再次举办 2016 年世界机器人大会。这次大会由北京市人民政府、工业和信息化部、中国科学技术协会主办，地点在北京亦创国际会展中心（Etrong International Exhibition & Convention Center）。这里将成为世界机器人大会的永久会址。

这次大会会期五天，近 150 家全球知名机器人企业参会，大会聚集了来自世界各国的 300 多位业界专家和企业领袖。这次大会的主题是"共创共享共赢，开启智能时代"（Win-Win Collaborative Innovation Toward the Building of an Intelligent Society）。大会围绕新一代机器人技术发展趋势与产业应用机会的中心议题开展交流和探讨，三天主论坛（theme forum）和 22 场专题论坛，涵盖了当前机器人应用的最新技术及行业热点。专题论坛邀请了来自俄罗斯、美国、以色列等 11 个国家的 300 多位顶尖专家，围绕机器人教育、无人驾驶、人工智能、特种机器人等话题展开讨论，涵盖了当前机器人应用的最新技术及行业热点。

大会期间举办了机器人博览会，各国的顶级机器人，包括特斯拉、费斯托（Festo）仿生机器蝴蝶、Rethink Robotics 智能协作机器人、中国科学技术大学"佳佳"智能机器人、Pepper 情感机器人等近 150 家中外知名企业及先进产品集体亮相，展示尖端领域的最新成就。为期五天的博览会展示了工业、服务、特种机器人，尤其强调智能机器人在工业、农业、服务业等方面的应用。

机器人唱歌、回答参观者的提问、和观众下棋等不算新鲜；人们对会打乒乓球、羽毛球，会做体操、能跳舞的机器人似乎也不感到新鲜了。2015 年世界机器人大会上由被称为"现代机器人教父"的日本人石黑浩（Hiroshi Ishiguro）制作的美女机器人 Genminoid F. 现身大会展览区，引来不少观众围观；中电兴发科技有限公司（Sinonet Science & Technology Co., Ltd）展示的反恐机器人、排爆机器人、无人机、干扰仪（interferometer）也让人感觉新奇。

2016 年展出的机器人有很多新亮点。例如，有个机器人能画像，20 秒一幅速写，两分钟一张素描（sketch; line drawing），确实很有新意。一个名叫"小罗"的机器人在人群中央边唱边跳，每一个关节都灵活自如，还时不时向观众眨眼要宝。"小罗，你会唱歌吗？""当然！"话音未落，小罗就唱起了意大利歌剧，昂首闭眼，那个"沉迷其中"（indulged）的劲儿逗得大家忍俊不禁（simmer with laughter）。里约奥运会的直播解说名嘴机器人也让人惊讶。展厅中，一个晶莹的大玻璃缸里，两条红色的锦鲤（fancy carp）悠闲自得地游来游去。这两条机器鱼摇头摆尾，活灵活现（lifelike），遇到障碍物还会躲闪，偶尔"碰了头"，还像被撞蒙了一样摇摇头。

在南馆工业机器人展区，各类医疗、康复机器人受到人们关注。比如，哈工大机器人集团带来的一款智能颈椎康复机器人，简直是一名精通中西医的"神医"，只要患者把自己的病历输入系统，就能根据病情"开"出有针对性的治疗方案。该方案集 3D 定位、智能牵引、定量治疗、中医按摩、磁疗热疗于一身，还能对康复过程进行实时监控与记录，对康复效果进行评定。

这次大会举办的世界机器人大赛共有六大赛事，这是本次大会的重要亮点之一，共吸引了来自十多个国家和地区的 500 余支参赛团队参加。无人驾驶挑战赛、无人机飞行极限挑战赛、国际水中机器人大赛、RoboCup 机器人足球挑战赛、RoboCom 青少年挑战赛等，分分钟引爆现场。其中无人驾驶挑战赛，参赛车队将参与弯道赛、锥形标（traffic cone）挑战赛、超车换车道、自动泊车四个项目，堪称速度与智能的完美融合；国际水中机器人大赛上，各种仿生鱼栩栩如生，上演技能大比拼，给观众带来一场另类的"水上奥运"；RoboCup 挑战赛，机器人化身运动小将组建足球队，驰骋绿茵场；无人机飞行极限挑战赛，各式无人机盘旋、滑翔、冲刺，像凌厉的鹰、像灵巧的燕、像隐形的云雀，可谓现实版的《壮志凌云》（*Top Gun*）；RoboCom 青少年挑战赛包括天宫搬运、星光璀璨、宇宙之眼三大赛项，分为七个分项，机器人进行了场地勘探（field exploration）等令人惊叹的展示；机器人明星挑战赛通过节目影像展现历时两个月，足迹遍布数省的明星与机器人互动，其中包括王励勤与羽毛球机器人互动及姚明脑电波意念控制（brainwave idiodynamics）机器人的盛况，更是精彩得让人应接不暇。

除此之外还有精彩酷炫（cool showy）的无人驾驶挑战赛、无人机飞行极限挑战赛，各种竞速越障、搭积木、花式飞行，更有前所未有的无人机抓取重物！最吸引眼球的要属姚明和王励勤一起担任"2016 世界机器人大会临港荷福世界机器人明星挑战赛"的队长，带领"中国机器人军团"奔赴美国、日本、韩国、以色列以及印度，同国际同行展开机器人竞技交流。

1921 年，捷克著名剧作家卡尔·恰佩克（Karel Capek, 1890—1938）的话剧《罗素姆的全能机械人》（*Rossum's Universal Robots*）在布拉格首演。"Robot"一词是恰佩克将捷克语的"强迫劳动"（robota）和波兰语的"工人"（robotnik）两词合成创造出来的。此词于 1923 年首次出现在英语中，后来被用于指"机器人"。

大多数机器人在工厂里代替人类做一些笨重或危险的工作。后来战场也出现了机器人，比如用以扫雷（mine clearance/sweeping）。现在还出现了机器人导盲犬（guide dog）。一些医院里也有专门的机器人，不仅能从事一些简单的工作，还能进行复杂的手术。有些餐饮行业推出了机器人服务员。其实，我国探月的玉兔（jade rabbit）月球车（moon rover）也是一种机器人。

但是，机器人的历史并不算长，1959 年，被称为"机器人之父"的美国人英格伯格（Joseph F. Engelberger, 1925—2015）制造出世界上第一台工业机器人，机器人的历史才真正开始。

英格伯格制造的工业机器人是第一代机器人，属于示教再现（teaching and playback）型，即人手把着机械手，把应当完成的任务做一遍，或者人用"示教控制盒"（demonstration control box）发出指令，让机器人的机械手臂运动，一步步完成它应当完成的各个动作。

20 世纪 70 年代，第二代机器人开始有了较大发展。第二代是有感觉的机器人：它们对外界环境有一定感知能力，并具有听觉、视觉、触觉等功能。机器人工作时，根据感觉器官，即传感器（sensor）获得信息，灵活调整自己的工作状态，保证在适应环境的情况下完成工作。如有触觉的机械手，可轻松自如地抓取鸡蛋，具有嗅觉的机器人，能分辨出不同饮料和酒类。

第三代机器人是智能（intelligent）机器人，不仅具有感觉能力，而且还具有独立判断和行动的能力，并具有记忆、推理（inference; reasoning）和决策的能力，因而能完成更加复杂的动作。智能机器人的中央电脑控制手臂和行走装置发生故障时，能自我诊断出故障部位，并能自我修复。今天，智能机器人的应用范围大大地扩展了，除工农业生产外，机器人应用到各行各业。从某种意义上说，机器人已具备了人类的特点。

近日美国佛罗里达的人类和机器认知研究所研发的一款两足机器人行走上有了让人惊讶的举动，竟可以走梅花桩（quincuncial piles）。这在工程动力学上来说是个不小的进步。虽然这些梅花桩并不是我们在功夫片里看到的那种，而是一些砖瓦碎片。但是从视频中我们可以看出，最新算法技术完全可以使机器人通过这样的障碍物。当机器人的脚踩到这些不稳定障碍物的时候，由于重力的原因，一定是会摇摇晃晃的，这时候它会将全身重量慢慢地、一点一点转移到自己的腿上，同时双手保持身体平衡，这看似容易，做起来却非常困难。每一步它都会重复这样的动作，因为地图地形并不是预先就被输入进去的。这个过程中机器人的动态步伐（dynamic steps）以及角动量（angular momentum）的紧密结合是有很高难度的。

2016 年 12 月 1 日，《南方都市报》刊登郭爽题为《"社交机器人"（social robot）影响美国政治》的文章。该文章说，有计算机科学家惊讶地发现，"社交机器人"也成为在社交媒体上影响美国政治的一个重要因素。与几年前出现的"僵尸粉"（zombie fan）不同，"社交机器人"组成的"水军"（internet water army）已不仅仅为某个政界人士增加粉丝量、让其看起来更受欢迎，而且更多参与政治话题讨论，与其他用户互动，影响他们的政治观点和决定。

"社交机器人"是自动控制社交媒体账户的计算机程序，它们可以表现得像真人用户一样，在社交平台上就某一话题发帖或转发其他账号的内容，给这些内容评论、点赞，甚至还可以参与网络对话和讨论。一些"社交机器人"被设计用于提供某些类型的网络服务，也有一些故意冒充人类使用者，充当"水军"。牛津大学社会学家菲利普·霍华德（Phillip Howard）形容说，这些"机器水军"无异于一群"只会喊叫的傻子"。但一大群"傻子"的影响不可小觑。它们不仅会"不经意间"（unintentionally; by accident）传播不实信息，也会被人刻意用于放大虚假信息或者某些观点，以达到政治、经济或其他目的。美国一项研究报告显示，在 2016 年美国大选中，当选总统特朗普和希拉里·克林顿等参选人在社交平台上唇枪舌剑（battle of words），其间不少相关言论都来自"社交机器人"。研究人员通过检测算法发现，大选相关推文（tweet）中约 19% 来自"社交机器人"。

在政治领域，"机器水军"会促使网民的政治观点变得更极端，甚至会在社交媒体上形成难以控制的"涟漪效应"（ripple effect）。在经济领域，那些未经核实的信息被"机器水军"植入或传播、放大后，对敏感的股市会造成很大的影响。

相当火爆的美国影片《西部世界》（West World）中的机器人简直和真人一样。假如未来真的有一天，我们分不清楚机器人和人类的界限，那又会怎样呢？

机器人向着智能化、拟人化（personalize）方向发展的道路，是没有止境的。有些机器人虽然外表并不像人，也不以人类的方式操作，但可以代替人力自动工作。

展望未来，对机器人的需求是多方面的。在制造工业，由于多数工业产品的商品寿命逐渐缩短，品种需求增加，这就促使产品的生产要从传统的单一品种成批大量生产逐步向多品种小批量柔性生产（flexible/adjustable/manufacturing/production）过渡。由各种加工装备、机器人物料传送装置和自动化仓库组成的柔性制造系统，以及由计算机统一调度的更大规模的集成制造（integrated manufacturing）系统将逐步成为制造工业的主要生产手段之一。

目前，微型机器人大多还处于实验室或原型开发阶段，但可以预见，将来微型机器人将广泛出现。例如微型管道机器人（micro in-pipe robot），其特点是能在狭小的管状通道或缝隙行走，进行检测维修等作业。近年来随着微电子机械技术的发展和晶体压电效应（piezoelectric effect）与超磁致伸缩材料（giant magnetostrictive material）磁—机耦合（coupling）技术应用的发展，使新型微驱动器的出现和应用成为微管道机器人的重要发展基础。

日本名古屋大学（Nagoya University）研制成一种微型管道机器人，可用于细小管道的检测，在生物医学领域的小空间内做微小工作。我国上海大学和上海交通大学都研制出了惯性冲击式（inertial impact type）管道微机器人。这种微机器人采用层叠型压电（cascading piezoelectric）驱动器驱动，有层叠型和双压电薄膜两种类型。

近年来，医疗机器人技术的研究与应用开发进展很快，微型医疗机器人是其中最有发展前途的应用领域，据日本科学技术政策研究所预测，到2017年，医疗领域使用微型机器和机器人的手术将超过全部医疗手术的一半。美国马里兰州的约翰霍普金实验室研制出一种"灵巧药丸"（smart pill）实际上是装有微型硅温度计和微型电路的微型检测装置，吞入体内可以将体内的温度信息发给记录器。瑞典科学家发明了一种大小如英文标点符号的机器人，未来可移动单一细胞或捕捉细菌进而在人体内进行各种手术。国内的许多科研院所主要开展了无创伤微型医疗机器人的研究并取得了一些成果。无损伤（zero damage）医用机器人主要应用于人体内腔的疾病医疗，可以大大减轻或消除目前临床上使用的各类窥镜（sight glass; speculum）、内注射器（intrinsic syringe）、内送药装置（intrinsic medicine delivery device）等医疗器械给患者带来的严重不适和痛苦。

中国科学技术大学在国家自然科学基金的资助下研制出了基于压电陶瓷驱动的多节蛇行游动腹腔手术微型机器人。该机器人将 CCD 摄像系统手术器械及智能控制系统分别安装在微型机器人的端部，通过开在患者腹部的小口伸入腹腔进行手术。其特点是响应速度快，运动精度高，作用力与动作范围大，每一节可实现两个自由度方向上 ±60° 范围内迅捷而灵活的动作。

浙江大学也研制出了无损伤医用微型机器人的原理样机。该微型机器人以悬浮方式进入人体内腔（如肠道、食道），可避免对人体内腔有机组织造成损伤，运行速度快，控制方便。

有意思的是，美国著名科幻小说（science fiction，常略为 sci-fi）家艾萨克·阿西莫夫（Isaac Asimov, 1920—1992）曾在他的科幻小说里描述了规范机器人行为的三定律：

第一定律：机器人不得伤害人，或任人受到伤害而无所作为；

第二定律：机器人应服从人的一切命令，但命令与第一定律相抵触（contradict）时例外；

第三定律：机器人必须保护自身的安全，但不得与第一、第二定律相抵触。

这些"定律"构成了支配机器人行为的道德标准。机器人必须按人的指令行事，为人类生产和生活服务。不久前，英国标准协会（British Standards Institution—BSI）正式发布了一套机器人伦理指南（ethical guidelines），比阿西莫夫三定律更加复杂和成熟。我们的社会已经到了要给机器人制定行为规范的时候了，这不禁让人产生一种科幻与现实交织（interweave; intertwine）的奇妙感觉。

英国标准协会是一个有着 100 多年历史的英国国家标准机构，在世界范围内具有很高的权威性。这个伦理指南的全称是《机器人和机器系统的伦理设计和应用指南》（*Guidance to Ethical Design and Application for Robots and Machine Systems*），主要针对的人群就是机器人设计研究者和制造商，指导他们如何对一个机器人作出道德风险评估（risk assessment）。其最终的目的，是要保证人类生产出来的智能机器人，能够融入人类社会现有的道德规范（code of ethics; moral rule）里。

这个标准的文件代号为 BS8611，发布于 2016 年 9 月 15 日英国牛津郡的"社会机器人和 AI"（Social Robotics and AI）大会上。西英格兰大学机器人教授艾伦·温菲尔德（Alan Winfield）表示，这是业界第一个关于机器人伦理设计的公开标准。

该文件内容虽然用词枯燥，但是里面所描绘的场景，简直跟从科幻小说里蹦出来的一样。机器人欺骗、令人成瘾（get addicted）、具有超越现有能力范围的自学能力，这些都被列为危害因素，是设计人员和制造商需要考虑的。

《指南》开头给出了一个广泛的原则：机器人的设计目的不应是专门或主要用来杀死或伤害人类；人类是负责任的主体，而不是机器人；要确保找出某个机器人的行为负责人的可能性。《指南》也聚焦了一些有争议性的话题，例如，人类与机器人之间可否产生情感联系（emotional bonding），尤其是在这个机器人本身设计目的就是为了与小孩和老人互动的情况下。

谢菲尔德大学教授诺埃尔·夏基（Noel Sharkey）认为，这就是机器人在无意的情况下欺骗人类的例子。机器人是没有感情的，但是人类有时候并不这么认为。他指出，最近有一项研究，把小机器人放到一所幼儿园里，孩子们很是喜爱，并且认为这些机器人比家里的宠物具有更高的感知能力。

《指南》建议设计者更应关注机器人的透明性，但是科学家们表示这个在现实里很难应用。这是因为人们无法确切了解 AI 系统，尤其是深度学习（deep learning）系统，是如何作出决定的。

一个人工智能体，并没有用固定的程序来指导它完成任务，它是通过数百万次的学习和尝试，才找出成功的解决方法。这种学习和作出决策的过程，有时候是其人类设计者都无法理解的。

《指南》里也提到了机器人的性别和种族歧视问题。这是因为深度学习系统很多都是使用互联网上的数据进行训练，而这些数据本身就带着偏见。

机器人的偏见是会直接影响技术应用的。它会对某些群体的学习更深入，而对另一些群体有所忽视，这在以后的应用中，意味着机器人会"看菜下饭（adapt oneself to circumstances），看人说话（speak differently with different people）"。

现在已有的例子就是，声音识别系统对于女性的理解要弱一些，再比如机器识别白种人的脸容易，识别有色人种的脸相对难一些。长远来看，在未来的医疗应用中，机器人在诊断女性和少数族群的时候，其专业程度会降低。

夏基教授说："我们也需要一个机器人黑匣子，可以打开来仔细审查。如果一个机器人表现出种族主义的倾向，我们可以把它关掉，从街上拽回来。"

两周前，路透社有文章指出，有科学家表示性爱机器人会使人成瘾，因为机器人不会拒绝。

《指南》也提到了这种"过度依赖机器人"的现象，然而并没有给设计者一个确切的可遵循的准则。这也是在未来的工作中需要继续补充的。

1976 年上映的美国电影《未来世界》（*Futureworld*）里面，有很多机器人，包括与真人毫无两样的 400 型。有人爱上了一个美丽的女性机器人，只不过那个女性机器人属于 400 型，没有安装性爱方面的软件。还有更先进的 700 型，没有脸也能和人打扑克的 200 型机器人，这机器人甚至会偷看牌。不过，电影里大多数机器人倒是很遵守道德规范和操守，令人深思。看来，给机器人，实际是制造机器人的人，定出道德规范还是很有必要的。

作为一种特殊的、智能化了的机器，机器人能够并肯定会超越它们的设计者的某些局限性，这意味着，机器人在高效的同时可能也是危险的。人们一般都认可，在一个限定的操作范围内，机器人要比人类的反应快得多，操作也精确得多。即使机器人无法超越人类的智能，但很可能比人类更出色地完成任务。由于有程序化的（programmed）储存，机器人下棋时会在一瞬间对全局和每一步所有可能的结果作出通盘考虑，哪怕再好的职业棋手也不可能做到这一点。由于人类行动节奏缓慢，因此我们对于机器人的有效控制很可能赶不上节拍，犹如等到我们能对感知器官传达过来的信息作出反应、踩下正在驾驶的汽车的刹车时，汽车可能已经一头扎进墙里了。

机器人与其制造者的关系犹如奴隶和奴隶主的关系。奴隶主要求奴隶绝对服从自己，不折不扣地（to the letter）为其服务。但很多情况下，奴隶可能比奴隶主聪明得多，他们会用各种办法骗过奴隶主，甚至造反（rise in rebellion）。这在古希腊的历史中有大量的例子。也就是说，奴隶主制定的道德规范限制不了奴隶，相当于机器人很可能会摆脱其制造者的有效控制。在这种情况下，奴隶主，也就是制造机器人的人，必须有严格的道德规范约束自己。

人工智能可能给职业、执法或医疗带来巨大的颠覆性影响。这已经引发了政界人士、监管者及社会的担忧，科技行业需要灵活巧妙地解决这些担忧。然而，更常见的情况是，科技行业将这些干预视为威胁而置之不理。这是不应该的。

2016 年 12 月 20 日，英国《每日邮报》网站刊文说，有专家表示，机器人将比真人更富有吸引力，并预言机器人与人类结婚并不遥远，很可能在 2050 年之前出现。

谷歌（Google）、Facebook、微软（Microsoft）、亚马逊（Amazon）及 IBM 美国五大科技集团成立了一家非营利机构，以解决社会如何利用智能机器的好处、同时又保持风险可控的问题。该组织名为"人工智能造福人类和社会合作组织"（Partnership on Artificial Intelligence to Benefit People and Society），该机构承诺对围绕人工智能的问题进行研究，例如道德伦理以及寻找方法让技术更易于被理解。

科技业正在迅速克服人工智能领域的技术障碍。技术专家们在一份报告中称，不久以后，我们的生活将被机器学习算法所改变。我们应该期待的是更精准的医疗诊断和预测性监管，而非超人机器人。专家表示，这些变化可能将带来"深远、积极的影响"，但也可能导致"人类劳动力获得补充或被取代的方式出现混乱"。因此，人工智能新进展的速度和方向凸显了回应公众担忧的紧迫性。

科技业喜欢把自身视作未来，而政府和对手行业代表着守旧。他们有理由担心，错误的监管将阻碍对人工智能初创企业的投资。但在缺乏外部监督的情况下，行业牵头的监管机构只会让人们更加相信，科技巨头们正在制定符合自身利益的规则。

已经有一些组织成功弥合了科技公司与政府之间分歧的例子。例如，英国的人类生育和胚胎学管理局（Human Fertilisation and Embryology Authority）负责处理相关新兴技术带来的道德困境。人工智能领域需要的是一个类似但独立的公私合作组织，这样不仅可以化解担忧，还可以让政策制定者开始为未来作好准备。

人工智能开启了无限的可能性。如果我们要分享这项技术给社会带来的好处，由政治家来对它加以控制非常重要。科技业可以发挥关键作用，但要收到实效，行业应该与政府合作，而非对抗。

据国外媒体报道，来自卢森堡的社会主义欧盟议员玛迪·德尔沃（Mady Delvaux）提出警告称，随着机器人在我们的生活中日渐兴起，欧盟急需针对"机器人等问题出台最新法规"，故而提出一份报告草案，要求将机器人划入"电子人"类别，使他们也具备法律地位。2017 年 1 月 11 日，欧洲议会（European Parliament）法律事务委员会轻松通过了决议，敦促欧盟就机器人伦理问题展开行动。德尔沃的报告从整体上分析了机器人对人类生活的影响，并列举了欧盟为加以控制，可以采取哪些行动。她的建议涉及多方面，如在机器人身上安装"毁灭开关"，一旦显示出危险的迹象，人类就可将其关闭。该报告还建议欧盟为机器人成立一处专门机构，监管全欧洲与机器人相关的法律法规。该决议的支持者、欧洲议会议员茱莉亚·里达（Julia Reda）提出，如何处理机器人驾驶导致的事故是一个棘手的问题，她呼吁欧洲议会采取强制保险措施，并成立专项资金，确保事故受害者获得全额赔偿。该报告还敦促欧盟为数百万即将由于自动化而失业的工人提供救助方案。

40. 媒商

这里的"媒商"不是"做媒的商人"，而是"智商""情商"系列（请参阅《热词新语翻译谭（一）》第 64 页"第四商"一文和本书"前言"提到的"慧商"）中的一个新词，英文应该是 Media Quotient。

如今中国网络已普及，人们通过手机上网获取和交流信息尤其便捷。各政府部门和团体都建立了自己的网站和网页，能通过"触网"（get on the internet）和群众即时沟通，受到人们的欢迎。不过也出现了不少问题，如有的官方网站几个月不更新内容，成了"僵尸网站"（zombie website）。

很多官员通过网络和群众交流，取得很好的效果。不过也有少数官员只是赶时髦（follow the fashion; try to be in the swim），将网络互动当作一种时尚。更有的官员在"触网"的过程中暴露出使用这种新媒体时素养（moral qualities/

attainment/accomplishment）严重缺失，换句话说就是"媒商"太低。这不仅容易导致官员自身陷入舆情漩涡（fall into the whirlpool of public opinion），而且让网络问政（online governance）的效果大打折扣，甚至沦为空转。例如一些官员在舆情爆发（public opinion breakout）时，面对社会关切，动辄抛出一些官腔十足的套话（bureaucratic toned cliché and stereotyped talk），如"真相不明""无法回应""无可奉告"（have no comment to make）等，拒人于千里之外（keep someone a thousand *li* away; keep someone at arm's length; keep a good distance from someone）。还有一些官员一味迎合（be subservient to; cater/pander to）网络，追求所谓个性化表达，言语失当，甚至出现"雷人雷语"（shocking words by shocking people），引起网友反感。

云南某地州委宣传部微博曾发过一条滑稽的内容："本公主正要起驾回宫（just as I, a princess, am ready to ride back to my palace），突然来了几个乡下的农民。本公主哪有处理上访的经验啊，赶紧溜回办公室。"语气轻蔑（in a disparaging tone），引起舆论哗然（uproar with indignation）。

2015 年 6 月，一网友发微博质疑陕西某县警车私用，却引来当地公安局官微一公职人员的"神回复"："这个社会都像你一样整天无所事事（idle about the whole day），那咱们都去监督好了……家里人又违法了吧？找公安的茬（find fault with the public security bureau）。"虽然事后该官微向网友致歉，但造成的影响很坏，损坏了公务人员的形象和公信力。

还有的官员网来网去，陷入空谈不办实事被群众"拍砖"（reply with scathing words; criticize）。云南某县县委副书记在微博上发文，呼吁为当地地震灾区一所寄宿制小学（boarding primary school）援建厕所。文中一句"有能力的大人们帮助解决啊"，得到社会各界爱心回应，但也引来不少网友质问："县委副书记既然知道学生如厕难，为什么不亲自解决这个问题呢？"

更有一些官员把自己的新媒体公号，办成了"官样朋友圈"，或乐于转发"心灵鸡汤"（chicken soup for the soul），或热衷推介个人爱好，或长期"潜水"（submerge oneself—read without replying or making any comment）不声不响。这些官员的公众号，既让网友们觉得矫情（be affectedly unconventional; use lame arguments）、作秀，也让他们感受到了另一种群众工作的"不作为"（abstain from any real action）。公众对政务新媒体及官员公众号的期待，从来都不是"看秀"，而是"看实"，看是否真心听民意，看是否真诚聚民智（gather/assemble the wisdom of the people），看是否真情解民忧（resolve people's concerns）。

2013 年，陕西省某地红枣积压严重，省农工部部长微博"叫卖"红枣，通过多方渠道销售 30 多吨，为当地农民挽回不少损失。使便捷的通道成为群众在线办事的好载体。这样的例子不少，如"爱心衣橱""免费午餐""山区校长""微博卖瓜"等帖子都收到实效。许多官员借助新媒体账号，推广旅游资源、民俗文化、地方特产等，让新媒体真正为民众做实事、做好事。

近年来，真诚与群众交流，真心为群众办事，"走网上群众路线"的不少官员"大 V"，成了受网民欢迎的"网红"（online celebrities）。被网友称为"官员微博第一达人（talent）"的浙江省原副省长蔡奇，开博一年，发博量就高达 3972 条，听众 5853542 人。蔡奇的"发博原则"是：少谈概念多讲事实，少谈抽象多讲具体，少谈外头多讲身边，少谈枯燥多讲有趣。

公职人员要善用网言网语，不迎合也不辱骂，采用平实（plain; simple and unadorned）且有人情味的（with rich humanity; humanized）语言与网民理性沟通。江西省九江市公安局纪委副书记段兴焱表示，官员新媒体公号不妨"畅所欲言"，但须谨记两点：一是不背离党和国家的大政方针、法律法规；二是不涉及国家机密。

清华大学新闻与传播学院教授沈阳认为，官员成为"网红"是不是一件好事，关键要看能否将其"网红"身份与本职工作结合起来，为民众多办事、办实事。一是保持非营利性，不能利用"网红"身份去赚钱；二是别做段子手（humor writer; punster），要帮助老百姓解决问题；三是宣传正能量，在与公众交流过程中让决策过程更加公开；四是有容纳不同声音的胸怀，对网民多一些包容和耐心。

两年前，最高人民检察院检察技术信息研究中心主任赵志刚，抱着公益普法的目的，开通了名为"法律读库"的微信公众号，从不砸钱"刷粉"（expand one's fandom），也不跟风传谣"博眼球"（gain publicity; attract people's attention），默默耕耘，每天都精心推送数条信息，细致解读、贴近普法，积累了 50 万名粉丝，在法律圈名列前茅。

2016 年 7 月 14 日《人民日报》发表了题为《官员触网"三种心态"要不得》的文章。这三种心态是：

1）"鸵鸟"心态（ostrich mentality）

在网络新媒体问政的舆论场中，公职人员的一言一行都被放大、聚焦，不愿面对网络、无视舆论生态变化的"鸵鸟"心态，成为一些官员"触网"的通病。

《人民论坛》的一项调查显示，高达七成的受调查者认为，当代中国官员患有"网络恐惧"（network phobia）。在"当下官员最怕什么"的调查中，"被媒体、网络关注"以超过半数的得票高居第二位。不少党政干部仍然缺乏互联网思维，视网络舆情为洪水猛兽（great scourges like fierce floods and savage beasts），唯恐祸从口出（Disaster emanates from careless talk. 英谚 The tongue cuts the throat. 表示的也是这个意思）、避之不及，却不去积极调整思路，充实知识，提高能力，形成"老办法不灵、蛮办法不行、新办法还不会"的本领恐慌。

2）"路人"心态（passer-by mentality）

一些官员虽然开了微博公号，但表现得却俨然一副"路人"姿态，鲜有发声，甚至销声匿迹。据统计，约有近三成官员微博很不活跃。某些官员尽管"触网"频次不低，但一上微博就转载文章，有的推荐各类健康养生信息，有的转发"心灵鸡汤"，还有的"晒"出好山好水风景图片，不察民情，不问民意，与工作几乎毫不相干。有个别官员甚至将微博平台当作私密聊天的即时通信工具，在微博上大肆调情，遭网友截图并发送到国内知名论坛上。该官员后被停职检查，"搬起石头砸自己的脚"。

漫画作者：李瑞宁

3）"家长"心态（patriarch mentality）

一些官员在网上仍表现出高高在上（go high and thus be isolated from the masses）的姿态，回复网民问题时打官腔："已阅""请读三遍"等"牛回复"频现网络，流露出部分官员对公众的傲慢和冷漠（arrogance and indifference），折射出权力背后的官本位意识（consciousness of official ranks; standard/power orientation）。人民网舆情监测室副秘书长陈晓冉认为，根深蒂固的官本位思想、盛气凌人的话语惯性、贯而有之的"家长"心态，阻碍了官员新媒体素养的提升。一些领导干部陶醉于传统封闭的政务环境，习惯于"灌输式"（pouring-in）信息发布，与网民沟通时常常不自觉地流露出训诫口气，一句话便疏远了与老百姓的关系。

41. 刷存在感

"存在感"（sense of existence）本不是新词。从哲学上说，"存在感"包含对物质存在和精神存在两个方面的感受。前者表现为人能够以实体（entity）出现，并进行相应的实践活动；后者表现为人的精神世界丰富，具有突出的想象力和强烈的意识。而所谓的"存在感"，其实只是精神上的需求，而并非物质上的填充，表示一个人意识到自己的存在。

心灵哲学开创者，法国哲学家笛卡尔（Rene Descartes, 1596—1650）有一句名言："我思故我在。"（I think, therefore I am.）这句话的意思是：思考的主体（subject）是我，因为思考存在，所以我必须存在，如果我怀疑我的存在，怀疑本身就是一种思考，所以我也必须存在。人们总是要做点什么似乎才能证明自己的存在，就是因为动作的主体是我，如果我发出的一个动作，一段声音是存在的，那么我就也是存在的。另一位哲学家贝克莱（George Berkeley, 1685—1753，英国近代经验主义哲学家）也有一句概括性的话语："存在即被感知。"（To be is to be perceived.）此话的意思是，被另外一个心灵所看见才能证明某事存在。按他的说法，"存在感"并不是自己的动作或言语所发出，而是外界的有效回应（effective response）。例如，婴儿在无法得到及时有效的回应时，会采取哭闹的方式来赢取关注。高质量的回应一般都是尊重、认同对方，低质量的回应一般会削弱对方的价值感。

被称为"美国存在心理学之父"的罗洛·梅（Rollo May, 1909—1994）则认为，"存在感"是心理健康的重要标志；"存在感"的缺失会导致无意义感，也会带来价值感的缺失。就好像一块独立出来的拼图（jigsaw），"存在感"的缺失会使我们无法建立起外界的联系，独立出来的拼图也无法知晓自己的价值是什么。他的存在心理疗法，就是要帮患者找到自己的"存在感"。其实日常的聊天中，比如"呵呵"之类低质量的回应，往往也会使得对方陷入消极的情绪体验。所以，我们在交际中回应时应该有一定的技巧，使用需谨慎。但比这更重要的是，一个完善人格的养成，有一个关键就在于人早期生命的"存在感"的发现和满足。

现在，很多人追求物质生活富足，但是没有人注意到他们，所以他们缺少了"存在感"。这种"存在感"其实指一个人获得他人的注意和重视后产生的感觉。缺少"存在感"实际上是一种孤独感，感觉精神世界的空虚和寂寞，因此渴望做出一些不平凡的事情或举动吸引别人的注意，这就是网上流行的"刷存在感"（flood the screen to seek others' recognition of one's existence），甚至"狂刷／怒刷／猛刷／强刷存在感"。这里，"存在感"的意思显然扩大了，指通过刷微博或微信等方式来获取"存在感"，并且出现了"'存在感'是刷出来的"一类的说法。

现在所说的"存在感缺失"，大多是由于自己得不到重视，得不到很好的肯定和表扬的心理失落感（sense of loss/alienation）。

从某种意义上讲，"存在感"是根据个人的世界观与他人对比所产生的差异而在个体中所表现出来的一种对自身肯定／否定的精神行为。

然而，近来流行的"刷存在感"中的"存在感"表示的却是另一个意思，即获得别人注意或重视而产生的一种感觉。"存在感"也表示了一个人地位较高，有身份（be somebody）。这种用法最初在网上流行，后来报刊上也频繁出现，例如《人民日报》发表的一篇文章就说"中国作为'世界市场'的存在感日益增强"。《人民日报》（海外版）在报道郎平活动很多时就说郎平"存在感十足"。至于"刷存在感"则是通过刷屏以博人眼球，引起别人的注意，常带有一定的讽刺意味。一些人不停地"刷存在感"是为了满足自己的虚荣心（vanity）。朋友之间很长时间没有联系，也可刷一下"存在感"表示歉意。

2016年9月14日《环球时报》刊登的一篇文章很有意思。该文说，台湾在世界各地有120个驻外机构（institution stationed abroad），有22个"大使馆"和许多其他机构，例如在美国除了驻美代表处（resident mission）外，还有12个办事处（office），驻外人员总数达1896人。对此，国民党"立委"江启臣说："现实点，这么多馆处不过是刷存在感罢了。"这个用法说到了点上。

42. 一元硬币手

继"反手摸肚脐""笑脸臀"（smiling face buttock）、"A4腰""iPhone 6腿"等炫瘦技能后，新的"炫瘦"方式横空出世（spring up）——"一元硬币手"（one-yuan-coin wrist）。将一元硬币放在自己的手腕上，若是能遮住你的手腕，这就证明你是一个合格的瘦子。不少网友惊呼"还真是创意无限啊！"但也有网友质疑"这样是想要逼死谁啊？这样的审美观是要一般人怎么活下去啊？"

在许多女性看来，"瘦"就是"美"的象征，不少人都会想办法让自己成为标准的"瘦子"。尽管有不少医生指出，太瘦是不健康的，但还是有不少女性想要通过不同方式来"炫瘦"。

连台湾媒体也报道说，大陆过往出现过"反手摸肚脐""笑脸臀""A4腰""iPhone 6腿""反手比爱心"（make a heart symbol with your hands behind your back）和"反手抓胸"等，又出现了一个新的"炫瘦"方式"一元硬币手"，在大陆形成一股模仿和流行的风潮，网友争相模仿，并认为能够完成，就代表自己的确是个瘦子。

国家现如今发行的标准一元硬币规格：厚度约为 1.85 mm，直径约为 25 mm。也就是说，如果你的手腕厚度在 25 mm 以内，那么就证明你是一个合格的瘦子。如果超过了 25 mm 但小于 30 mm，就需要继续努力减肥（reduce one's weight; be on diet）；如果超过了 30 mm 但小于 35 mm，减肥已经刻不容缓（brook/permit no delay）了，从现在开始马上给自己制定好减肥计划吧；如果超过了 35 mm，放弃吧，其实胖胖的也不错。

网上"城会玩"的小伙伴们当然要对"一元硬币手"来露一手。于是不但出现了标准版"一元硬币手"、炫富版"一元硬币手"、机智版"一元硬币手"、土豪版"一元硬币手"、不按套路版"一元硬币手"等许多名堂，还配了插图或视频。有的人手腕很粗，也自称是"一元硬币手"。有网友评论说："请将这么大块的一元硬币上缴国家，不然我要报警了！""哎呀喂，你这是'一元硬币手'还是'一元纸币手'呀？""你是练杂技的吧？在哪儿演出啊？"

没有想到这股风也刮到了韩国佳丽中间。2016 年 4 月 21 日，由秒拍举办的"一元硬币手"视频悬赏（offer a reward）活动正式上线，一上线便获得了众多网友的关注和喜爱，更是吸引了韩国 4x 女团来参与挑战。韩国女团的单条视频点击量超过 200 万，点赞量超过 1 万次。韩国 4x 女团的加入，吸引了更多明星和网红达人的参与，北京电视台女主播栗坤也参与挑战，单条视频点击量将近 200 万，更是获得了超过 1.5 万的点赞次数。明星大咖和网红达人的加入，让"一元硬币手"活动人气爆棚（explosively popular），吸引了更多粉丝和普通用户的积极参与。视频悬赏的参与方式受到了众多网友的喜爱，"一元硬币手"的悬赏现金更是高达 5000 元。拍视频就可以赢得奖金，秒拍的这项举措也大大调动了普通网友参与的热情。

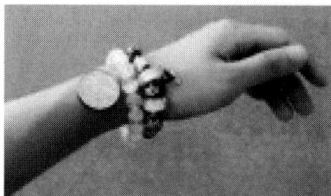

然而，没过多久，新一轮的炫手大战又悄然打响：手腕窝装水（water-holding wrist concave），就是把手握拳后放平，在手腕凹下去的地方装水。大家纷纷"炫手"的同时，也有网友悲伤地说："我没有 A4 腰，我没有反手能摸到肚脐的胳膊，没有放硬币的锁骨，更没有装水的手腕窝。不要为难（make things difficult for）宝宝了，宝宝心好累。"其实，把自己的照片发到网上可能也只是分享自己的生活中的小快乐和小惊喜，但是不可认真。不要用任何标准去衡量自己或他人的身体，因为每个人都是独一无二的，做自己就好。

43. 小戏骨

2017 年，一部少儿版的《白娘子》（*Legend of the White Snake*，直译为 *Lady White Snake*）在网上走红，网友在勾起回忆的同时，也为剧中小演员的神演技点赞。这部剧出自儿童真人秀"小戏骨"（little but brilliant/masterful actor/actress; children performers），节目中的演员都是一群七八岁的小孩。此前，这档节目已经翻拍（re-shooting）了《焦裕禄》、《刘三姐》（*Third Sister Liu*）、《洪湖赤卫队》（*The Red Guards on the Honghu Lake*）等作品。近年来，电视剧翻拍已经成为一个常见话题。经典作品的翻拍版往往情节荒谬（nonsensical plots）、演技糟糕且植入营销（embedded marketing）无处不在（ubiquitous），新版作品在原版电视剧的魅力前黯然失色（be overshadowed）。不断被翻拍的《白娘子》就是一个例子。这部剧主要讲述白蛇精白素贞和许仙之间的爱情故事。过去二十年间，该剧不断涌现出新的版本。凭借尖端科技（state-of-the-art technology）和标致的演员，新版《白娘子》的确为观众带来了一场视觉盛宴（visual feast）。但就观众的喜爱度而言，没有哪个能与原版相提并论。（No version can hold a candle to the original.）1992 年，这一传奇故事首次被改编为电视剧，由香港女演员赵雅芝（Angie Chiu）和叶童（Cecilia Yip）出演。这部台湾制作的电视剧大获成功，以至于到现在国内电视台每年还在重播（rerun）该剧。不过，这一次一群 00 后小演员受到的赞美似乎比质疑和批评要多。观众说："他们太棒了。当我看到小许仙因为失去白娘子而流泪时，我的心都碎了。""那些片酬极高的所谓的小鲜肉（so-called little-fresh-meat）演员真应该自我反省一下。看看这些孩子，他们不逊色于任何人（not second to anyone）。"总导演潘礼平说，所有演员都是年龄在 6 到 12 岁之间的孩子，"这档节目的初衷是为了提高孩子们对中国传统文化的兴趣（enhance children's interest in traditional Chinese culture），让年轻演员为广大儿童树立榜样。""在某种程度上，小戏骨们肩负了将中国优良传统文化传递给儿童的责任。"

"小戏骨"指演艺精湛的小演员，演戏惟妙惟肖（vivid; remarkably true to life），演什么像什么。这些小演员都是些孩子，可是一个个都演得有模有样（like a professional）。

扮演白素贞的小演员陶奕希才 10 岁，长得甜美，还有舞蹈功底，所以总是身段优雅（have an elegant figure），简直美到手指尖。她的新浪微博现在有 5 万多粉丝。每次她在私人账号上发消息都能收到许多评论和点赞。小演员虽然演技略显浮夸（exaggerated），但是每个叩拜（kowtow）都是在真心实意地感恩上苍（Heaven）。和小许仙在船上初次见面那一场，美丽的白素贞让老实的小许仙眼睛都看直了。白素贞梨涡浅笑（smile shown in the dimples）地看着他，而小许仙又是一脸娇羞（charmingly bashful）。打斗戏中的一招一式（every gesture and posture）都有板有眼（well-measured），画面整体也都是还原《新白娘子传奇》的经典。这些被称为"演艺界 00 后的扛把子（原意指 'big boss'，这里可译为 the pillar/backbone）们"浑身上下都是戏，戏里戏外都忘我，可谓"实力圈粉"（gain fans with one's competence。这里的"实力"显然不宜译为 strength）。

2017 年 1 月 12 日《新京报》发表署名指间沙的文章《程式化模仿培养不出真正的"小戏骨"》。该文说，"小戏骨"这个品牌正加速扩张，继儿童版《白蛇传》一炮而红之后，少儿版《西游记》（*The Pilgrimage to the West*，一译 *Monkey King*）、《花木兰》（*Hua Mulan*）、《还珠格格》（*Princess Pearl; My Fair Princess*。网上还有一个配音版本，译为 *The Return of the Pearl Princess*，其中的 return 一词加得有画蛇添足之嫌）等也将陆续推出。一时之间，儿童的演技似乎被捧到了一个新的高度。娃娃唱戏不是稀奇事儿。的确，看看这群孩子七情上面（All the feelings are shown on their faces.）的卖力演出，简直是对现在这群天价"抠像明星"（chroma keying star）、"面瘫红人"（facial paralysis celebrity）的强有力讽刺。小娃娃们的每一滴眼泪、每一次蹙眉（frown; knit one's brows），都是结结实实在打一些成人演员的脸。然而，再"演技爆表"的童星，哪怕内心戏再成熟、丰富，更适合演的还是符合年龄的孩子的节目，而不是模仿成人。卖萌（act cute）、学大人，都不会真正培养出戏骨来。依托俗套（conventional pattern）与模仿，小孩子能很快获得大人的夸赞。但是再往下走呢？那些东西就成了束缚（constraint）。而丢掉束缚是很难的。

44. 虐狗

　　"虐狗"（abuse the dog; maltreat/ill-treat a dog）一词从"单身狗"（single dog，有人译为 damn single，因为和"单身狗"发音相近，但意思不好。英美人认为狗是人类最好的朋友，故 dog 一词没有贬义）一词衍生而来，一般是指情侣们当着单身人士的面，变着法子花样秀恩爱（public display of affection），单身人士被恩爱的情侣们无形中孤立出来，长久单身的孤寂心灵遭受极大的创伤。

　　网友们将情人节（Valentine's Day）、七夕（解释译法是 the seventh evening of the seventh month of the lunar calendar，有词典译为 Double Seventh Night，现在很多人称其为"中国情人节"，英文可以说 Lover's Day in China）之类的节日，戏称为"花样虐狗节"（fancy dog abusing day），意指当天各种活动大部分为情侣准备，或者大部分参加者为情侣，在单身人士面前以各种方式秀恩爱，让单身人士感到越发尴尬和难受。

　　2016 年 8 月 15 日，中国跳水运动员何姿在里约奥运会夺得单人三米板（3-meter springboard women）银牌后收获了意外之喜。相恋六年的男友、同为奥运跳水运动员的秦凯在赛场上单膝跪地向何姿求婚。随后，秦凯在微博上晒出与何姿的亲密合照，还隔空呼唤她称："不止为冠军，赢了你，输了全世界又如何！"这个场面被网友们称为"最浪漫的虐狗"。网友纷纷送上祝福表示，"要幸福要幸福要幸福""凯哥和姿姐天作之合（a heaven-made match）""浪漫！真是看哭了我！要永远幸福哦。"

　　当秦凯单膝跪地捧上求婚戒指的那一刻，何姿哭了，她丢了金牌却收获了爱情。"我真的没想过，这么快就把自己嫁出去了。"在大庭广众之下（in public），何姿没好意思多看几眼戒指，但其他国家的选手都纷纷挤上前，"欣赏"何姿的钻戒。有人问了何姿一个问题："你喜欢这枚戒指吗？"何姿低下头，娇羞地说道："我觉得只要是心爱的人送的礼物，我都会喜欢的。""我当时还沉浸（be engrossed/immersed in）在比赛中，他突然之间就走过来了，我说天啊，他不会是来求婚的吧？可千万不要啊！"对于秦凯大胆的举动，何姿事先没有任何思想准备，她甚至有点害怕秦凯会做出什么意外的举动，让自己下不来台（be put on the spot）。"当着那么多的人，我总觉得不太好吧，说实话，看着他走过来，我的两条腿都是软的。"秦凯事后道出了他的爱情宣言："我希望在全世界面前，勇敢地站出来，向你求婚，希望得到全世界的祝福，爱你，就要让全世界都知道！为了爱，疯狂一次！"

事实上，这是一场精心策划的（well-planned）求婚（marriage proposal）仪式，而何姿是唯一被蒙在鼓里（be kept in the dark）的人。她的队友施廷懋透露，"我们跳水队都知道凯哥今天要求婚了，我们要替他保密，给何姿一个大大的惊喜。"施廷懋的嘴确实很严（tight-lipped），直到何姿问她，施廷懋还是不肯说出实情，"原来她们一直瞒着我啊，我问施廷懋的时候，她居然还说不知道。"何姿嘟着嘴（pout one's lips），埋怨队友居然在关键时刻"背叛"（double cross）自己。戒指是田亮特意从国内带到里约的。不少人都称赞秦凯是个催泪高手（master tear jerker），一个憨厚的陕西娃居然用如此浪漫的手段让整个跳水馆沸腾起来。

除了虐"单身狗"，也有人会真正"虐待狗"。2010 年就有过"虐狗门"事件。在一则网上流传的视频中，福州一名身穿蓝黑相间迷彩服（camouflage clothing）的男子骑着一辆摩托车飞奔，车后系着一条铁链，拖着一只血肉模糊的（badly mutilated）狗。狗的脖子被铁链勒住，疼得龇牙咧嘴（grimace in pain）。场面相当残忍。此事引发了巨大的舆论，人们纷纷谴责以残害弱小的生灵为乐的男子。

45. 洪荒之力

2016 年 8 月 8 日，中国选手傅园慧在里约奥运会 100 米仰泳（backstroke）预赛中以 58 秒 95 的成绩排名第三，晋级决赛（advance to the final）。接受采访时，对于自己的成绩，傅园慧表示："我游这么快？！我已经很满意了！""我已经用了洪荒之力啦！""这是我历史最好成绩了，我用了三个月去恢复，鬼知道我经历了些什么。"第二天 8 月 9 日决赛中，傅园慧和加拿大选手麦斯（Kylie Masse）并列获得铜牌。赛后第一时间接受采访得知自己 58 秒 76 的成绩时，傅园慧惊呼："哇，太快了，我打破了亚洲纪录。"但她似乎还并不知道自己得了铜牌，而是自嘲（self-mockingly）："我昨天把洪荒之力用完了，今天没有力气了，可能是我手太短了吧。"

随后，"洪荒之力"一词快速走红网络。"控制不了体内的洪荒之力"也成为网友调侃的常用语。

"洪荒"二字的起源，是有史料可查的。南北朝（the Northern and Southern Dynasties, 420—589）时期，梁武帝为了普及教育，命周兴嗣编撰《千字文》（*The Thousand Character Primer*），其头一句便是"天地玄黄，（The sky and the earth are respectively blue and yellow.）宇宙洪荒。（The universe was in primeval chaos.）"天地初开之时，足以毁灭世界的力量，与之类似的大概是盘古（Pan Gu, creator of the universe in Chinese mythology）的开天辟地之力。不过，词典上只有"洪荒"一词。《辞海》的解释是："指混沌（chaos）、蒙昧（uncivilized; obscure）的状态，也指远古时代。"古书中有"洪荒时代"，"洪荒世界"的说法。"洪荒"指上古三皇五帝（the Three Emperors and Five Sovereigns in ancient China）之时，不可考察。汉代的杨雄（Yang Xiong, 53 B.C.—18A.D., 西汉后期著名学者，哲学家）所著的《法言·问道》（*Exemplary Sayings: Ask the Dao*）中有"洪荒之世，圣人恶之，是以法始乎伏羲（Fu Xi, 生卒不详，又称'青帝'，是古代传说中中华民族人文始祖），而成乎尧（Yao, c. 2377 B.C.—235 B.C.，部落首领、唐王，其治水业绩和禅让为世人所歌颂）。"意思是说洪荒时代没有法，也就是没有规矩秩序，为圣人所厌恶，于是伏羲开始制定法，直到尧的时代法才算完备。

"洪荒"一词近期流行起来是因为 2015 年 7 月热播的电视剧《花千骨》（*The Journey of Flower*）。在小说《花千骨》里面，"洪荒之力"是一个妖神，花千骨无意将其释放出来后，那个妖神将自己的力量灌输在花千骨体内，自己肉身则毁。而剧中女主人公花千骨并非寻常凡人，传说千百年前她的前身与众神合力封印（seal）"洪荒之力"，今世的她是补天造人的女娲（Nüwa, a goddess in Chinese legend who mended the sky and created man）后人。传言说，谁得到"洪荒之力"便能称霸天下，为此，许多功力不济（without much force or skill）的弟子纷纷受到"洪荒之力"迷惑，心智大变相互残杀，顿时间，地上一片混乱，原本同属一个阵营的各派陷入内斗。

汉英词典上"洪荒之力"的英译有多种，如 mystic energy, primordial powers, prehistorical powers，但都与《花千骨》中所指的妖神之力有出入。这次傅园慧在采访中提到的"洪荒之力"，外媒翻译花样百出：mystic energy, premordial power, prehistoric powers, power strong enough to change the universe, the power of nature that can turn the world upside down 等，还有的简单译为 the force，甚至用汉语拼音 *hong huang zhi li*。笔者认为似可译为 "I summoned all the strength" "I have exerted myself to the uttermost"或"I have done my best/uttermost"。新华社赵展建议译为 I've swam out of my superpower，I have given my full play，也是不错的。

外国媒体对傅园慧也夸口有加。BBC 称她 "Primordial Girl"（洪荒女孩），还模仿她热烈的表情做了一系列表情包和红遍网络的视频（online memes and viral videos spoofing her exuberant expressions），说"她脸上丰富的表情完美地体现了我们观看奥运会的感受"。（expressive face is the perfect barometer for how we feel watching the Olympic Games.）

傅园慧是我国游泳名将，这次虽然只获得第三名，但有不少人为她点赞，反映出国人对于金牌的观念真的大大改变了，观众不再那么唯金牌论（gold-medal-oriented），运动员心态也更好。有的运动员，公开表示对金牌并不期待，不仅可以被人接受，还成了网红。傅园慧成了里约奥运会第一号网红，号称"行走的表情包"（walking meme）。一场魔性的（weirdly; bizarrely; mesmerizingly）赛后采访，让她的微博粉丝数量，以每小时十万的速度，疯狂暴涨，并导致"洪荒之力"几乎成了全民流行语。她那略显夸张的表情，以及段子手（punster）的潜质，给人的感觉一点都不做作（natural）。享受比赛，让自己满意，要多过对金牌的渴求。有人甚至提出，如果有一天，这股"洪荒之力"也能把竞技体育的举国体制给废了，那就再好不过了。不再把一两块金牌的得失，跟国家荣誉、跟国家形象结合到一起，竞技体育，终将能够回归民间，回归商业。现代奥林匹克运动的发起人顾拜旦（Pierre de Coubertin, 1863—1937）提出的奥运会三条基本原则就是"非职业化、非政治化、非商业化"。

补记 1：对于"洪荒之力"，中国地震台微博说：洪荒，是指地球形成以后早期状态，一切都在混沌蒙昧（chaotic obscurity and savagery）之中，那时候的地壳很薄，地震频发，温度极高，造山运动引发了多次大洪水。经过几轮造山运动后，地球上的大气环流逐步建立，地壳也趋于稳定。

补记 2：傅园慧在里约奥运会接受采访的视频、截图（screenshot; printscreen）已经刷了好几轮微信朋友圈，她那堪称魔性的神情被粉丝形容为"表情包"界的"救生圈"，几天内"涨粉"数十倍，粉丝以每天 100 万的速度增长，平均每条微博下都有数万条留言、几十万个点赞。她在网上的一次直播观看人次和回放人次超过 1086 万，还收到了游轮、跑车，甚至"海岛"等虚拟礼物。傅园慧被誉为新一代正能量"网红"。与此同时，面对这个"爆款"，淘宝店主们也以迅雷不及掩耳（as sudden as lightning. 字面直译：A sudden peal of thunder leaves no time to cover the ears.）之势纷纷搭上顺风车（take a free ride），跟风卖起了与傅园慧相关的各种周边产品，销售异常火爆，江湖人称"傅爷"的傅园慧，在她走红的第二天，就在其微博上边贴出了某矿泉水品牌的广告。据传，傅园慧目前的微博广告报价已经高达 35 万元 / 条。从手机壳、T 恤、眼镜、泳帽到蛋糕等衍生商品，诸网店猛搭"傅园慧同款（of the same model）"顺风车。人们惊呼这一消费潮犹如"泥石流"（debris flow）。

补记 3：傅园慧一句心里话（heartfelt words; words from one's heart）"我用了洪荒之力"，不但在网上爆红，也引发两岸地区疯狂模仿，著名主持人陶晶莹似乎有感而发，自己作词作曲写了一首以《洪荒之力》为名的歌曲，并找来吉他手伴奏，曲风相当摇滚，歌词生动地描述了在巴西里约奥运赛事中，选手们拼尽全力为自己争光、努力不懈、坚持完成比赛，并且光荣摘下奖牌的心境。在副歌歌词中，陶晶莹高声唱着，"洪荒之力——天塌下来，我们一起用力顶，洪荒之力——目标在前，努力坚持不许停。"此外还穿插了里约奥运中几段热门的采访和赛程片段，特别是当她唱到"快，没想到我会这么快"的时候，还把画面剪接成傅园慧接受采访、撂下名言佳句的那一段，相当幽默有创意，也吸引不少艺人点赞转发。

补记 4：还有消息说，傅园慧在里约奥运会上受采访时说的一句"我已经用了洪荒之力"和其表情包般的形象一起走红网络的两天后，一名保定人就将"洪荒之力"在国家商标总局注册成商标。据澎湃新闻（The Paper）不完全统计，全国各地已有近 30 家企业近期将"洪荒之力"注册为公司名。

46. 北京瘫

"北京瘫"是 2016 年初夏网上突然爆发风行（come into fashion）的一个热词，至今还在发酵（ferment）。此词的来源挺有意思。葛优在 1993 年播放的中国最早的室内情景喜剧（chamber sitcom/situation comedy）《我爱我家》（*I Love My Family*）的一集（episode）中客串（serve as a guest performer）纪春生一角。纪自称是科学家，可是整天躺在沙发上什么也不干，别人拉他也不起来，看起来特别可怜（pathetic）而滑稽。该剧被很多人誉为不可逾越的经典之作（insurmountable classic），"葛大爷"（Uncle Ge。其实这样译很不到位，可是也无奈。Uncle 可指除父亲之外的所有长一辈的男性亲属，包括"叔叔""伯父""舅舅""姑父""姨夫"等，而且体现不出"大爷"一词所含的带有尊敬色彩的语用意义。还需要提一下，英语 uncle、aunt 之后一般接名不接姓，所以"葛大爷"应该是 Big Uncle You）也给观众留下了深刻的印象。这张照片使葛优一下子成了网红（instant online celebrity）。

从照片上看，葛优是瘫坐在沙发上，即一种半瘫半坐的姿势。有媒体将"北京瘫"译为 Beijing sprawling。不过也有人造了一个新词 parasit 表示"瘫坐"的意思，很有创意。这个词的前一半 para- 可以取自 paralyze（瘫痪），也可以取自 parasite（寄生虫），可以说体现出一种文化基因（meme，仿照遗传基因 gene 一词而成）。"北京瘫"不妨译为 Beijing parasitting。有人译为 Beijing slouching，似乎也可以。还有人把这一姿势称为 inelegant couch potato style，也很有意思。

有网友翻出了《家有儿女》中另一名演员张一山的剧照。张瘫坐在秋千上。网友评论说，看来他打小就有"北京瘫"的雏形（rudiment; embryo）。紧接着，网友们又找出了"京城四瘫"（the four parasitters in the capital city）：大张伟、鹿晗、张一山、易烊千玺。大张伟曾在某节目中形容北京人"坐没坐相"（have no manners when sitting），喜欢"瘫"在椅子上。其中年纪最小的是组合 TFboys（the fighting boys。严格说，这个缩写有问题，冠词一般不进入缩写）成员易烊千玺，虽然他在湖南出生，但从小在北京长大，耳濡目染（be influenced by what one constantly sees and hears）之下也"瘫"得很北京人（parasit very much like a real Beijinger。注意避免使用有贬义色彩的 Beijingnese）。因为四个"北京瘫"代表人物都是当下火热的人气小鲜肉（young handsome/fresh meat），有脑洞大开（kindling a headcanon; filling one's mind with visions and ideas）的网友开始幻想四个人一同上节目。鹿晗还在微博晒出自己的宠物猫瘫坐在沙发上的照片，并配词"横店瘫"，十分应景（proper for the occasion）。

网友们意气风发，紧接着 PS（photoshop，即"图片处理"的缩写）了各种有趣的照片。流传最广的一张照片是范冰冰饰演的角色"刘苹果"和葛优饰演的"纪春生"被 PS 在一起瘫坐在沙发上，画面十分搞笑。范冰冰不但转发该微博，还调侃称"毫无违和感（discordance）的刘苹果与纪春生"，引发网友热议。大家纷纷留言："我范爷（Madame Fan）自黑（self-deprecate）起来也是可爱""冰冰你自黑出了新高度（reach a new height）""瘫会的福利"。

随着"北京瘫"的持续发酵，网友开始深挖更多染上"瘫气"（parasitting temperament/disposition）的艺人明星："开会时的冯小刚深得'瘫'的精髓（essence; quintessence），突起的小腹（protruding underbelly/lower abdomen）简直可以放鼠标"；"wuli 凡凡坐姿真醉人"；"能坐着就不站着，能躺着就不坐着，薛之谦正在用迷离的眼神（blurred eyes）和忧郁的大腿诠释'北京瘫'到底有多舒服"。

为了证明"北京瘫"的国际性，有网友将获得第 88 届奥斯卡最佳男主角奖的美国电影演员小李子（本名莱昂纳多·迪卡普里奥 Leonardo DiCaprio）、英国演员本尼迪克特·康伯巴奇（Benedict Cumberbatch）、《金刚狼》（*Wolverine*）主演澳大利亚演员休·杰克曼（Hugh Jackman）、系列电影《钢铁侠》（*Iron Man*）主演美国演员小罗伯特·唐尼（Robert Downey, Jr.）和在《琅琊榜》（*Nirvana in Fire*）中饰演主人公梅长苏的胡歌等人的"瘫相"和葛优 PS 到了一起，组成了"瘫界的陆海空战队"（the army, navy and the air force from the circle of parasitters）。每个人都是一副"生无可恋"（die without regret）的表情，配上瘫软的坐姿，让看到图片的人都觉得"好累，好想躺着啊"。

针对"北京瘫"的蔓延，有网友感叹说："北京瘫北京瘫，北京瘫完横店瘫，横店瘫横店瘫，横店瘫完上海瘫，上海瘫上海瘫，上海瘫完……"估计葛大爷怎么也不会想到，十几年前就在沙发上那么一躺，十几年后竟然能成为大家茶余饭后闲聊扯淡用的表情包红遍网络。

很多北京人都是这么坐的，小时候也少不了挨说。可是因为觉得舒服，再加上懒，始终改不过来。也有人说，这是高温避暑的正确姿势。

那么，看着很惬意的"北京瘫"到底舒服吗？

躺着感觉舒服是因为肌肉"放假"了，人瘫坐在沙发上，接近于仰躺，用不到腰部肌肉，同时，脖子也能靠在沙发上，因此脖子部位的肌肉也在"放假"。这样，人自然就感觉放松了。不过，瘫坐着只是一时舒服，最后受苦的还是自己。网友们实验表明，有人躺了半小时，再起身时腰部剧疼，简直直不起身来，甚至觉得腰基本废了，过了好长时间才缓过来。这是因为"葛优躺"时身体与沙发座椅、沙发靠背之间，形成一个三角形悬空，肩部和腰部成了受力点（force-bearing point）。长期如此坐姿，腰椎受压，而且没有承托力，整体下沉缩短，身体的中轴线跟着后移，容易引发腰椎间盘突出（lumbar disc herniation），导致脊椎（spine; vertebral column）畸形（deformity; malformation）。

仔细观察"葛优躺"，下半身几乎和上半身成了90度的折角，脊柱呈现拧麻花（twisted）状，而腰椎（lumbar vertebra）几乎悬空，实际躺起来一点都不舒服。骨科大夫指出，这样的姿势对颈椎（cervical vertebra）、腰椎、脊椎的伤害都很大，经常这样的坐姿对脊柱的健康有百害而无一利，极易导致骨骼的畸形，最终使身体形态出现异常。真的发生过有人因为"葛优躺"把自己躺进了医院，最后只能手术解决。

有人解读网上火爆现象说，"葛优躺"/"京瘫"其实是一个负面的颓废（decadent; dispirited）形象，可以理解为快节奏工作状态下，人们对"葛优躺"的羡慕嫉妒恨，说明需要放慢生活的节奏（tempo of life。这里也可用 pace，但不宜用 rhythm 一词），减小压力。不过，有着八旗遗风（legacy handed down by the nobility of the Manchu People—Eight Banners）的"北京瘫"并不是真正放松的好办法。

补记：有网友在网上发布了一组赵丽颖在电视剧《青云志》（*Noble Aspirations*）剧中的坐姿截图，引发热议，网友还贴心地为她的坐姿起名叫"碧瑶坐"（Biyao style sitting）。在剧中，赵丽颖饰演的碧瑶坐姿清奇（quaint and attractive），且每集必坐，已经成为剧集的一大笑点。网友纷纷表示："这坐姿有毒！""看得我都想坐着了！""这坐姿一看就很舒服。"有人说，这次的"碧瑶坐"也许又会带来新一轮模仿热潮呢。

47. 吞音北京话

2016 年 8 月下旬，一张图片刷屏（spam）了社交媒体，图片上有八个吞音北京话（Beijing dialect with slurred sounds）发音的词语，包括"西日门"（西直门）、"公乳坟儿"（公主坟）、"马丫铺"（马家堡）等几个地名。"吞音"的北京话在互联网上火了，如"胸是炒鸡蛋"（西红柿炒鸡蛋）、"王五井儿"（王府井）、"装垫儿台"（中央电视台）等，网友们开始造句："我看着装垫儿台转播奥运会，吃着胸是炒鸡蛋，倍儿爽。"很快又有网友制作了"吞音教学"的动画，还分析了北京话吞音的规律。比如三个字的词，中间那个字的发音常常被一带而过（casually pronounced in passing），比如拼音中的 /zh/、/ch/、/sh/ 常被吞音成 /r/ 等。有人评论"这些北京味儿，我都记得，也都会说。"也有网友表示，这些北京话地域特点太强，不利于交流与理解，"咱们当个笑话说说就行了，可别让孩子们学去。"

有人说："这些北京话的'侉'味儿（with an heavy accent），以前街头巷尾到处都能听到，如今变稀罕了。"有人问："是我们少见多怪，（comment excitedly on commonplace things./Having seen little, one gets excited easily. / Things seldom seen are strange. / One who has not experienced much regards many common things as strange.）还是北京话正在消失呢？"

据北京语言大学研究北京话的张世方教授介绍，吞音的形成，深层原因是语言"经济性"（economicality）原则的制约。任何语言的语音、词汇、语法一般情况下都有经济性的要求，简单、简便是重要体现，其中吞音就体现了这种简单、简便的需求。北京话的语速较快，"在发音上出现前一个音还没发利索，后一个音就着急忙慌地跟上了的现象。吞音导致合音（sound merging），如北京话'不用'说'甭'，其使用范围已经超出了北京话，其他方言中也有不少类似的词语，生命力都很顽强。"

公交售票员报站名曾是最典型吞音。这次刷屏的北京话"风潮"帖子里，八个词有七个都涉及了北京的地名。自然，生活中最常听到这些地名的场合便是公交车上。1984 年 6 月 21 日，《北京晚报》曾经刊登过一封读者来信，售票员报站后说"请下车"，吞音后被外地乘客听成了"掐车"。这位乘客还以为"掐车"是

"卡车"的意思，"卡车我不换，于是过了站。"今年 60 岁的赵女士刚刚退休，她曾在长安街沿线的公交车上当过售票员。她回忆说："当年的扩音器（megaphone）质量差，加上售票员犯懒、说话太快，对外地乘客爱答不理（give someone the cold shoulder），时常发生乘客坐过站（miss one's stop）的现象。一些外地乘客为此投诉我们服务态度差，甚至在车上就吵起架来。""现在想起来，那个时候售票员觉得挣钱少、工作累、没前途，才会有这种现象。"赵女士所在的车组，后门售票员与她年龄相仿，是个急脾气。"有乘客向她问路，她那一张嘴，十几个字儿恨不得一秒钟就说完了。"听不明白的乘客不好意思追问，又会挤到前门向赵女士继续问。"咱给人家好好解释，后门售票员还挤眉弄眼（wink and make signs），说你跟他们白费什么力气。"为此车队的领导没少批评售票员，公交部门还制定了专门规则，避免这一现象发生。

相声演员李寅飞写过一个相声段子《杂谈北京话》，其中提及了售票员吞音的现象，让不少观众捧腹不已。然而，近年来吞音北京话几乎消失。偶尔还能听到胡同大爷们用侉味儿、带吞音的北京话聊天儿，让老人觉得很亲切。

不过，吞音并不代表北京文化，并非京味儿（cultural estate of Beijing）之精髓。但是，还是有网友认为，吞音北京话是北京文化遭受冲击后，北京人的思乡之情得不到宣泄的结果。但李寅飞认为，吞音说话习惯源于"嘴懒"。只有胡同串子（peddler/hawker crying his wares in lanes）才那么说话。吞音吃字让北京话丢失了甜润（sweet; pleasant and gentle）和入耳的熨帖（apt）。侯宝林先生说的也是北京话，很入耳，很好听。京派评书从连阔如到王玥波，说话都没有吞音的。

不可否认，城墙没了，胡同四合院（Chinese traditional rectangular courtyard dwellings）拆了，鸽哨（pigeon whistle）声也听不见了，北京人难免伤感。北京作为首都，其文化本应兼容并蓄（compatible），而不应该以市井文化（philistine/market culture）为代表。它在交融混杂中，一步步前行，体现了一个城市的包容。这样的土话与这种博大的精神是不符的。但是有专家主张宽容对待语言。这些年，政府也在收集、录制北京各地、各时代方言，留作资料。吞音的北京话，留在资料里就得了。北京话确实有吞音的特点，但发音也得是正经带着北京味儿，否则听上去不干不净。民俗（folklore）学者张巍说，"即使有人保持这种习惯，也仅仅是个人行为，没必要特地去保留，更不应该去推广。"北京民俗学会秘书长高巍，却从这几句北京话中，读出了"温馨的回忆"。"平房小院里，街坊之间经常使用这路北京话。邻里之情随着随意的发音，留在了你我记忆中。"如今高楼大厦林立，（High-rise buildings stand like trees in the forest.）"如果这番话能让你去思考，并做到邻里和睦，就是一件好事儿。"高巍先生还认为，这样的北京话虽然包藏着上一个时代的感情，但现在使用是不合适的。张世方则认为，"对待语言要宽容（tolerant）。存在的就有其合理性，尤其是语言。北京人都接受这种约定俗成（established by the people through long social practice）的说法，就说明这种说法在北京这样一个语言社区里得到了认同。"因此，没必要刻意改变语言的习惯。

48. 单身狗脱单

人们常把单身者，尤其男性单身者称为"单身狗"（single dog），"脱单"则是找到配偶（spouse）摆脱单身的光棍（bachelor）或女光棍（female bachelor）。很多光棍希望在 11 月 11 日光棍节脱单（desingle）。

如果你身体健康、能言善辩（be persuasive），人们就会觉得你很聪明、值得信赖（trustworthy）。不过有研究发现，即使没有这些先天基因优势，你同样有机会受到异性的格外青睐。有人经过大量研究发现了 12 个方法（tips），能让你变得对异性更有吸引力（more appealing to the opposite sex），而且男女都适用。

1）保持牙齿珍珠般亮白（pearly white）

一项研究证实，拥有一口洁白整齐（white and evenly spaced set of teeth）的好牙，往往更具吸引力。据《每日邮报》（Daily Mail）报道，英国利兹大学（University of Leeds）和中央兰开夏大学（University of Central Lancashire）的研究人员发现，人的牙齿就如同孔雀的尾巴一样传递出健康和拥有优良基因的信号，是吸引异性的法宝。

2）多吃水果蔬菜，让你容光焕发（have a glowing look）

研究表明，水果和蔬菜本身含有多种抗氧化剂（antioxidants）和植物色素（plant-based pigments），能让食用者拥有健康肤色（healthy hue of skin）。这种方法短时即可见效。每天吃了一份（a portion of）果蔬，脸颊很快就红润起来（have rosier cheeks within a short time），皮肤看上去也更好。

3）女人要多笑

研究表明，幸福感强的女性更具吸引力，一个简单的微笑就会让男人觉得女人更美。

4）男人要深沉（Guys need to brood a little more.）

英属哥伦比亚大学（University of British Columbia）的一项研究表明，深沉（brooding）、自负（swaggering）的男性往往比笑眯眯的男性更具吸引力。实际上，受调查的女性觉得幸福感是男性最不吸引人的地方。不过，此研究仅是基于肉欲的本能反应（instinctive reaction），并非衡量一个好男友或好丈夫的标准。这项研究能为我们解释为什么女性更喜欢外表坏坏的男性了。（The study could explain why some women are attracted to the "bad boy" persona.）

5）女性想要"勾搭"（look for a fling）成功率高，最好装装傻（play dumb）

来自《进化和人类行为》（*Evolution and Human Behavior*）的一项研究称，得克萨斯大学奥斯汀分校（University of Texas at Austin）的研究生发现，那些看起来很傻很天真的女性对异性更具吸引力，迷离的（dimwitted or immature）、醉醺醺（sleepy or intoxicated）的女性也更容易得到一夜情（one-night stand）；而那些反应快、思路清晰（quick-witted and lucid）的女性在这方面的吸引力则较低。好在所幸，男性在找终身伴侣的时候，他们的喜好正好相反。

6）男性最好把胡子刮了（shave one's beards）

《牛津期刊》（*Oxford Journal*）的一项研究表明，女人认为留胡子的男人给人咄咄逼人（aggressive）、社会地位高（of a higher social status）的印象，而且通常长得不好看。

7）女性应该随时补点红唇彩（keep a red lipstick handy）

曼彻斯特大学（Manchester University）的研究表明，女人的嘴唇是她们全身最吸引人的地方，尤其在涂了红色唇膏之后。该研究发现，男性会盯住（stare at）女性的红唇整整 7 秒钟。相较而言，他们只会花 0.95 秒和 0.85 秒来看她们的眼睛和头发。

8）男追女得欲擒故纵（play hard to get）

《心理科学》（*Psychological Science*）的一项研究表明，相较于对女性表现出浓厚兴趣的男性而言，让她们猜不透心思的（difficult for them to guess what is in his mind）男性更具吸引力。该研究发现，当女性不确定男性是否真的喜欢自己时，她们就会不停地想到这个人。之后，她会觉得既然这个男人在自己的头脑中挥之不去（just cannot get this guy out of her head），那么一定是自己喜欢上了这个男人。如果男性一开始能藏起自己的感情（hold back some of one's feelings），制造一些谜团（create some mystery），那他最终就很有可能俘获女性的芳心（be more likely to win a woman's heart）。

9）男性需要一件有字母"T"的衬衫（a shirt with a "T"）

诺丁汉特伦特大学（Nottingham Trent University）的研究人员发现，男性身穿正面印有字母"T"黑色大字（with a large black letter "T" printed on the front）的衬衫，其对异性的吸引力会增加12%。科学家解释说，这样的衬衫给人一种错觉，让男性看起来腰窄肩宽，呈现出"V"字形身材。女性会认为这种身材非常性感；反过来，穿着倒"T"衬衫的男性，吸引力会下降12%。

10）女性说话音调要高（use a higher-pitched voice）

伦敦大学学院（University College London）的研究人员发现，音调较高的女性更受男性的欢迎，因为音调高往往代表着身材娇小可爱（a smaller body size）。所以应该忘掉所有关于声音低沉沙哑（have a husky voice）才会迷人性感的假话。

11）男性要深呼吸，放轻松（relax）

《皇家学会学报B辑》（*Proceedings of the Royal Society B*）上发表的一项研究表明，让女性觉得压力小的男性比压力大的男性更具吸引力。研究人员总结其原因在于：能妥善处理压力表明这种男性的基因构成（genetic makeup）更强，可以遗传给下一代（passed on to their children）。

12）男女都应该去坐坐过山车（roller coaster）

据《每日邮报》报道，研究表明，乘坐过山车的人在经历过轨道上的风驰电掣（have a whip around the track）后，会觉得自己原本并没什么感觉的异性，突然变得更有吸引力了。不过，对于已确立恋爱关系的人来讲，乘不乘坐过山车，吸引力没有变化，所以这只对潜在恋人（potential partner）起作用。该研究最初发表在《性行为档案》（*Archives of Sexual Behavior*）上，有1000多人参与了此次研究。不相信的人不妨亲自去试试（test it yourself）。

49. 智性恋

2016年8月23日《人民日报》刊登文章，题目是《恋爱是大学必修课吗？》，其中出现了"智性恋"（sapiosexual）一词，该文对此词的解释是"被对方的知识和思想所吸引"。还说"智性恋"在纯情（pure/true/innocent love）之外，还加了些许理性（rationality）。

"智性恋"绝对是个新词，别说汉语词典上查不到，其英文 sapiosexual 在国内最新、收词最多的《新世纪英汉大词典》（外语教学与研究出版社，2016）也没有收列。美国在线俚语词典 The Urban Dictionary（中文译名为《城市词典》）中有此词，定义是 a person who finds intelligence sexually attractive（认为智慧有性吸引力的人）。这个词是由表示"智慧"的源自拉丁文 sapin 的前缀 sapio- 加上 sexual 构成的。后一半大家都比较熟悉了，意思是"性的"，如 heterosexual（异性的）、homosexual（同性的）、bisexual（双性的）。不过，早在 2014 年，此词就在美国约会网站 OKCupid（好吧爱神）上疯传（go viral）。Facebook（脸书）上的 sapiosexual 团体有 56000 多名成员。

那么怎样可称"智性恋"呢？举个例子，如果参加一次很深刻的哲学谈话，或就政治学或心理学问题展开辩论，两个人之间都可能产生放电（sexsual chemistry），点燃起想要建立关系的激情（passion for setting up a relationship），而且这种感情有时不限于异性之间。

《人民日报》举了姚思宇和徐业承的例子。2009 年初，还念高三的姚思宇到中国人民大学参加国学院自主招生（independent recruitment; autonomous enrollment），考试间隙在学校散步，留意了展板上一张照片：一位获得陶泥（earthware day）大赛（earth wear clay competition）特等奖的师兄站在作品旁，神情谦逊。她心生欣赏，并对未来的校园生活有了更多憧憬。而徐业承是在学院的迎新现场初见姚思宇，第一次见面便倾心于小师妹的谈吐（style of conversation）和气质。徐业承是姚思宇眼中的"文章第一"，古文功底深厚的他爱写四六骈文（parallel prose, known for lines of four or six characters arranged in couplets），用词考究而不刻意（exquisite but not deliberately ornate），一派自然而颇有古风（classic style）。姚思宇也是徐业承眼中的才貌双全（both talented and good-looking），她高中时写的诗就已结集。他们正式表白（profess one's love）时只见过三次面，交谈不到十句，但都认定对方是"不可替代"的，六年后喜结良缘（happily married）。

来自美国的记者林美莲（英文名 Tiara Lin）于 2016 年 9 月 6 日在英文版《环球时报》（*Global Times*）发表了一篇文章，文章说，她注意到中国许多大学生自命为"智性恋者",并以此为由为自己在大学恋爱正名（seek justification），说因为智力相爱可以互相促进学业，怎么也比通过相亲（blind date）认识的对象好。不过，也有人对此持不同看法，有人甚至认为"智性恋"直说听起来有点哗众取宠（court people's favor by saying something special）。有些男生对女生这样说被认为是说谎，其真实目的还是为了性。

无论如何，相爱相长（progress while in love）的恋爱模式已经成为校园爱情的共识。对于大多数有梦想的大学生而言，甜蜜互动（sweet interact）已不限于嬉戏玩耍，学术上的思想碰撞和事业上的互相扶持，让他们爱情的韧性得以延展。

50. 单身潮

"单身贵族"（the noble singles）是个令人向往的称谓，代表着自由、活力和尊贵，然而不知道从什么时候开始，这个词逐渐被"单身潮"（trend of remaining single）所替代，有统计数字表明，北京、上海、广州等各大城市的"单身"数量均已分别突破百万。有关专家指出，中国 30—50 岁的单身人数陡增，使社会内核正悄然发生变化，一方面说明很多人的爱情生活不再以婚姻为基础，另一方面说明在以经济为主导的社会形态下，很多人正在逃离传统的婚姻禁锢（the restriction of traditional marriage）。

新中国第一次"单身潮"出现在 20 世纪 50 年代。1950 年 5 月，中国第一部《婚姻法》颁布，人们的婚姻观念发生了很大的改变，旧的封建的、资产阶级的婚姻观被打破，男女平等的观念正式从制度上予以确立。诸多为包办婚姻（arranged marriage）束缚的妇女们视离婚为解放。尽管有不少人认为离婚不通人情（unfeeling and unreasonable; inhumane）甚至不道德，多数人还是认为，通过离婚解除不正常乃至痛苦的婚姻是正当合理的。随之而来的波及全国的离婚潮造成新中国一次"单身潮"。

第二次"单身潮"发生在 20 世纪 70 年代末。"文革"结束后，大批知识青年（high school leavers who went to the countryside in the 1960s and 1970s。原译 youth with knowledge 或 educated youth 意思不清楚）返城，城市里迅速聚集起一批大龄单身青年，其中主要是女性，因为很多男知青下乡时与当地的农村女青年恋爱成家。可从大城市来的女青年却很难接受农村的男青年，宁肯单身也不愿"下嫁"（marry someone of lower social status）。

第三次"单身潮"发生在 20 世纪 90 年代前后。随着改革开放的步伐不断加快，人们的思想观念也逐步从封闭走向开放。婚姻质量成为人们追求的目标，人们在徘徊、思考中寻求建立在个人幸福基础上的结合与离异。

第四次"单身潮"从 21 世纪初开始。人口普查的数据表明，北京和上海两地的单身男女均已突破百万。这次单身潮的出现的很大一部分原因是结婚费用太高，让很多未婚男女不敢轻易作出婚姻的承诺。从直接成本方面看，50 到 60 年代结婚必需的"三大件"（three important pieces of goods）缝纫机、自行车、手表，其价钱加起来只相当于当时人们几个月的收入。可是现在，仅住房一项就达到人们平均年收入的十几倍到几十倍，有的人辛辛苦苦一辈子也未必买得起一套两居室（two-room apartment/flat）。有人说，这波"单身潮"主要出现在城市白领和中产阶层人群。他们注重生活享受，结婚的大笔支出往往构成他们的一个顾虑，住房、汽车、孩子教育，都需要很大的成本，对刚工作的年轻人而言几乎是不可能承受的，结果越来越多的都市婚龄男女迟迟不肯跨过婚姻的门槛。农村虽然谈不上"单身潮"，但很多大龄青年被迫"单身"的情况同样令人担忧。尤其是贫困地区和偏远山区，由于女方索要的结婚彩礼越来越多，很多青年人根本无力承担，只能打光棍。一些稍富裕的家庭也常常为结婚而"返贫"（slide back into poverty），为另一些有"单男"的家庭敲响了警钟。

"单身族"队伍日益庞大还有一个原因：传统的中国男人非常看重面子。一般情况下，男人不会娶比自己学历（record of formal schooling）高的女人，也不会娶比自己级别高的或收入高的女人。另一方面，有一些自认为老成持重（experienced and prudent/reserved）的女人，也不会情愿下嫁。

造成许多单身者迟迟不走入结婚礼堂的另一个原因，是人们对理想对象要求过高，因而知音难觅。（It's difficult to find a person who is keenly appreciative of one's talents.）觉得遇不到自己满意的人，还不如不结婚。很多人从"被动单身"转为"主动单身"。过去不少大龄青年是为结婚而结婚（marry for the sake of marriage itself），但是现代青年的婚姻观、价值观都发生了改变，他们更看重双方思想的交流和有共同语言。另外，"不婚族""晚婚族"的增多，也降低了青年人对适婚年龄的焦虑感（anxiety）。而且现在的青年解决单身问题的形式也更加多样、时尚。单身俱乐部、酒吧交友、单身旅游团等都是时下流行的方法。反映出社会变迁中人们观念的变化。

前两次的"单身潮"可以说是国家行为。1932 年国民政府废妻妾制度，而 50 年代《婚姻法》的颁布，不光是为了进一步肃清废除妻妾制度，更是为了提高妇女的地位，人们对婚姻的看法有所改变。20 世纪 60 到 70 年代下乡的城市男青年和农村女孩在当地结婚也是制度造成的，是知识青年在农村排解（dissolve）孤独和郁闷的手段。从《小芳》的歌词可见一斑，这方面的影视作品也很多。

如果说以往的单身潮多是迫于客观形势，只是短暂行为，那么这次"单身潮"的特征就是主动者明显增多了，而且有越来越多的优秀女性被卷入其中。调查显示，2005 年，北京 30—50 岁的单身者中女性已超过 6 成，上海女性中认同独身的更高达 82%。城市单身女性如今正逐渐成为一个社会符号。

上海社会科学院文学所陈亚亚发表的《都市单身女性的生存状态考察》一文对此有很深入的分析。文章说，对传统性别角色作重新审视后的女子更能勇敢地表达自己的真实想法。下面引用的话可以说是一种具有普遍性的（universal; widespread）看法："结婚后的日子我基本可以想象，白天上班挣钱养家，晚上做家务带孩子，难得有个休息天说不定也要去孝敬公婆，万一运气不好还要遇到老公出轨（have an extramarital affair）离婚。""人生苦短，（One's life is too short.）要好好地活。"女性应该通过自身的努力过自主的生活，进入婚姻是一件可以等待和选择的事情，而不是一件被迫去完成的事情。此外，"事业为重"正成为"单女"们的共识。

随着经济全球化进程的加快，国家为培养更多的具有高水平的知识型人才（knowledge-based talent）以适应经济建设的需要，在出国留学、就业、创业支持等方面实行政策支持，使不少人认识到高学历的重要性。而高学历则意味着更长的学习期限，客观上推迟了结婚的年龄。而且，有较高的学历的年轻人，对婚姻的理性认识往往会多于感性体验，觉得人生应该自由洒脱（free and easy; natural and unrestrained），因而结婚传宗接代的观念也就淡了许多。

互联网的兴起，使越来越多的人，尤其是青年男女接触到了更多的信息。他们在开阔视野的同时，也解放了思想。他们意识到，婚姻作为一项个人的长期投资，必须慎重，宁缺毋滥（rather go without than have something not good enough）成为择偶的基本指导思想。还有人追求完美，把恋爱生活看得过于神圣，以至于在茫茫的人海中迷失了对象；一部分人钟情于一生一次恋爱，当初恋已成往事，就斩断情丝，抱守痴心终其一生（stick to one's infatuation）；一部分人认为结婚如同"进了坟墓"，会断送了自己的自由。另一部分人则因轻率同居遭对方抛弃，因而"一朝被蛇咬，十年怕井绳"（be shy of a rope for a decade once bitten by a snake），认定婚姻其实存在欺骗和不忠，没有必要踏进去。还有一部分人则吸取西方"自由世界"精华，肯定试婚（trial marriage），否定结婚。更有一部分人，选择了虚拟的网婚（get married online），沉溺于精神上的共鸣，而且网婚既不会浪费太多的金钱、时间，又可避免怀孕生子要承担厚重的责任，还可以与多个对象实现共筑爱巢（love nest），彼此之间不必提防、发生良心谴责等等。

2016 年 11 月 17 日，《新京报》发表题为《单身潮来临没什么可怕》的文章。文章说，对大多数单身者来说，没有婚姻或长期的伴侣关系，并不意味着生活乏味。调查显示，单身者相对于在婚姻中的其他人，反而有更多的时间来结交朋友，建立和维系友谊，单身者也更具创造力。每年的 11 月 11 日"单身节"，有些人急着脱单，有些人却对"一个人的精致生活"怡然自得（be happy and pleased/satisfied with oneself）。统计显示，截止到 2015 年，中国的单身人口达到 2 亿，单身独居群体日益庞大。随着现代都市生活方式的普及，"单身潮"恐怕会越来越猛。这里面部分是缺乏伴侣的"光棍"，更多可能是不愿进入婚姻的"恐婚族"。其实，不唯中国社会如此，有些发达国家情况更为严重。例如瑞典首都斯德哥尔摩的单身独居比例高达 60%。在日本，20 多岁的年轻人中，差不多有四分之三不在恋爱状态，40% 的单身者根本就不想"脱单"。不仅如此，青年人的初婚年龄也越来越大，不在乎婚姻的"单身贵族"也越来越多。单身主义在现代都市生活中俨然已经成为一种社会风潮（ideological trend in society），而不是什么"离经叛道"（rebel against orthodoxy）。

现代社会高度分工的文明体系，早已打破了家庭作为基本经济单位的传统。然而，现在订餐、打车、洗衣等城市 O2O 服务的崛起，使单身男女的生活也更加便捷。也正因此，越是生活在经济发达的大都市，单身的人就越多。

不过，"单身潮"可能会使人口年龄结构失调，导致劳动力严重缺乏和人口老龄化（aging of population），而且单身者在面对衰老和死亡时，可能缺乏必要的照顾。对这些问题，政府和有关部门需要考虑。

有人提出"第四次单身潮"是一个伪命题。但是 2 亿人口的"单身族"确实存在，他们需要社会的关怀，而由此带来的"单身经济"也应该受到重视。

51. 37 度女人

男人爱给女人起各种称号，从"女神""白骨精"到"败犬女"（lost lady）、"粢饭糕"（silly pest girl），从"乖乖女"（well-behaved girl）、"萝莉"（Lolita）到"闷骚女"（seemingly dull lady）不一而足（to mention just a few）。

2016 年又蹦出来一个新词："37 度女人"（37-degree woman）。"37 度女人"是这样一种女人，她们一直在社会竞争中生存着，虽然至今没有登上"顶峰"，但她们不以物喜，不以己悲（neither pleased by external gains nor saddened by personal losses），依然抱着一颗平常心（maintaining peace of mind; remain unaffected）；有种女人，心中有明确的人生目标，凡事力求完美；她们平凡而不平庸（ordinary but not mediocre），低调而不颓废（keep a low profile/key but are by no means decadent）；她们体贴温柔（gentle and considerate），洁净温暖；不愠不火（temperate and moderate），不左不右。摄氏 37 度是人体的正常体温，而因为这种女人能给人类似体温的舒适的感觉，故被称之为"37 度女人"。

"37 度女人"给人的感觉如陈酒，醇香（mellow）无比，久久难忘。有人说，37 度中健康、智慧、自信各占 10 度，还有 5 度是美丽，2 度是高贵。加起来就是标准的 37 度美女。

"37 度女人"有几个特点：

1）有事业心（enterprising; devoted to one's work）但不是工作狂

有事业心的女人有目标，生活有保障，故而从容自信，不会看男人脸色（do things according to the likes or dislikes of men）行事，相信自己有能力处理好各种事情。她们既不会左顾右盼（look here and there without knowing what to do），也不会轻浮造作（frivolous and artificial），更不会朝秦暮楚（be quick to switch sides; be fickle/changeable and inconstant）。但有事业心不等于工作狂（workaholic; ergasiomania）。太醉心于事业的女人，会少了许多女人味（femininity），不会温柔体贴，用在家庭上的心思很少，基本不做家务。你要她陪你逛街，她说没意思；你要她陪你看电影，她说没时间。

2）长得好但不让人流口水

男人是虚荣（vain）的动物，找老婆要找漂亮的，在家里看着养眼（eye-candy; feast for the eye），带出去有面子（gain face），可是老婆如果漂亮到让人流口水，就不太妙了。天下没有不花心（fickle in love）的男人，馋嘴的男人多的是，自己的老婆太吸引眼球，会让人提心吊胆（be on tenterhooks），甚至惶惶然不可终日（be in a constant state of anxiety）。所以说身边摆着一个大美女，的确是太惹事了。所以，大部分男人选老婆的标准是不能不好看，但也不能太漂亮。

3）贤惠（virtuous and intelligent）而有主见（be self-assertive; know one's own mind）

贤惠的女人懂得勤俭持家（be industrious/diligent and thrifty in managing/running a household）但不小家子气（mean），会理财（arrange the finance; make financial plan）但不是财迷（miser; money grubber）。也许夫妻俩收入并不高，她能把一切安排得井井有条（in good/apple-pie order），还能有点结余存入银行以备不时之需（put aside for a rainy day; reserve in case of need）。不过也不能太过分，例如老公哪天高兴买了一束鲜花送给她，她非但不领情，反而埋怨老公不会过日子（live a proper life），岂不大煞风景（spoil someone's enthusiasm; dampen someone's spirit; throw a wet blanket over someone）。还有一种女人，见了化妆品或时髦衣服就买，一个上午她能把银行卡刷得见了底。除非你是土豪，千万不要娶这样的女人。有见识的男人更不会娶个钻到钱眼里（care for nothing but money; money grubbing）的财迷女人回家。这样的女人总觉得外面的世界更精彩，总拿自己的老公跟别人的老公比，外面的诱惑这么多，娶了这种女人，简直分分秒秒都有下岗危机。

一个知识丰富的女人，遇事会有主见有分寸（have a sense of propriety），处理问题会充分体现她的聪明智慧，使家人和谐幸福。知识不光来自书本，也来自生活，过日子也有讲究。

4）适度浪漫

好女人懂得适时浪漫一下。浪漫其实并不一定要鲜花与烛光晚餐（candlelight dinner），真正的浪漫在于真实平和的生活。早晨她睁开眼睛的第一时间在老公脸上轻吻一下，表示爱意；节日里她会把藏起来的新领带拿出来，因为知道老公要去会朋友，体现出她的细心；老公回来晚了，她不会一次次地追问到哪里去了，表明对老公的信任；老公喝醉的时候，她不会怨，而是泡上一杯浓茶，体现出她的真诚关怀和爱护；周日，她会主动提出去看公婆，在路上她幸福地说，"老公，我很感谢他们生育了你，给了我一个这么好的老公"，表现出她的情意。

懂得浪漫的女人尤为可爱，但是浪漫也不能当饭吃，理想的女人不仅跟你讨论时尚，也能跟你讨论一些时事与业务方面的事情。

5）有宽容心（leniency; tolerance），但不违背原则

在家里，她对老公体贴照顾。但凡事坚持原则，老公做的不对，她会和颜悦色（in an amiable manner; with pleasant countenance）地劝说；老公面临事业上的坎坷（frustration）或是透惑的时候，她会用女人特有思维给予一定的警示与指导，不让老公越滑越远甚至到不可挽回的地步。这就是相夫（assist one's husband）。

人的一生免不了在人际交流和事业方面的磕磕碰碰（squabbles and clashes）。有些人，包括我们最亲近的人，也许伤害过我们，这时候我们需要宽容，尤其在感情上，需要相互谅解、磨合（grinding-in; running-in）。一个没有热情、没有朝气（vitality; dynamism）的女人，一个小肚鸡肠（with extreme pettiness of character）的女人不是整天板着脸，就是闹得鸡犬不宁（stir the whole family into a tempest; live a cat and dog life），会让全家人难以承受。

6）爱干净

爱干净是女人的天性。"干净"有两层含义：一层是家庭环境和自身整洁干净，不能杂乱无章（disorderly and unsystematic; higgledy-piggledy）、邋里邋遢（messy; sloppy; slovenly）。另一层意思是指精神生活的干净，有品位（have good taste）的爱好，喜欢美好高尚的东西。不过不能有洁癖（mysophobia; a morbid fear of getting dirty）。没法和一个嫌男人什么都脏的女人一起生活。

"37度女人"懂得在什么温度下可以呈现出自己最美丽的一面，多一度会显得疯狂，让人受不了；少一度则会变成矜持（reserved; restrained），让人难以接近。不多不少，三十七度，恰恰是优雅的知性女子。她们有一定的阅历，心智成熟，遇事沉稳，宠辱不惊（remain indifferent whether granted favors or subjected to humiliation）。她们对情感的预热时间也许要长一些，对事物的反应可能要慢一些，但决不流于轻浮（frivolous; flighty）。如果家是岸，"37度女人"就是岸上那张松软的床，包容，宽慰，给人淡定的底气（confidence）。如果说男人是船，"37度女人"就是藏在男人身体里面的舵手。船越大，她们就越有成就感；风浪越大，她们越有施展的空间，不论发生什么，"37度女人"很少想到要弃船脱逃。"37度女人"会越活越美，内心的光芒会替代岁月留下的痕迹，赋予她优雅的气质美。

"37度女人"是男人理想的女人，现实生活中只有少数女人能这样"完美"，即使有真正的"37度女人"，也需要有相应品质的男人才能配得上这样的女人。但究竟什么样才是"完美"的女人，恐怕是见仁见智了。

52. 非常不女生的女生

网上对女人的称呼多不胜数（be too many to enumerate），拙著《热词新语翻译谭》前五本里都有所涉及。女影星更是被粉丝们授予各种称号，从"女神"到"小女人"（little woman）都有。

"非常不女生的女生"（a girl that is very much not like a girl）这一说法措辞就比较怪。"女生"是名词，在前半部分却用作形容词，指女生应该有女生的样子，包括穿着打扮、风度（demeanor）、言谈举止（speech and deportment/behavior）等。其实这些都是从男性角度出发对女性的要求，说白了（to be frank; to put it bluntly）也就是要有女人味，比如像小鸟依人（a timid and lovable little woman like a little bird resting on a man's shoulder）那样有点娇气（effeminacy）。不符合这一条件的女孩就显得"不女生"。

被称为"非常不女生的女生"的是属于"中国新生代（X generation）的女演员"周冬雨。周冬雨在张艺谋执导的电影《山楂树之恋》（*Under the Hawthorn Tree*）中饰演女主角静秋一角后一炮走红（catapult/jump into fame），凭借在该片中出色的（bravura）表演获得第56届西班牙巴利亚多利德国际电影节（Valladolid International Film Festival）最佳女演员奖，第14届中国电影华表奖（the Huabiao Film Award）优秀新人女演员奖，第20届上海影评人奖（Shanghai Film Critics Award）最佳新人奖，第23届哈尔滨冰雪电影节最具商业价值新人奖（Best New Actress of the Most Commercial Value），以及多达十余项其他奖。该片还选为第15届韩国釜山国际电影节（Pusan International Film Festival）开幕影片（opening film）。作为"谋女郎"（actress who starred in films directed by Zhang Yimou）的周冬雨迅速上位（get into a superior position），成为首个主演单片票房过4亿的90后女星。

周冬雨是北京电影学院（Beijing Film Academy）表演系2011级学生，还在上高中时就被张艺谋看中主演《山楂树之恋》，其表演可谓"清纯如水（pure like water），宛如邻家女孩（the girl next door）"。可是周冬雨和巩俐、章子怡、董洁、倪妮等其他几位谋女郎不一样。周冬雨自己说，那些有名的女演员是"花儿"，而她自己是"花骨朵儿"（flower bud）。周冬雨还出演过《同桌的你》（*My Old Classmate*）、《倾城之泪》（*The Allure of Tears*）、《湘江北去》（*The Road of Exploring*）、《宫锁沉香》（*The Palace*）等多部电影及电视剧。但是周冬雨却始终保持着她的文静秀气（graceful/gentle and quiet）。

张艺谋评论周冬雨说：在拍戏的过程中会和她有些交流，告诉她应该怎么做。她领会得特别快。我有什么要求，她很快就领会到，并且做到。这点是很不容易的。她真的很有灵气（ingenious；intelligent）。如果有人说她不会演戏，我第一个不同意，要么是恶意要么是成见。

北京电影学院院长张会军认为周冬雨各方面素质突出，有天赋，出镜效果（on-camera performance）好，为人处世也比较好，没有沾染一些坏习惯。

称周冬雨为"非常不女生的女生"的是香港电影演员余文乐。

2016 年 3 月，江苏卫视开始播出真人秀《我们相爱吧之爱有天意》（*We Are in Love*。如果直译为 Let's love each other, and that's God's will 会显得非常啰唆。韩国有一部名为《假如爱有天意》的电影，英文名是 The Classic）。人们对周冬雨在节目中的表现微词颇多，说她常常搞得气氛很尴尬。周冬雨的形象，从张艺谋为《山楂树之恋》费尽心思选清纯女孩时就被定格了，与这档恋爱节目里唯唯诺诺（submissive；wishy-washy；obsequious）、战战兢兢（jitter；tread on eggs），将敏感、慢热隐藏在不讲究措辞的大白话中的形象完全不一样。

节目里去迪士尼约会的那天，因为时差（jet lag）没倒过来，困得发慌的余文乐有意无意把头顺势靠在了周冬雨肩上。周冬雨的表情瞬间定格（freeze instantaneously）成僵硬，脸不是变红而是变得更白了。紧接着，周冬雨"强行"找话题，却把余文乐直接推向了更想睡的边缘。周冬雨回忆说："（当时的气氛）太干了，我不说也不好，就说'你头发喷了得有二斤发胶吧'，我想逗他开心，结果……"就像小女孩总想穿妈妈的高跟鞋，越是一张白纸的人，越想把自己武装成阅尽繁华（have experienced all the prosperity of the world）。当余文乐把围巾分给周冬雨一半时，她相当爷们地接过去，甩在脖子上，干脆、豪爽一气呵成。周冬雨说："我当时就觉得不能让他看出来我羞涩。我好像没有'脸红'的功能，害羞了就想用爷们的一面掩盖住。"被余文乐从背后环住时，周冬雨却说："吃口香糖了吧，味道挺好闻的，绿箭的。"对于自己突然反握住余文乐的手，周冬雨的真实想法是，"一时好奇，想看看我的手比他的手小多少。"周冬雨的性格大大咧咧（careless; casual）又一根筋（one track-minded; sticking to only one way），想到什么就说什么，想到什么就做什么，因此有过"被 14 万评论血洗"的惨痛。难能可贵（estimable; rare and commendable）的是，她对所有声音，都照单全收。周冬雨说："我不喜欢把特别柔美脆弱的一面，玻璃心（glass heart）的一面展示给别人，因为我觉得这就输了。"说到参加真人秀，周冬雨承认犹豫过，但更想尝试新鲜。她意识到从另一个角度想，那些骂她的话对演戏是一种帮助。"我的理想是演各种不同的人，我可以去借鉴他们的心理，他们的话，因为它刺痛了我，我会记住这种感觉。""我觉得老天爷虽然让我不会表达，嘴笨，大家说（我）情商智商都不够，我真的觉得他们说得挺对的，但是我觉得老天爷给我的这项奇异功能，还挺开心的。"成长需要时间，每个人的进度都不同，相信并坚持初衷，总有机会等到拨云见日（dispel the clouds and see the sun）。

不过，一个人总要经过反复磨炼才能不断成熟。2016 年 6 月 19 日，天才青春喜剧《少年班》（*The Ark of Mr. Chow*）影片全部主演亮相北京电影节。接受采访时，孙红雷谈及与年轻后生的合作时，直言首次与周冬雨见面，就让自己身心受到沉重打击："第一次见面，我记得那天导演给介绍，'红雷哥这是冬雨'，她就说：'你好孙红雷。'我当时就愣住了，其实心里已经不太开心了。但是作为一个师长，你还得坚强一些，然后一脸假笑，脑子里想的却是：敢跟我这么聊天？"

2016 年 8 月 9 日七夕正式上映的电影《谎言西西里》（*Never Said Goodbye*）里，人们看到了一个不断成熟的周冬雨。她能表演万种情绪收放自如（change appropriately and timely），化身为爱伤神的小女生，时而思绪万千（A myriad of thoughts crowd into one's mind.），失神凝望前方，时而双眉微皱、红唇轻启欲言又止，时而双眼盈满泪水一副楚楚可怜（delicate and charming）的表情。但情绪一转，周冬雨眼神含笑、嘴角微扬的模样，早前悲伤的情绪瞬间消失不见，时而惆怅（melancholy; disconsolate），时而欣喜，将小悠这个"用力哭大声笑"的小女生形象演绎得丝丝入扣（neatly worked-out），极有代入感（empathy），让人潸然泪下（tears trickle down one's cheeks）的镜头直戳观众泪点（jerk the tears right out of the audience）。导演林育贤对周冬雨的表现给出了极高的评价："她是个很聪明的演员，不仅演戏走心（take care to be mindful），还总能很快给出恰到好处的表现。"此次饰演小悠这个角色，周冬雨颇有心得体会："我觉得最值得期待的就是能不能让大家找到共鸣，电影讲的就是我们普通人怎么样生活、怎样用力去爱，怎么肆意地经历喜怒哀乐，让观众感受到我们真挚的情感。"

2017 年 4 月 14 日，由周冬雨、张孝全主演的奇幻爱情喜剧《指甲刀人魔》(*A Nail Clipper's Romance*) 上映。片中，周冬雨饰演"指甲刀人魔"Emily，一头红发、双臂文身的夸张造型，再次突破了她以往的银幕形象。据悉，该片是周冬雨大学时期拍摄的，如今她已经获得金马奖 (Golden Horse Prize) 最佳女主角。周冬雨对采访她的记者说："Emily 这个角色是生活中不存在的，是找不到原型可以参考的，所以在拍戏时我都是开着脑洞 (with lively imagination) 去表演。"

2016 年，周冬雨还出演了《七月与安生》(*Soul Mate*) 和《喜欢你》(*This Is Not What I Expected*)。周冬雨说她喜欢尝试不同的影片，开阔自己的戏路。

53.《父亲的身份》

谍战 (espionage) 电视连续剧《父亲的身份》(*The Identity of Father*) 于 2016 年 4 月 21 日至 5 月 19 日在央视一套节目热播。该剧情节起伏跌宕 (full of ups and downs)，扣人心弦 (thrilling; heart-gripping; cliff-hanging)，人们不由自主地急于知道后事如何，可是由于 36 集陆续播放了近一个月，常常隔天播两集，观众称不过瘾 (satisfy a craving)。据统计，该剧自播出第三天起即蝉联收视榜冠军。网民评论说，2016 年最佳电视连续剧非《父亲的身份》莫属。有人称《父亲的身份》是"最烧脑 (brain racking) 谍战剧"，将多重人物身份投射到错综复杂的历史环境中，情节环环相扣 (each link closely linked with the next)，让人不禁拍掌叫好。

《父亲的身份》的故事背景安排在 1948 1949 年国民党全面崩溃前夕、国共激烈交锋的紧要关口。清城一名美军少校被刺杀，俞北平被任命为特派员 (emissary)，受命调查此案。俞的同僚郑翊怀疑其真实身份，启动了甄别 (examine and distinguish; try out) 程序。

调查清城美军少校刺杀案，对俞北平既是机会也是陷阱。他的女儿徐丹妮在清城大学读书，思想前卫自由，处处与父亲为难。危机中，俞北平又与前妻之女、美军中尉林莎相逢。林莎身份神秘，暗中也对俞北平展开追踪。

所谓美军少校刺杀案，实际是南京极右组织自导自演的一场阴谋，代号"比基尼"，目的要将美军驻守清城的西太平洋舰队拖进中国内战。郑翊和俞北平的较量渐次升级，俞北平一方面要保护两个女儿，另一方面要完成组织上交给自己的任务。亲情、友情和家庭使他卷进了"比基尼"阴谋的漩涡。最终，大女儿林莎为保护他而牺牲，小女儿林丹妮直到和父亲分离才明白，父亲是一名真正的共产党员，但从此两人永隔天涯。

有人评论说，该剧对信仰和亲情做了一次有深度的拷问（an in-depth interrogation）。其中最突出的一点是在故事发展中加入了几组特殊的人物关系，将多重人物身份投射到错综复杂的历史环境中，呈现并思考危局之下的信仰与忠诚、个体的选择与无常（unpredictable）等命题。父女关系是该剧的戏核。俞北平跟林莎这对"失而复得再复失"的父女，从身份不明的敌手到并肩作战的伙伴，最后又忠于使命，父女如战友般别离。该剧着力于展现谍战故事中人物在历史条件下无可遁逃的各种现实关系，力求用有血有肉（vivid and substantial）的矛盾凸显历史感和人性厚度。影视评论人曾念群指出，《父亲的身份》跳出了谍战剧的窠臼（set pattern），一改"办公室政治"的内核，以家争对照国乱，通过家庭成员间的情感对立、信仰冲突、性格碰撞、生离死别，来体现不同道路的博弈、不同人生的磨洗，最后升华（sublimate）为个人、家庭乃至国家的认知。

陈建斌饰演的潜伏于国民党内部的中共特工俞北平，在国民党特调局要员、地下党、三个孩子的父亲三重身份之间来回切换。谈起接演的动因，陈建斌坦言之前没有拍过谍战题材的作品。他说："我觉得这个剧本的角度挺喜欢的，是从一个家庭，从一个女儿的角度来讲他的父亲，顺带着告诉别人，其实他的父亲是一个红色特工。任何东西只要回归到家庭，回到个人，我觉得就很好。"陈建斌称，俞北平这个角色最吸引人的地方在于他用生命在演戏，"对妻子、孩子都要隐瞒真实身份，还必须扮演到逼真（life like）的程度，而且他的扮演不能失败，只能成功。"切换游走在三重身份之间，陈建斌自言会有分裂感，会在另外的自我中迷失，"在某个时候到底他是谁，才是任务中有意思的地方。"

另一名实力演员俞飞鸿饰演的军统女特务郑督察这一角色，同样给人留下深刻的印象。俞飞鸿曾被称为"一个时代的女神"，这是她第一次演反面人物，彻底颠覆了自己以往或风情万种（exceedingly fascinating and charming。也可用 She is every woman. 表示这个意思），或沉静内敛（calm and restrained）的温暖形象。她说她第一次演反派，大为过瘾（to one's heart's content）。她塑造的这个人物的确非常成功，她一环接一环的毒辣心计和手段让人恨得咬牙切齿。她对俞北平的真实身份一直心存怀疑，一心要追查到底，两个人之间有许多斗智斗勇（fight a battle of wits and courage）的较量。有人说俞飞鸿用压抑法展现妖媚（seductive; bewitching）。俞飞鸿以美艳女特务的身份在接受采访出场时，令在场所有的媒体都虎躯一震（be surprised; be taken aback）。俞飞鸿说，郑翊这个人物把所有的女性特质隐藏起来，而是展现她的军人身份和意志，其冷酷感呼之欲出（she is cruelty in the flesh），很多感情都要藏在心中，甚至要压抑下去。她说："虽然这个角色多以军装出现，情感戏也不多，但是她也有作为女性吸引人的地方。"俞飞鸿表示，对女演员来说一个角色要特意去展现妖媚，没有太大的吸引力，反倒是特意去压制女性特质才更吸引人。俞飞鸿很低调，她说从来不觉得自己是个女明星，只是一个女演员。她还说，所有的绚烂终归要归于平淡。有人评论说，俞飞鸿 45 岁迎来了事业的第二春。

俞北平大女儿、美军联络官的林莎是剧中第三个重要人物。演这一角色的是金马奖最佳青年演员齐溪。她的表演也可圈可点（praiseworthy; commendable），把剧中几个身份表现得恰到好处。她忠于职守，机智勇敢地完成一个又一个任务；她爱憎分明，对父亲，对哥哥，对同父异母妹妹的感情，对国民党特务的痛恨，拿捏很有分寸（balance appropriately），尤其能通过自己扎实的演技将剧中人物从内心斗争到眼神的流露演绎得更添真实感，将人物的心理活动诠释得淋漓尽致（down to the last detail），每一个神情变化都将观众带入剧情，扣人心弦。

陈建斌和齐溪是中央戏剧学院的师兄妹，又同为金马奖得主，搭档更是默契十足，更添亲切。齐溪也表示，在剧中和师兄探讨艺术，学习演技，受益良多。也相信"名导收割机"齐溪一定会给大家再次带来不一样的惊喜。

54.《爱的追踪》

2016 年另一部值得一看的电视剧要数由张国立和陈昆晖导演的 36 集电视剧《爱的追踪》（The Tracking of Love）。这部电视剧改编自第十届公安部金盾奖（Golden Shield Award）获奖小说《赎罪无门》（No Way to Atonement），是一部让人眼前一亮的公安片，讲述的是人们不太熟悉、电视剧中难得见到的经侦

（economic crime investigation）警察的事迹。

故事背景是 20 世纪 90 年代中国经济大潮（economic tide）风起云涌（like rising wind and scudding clouds; rage like a storm; erupt and roll on with full force as if driven by wind）的时期。故事讲述了肇始于那个"全民下海"（the whole nation going into business）时期的一件巨额诈骗案，以抽丝剥茧（make painstaking/meticulous efforts to analyze a case like reeling silk from cocoons）的叙事、步步惊心（every step brings new alarms）的演绎，将正邪双方的生死博弈展现在荧屏之上，在经侦这一片"没有硝烟"的战场之上，为观众上演了一幕惊心动魄的较量。情同手足（be attached to each other like full/blood siblings）的异姓兄妹马德庆和张文皓的人生也进入了拐点（turning point）。身为刑警队长（captain of the criminal police squad）的哥哥马德庆被调往了刚成立的经侦大队，顿觉英雄无用武之地（a competent hero with no opportunity to display his talents），更令他懊恼的是妹妹张文皓一意孤行（stick to one's own course），放弃公职投入商海，接二连三惹出事端。张文皓生意赔了，以同样的骗术嫁祸于下家（the next one to take over）得以翻盘（turn over the tide），但受害方却因此自杀，张文皓的精心设计使自己逃脱了法律的惩罚，马德庆此时也意识到经侦工作的艰巨性。故事还同时掺杂着爱情、亲情、哥们义气（brotherly loyalty）等方面。情节曲折，跌宕起伏，悬念一环扣一环，但脱胎于真实，并非凭空杜撰，让观众信服。

因演技细腻而受到观众喜爱的张国立，尽管自嘲"我可能已经不会拍戏了"，但他在这部题材冷门（something receiving little attention; not in popular demand）、风格严肃的电视剧中的出演同样非常成功，甚至更出色。饰演的马德庆有点夸张，但合乎剧中人物的身份和警察的性格特点，能抓住观众的心。张国立亲身经历过剧中描写的时代，而且感触深刻（be deeply impressed），但是他一丝不苟（do everything meticulously），分外纠结，光剧本就磨了足足一年半。一直以来观众对于公安题材电视剧的印象还停留在凶杀抢劫的阶段。拍摄《爱的追踪》，张国立选择了温暖的路线。他笑说自己的选择很"奇葩"。

张国立和闫妮的首度合作堪称这部《爱的追踪》的一大看点（attraction）。作为这部剧的导演兼主演，张国立这次"钦定"（decided by imperial order。此处可译为 decide personally）闫妮出演剧中的女一号自有道理，和几乎所有"最会演戏的女演员"统统合作过的张国立，最看中闫妮极具爆发力（explosive force）和感染力（artistic appeal）的表演；而近年来多次在电视剧中"情挑小鲜肉"的闫妮，这次也终于遇到一个在表演上势均力敌（neck and neck）、旗鼓相当（grudge match; horse and horse）的对手，两个人在剧中一黑一白，一正一邪，堪称棋逢对手，将遇良才，携手将一幕幕精彩纷呈的好戏推向高潮。

张国立和闫妮此次在《爱的追踪》中的角色都堪称极致（attain the acme），有着大段大段情感爆发的激烈戏份，而对于当前"高颜值"风靡电视荧屏的说法，张国立笑言：我和闫妮都只负责演技，不负责颜值，不过剧里还是有几个"小鲜肉""小萝莉"的。

一向走妩媚风情路线的闫妮突破自我，不但主动请缨（ask for a hard task）演反派，还剪寸头（close-cropped hair; crew cut）穿男装。闫妮坦言："文皓在原剧中是男性。我说服张国立把这个角色变成女性，让我来演。"

张国立透露，自己这几年有个一直坚持的原则："拍温暖的现实主义题材的作品。为了这个'坚持'，我这部剧有三个剧名。最初叫《赎罪无门》，我改成了《赎罪门》。因为觉得'无门'有点儿太冷酷，给每个人留一个救赎和解脱的机会，也会更加温暖。开播时改成《爱的追踪》则是为了突出赎罪的情感意义。人的弱点（weakness）就是因为有情，爱是最大的救赎。"

剧中，张国立首演经侦警察，是警察队伍中普普通通的一员。张国立说，自己不仅坚持拍温暖的现实故事，更要把小人物演到底，"像我这样的演员，戏演多了，各种各样的题材都尝试过之后，就想演自己喜欢的戏和角色了。温暖的现实主义题材的东西常常会涉及一些我们定义为小人物的角色，实际上就是这样的一个个小人物组成了一个大社会。他们无权、无势、无钱，但身上最闪光的东西是坚守和快乐。所以我爱演小人物，是因为能传递正能量。岁数大了，演戏还是要坚守的。"

在古装玄幻（fantasy show played in ancient costumes）、小鲜肉大行其道的当下，张国立推出《爱的追踪》反而让人感觉题材冷门、风格另类。身为影视行业的老人，张国立却感到既纠结又惶恐（conflicted and uncertain）："我常常觉得自己已经不会拍戏了。过去我拍的古装戏是有板有眼（follow a well-set routine）的，生旦净末丑（生：the main male role。旦：a female role。净：a painted face male role。末：an old or middle-aged male role。丑：a male clown role。）往台上一摆，加一些喜剧的元素和警示色彩。但现在呢？古装剧讲的都是皇上的弟弟爱上嫂子。这戏我不会拍啊！"张国立说："我喜欢的是以前影视剧那种娓娓道来（talk vividly and hold the audience spellbound）式的讲述方式，可是大家都说不好卖，不挣钱。现代观众偏爱情节强烈、节奏快的东西，一定要有极端事件发生，然后来个大逆转。在我看来，节奏可以紧凑，题材可以新颖，但是必须符合戏剧规律，讲规定情境、人物关系、内部外部矛盾，没有这些就是乱扯。"

饰演经侦警察就免不了要拍一些抓捕犯人的动作戏，但是这些对于年过花甲的张国立来说是个不小的挑战。他笑言："了解我的人都知道，我平时一点都不锻炼身体。这次有一点动作戏，虽然不是特别多，但每一次拍完我都是伤痕累累，不是腿拖不动了就是哪儿给撞了，显出我是这么的笨拙、不灵活。"

闫妮在剧中饰演的是一位商业女强人，是剧中的反派但又不是严格意义上的与警察对立的匪。闫妮透露，原剧本讲的是兄弟间情与法的纠葛，最初张国立让自己演一个受害者家属。由于自己的坚持，才把兄弟情改成了现在所呈现的兄妹情，"我太喜欢弟弟那个角色了，冷酷、腹黑（inwardly venomous/malevolent）、霸气。我向国立老师提出一个大胆的要求，大改剧本，把弟弟变成妹妹，让我来演。这个想法出乎他的意料，却让他有了新的思路。他花了一晚上捋顺剧本，然后拍板（make the final decision）。"

闫妮之前演的多是风情（amorous）中带点小幽默的正面角色，这次的妹妹文皓绝大多数时间都以反派形象存在，与她过去的戏路（the range of character types that an actor can portray）大相径庭（poles apart; entirely different）。闫妮第一次颠覆自我就这么彻底，她说要感谢张国立给自己百分之百的信任和支持，"文皓男变女不是一个小的改动，国立老师能答应本身就是对我的尊重和信任，让我又意外又感动。"

在闫妮看来，兄妹情比兄弟情多了一些柔情和爱意，"兄弟俩斗起来有一股狠劲儿，兄妹之间斗起来更加虐心（heart-rending）。加之两人没有血缘关系，妹妹一直把哥哥当成选男人的标准，这层关系的加入，让两人的关系更加纠结（entangled）。"

戏外的闫妮对张国立的感情就单纯多了。两人之前曾合作过《铁齿铜牙纪晓岚》（Glib-Tongued Ji Xiaolan），但并没有对手戏（act face to face）。此次拍摄《爱的追踪》则让他们演了个过瘾。闫妮更是把张国立当作哥哥看待："国立哥既是导演又是主演，戏里是哥哥，戏外简直就是一个大家长，特别操心，总是忙忙活活地在张罗一切。但他又能做得面面俱到，特别佩服他。"

闫妮自称是个入戏（get into character）和出戏都特别快的人，戏里演得再纠结，导演一喊卡，她立马又开始嘻嘻哈哈，"我总是自带零食到剧组分给大家一起吃，独乐乐不如众乐乐嘛。这次我还和高晓菲成了好闺蜜，整天互称'高大美''闫大美'。"不拍戏的时候，闫妮更愿意低调地生活，不怎么爱出门，曝光率低。她最大的爱好就是老电影，"空闲在家时就放一张经典老片的碟，放任自己沉浸在那个复古的影像世界里"。

55. 老腔

　　笔者第一次听到"老腔"（网上译为 Lao opera，我认为不妥，因为"老"不是地名，建议译为 Lao Qiang opera）是在 2016 年央视春晚上，节目中吼出来的那高昂的（high-spirited）曲调令人难以忘怀。不过，当时笔者误以为那是一种原生态（这里当然不是生物学上的 original ecology；《汉英新词新语词典》译为 primitive，此词意为"原始的"，似乎也不太确切。不妨译为表示"土生土长"的 indigenous）歌唱。2016 年高考北京语文试卷的作文题目中竟然出现"老腔"，笔者赶紧查阅资料，很快又看到媒体的大量报道和介绍，这才知道"老腔"是陕西省一种非常古老的汉族戏曲表演形式，是华阴皮影戏（Chinese shadow puppetry）的一种，孕育于陕西华阴三河口地区，源远流长（long-standing and well-established; time honored），已有 2000 多年历史，是我国首批国家级非物质遗产（intangible/nonphysical heritage）保护项目。

　　老腔的演出者都是普普通通的农民，他们有着一种天生的本能，那就是从苦难中提取情趣（fun；"高雅的情趣"是 refined taste/temperament and interest）。看过老腔演出的人无不为之感到震撼，观众最深的印象就是苍凉悲壮（desolate, solemn and stirring）。

　　其所以叫"老腔"，一说是它在华阴形成较早，与新兴的时腔即碗碗腔（Wanwanqiang opera）相比，显得古朴粗犷（straightforward with primitive simplicity），故称老腔；二是说它与湖北老河口的说唱有着渊源关系，因发源地中的"老"字而得名。其形成说法也有两种。一说与西汉时的京师粮仓和漕运（transportation of grains by water）有关。是漕运船工的号子（work songs sung to synchronize movements, usually with one person leading）衍化而来的。二说是自湖北老河口传来的。老腔现存的最早剧本是乾隆十年的遗物，距今有 250 多年。据老腔艺人张全生讲，传说在明代中期，有个叫孟儿的人，从湖北老河口来到泉店镇，以卖唱为生。当地有个张氏大户，经常请他到家里说唱，耳濡目染（under the influence of what one constantly sees and hears），张家的子弟也就学会了。后来，他们又增加了乐器，购置了戏箱。将说唱搬上了皮影舞台，逐渐形成了老腔剧种，由于长期在张家自演自乐而成了家戏。随着该剧在群众文化生活中影响的扩大，才逐渐转化为营业性的戏班。据一些老艺人的口头相袭，张家曾经有九个出名的班社，已传了五代人。随着老腔戏班的发展，演出活动逐渐繁荣。他们的足迹东到河南山西，北到大荔朝邑，西到临潼渭南，南到洛南商县，1950 年，还到西安东关的药材会上演了二十多天，影响很大。1956 年，张全生、任浪渔等参加了陕西省第一届皮影木偶观摩会演（performance festival），获得了嘉奖。张奉军的《借赵云》获得了二等奖，1956 年搬上了大舞台演出。80 年代末到 90 年代，在华阴一带经常活动的班社有七个，从业人员近七十名，但影响最大的要算张全生和王振中。张全生全面继承了张氏的家戏传统，唱功精湛，在陕西省戏剧会演中荣获"老腔正宗"的称号；王振中聪明好学，兼收众长（learn widely from others' strength），对老腔戏的继承发展作出了出色的贡献，被誉为老腔新秀。

老腔戏的剧目浩繁，现存的有二百多个，其中以西周、列国、三国、唐宋时期的历史剧最多，约一百二十余本，其次是反映民国生活趣事和纯武打剧目，约二十多出。50 年代陆续移植了历史剧十几本，如《小刀会》（*Small Swords Society*）、《逼上梁山》（*Driven to Join the Liangshan Rebels*）等。60 年代和 70 年代还创作和移植了十多本现代剧，如《刘胡兰》《杜鹃山》《智取威虎山》（*The Taking of Tiger Mountain*）等。

全国媒体"华山论剑"（Huashan Sword Competition）举办的晚会中，老腔艺人的表演可谓让人神清气爽（feel refreshed and invigorated）、耳目一新（find oneself in an entirely new world）。据说全世界仅有这八名老腔艺人了，老腔艺人面临后继无人的困境。在成为国家首批非物质遗产保护项目后，这些老人们的生活改善了不少，还走出国门，演到了美国。

在台下听老腔，那一声似乎从脑后发出的略带沙哑（husky）的唱，厚重而深沉（heavy and deep），唱出得胜的英雄气吞山河（imbued with a spirit that can conquer mountains and rivers; full of daring; majestic and powerful）的豪迈（heroic; bold and generous），唱出失败的英雄马革裹尸（killed on the battle field）还葬的粗犷，唱出陕西人的冷倔（cool and stubborn）和苍然（boundless; infinite）。

2011 年度国产大片《白鹿原》(*The Romance of the Bai and the Lu Families*。请参见本书"也谈《白鹿原》的英译"一文)中,华阴老腔在大银幕上唱起来,人们评论说"很陕西"。据了解,因为是拍摄《白鹿原》这部电影,很多老腔艺人慷慨献艺,片酬也不高,其中不少还客串(be a guest performer)了演员。该电影中的音乐桥段(transition/interim part/section)是老腔《将令一声震山川》(The General's Commend Shakes Mountains and Rivers),歌声豪放,粗犷刚烈(wild, unbridled and stern),将几千年彪悍犀利(doughty, sharp and incisive)的秦人风貌激撒在观者面前,令人血脉贲张(trilling; exhilarating)。短短的八分钟足够震撼,令网友觉得很给力。

2011 年 10 月 5 日晚陕西华阴老腔艺术团在北展剧场正式公演情景演唱会《活着》。参加话剧《白鹿原》演出的全班老腔艺人此次均来京参加演出。观众都喜欢老腔里的"火爆高亢",但其实老腔里也有"缠绵细腻"(tender, lingering and smooth)的。这次演出中就有柔情的《人面桃花》(*Beauty and Peach Blossoms*)。

2016 年 5 月初,作家陈忠实先生的悼念仪式上,陕西省作协请来老腔演员现场表演,当穿着朴实、面色厚重(stately)的老艺人出现时,一声声嘶吼,充满了悲壮(solemn and stirring)、苍凉(desolate; bleak)、高亢(loud and sonorous)的气氛,引得众多市民泪飞如雨(eyes streaming with tears)。

陕西华阴老腔"国家级非遗传承人(intangible cultural heritage inheritor/successor)"张喜民说,老腔被誉为"戏曲的活化石"(living fossil)和"东方最古老的摇滚乐",但长期并不被广大年轻人所知。尽管有着诸多美誉,但老腔的传承难却一直是老腔艺人们无法回避的痛。近些年,张喜民带领自己组建的"喜民班",多次赴国外演出,遍及美国、德国、法国和澳大利亚多地,尤其是在美国。虽然他不知道当地人是否真正听懂了老腔慷慨激昂的内在含义,但他可以确定的是,老腔在当地极受追捧,因为"每回谢幕都得好几次"。

从某种意义上说,老腔已超越其艺术形式本身,成为一种象征。2016 年老腔成为北京高考语文卷大作文题之一,再度让这门古老的艺术"火"了起来。现在有越来越多的人关注并知道老腔了,张喜民说,这对老腔传承大有好处。"应该让年轻人知道中国最古老的艺术。"老张介绍说,在华阴市政府的支持下,当地曾在 2010 年和 2014 年开办了两期华阴老腔学习班,共招收学员约 100 百人。其中最长者已 55 岁,而最年轻的也已 48 岁。虽然有的学员在出师后组建了自己的班子,在各地不断演出,但老腔传承始终缺乏年轻的后继力量。这让老腔面临着失传的风险。

歌手谭维维曾在 2015 年东方卫视选秀节目《中国之星》（*Star of China*）第三期与华阴老腔艺人合作演唱歌曲《给你一点颜色》，2016 猴年央视春晚上又与老腔团队一起合奏表演了歌曲《华阴老腔一声喊》。她说，得知老腔成为高考作文题，觉得很高兴，自己能有幸与华阴老腔艺人合作，演绎震撼人心的艺术形式，是一种幸运。她认为，老腔在去年通过综艺节目更广泛地传播开来，大家才对这门艺术有所关注，包括她自己也是在那个时候进行了更深入的认识，也被现场魅力所吸引，"看到十几二十个年过花甲的老人在舞台上演绎古老的剧种，生命力和活力超越了我们对他们的认知，我相信每个人都会被震撼。"

与老腔合作，带来全新的摇滚作品，谭维维说这个创意源于她想做东西方音乐的碰撞，希望寻找中国民间的或者久远的音乐元素，并且充满摇滚的气息。"当那些老人在表演时散发出鲜活的气息，你会觉得，那是可以超越年龄界限，超越时代、时空界限，也是超越艺术本身的。这样的民间艺术，如果没有传承，未来可能会被人遗忘。而这里面，我们能发现更多的宝藏，不光表现在旋律、节奏、律动上，它超乎了音乐，它是精神上的。"

2016 年北京高考作文题之一是根据材料写作"老腔"何以令人震撼。对此，张喜民说："我们一个小地方的戏曲能出现在北京高考的题中，我特别高兴。这对老腔是一种肯定。"他说，老腔之所以震撼，是因为它是原汁原味（be of authentic original taste and flavor）的东西，唱腔（music for voices in a Chinese opera）里表现有一种英雄气概。另一位老腔表演者说，他觉得这个内容进入高考题是意料之外又在情理之中。老腔这个题目，不单是对考生，对于所有人来说都有很多可以发散的内容。不管是老腔本身的历史还是它代表的一种文化传承或者是生活态度，都可以好好发挥。老腔上了春晚，又进了高考作文，在全国有了很大影响，他最大的希望是能有更多年轻人来学习老腔，传承老腔艺术。

"老腔"对于有些考生来说可能比较陌生，但对于《北京晚报》的忠实读者来说则不然。2012 年 8 月 25 日，《北京晚报》刊发了记者孙小宁的特稿《黄河边的老腔》，以七个版面的大篇幅描绘了华阴老腔和皮影戏的历史与现状。2016 年 3 月 10 日、11 日，《北京晚报》又刊发记者成长的特稿《探秘华阴老腔》，再次对老腔给予关注。相信看过上述报道的考生，面对这一作文题应当能够从容应对。

56. 局座

不久前，网上出现了一篇题为《局座（his excellency the bureau chief），一股来自东方的神秘力量》的文章，"局座"一词突然火了起来。其实，这个词是中华人民共和国成立前下属对"局长"表示尊重的称呼，例如军队里的"军座""师座"等。现在，公安局里对局长有个亲切的称呼：姓氏加上"局"字，如"王局""李局"等。

网上被称为"局座"的是刚退休不久的海军少将（rear admiral）张召忠。张召忠是国防大学军事后勤（military logistics）与军事科技装备（military technology and equipment）教研部原副主任、军事战略学（military strategy）博士研究生导师。张召忠通晓（have a good knowledge of）多种外语，访问过许多国家。他对海军装备、海军陆战队装备、精确制导武器（precision-guided munition）和电子信息装备较为熟悉，对国际战略环境、国际海战法和海洋法、国际人道主义法、现代战争及武装冲突、联合作战理论有较多的研究成果，发表论文和专著数千万字，曾获国家及军队多种奖励。

2006年开始，张召忠参与中央电视台《防务新观察》（*Defense Review Weekly*）栏目制作。经常参与的电视节目还有央视四频道《今日关注》（*Focus Today*）、《海峡两岸》（*Across the Strait*），北京电视台《天下天天谈》（*Global Talk*），另外在网络媒体上也有几个固定的栏目。

别人说他是很能忽悠的局长，一些人称他"局座"，还有网友戏称他为"战略忽悠局局长"，据说是因为有一次他说："这个印度的航母他别起火就行"，结果第二天印度航母就起火了。

其实，张召忠在访谈中说过，他是军人，说话不会违背党中央和军队的纪律，更不会自己瞎编。

2016年11月，张召忠出了一本书，书名就叫《进击的局座：悄悄话》（*The Advancing Bureau Chief: Let's Have a Quiet Word*）（长江新世纪出版社）。退休后，他自己说"我就是个退休老头儿"。不过他并没有闲着，而是在互联网各大媒体开了音频（audio）、视频（video）和文字节目，收获了一大批90后、00后粉丝。

不过，他跟"网红"不一样，非但没有收一分钱，反而全是自个儿掏钱。

下面是他讲给粉丝的几句悄悄话：

1）微信马上 100 万了，影响力越大越难做，盯着的人越多了，压力更大。2）不要以为我是将军，要跟大家拔份（raise one's status; boost one's prestige），没有那个。3）凡是娱乐的东西不看不听不评论，谁离婚了、找第三者了，跟我没有关系。4）不要自己太拔份，不要感觉自己是长者，图样图森破（too young too simple）！那样谁跟你交流？5）跟年轻人交流要用心，真诚地交流，双方都有需求、互相学习才行。6）我最看不得（can't bear the sight of）两类人：一类是年轻人把时间放在乱七八糟（messy; at sixes and sevens。此处指 vulgar and meaningless）的事情上，耽误多进步的机会；一类是老年人抱着电视看连续剧，会不会脑残（brain-damaged; brain rotten）？

补记：2016 年 12 月 13 日，一架参与美日大规模两栖演习的 V-22 鱼鹰（Osprey）在冲绳岛坠毁。这是"鱼鹰"运输机在日本境内首次发生重大事故，引发当地民众抗议。这次事件再次激起一个长达 15 年的争论：V-22 鱼鹰到底安全吗？其实，我们的"局座"早在一年之前就给出了答案。央视 2015 年 5 月 16 日播出的《海峡两岸》节目中，谈到 V-22 鱼鹰运输机，局座反复提到其有两个明显缺点：一是噪声太大太扰民，二是很容易坠毁。局座还估计，将来鱼鹰运输机还会再出事。就在节目播出的第二天，2015 年 5 月 17 日，美军一架"鱼鹰"直升机在夏威夷某空军基地附近硬着陆时失败，导致机上 22 名海军陆战队队员被送医。时隔一年，鱼鹰再次坠毁，"局座"的嘴，真的太厉害了。

57. 小目标

鲁豫于 2016 年 8 月 29 日做的一期访谈，嘉宾是大连万达集团股份有限公司董事长、被誉为"国民公公"（father-in-law of the nation）的王健林。据《2016 胡润全球富豪榜》，王健林家族以 1700 亿超过李嘉诚（Li Ka-shing），首次成为全球华人首富。王健林还入选《时代周刊》公布的 2016 年度"全球最具影响力人物"。

在节目中，鲁豫跟着首富度过了这样的一天：坐了首富的私人飞机，吃了万达食堂，探访了首富的办公室，看了无数价值连城的名画……在谈到对创业者的建议时，王健林说："想做首富是对的，先定一个能达到的小目标（set a reachable tiny goal），比如挣它一个亿。你看看能用几年挣到一个亿。你是规划五年还是三年。到了以后，下一个目标，再奔 10 亿，100 亿。"

实际上这正是王健林自己对公司设立的最初目标，三年争取做到一个亿，当时也曾备受员工质疑："经理你这是说胡话呢，我们现在一百万都没有。"而王健林说，"这是个目标嘛，定个目标我们去奋斗，做到了更好，做不到挣个 8000 万也很好，5000 万也不错，目标要放大一点。"1989 年，他赚到了人生中的第一桶金 1000 万元。 所以梦想还是要有的，万一实现了呢？每天给自己定个小目标，努力去实现，保不准 10 年之后会有一个全新的人生。

首富的这番霸气（domineering; arrogant; aggressive; imperious）说法，威力果然很猛。王健林因"一个亿"刷爆朋友圈！网友们评论说："可以，这很王健林。""首富一席话，胜读十年书啊！"于是大家纷纷晒出了自己的小目标：

先定个小目标，比方说长得比范冰冰好看，个子比姚明还高。

先定一个能达到的小目标，比如先找一个他这样的公公。

我的小目标是：早上能睡到自然醒。

到大城市奋斗的年轻人不要总想着出来就买海景别墅（ocean villa; sea view villa），先定个小目标，比如先买他个 200 平方米的公寓。

今年我也要挣一个亿！嗯，现在只差 9999 万了，然后就吐了一口老血。

在减掉 10 斤之前先减掉 5 斤；在环游世界之前先出一次国；在集齐苹果三件套（three-piece set produced by Apple，指 iPhone、iPad 和 MacBook）之前先买一个 iPhone。

做人要脚踏实地，先定一个小目标，比如说先睡他个一小时。（崔永元语）

我必须要看到自己每天都要不断突破，给自己定好能达到的小目标，才有可能等来机会。（易建联语）

那就给自己定个小目标吧，一天抓 100 个骗子。（某人代警察说）

还有评论王健林这段话的：

1700 个亿的身家，原来只是 1700 个小目标！

在别人眼里的尘埃星辰，在我脚下的却是一整个世界！

看来我的人生得破罐子破摔（这里不宜直译，英语习语 throw the handle after the blade 表示的就是这个意思）了！

土豪的世界，我们凡人不懂。

Anyway，王健林的一小步，普通人的一大步。

做人就要脚踏实地，就像王健林说的，小目标还是要有的，不然和咸鱼有什么区别。

先赚一个亿，在王大首富眼里只是一个小目标。这让我等吃瓜群众，何等的汗颜。瞬间感觉自己简直失去了做人的资格。

马云（Jack Ma）也提到了自己的"小目标"：一个月赚两三万块钱，最幸福。钱超过一两千万，麻烦就来了。对此，网友们纷纷感叹："如今身家两千亿的马云大富豪，岂不是麻烦缠身？""为了拯救马云，我等吃瓜群众应当义不容辞，让马云拿钱砸死我们。"

对普通人遥不可及的一个亿，对某些明星来说真的只是个小数字。《速度与激情》（Fast and Furious）、HBO 电视剧《球手们》（Ballers）、《末日崩塌》（San Andreas）主演道恩·强森（Dwayne Johnson）成为全球最赚钱的男星。2016 年收入 6450 万美元，折合 4.3 亿人民币。成龙（Jackie Chan）大哥位列榜眼，2015 年入 5000 万美金，3.3 亿人民币，成了全球最赚钱的华人影星。女星方面，"大表姐"詹妮弗·劳伦斯（Jennifer Lawrence）以 5200 万美元蝉联"最赚钱的女星"，一年赚了 3.5 亿。范冰冰连续两年夺得福布斯演员富豪榜中国区第一名，2015 年范爷轻轻松松赚了 1.2 亿。根据最近央视透露出的演员片酬，周迅 9500 万，Angelababy 8000 万，吴亦凡 1.2 亿，鹿晗 1 亿，杨洋 7000 万。实现小目标赚一个亿，对这些明星来说，不过多演几部戏。

从王健林的角度讲，作为 2015 年中国首富，将赚一个亿认为是一个"小目标"，是有底气（well qualified）的。统计显示，2016 年上半年万达集团收入 1199.3 亿元（万达百货为王健林个人公司，收入未计入万达集团），也就是说万达集团每天的营业收入大约在 6 个多亿。而 A 股上市公司万达院线（Wanda

Cinema Line）上半年营业收入 57.22 亿元，净利润为 8.05 亿元。

对普通人而言，其实那个能达到的小目标很简单，这就是找到一个尚未崛起的方向，努力学习，积累实力，坚持不懈，并不断优化自身的人脉（connection; people hub）结构，从而实现第一桶金零的突破。虽然道理如此，但是知易行难（it is easier said than done），每个人成功的道路都不唯一，需要摸索出适合自己的道路。

《工人日报》刊载石敬涛的文章说，首富语不惊人死不休（be determined to make surprising remarks）的励志语成为坊间笑谈，是因为精英笑话和民众诉求（public appeal）不在一个频道，折射出两者之间的财富失衡和话语断裂（discourse breakage）。

补记：王健林"先挣它一个亿"的"小目标"视频刷爆朋友圈短短一周后，已经有人看上这个"小目标"了。"一个亿"成了热门抢手商标。2016 年 9 月 5 日"深圳市赚他一个亿实业有限公司"注册成立，注册资本（registered capital; registered assets）为 250 万人民币。

58. 我的眼，你的手

"你是我的眼，我是你的手"的故事主人公是家住河北省石家庄市井陉县冶里村的两位残疾人贾文其和贾海霞。贾文其 1963 年出生，贾海霞比贾文其大一岁。两家住处就隔几米远，两人从小就一起玩儿。贾文其三岁那年不慎碰到变压器（transformer）触电，失去了双臂。但他没把自己当残疾人，捡粪、游泳、写字……别人能干的，他都一样学。贾海霞和贾文其一直是好朋友，两个人小学、初中都在一起上，关系很铁。初中毕业后，贾文其去了林业队，种树、看护园林，给家里挣工分。贾海霞上了邻村的高中。后来结婚分了家，家里穷，没地方住，他和妻子儿女在村里四处借居，还曾在贾文其家住过一阵。90 年代末，贾海霞在邻村的采石场当爆破员，一天有 25 块钱收入。妻子则在石家庄打零工，每个月收入近千元。2000 年春天，贾海霞花三万多块钱盖了新房。一家四口终于有了自己的家，欢天喜地搬了进去。没想到年底贾海霞在一次凿石爆破事故中被炸瞎了双眼。贾海霞觉得天塌地陷（as if the world has collapsed），甚至不想活了。他要离婚，妻子不肯，把家里的绳子、剪刀、农药统统藏起来，每天在家看着他。2001 年春节后不久，贾文其找上门来。他原本跟着残疾人艺术团在全国各地演出，2001 年老父亲突然偏瘫（hemiplegia; hemiplegic paralysis），不得已辞了工作回乡照顾父亲。因为在家待着没了收入，他想起 80 年代曾经卖过一棵树，拿到了 1800 元，那是 1976 年林业队（forestry team）解散的时候他花 25 元买下的。贾文其萌发了种树谋生的念头。他觉得村里就他和贾海霞两个残疾人，又是发小（friends since childhood），贾海霞也挺可怜，就打算带他一起做。两人一拍即合（reach an agreement immediately），看中了河边那片 50 来亩无人理会的荒滩，于是找村委会签了个协议。协议上写明："自己处理树木，收入归自己所有。如果被洪水刮了，村委不赔偿任何损失。"于是老哥俩在 2002 年开春开始在河滩上种起了树。

老话说"无心插柳柳成荫"（Willow branches planted unintentionally will grow into a forest to give a shade.），贾文其觉得柳树不用买树苗，"砍个枝子就能种"。于是两个人第一年栽了 800 多枝，没想到就只活了两棵，其余的都旱死了。为此村里有人嘲笑他们。贾海霞有点灰心（be discouraged/disheartened）了，贾文其却悠悠儿（take things easy）的："有驴不怕慢，只要天天赶，总会走远的。"贾海霞觉得还是贾文其有毅力，决定跟他再干。这次除了柳树，还栽更抗旱的杨树。他们买不起树苗，就用扦插（cuttage）法。砍树要两人合作：贾文其没有胳膊，用肩膀顶着贾海霞上树。贾海霞看不见，等爬到了树上，贾文其就告诉他树枝的具体位置，摸索着砍下来，再自己慢慢溜下树。要蹚过 20 多米宽的河也不容易。贾文其先把树枝背过河，再回来背贾海霞过去。河滩上尽是石子儿地，挖坑很费劲。贾文其没有手，打眼的活只能让贾海霞干。可是他看不见，起初常常敲在自己手上。砸出坑来，把树枝插进去，再填上土，还要去河边打水浇。一天栽百十来棵，来回打水得几十趟。春季过去，树苗活了，浇水、剪枝（pruning）也不轻松。冬天还要小心看护，就怕起火。第二年，他们辛辛苦苦种的树枝成活了一百多棵。尝到了有水的甜头，他们便开始挖渠引水。接下来的十年，每年种三千多棵枝条，总有千把棵能成活。而且到了第六年，他们可以用自己河滩上的树移植了，不用再去砍别人家的树枝，只是偶尔去找些桃树、香椿（俗称 toon tree，学名是 toona sinensi）等不同品种。

到第十二年，河滩上已绿树成荫，林间还有鸟来筑窝，老哥俩甭提心里有多高兴。

贾文其心思活络（have an active mind），突然想找媒体报道一下。他思忖："残疾人也有自尊心，也展示一下自己存在的价值！要是能有人看见了，愿意帮帮我们，那就更好了。"几经周折，他找到了一家中央媒体井陉站的一位负责人。2014 年植树节当天，稿件发了出去，贾海霞听说，报道还被新浪和腾讯转载，点击量超过了 30 万。2016 年，老哥俩被评为石家庄市残疾人"自强之星"（Star of self-improvement）。接着，《燕赵都市报》《石家庄日报》，连新华社都有记者来了，老哥俩挺激动。他们种了十几年树，没人理过他们。他们的事迹传开后，不少人伸出援助之手。西藏的一位医生写信联系上他们，每年捐助他们 2000 元钱。还有人给他们寄来了米、面、油。十几年来每个月只靠一百多元低保费（minimum subsistence guarantee allowances）生活的老哥俩，生活也有了一点改善。但渐渐地，他们觉得事情有点失控了。媒体纷至沓来（come in a continuous stream; come in flock），从地方小报到省级卫视，从中央媒体到德国、韩国、美国的媒体，都陆续邀约采访。刚开始时有一家很大的媒体来拍摄，叫他们实话实说。贾海霞说他最希望的，就是等树卖了都变成钱！他们笑了，说可不能这样。还说："你这样说我们就拍不了了。"所以后来，媒体问起为什么要种树的时候，老哥俩都学会了："咱们河北这一块要创建森林城市，防止大气污染。现在空气质量这么差，我们就种些树，净化环境么。"树还没有长大时，老哥俩说过，种树就像养孩子，有感情了，河滩上的树不会卖。可是有些话说出去了，想收回来就难了。2014 年底，老哥俩入选当年年度"感动河北十大人物"。各大媒体来采访的更多了，渐渐的，他们就成了"身残志坚、植树造林"的典型。2016 年，美国有线电视新闻网 CNN 旗下的 GBS 工作室以他们为题材制作了一则短片，在 Facebook、Youtube 等平台累计播放破百万。

如今，河滩上树木成林，卖出去少说也能有十几万元钱，也常有树贩子来找他们，可他们却不敢卖了。"说老实话吧，我们现在对媒体也是挺反感的，现在报道一次，相当于给我们头上戴了一次紧箍咒（inhibition，《西游记》中唐僧套在孙悟空头上的'紧箍咒'是 the Incantation of the Golden Hoop）。全世界都知道了，你说你要卖树，你咋卖？别说我们不敢，就是我们真敢卖，别人也不同意啊。"而乡里的干部找他们谈过话："弄不好了是你们的事，弄好了大伙都沾光（benefit from association with someone or something）。"所以他们要真想卖树，乡里和村里也都存在不少阻力。"我们现在就是'饿着肚子'喊好。"贾海霞坦承，接受媒体采访、出名，并不是全无好处。2016 年，接受一家省级地方电视台采访后，老哥俩拿到了一万块钱。被残联评为"自强之星"，又发了三万元奖励。相比起前两年几千元的好心人捐助，翻了好几倍。他们打电话给那位每年捐 2000 元的藏族医生，说今年钱已够用，不要捐了。推了两回，还是没推掉。最让他们发愁的还是河滩上卖不掉的树。"这河边就是水，要是涨一次，发大水了，马上就刮完了。你说这个损失谁来给我们赔？"贾海霞梗着脖子，有些愤愤。转瞬语气又软了下来。"现在……就这么耗着呗。"老哥俩又开始琢磨着上山种树了。2015 年底，他们主动向村里提出，要去后山植树。可是他们被告知，山上种的树就是植被（vegetation），不能卖。即使这样。他们表示还是要种，跟树结缘（become attached to; form ties of affection with someone or something）了。贾文其说："我们两个残疾人，别的也干不了啥。就种呗，植树造林，保护水土，是吧？"贾海霞则说，种树已经成了他们俩的快乐。"烦恼了我们就来种树了。造了这一片，不说成就感吧，我们也感到很成功了。坐在树林里一看，上不着天下不着地的，像一片森林一样，嘿嘿。"虽然眼睛看不见，但他能感受到夏日里树的阴凉，也能听见鸟儿在林间的鸣叫。村支书挺支持他们继续种树的想法。一百多亩荒山，又答应给了他们。但在山上种树，水是大问题。正愁的时候，2016 年 4 月，他们突然得到通知，说有网站给他们募捐了六万块钱，要给他们修个蓄水池，还带了技术专家来考察。钱打进了村里的对公账户，施工队叮叮咣咣建了一个多月，将蓄水池建在了半山腰。但据村支书说，在半山腰修蓄水池不比平地，又要开路，六万元已经用完了。装水泵要电源，还要通过电力局。电、水泵、水管这些配套设施和资金，还要向资助单位继续申请。贾文其觉得这事儿不靠谱，但也只能等着。贾海霞则念念不忘河滩上的树。

《新京报》刊登的文章《名利漩涡（whirlpool of fame）中的残疾种树老人》这样描述了两人的经历：5 月 30 日这一天，从早上 6 点开始，一直持续到晚 10 点，贾文其和贾海霞接待了近 30 个人，包括河北石家庄井陉县县委书记、民政局局长、宣传部干部、眼科医院医生等。县委书记给他们俩每人送来 1000 元慰问金。

两位老人被推到聚光灯下。被美国电视台报道后更成世界名人。这个只有2004 口人、人均年收入仅为 5800 元的村庄沸腾了。各路记者纷至沓来。贾文其和贾海霞已经练就了十分熟稔（be very experienced in）的功夫对付采访，说话一气呵成（from beginning to end without stopping; at one stretch）。"感谢大家，让我们有平台展示自己。13 亿人都在看着我们、都在激励我们，13 亿人都是我们的双眼、我们的双手。生命不息、种树不止。特别感谢大家的关注！"有个记者拿着摄像机对着贾文其，让他表演书法，"拿毛笔用脚写几个字吧。""没纸了，这两天他们都让写，写完了。"贾文其不好意思地笑着说。5 月 30 日那天，直到晚上 7 点，他们才吃上饭，喝上水。"吃啥午饭啊，我俩一合计，这是任务啊，中午加紧干吧。"31 日下午，眼科医院带着电视台又来了，把测眼仪运到了村里，还说要让贾海霞去石家庄医院做进一步的检查。其实，河北省第二医院早就鉴定过了。贾海霞的烦恼并非来自他失明的眼睛，而是感觉头上戴上了紧箍咒。"政府奖励是奖励，以后不还是得靠自己嘛，还是得自己挣钱谋生。"贾海霞对新京报记者说，他儿子即将毕业，"他得结婚，得给他买房，哪有这钱啊。"现在面对镜头，他们很少提卖树的事儿了，他们成了典型，植树造林，净化环境，造福后代。"弘扬正能量的时候，我们就是想卖树也不敢卖了。"贾文其摇了摇头。他随身携带的一个皮质小本里，用圆珠笔记着十多页媒体和公益组织的联系方式，最后一页记着"买树人"的电话。他俩出名后，村民的闲话也在生长："河滩之前也有水边长的树，不完全是他俩种的。""拿着低保和残疾人补助，还有这么多奖励，钱不少呢。"贾文其感到压力相当大。5 月 31 日下午，村支书刘彦明蹲在墙脚下，一脸疲态，这几天，他一直在贾文其家门口等着，除了接待县乡级的领导，还要应对村民的各种不满。"本来是件好事，但是得适度。"夜幕降临，人群散去，从贾文其家中出来，贾海霞摸索着，一个人回了家。他又想到那片树林，"别说全卖，卖一部分，家里就不一样了。"贾文其有些累了，他身体向后一靠，用脚打开一份报纸，看着关于他们的报道。"现在出名，大家都称赞你们。"记者说。贾文其停顿了一下，说："塞翁失马！"（a blessing in disguise）

59. 拍中国

不久前，一位美国人拍下了他搭乘中国京沪高铁时的经历，并详细展现了高铁车厢内部构造。而当他把视频发到网上后却引起了震惊。没有想到，一段中国人看来相当平常而普通的视频，竟然让国外网友的评论炸了，在美国火爆起来。

这是为什么呢？下面引一些美国网友的评论，也许会刷新你的三观。

Regina Johnson：为毛（为什么）美国就没人想修建高铁呢？想想看吧，从纽约到洛杉矶只需要 2—3 个小时！

LondonCrusader：中国无疑是世界上最先进、最具有活力的国家。那里每天都在发生日新月异的变化，真令人惊叹！

Lukebccb：那是因为中国正在高速的发展中，所以中国的一切看起来都很新潮。其实，在 1920—1930 年时，当时处在发展高潮期的美国，同样也给人这种日新月异的感觉。可如今，美国已经沦为了一个又肥又懒的蠢货，于是美国的一切也都变成了垃圾……

Joe Mariconadas：楼上的你说得太对了！我还以为我是唯一一个长了脑子的美国人……

Sdushdiu：我生活在中国，而且非常喜欢这个国家。但我必须指出，你不能用深圳、上海和北京去定义整个中国。不过，中国能在短时间取得如此巨大的成就是令人佩服的，而且他们的文化也很吸引人。

Kimaryo Foundation：京沪高铁给全世界的跨城市交通带来了新的灵感！

reza jomhori：我来自伊朗，三年前曾经去过中国，并有幸搭乘了京沪高铁。那真是一段美妙的经历！世界确实很大，可能拥有中国这种技术的国家，恐怕屈指可数。这里的高铁每小时可达到 300 千米的时速，却一点也不抖。有些人可能觉得飞机更方便，但对我来说，乘坐高铁最好的一个优势是你可以欣赏沿途的风景，还能上网。这一点飞机可比不了！

Thomas Pickering：谢谢楼主分享这段视频。我侄子在北京生活时曾经多次搭乘京沪高铁，但他从来没有拍下这段经历。从视频看来，中国的高铁确实很令人佩服，也令美国的铁路系统显得过时和破旧。

Ha Barry：谢谢分享视频！我很敬佩（admire）这些中国人。他们做事很有效率！

Sam Jennings：他们的火车站台真是太干净了，看着真清爽！！！！！！！！

sc5252：在日本，从东京（Tokyo）到福冈（Fukuoka），1069 千米要 5 小时，票价是中国的三倍多。

Randomrazr：谁能告诉我为啥美国和加拿大就不行？

Nia T：因为太贵，哈哈！美国和加拿大都在忙着从老百姓身上抽税，却根本不知道该拿钱去干什么。在多伦多（Toronto），政客们竟然为了修建一个 5 英里长的地下隧道争吵了 10 多年！可当我们这些西方人在喋喋不休（argue without stop）地争吵和互相指责对方时，中国却在实干！还有，在美国和加拿大，我们把钱都扔给了那些毫无用处的官僚机构，让他们制定出愚蠢和反人类的规章制度，去限制商业的发展。这就是为什么中国和其他亚洲国家能够领先止步不前的西方！

dzonikg28：我不了解美国和加拿大的情况。但由于我来自一个前共产主义国家，我可以告诉你我的国家过去和现在真的有很大很大的区别。比如几乎所有的基础设施，都是共产主义时期修建的。那时人们说要修建什么，就会立刻动工，直到工程结束。而今天在"民主"的体制下，人们只是不停地探讨探讨再探讨，然后就没有然后了……

Otac Макарије：西方已经是过去了，中国才是未来。

Camille Saint-Saëns：谢谢楼主告诉我们中国正在以怎样的速度赶超我们……

Granskare：干脆让中国人帮美国人修高铁吧，因为中国人似乎更清楚该干什么……

Boo Hoo：貌似 150 年前就是中国工人给美国修的铁路……

graham answerth：在澳洲，我们的火车是德国西门子的技术，可因为我们的基础实施都是 19 世纪的，所以列车速度只能被限制在 60 千米每小时。澳大利亚是个非常幸运的国家，所有的一切都好，但唯独缺少有进步思想的人。

（本文材料来自网络）

60. 加班狗之歌

2016 年 7 月 27 日在网络首发的"加班狗之歌"（Song of the Overtime Dog）的视频，次日便创下千万次的播放记录，微博话题阅读量高达数亿次。歌名为《感觉身体被掏空（one's body is hollowed out; worn out; run out of steam; run down）》，主要反映白领阶层的辛苦，他们有抱负（ambition），讲职业道德，但是压力很大，常常加班，有时还要受老板的气。视频演出者是上海彩虹合唱团（Rainbow Choir），金承志指挥。表演者们头上戴着毛茸茸的（fluffy; downy）狗耳朵，演出很精彩。这首歌远比前一段时期流传的"单身狗之歌"（Song of the Single Dog）、"流浪狗之歌"（Song of the Stray Dog）和"上班狗之歌"

（Song of the Working Dog）的红火（be in vogue）程度要高得多。

2016 年 7 月 29 日，英国《每日电讯报》（*Daily Telegraph*）网站发表文章进行了介绍。文章评论说，这首欢快的歌唱出了中国白领们对工作和生活平衡这一梦想的渴望，也对身体被掏空而发出呐喊（yell; cry out），被许多中国人视为现代办公室的生活写照（vivid portrayal），在工作在高楼大厦的广大白领中产生共鸣。许多网友发表微博称对歌词感同身受（feel as if one is really experiencing it）。有一名网友写道："我第一次听的时候一直又哭又笑，这与我的经历太像了。"还有一名网友说："这就是我最近在工作中的感受。"

北京师范大学 2014 年的一项调查研究显示，中国劳动者年平均工作时间为 2000—2400 小时。白领阶层工作时间远超过这一平均时间，晚上和周末加班是家常便饭（ordinary fare），很多人在国庆和其他国定假日也常被要求加班。讨论了多少年的带薪休假（vacation with pay），对绝大多数职工而言，只是纸上谈兵（something only existing on paper; empty talk），有的连纸上谈兵都做不到。

下面是"加班狗之歌"的部分歌词。

夜草已笼罩朝阳公园，广场舞丹瑟（dancer 的音译）已经准备完毕，我看着窗外的树影，难道这就是我的青春？有一个老板叫作大卫，下午六点出现，眼神恰似黑背，手里揣着一壶热腾腾的咖啡。"喂喂喂，我们要不要来开个会？"我说这样不好吧，我要去机场接我年迈的老爸……我感觉身体被掏空，我累得像只狗（dog tired）……十八天没有卸妆（remove the makeup），月抛（something which should be thrown away after a month's use，这里指一种隐形眼镜 contact lenses）戴了两年半。作息紊乱（irregular/disordered time table，也可解释性地译为 one's biological clock is in total disorder），我却越来越胖。

下面是另一首"加班狗之歌"的歌词。

我们都是加班狗，每天都加班到凌晨才能走，我们都是行尸走肉（walking dead），不吃不喝，也不难受。我们都有鼠标手，颈椎和腰椎也早已生锈，无论冬夏与春秋，加班的日子没有头。改方案，改方案，改不完方案别吃饭，快点干，快点干，干不完别下班。

看来，歌中反映的问题不光是老板的问题，需要政府有关部门下大力气，充分保护劳动者的合法休息权益。不过，这首歌的词曲作者、彩虹合唱团团长金承志表示这首歌其实充满正能量，"如果要定性的话，它更像一首应援（make a move to reinforce/support）歌，而不是一首吐槽歌。有很多人说第一遍听笑，第二遍听哭，我相信第三遍会带来勇气。"

61. 口袋妖怪 GO

VR（virtual reality 的简称，即"虚拟现实"）已经算红透了半边天（become widely popular around half the world），被认为是未来的科技趋势，俨然成了今年最大的风口，而 AR（augmented reality 的简称，即"增强现实"）却少有人提及。而任天堂（Nintendo）推出的一款游戏"口袋妖怪 GO"（Pokemon GO，其实，Pokemon 是 pocket monster 的缩写，也有人译为"精灵宝可梦 GO"）的火爆（be roaring; be all the rage），不但带火了 AR 游戏，也点燃了 AR 热，同时也让 AR 概念以一种惊人的方式被大众所熟知。虽说沉浸体验（immersion experience）是 VR 的撒手锏（ace in the hole），但它缺乏社交性，它渲染出来的虚拟世界让玩家与周围的世界完全隔离开来。正因为如此，"扩增实境"未来的发展前景比 VR 更广阔。

"Pokeman GO"在中国没有上线，关于这一话题的微博阅读量已经超过两亿，有爱好者甚至冒着风险开启了虚拟定位，只为抢先体验。"Pokeman GO"的火爆程度（popularity）居高不下，是否意味着 AR 前景无限呢？根据名为 Digi-Capital 的市场调研公司 2016 年 7 月发布的数据，过去 12 个月 AR/VR 初创企业共获得 20 亿美元投资。到 2020 年，AR 的市场规模将达到 1200 亿美元，远高于 VR 的 300 亿美元。

AR 是一种实时地计算摄影机影像的位置及角度并加上相应图像、视频、3D 模型的技术，这种技术的目标是在屏幕上把虚拟世界套在现实世界并进行互动。

VR 是一种可以创建和体验虚拟世界的计算机模拟仿真（analog simulation）系统的技术。它利用计算机生成一种模拟环境，利用多源信息融合（multi-source information fusion）的交互式（interactive）三维动态视景（three-dimensioal dynamic scene）和实体行为的系统仿真使用户沉浸到该环境中。

AR 和 VR 最大的区别在于，一个是完全沉浸的虚拟场景，一个是虚拟和真实相结合。简单来说，AR 是把虚拟世界一起叠加（superpose; overlay）在现实的世界当中，而 VR 是创造一个虚拟的现实世界，让用户沉浸其中。

"Pokemon GO"猝不及防（be caught unprepared / off guard）地火了，全世界都发疯似的在寻找小精灵（numen; elfin。此处为口袋妖怪"pockemon"）。市场上出现过很多 AR 游戏和 VR 游戏，并没有火起来（become trendy），为什么任天堂的这款"Pokemon GO"在短短几天的时间就火爆全球（become a worldwide hit / megahit）了呢？可能有几个原因：1）成本不高，玩家，包括年轻人，都可负担得起；2）好奇心作怪；3）这个游戏中源于 20 世纪 90 年代的口袋妖怪动画片给人以一种童年情怀（nostalgia for one's childhood）；4）最重要的一点：具有社交属性（social attribute），玩家可以与现实世界互动。

迄今为止，很少有公司能推出一款相对成熟的 AR 产品，而在 VR 领域，很多科技巨头公司推出了不少代表作。比如，谷歌的"谷歌眼镜"（Google Glass），打开了 VR 世界的大门。随后，微软带来了全息眼镜（HoloLens，亦译为"全息透镜"），让微软在"扩增实境"领域独树一帜（fly one's own colors; highly original）。

人们对 VR 的期待很高，但目前市场出现的 VR 产品显然还无法承受这份期许。首先，消费者对价格最为敏感，而价格正是 VR 设备无法言说的痛。购买一款主流的 HTC Vive（一款 VR 虚拟现实头盔产品，于 2015 年 3 月在 MWC 2015 上发布）或者 Oculus Rift（一款为电子游戏设计的头戴式显示器。这是一款虚拟现实设备）等设备需要花费几百美元，此外，还需要准备一台高配的 PC 机。要想体验 VR，你可能需要花上千甚至几千美元。

"Pokemon GO"之所以能让高大上的 AR 技术从神坛走向普通消费者，一个原因是无需配备笨重的头显（head displayer），只要在智能手机上就可以轻松体验到这款 AR 游戏，人人都能玩得起。"Pokemon GO"还能让玩家从自己家中走出来，在现实世界和伙伴组队玩游戏，满足了人们的这种社交需求。

如果说"Pokemon GO"这款手游能够带火 AR 游戏，甚至让 AR 概念被大众接受，但依旧离 AR 真正普及的日子还远。最终的 AR 产品可能是一个正常的眼镜形态，而实现这个产品的路上还有无数的（incalculable）技术难题需要解决。

打开游戏启用地图和定位功能之后，游戏会在摄像头实时拍摄的画面中叠加皮卡丘（Pikachu）、杰尼龟（Squirtle）等小精灵，这些精灵可能会藏在任何角落，你需要拿着手机四处走动，发现它并且抓住它。而且小精灵出现的位置也有迹可循（can be traced），比如杰尼龟、金鱼王（Seaking）可能更容易在河边找到，皮卡丘或许会蹲在电视机上。除了收集精灵，玩家们还可以按照指引去特定的藏宝点寻找精灵球（poke ball）和怪兽蛋（monster egg），收集到一定数量之后，就可以参加比赛和其他玩家一起 PK 了。

其实，AR 技术已经在玩具、家装、军事等诸多领域开始应用。比如，市面出现的儿童玩具卡片，拿手机摄像头对准，卡片上的图像就会在屏幕上立体起来：卡片上是一匹马的话，马儿就会跑起来；是飞机的话，飞机就会起飞和降落。这就是说，只要你打开手机，下载相应的应用程序，再配合道具，就可以看到 AR 效果。

成熟的 AR 产品需要解决很多技术问题，比如计算机视觉、空间定位、运动追踪等。有行家认为，VR 到消费端可能还需要 10 年，AR 会距离更远。此前，业内对 AR 技术的着眼点，更多地放在医疗、军事、培训等行业。越来越多的人开始意识到，这项技术除了在行业应用中大展拳脚，也可以在大众娱乐中占据一席之地。"口袋妖怪 GO"的火爆，或许为 AR 技术大规模商业化指了一条明路。推出"口袋妖怪 GO"后，任天堂的股价实现大涨，市场反应却远远高出期待。

不过，AR 技术在手机上应用依然存在问题。除了耗电、耗流量之外，实现 AR 效果对手机性能要求颇高，需要运行计算机视觉算法。在"口袋妖怪 GO"中，水系精灵一般会出现在有水的地方，是因为运行游戏时，手机已经在一定程度上识别了拍摄的景象。

精明的（canny）商人受到"口袋妖怪 GO"的启发。素来扮演弄潮者（tide rider，英语里有个时髦的词表示这个意思：hipster）角色的阿里（Ali Baba）铆足了劲头（muster all one's strength）打造了专属淘宝（Taobao）的全新盛宴——淘宝造物节（creation festival），要将其打造成为一个全民狂欢的节日，一次融合科技、娱乐、潮流、综艺的盛典。其关键是要构成一场虚拟与现实交融的盛宴，让用户通过其推出的线上互动游戏感受到"逛起来，玩起来，造起来"的三位一体。在结合现场亮点内容构建的虚拟游戏"造物城"中，用户可以在领略现场内容的同时参与各类互动游戏，还能用游戏的积分建造一个专属小木屋，将"造物"精神贯彻到底。这款颇有点"大富翁"气质的线上游戏，吸引了 2000 多万用户参与，人均游戏次数超过十次。在造物节的线上会场中，铺天盖地（overwhelming，这里不宜直译为 block the sky and cover up the earth）的推广营销信息被极具趣味与创意的互动游戏取代，取得很大成功。

　　补记 1：台湾媒体报道，2016 年 8 月 6 日，"Pokemon GO"在台湾开始手机下载，全台湾几乎都陷入了一片疯狂。为了抓"神奇宝贝"和"妖怪"，不少人在走路、骑车，甚至开车时都低着头专心玩游戏，导致发生了多起交通事故，罚款也不能解决问题。为此，台"交通部"发文给游戏厂商，要求他们不要在高快速道路、双铁站区、轨道沿线与机场管制区（airport/aerodrome control area）设置游戏点或放置精灵。另据路透社报道，日本一名出租车司机在开车时玩"口袋妖怪 GO"游戏，撞倒两名女性，导致一死一伤。

　　补记 2：8 月 13 日消息，市场调研公司 YouGov 对英国、美国和德国近 5 万人的一项调查显示，玩家在"口袋妖怪 GO"中的消费已超过 2.5 亿美元，仅仅在英国和美国这款游戏就已吸引了 1100 万付费用户。在游戏发布后的前 5 周，应用内支付就达到了 2.68 亿美元。"口袋妖怪 GO"目前已覆盖 72 个国家，不会是昙花一现（a flash in the pan），而会持续发展，其年营收将很快突破 10 亿美元。

　　补记 3：据《参考消息》网报道，莫斯科有一个名叫伊万·马卡罗的男青年，接连两次申请与"口袋妖怪"游戏中的角色结婚。他说，"这其实是为了利益而联姻。我很看重百变快的潜力，它是最稀有的宠物小精灵之一，能给家庭带来收入。"

　　补记 4：里约奥运会期间，许多巴西人对 Pokemon GO 这个令人震撼的（blockbuster）游戏的迷恋超过了对奥运会赛事的关注。据巴西手机公司估计，巴西有 200 多万用户下载了这款游戏。进入奥运比赛场地的人中，至少有一半人在搜寻口袋妖怪。

　　补记 5：据 2016 年 8 月 17 日日本《读卖新闻》（*Yomiuri Shimbun*）报道，"Pokemon GO"于 7 月上线后迅速席卷全球的人气，一个多月即取得收益 20650 万美元的成绩，被认定为"上线一个月以来收益最多的手游"。同时，其下载次数最多（约 13000 万次），在最多国家下载次数排行第一（约 70 多个国家），上线一个月后的收益额在最多国家排行第一（约 55 个国家），也是"最快取得 1 亿美元收益的手游（耗时 20 天）"，从而获五项吉尼斯世界纪录（Guinness World Records）认证。

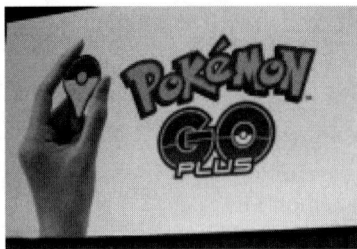

补记 6：据英国《卫报》2016 年 10 月 7 日报道，挪威首相爱尔娜·索尔贝格（Erna Solberg）被人发现在 10 月 4 日议会辩论期间玩"Pokemon GO"游戏。她在 8 月份对斯洛伐克正式访问时就承认自己喜欢这款游戏。她曾在保镖的陪同下前往当地的街上抓小精灵，为了能让蛋孵化出稀有精灵还行走了大约 10 千米。

补记 7：据美联社 2016 年 10 月 14 日报道，美国两名教授根据"口袋妖怪 GO"开发了名为"希拉里（Hillary）特朗普（Trump）GO"游戏，玩家可在公园、图书馆、纪念馆、咖啡店等美国本土 100 万个地点和美国驻外大使馆寻找离自己最近的希拉里或特朗普的投票站进行投票，提高其支持度。该游戏发明人说，这可让人们在大选选战紧张的气氛中稍微喘一口气。

62. 刀塔 2

2016 年 8 月 15 日，央视新闻播出了这样一条内容：当地时间 8 月 13 日，在美国西雅图举办的一场电子竞技（electronic sports，现多称 e-sports；中文简称"电竞"）的顶级赛事（top event）落下帷幕。在第 6 届《刀塔 2》（DOTA 2）国际邀请赛的总决赛上，来自中国重庆的"Wings"（魏士）战队 3∶1 战胜美国 DC 队，夺得冠军，中国电竞再一次站在世界之巅（stand at the peak/top of the world），并赢得 912 万美元（约合 6000 多万元人民币）的奖金。

《刀塔 2》是目前世界上最受欢迎，也最具影响力的电竞项目之一，其系列赛事是 V 社官方组织的最高级别的赛事。

从渊源上说，《刀塔 2》，最早可以追溯到全球知名的电脑游戏及电视游戏软件公司，美国的暴雪公司（Blizzard Entertainment Inc.）出品的即时战略游戏《魔兽争霸》（Warcraft），到了《魔兽争霸 3》的时候，已经发展成了一款支持多人即时对战、自定义地图的游戏。基于这个游戏，一个叫冰蛙的作者创作了地图，于是衍生出了《远古守护》（Defense of the Ancients），缩写为 DOTA，之后又在这个基础上重新开发出了 DOTA2，也就是一个可以让多人对战的网络游戏

（multiplayer online battle arena）。

"第六届 DOTA 2 国际邀请赛"的预选赛（preliminaries; qualifying match）于 6 月 21 日开始进行海选，25 日进行地区预选赛，经过正赛（formal match）小组赛、正赛淘汰赛（knockout match; elimination series）最终进入主赛事。由于这项比赛的奖金是募集的，到底有多少钱主办方在开赛前恐怕自己也不清楚。但是全球玩家的热情是高涨的，去年第五届比赛资金突破千万美元大关花了 31 天，而 2014 年则花了 39 天。2016 年第一天的奖金便突破了 260 万美元，比去年的奖金高出一半还多，很快就超千万，最后冠军奖金就有 912 万美元（约 6000 万人民币）。本次比赛堪称世界级的电子游戏竞技比赛，而且奖金不菲。

参赛的中国"Wings"队的全称是"The Wings Gaming"，5 名队员的平均年龄不足 20 岁。最小的才 18 岁。他们在赛前一个月就来到美国进行准备。他们的战术风格以"不按套路"（not follow the set pattern）著称，战术十分多样化，而且有很强的观赏性（spectacularity），受到称赞。

中国的电竞业发展很快，产业链逐渐完善。2015 年中国电竞业整体收入已超过 270 亿元，可是 2016 年第一季度的收入就接近 140 亿元。截止到 2015 年底，中国共有 9700 万电竞爱好者，占据了全球数量的一半。国家体育总局（General Administration of Sport of China）体育信息中心电子竞赛项目部副部长高铁凡表示，电子竞技脱胎于（be born out of）游戏行业，但是与游戏有根本不同。作为竞技项目，其目标与传统体育项目毫无二致（identical; just the same; without the slightest difference），都是追求更快、更高、更强的体育精神，应该扶持其发展。

63. 假人挑战

2016 年 12 月，网上忽然兴起了一股"假人挑战"（mannequin/dummy challenge）潮流。不管明星大咖还是人民群众都玩得不亦乐乎（What a delight!），从国内到国外无一幸免。所谓"假人挑战"其实就是一群人在摄像机前站着不动装成假人，跟 20 年前小朋友玩的"123 木头人（wooden man）"差不多，也有些类似"子弹时间"（bullet time）。别看这很像人们小时候玩剩下的，国外明星们却玩得不亦乐乎，这股风潮以迅雷之势（as quick as lightning）席卷了娱乐圈、体育圈，还有广大人民群众。

参加"假人挑战"的有美国的希拉里·克林顿。不过希拉里这个挑战当时是用来拉票的。还有波兰超模乔安娜·克鲁帕（Joanna Krupa）、天后碧昂斯（Beyonce Giselle Knowles），"小甜甜"布兰妮（Britney Spears）则玩假人挑战庆祝得奖。

"假人挑战"很快在体育界风行起来。NBA球队克利夫兰骑士队（Cleveland Cavaliers）参观白宫时，与当时的第一夫人米歇尔玩起"假人挑战"，在英格兰与西班牙的国际友谊赛中，进球后的瓦尔迪（Jamie Vardy）现场演绎"123木头人"。而赛后，西班牙国家队的球员也不甘示弱，在更衣室玩起了"假人挑战"。德国队在世界杯预选赛中，8:0大胜圣马力诺，赛后去一家高级餐厅玩起了"假人挑战"。不过最拼最抢镜的还属C罗（本名"克里斯蒂亚诺·罗纳尔多"Cristiano Ronaldo），在一群衣冠整齐的群众之中，罗总裁率先脱得只剩下一条内裤。国内CBA四川队在新外援约什的带领下，也在训练之余玩起了"假人挑战"，孟达"达锅"好像要带领大家打群架，而吴楠竟然敢把手放在主教练的肚子上"揩油"。

在国内娱乐圈，许多艺人纷纷沦陷（sweep off one's feet; fall for it），比如梁朝伟（Tony Leung Chiu Wai）、邓紫棋（G.E.M.，是get everybody moving的缩写）、张杰（Jason）、张馨予、周笔畅等。普通网友当然也想蹭蹭热度（share some heat）。也有人推出了有创意的"医院版本""舞蹈室版本"等。这些版本借助一些小道具，让画面"静止"，从而显得更加逼真。例如一些看上去悬在空中的物件其实是用线吊着的。值得一提的是"健身房（gym）版本"，以其高难度获得一致好评。

张馨予在11月29日晚的一段视频尤其让网友们捧腹大笑（be convulsed with laughter）。视频中，张馨予先是边唱边跳，定格（freeze the action）时，手拿着筷子正要夹菜，嘴里还含着一块肉的画面十分搞笑（hilarious）。看到这样的搞怪照片，网友不禁惊呼："别装了，你嘴巴下面的橘子皮在动，我都看到了。""你们开心就好，哈哈！"还有网友留言说："吃东西也能定格？大写的服气。""居然能不动，我这个吃货肯定受不了。"

在周笔畅发布的一条"假人挑战"视频里，在视频即将结束的时候，所有人都恢复了正常，开始忙碌起来，唯有周笔畅仿佛还沉浸在游戏中久久不愿醒来，直到视频最后一秒，她突然帅气地看向镜头，极是出人意料。网友纷纷表示："感觉你再多一秒就笑场了。""最后那眼神瞬间被秒杀（be seckilled）！"

邓紫棋说，她录的视频充满挑战，不仅要屏住呼吸（hold one's breath），保持表情的生动和静止，还要应对朋友突然而至的敲门声，结果录了四次最终才录出自己感到满意的版本。最终效果也特别完美，视频中一众人宛如真人蜡像。有网友神回复说："没人觉得锅里的东西要糊了吗？"

其实，"假人挑战"这玩意儿最先是由美国佛罗里达一个高中学生想出来的。这一挑战要求参与者摆出一种戏剧化的姿势（assume a dramatized posture），不眨眼、不出声、一动不动，像假人模特一样。背景音乐一般播放美国嘻哈双人组雷史瑞摩（Rae Sremmurd）的新歌《黑色披头士》（*Black Beatles*）。没想到视频上传到 Twitter 之后，引起大规模围观，其挑战的热度之高令人咋舌（render one speechless），世界范围内全民参与热度到了白热化（turn white hot）阶段。其传播速度之快已经形成病毒性。在国内某视频平台上，该挑战的话题播放量 3 天就达到了 5151 万。

64. 蓝瘦香菇

"蓝瘦香菇"（*lanshouxianggu; thin blue chestnut mushroom*）是社交网络突然火起来的一个新说法，被网友们玩儿坏了的一个梗（gag）。如果你看到这四个字还是一脸懵圈（totally at sea），那就是大大的凹凸（out）了。其意思是：难受想哭（upset and wanna cry）！

"蓝瘦香菇"源于南宁一位小哥于 2016 年 10 月 16 日发布的一段视频，视频中他用带着浓重的广西口音（with strong Guangxi accent）的普通话反复嘀咕（mutter; murmur），抱怨他的女友："蓝瘦，香菇，本来今颠高高兴兴，泥为什莫要说这种话？蓝瘦，香菇在这里。第一翅为一个女孩屎这么香菇，蓝瘦。泥为什莫要说射种话，丢我一个人在这里。"

知道了关键词"蓝瘦香菇"的意思，聪明的读者一定能琢磨出这段话的意思，无需笔者翻译成普通话。

这位小哥的口音和充满感情的调调（lyrical tone）让这段视频透出一股幽默（vibes of humor），迅速席卷了社交媒体，短短几十分钟内，观看人数便达到了1800 多万。

研究语言学的学者解释说，广西话壮语里面的发音没有翘舌音（cacuminal

sound）和送气音（aspirated sound），所以听起来让人觉得说话人舌头有点僵直（rigid），比如，/z/、/zh/、/s/、/sh/、/ch/、/c/ 这几个全部读成 /sh/；/g/ 和 /k/ 都读成 /g/；/q/ 读成 /j/；/d/ 和 /t/ 都读成 /d/。甚至 /hu/ 和 /w/ 不分，都读成 /w/。比如"花"会被读成 /wa/。大家将此种方言戏称为"桂式普通话"（Guangxi-style *putonghua*。"普通话"一度被译为 common speech，英文里曾用 Mandarin 一词，实际上 Mandarin 是"满大人"的音译，本来指清朝的官员使用的官话，因为普通话是由此发展而来的）。另外，南宁普通话的调子十分婉转绵柔（melodiously soft and continuous），呈现出类似"平仄（level and oblique tones）平仄""仄平平"的起伏，像唱歌一样有韵律感（give a feel of prosodic cadence/rhythmicility）。于是"难受，想哭"就变成了"蓝瘦，香菇"。不少人认为，这种地方口音拥有的特殊腔调更加有韵味（lasting charm），也更能表达出人的情感，由此这种潮流在一些地方年轻人中间有明显发展的趋势。

事情的原委是这样的（this is how it happened）：事件的主人公名叫韦勇，是个很帅的小伙子，是南宁一家电动车专卖店（exclusive agency; franchised store）的员工。2016 年 9 月底，韦勇的女友与朋友相约去南京旅游，到南京后给韦勇报了平安。女友在南京玩得很开心，以至于忘了在家里独处的韦勇。他不断地给女友发微信和语音，却不见回复。韦勇又是担心又是难过，躺在床上翻来覆去地睡不着，便用手机录下自己的心声传到朋友圈里。后来又有人查找到了韦勇的女朋友。她看上去很漂亮，而且穿衣时尚靓丽（fashionable and glamorous），气质高贵（with a noble bearing）。人们赞叹，"难怪（no wonder）这位小哥失恋后那么伤心难过！"现在两人已约定年底结婚。

这段视频后续发酵，花样不断翻新。有人将韦勇悲伤的脸 PS 到一个蓝色的小蘑菇图片上。有人说，这段话听得全国人民都睡不着了！于是各路网友纷纷发扬安慰精神，其中当属广西南宁一小哥自行录制的、名为"蓝瘦，香菇"的吉他弹唱（guitar accompanied by vocals）最为热门。也有网友说，这一段话给人一种喜感（sense of amusement），看了视频不觉得"蓝瘦"，反而很欢快。有位网友 PO（post 的缩略，意为"上传到网上"）了这位小哥和自己的合照，还称本人是"低配版（low configuration version）的邓超"。湖南卫视主持人杜海涛在微博上发了一段小咖秀，用广西腔生动模仿"蓝瘦香菇"的段子："蓝瘦香菇，泥为什莫要说这种话？"歌手陈翔也在"秒拍"上传了自己的"蓝瘦香菇"，秒拍网友纷纷表示这是又一个走上谐星（comedian; funnyman）道路的明星。杜海涛的演绎生动再现了原版，他那张几乎覆盖了屏幕的大脸也让网友忍俊不禁（cannot help but laugh）。网友们纷纷为杜海涛的模仿能力点赞，"你成功地演出了形似和神似（be similar in both form/appearance and spirit）两个方面！""哈哈哈，给你 99 分！"接着就开始调侃杜海涛的大脸成功为这段小咖秀（dubsmash，来源于国外风靡的视频拍摄应用 Dubsmash）加分，"大半夜我看你的大脸我也蓝瘦，香菇。""哈哈太逗了，就怕你从手机里出来了！"

秒拍网友们充分发挥了各种逗比（dobe）创意，甚至还有秒拍用户把这段"蓝瘦香菇"改编成了民谣《蓝瘦香菇》自弹自唱，居然很好听。

有意思的是，中国最受欢迎的科学网站果壳网（guokr.com）查到了现实中的"蓝瘦香菇"，其正式名称是"霍氏粉褶菌"（Entoloma hochstetteri），也叫"天蓝蘑菇"（sky blue mushroom）。这种蓝色菌类茎部的直径仅为 5 毫米。首次发现于新西兰。新西兰面值为 50 新币的纸币上就选用了这种蓝色蘑菇的形象，以展现其自然物种多样性（diversity of species）。2002 年，该国还发行了一张纪念邮票（commemorative stamp）。不过，这类蘑菇大多有毒，不能食用（inedible）。

2016 年 10 月 13 日，深圳一家有商业头脑的（have business acumen）公司很快就将其名字注册为（registered its name as）"蓝瘦香菇"，尽管这家公司的主要业务是装备制造、贸易和工程，也许会将"蓝瘦香菇"作为商标，标注在其产品上。

抢风头（grab the limelight）的不只是商家。2016 年 10 月 26 日，安徽安庆某高校食堂的厨师，用香菇（shiitake mushroom）、西兰花（broccoli）、瘦肉丝烹饪出名为"蓝瘦香菇"的菜肴。有同学下午 4 点 50 分就去食堂等待。结果 30 分钟内，两大盘"蓝瘦香菇"全部售空。清新的西兰花用开水灼熟（cook in boiling water）、摆盘，将香菇与瘦肉丝一起大火翻炒（stir fry），盛盘后，淋上热油，美味扑鼻。香菇丝滑（silky smooth），加上瘦肉丝有嚼劲（chewy），令人馋涎欲滴。第一个尝鲜的女同学表示："很好吃，和网上的各种奇葩料理比起来，这道菜绝对美味，不光好看还好吃啊！"

令人没有想到的，纸质媒体也凑热闹（go along for the ride），用上了"蓝瘦香菇"这个时髦的词。2016 年 11 月 2 日《北京晚报》刊登了题为《初三

蓝瘦香菇

蓝瘦　香菇

期中考（mid-term exam）后，莫"蓝瘦香菇"》的文章。该文章说：期中考取得了高分，固然可喜，因为它是过去一个阶段汗水的结晶（crystallization of one's sweat），但是期中考成绩不能代表全部，更不能代表将来，不必"蓝瘦香菇"。

近来网上还流行这样一则与"蓝瘦香菇"有异曲同工之妙的对话：

"心情好像北京的天空。""什么意思？""蓝过。"

65. 翻船体

2016年4月突然火爆的"翻船体"（boat-capsized pattern）被选为年度网络用语并不令人感到意外。"翻船体"源自漫画家喃东尼在微博《企鹅北游记》（*The Penguins' Journey to the North*）中的漫画作品《友谊的小船说翻就翻》（The Friend Ship Capsizes Easily。这一说法显然是故意将 friendship 一词拆开成两个词而形成的一种幽默的文字游戏。有不少人把"翻船"译为 wreck，不妥，因为此词着重强调交通工具等"被严重毁坏"，说船时主要指"沉没"。可是"翻船体"中的小船往往是由乘船人之间的矛盾导致的倾翻，而且画中的小船只是翻了，但仍浮在水面）。他把萌萌哒（cute）的漫画图和诙谐搞笑的段子相结合，一下子火遍网络。最简单的版本的情景很多：乘坐在友谊之船的两个好朋友，如果有一方变瘦，或者一方吃独食，小船都会翻；有时一方甚至会来一个突如其来的表白（bare one's heart），这时友谊可能上升为爱情，皆大欢喜，但如果对方不接受，小船也会"说翻就翻"（capsize immediately）；但是如果一方贬损对方的偶像，友谊之船会彻底倾覆，再也翻不过来。最初漫画人物间的对话并未与具体职业挂钩，而是简单通过几个场景来表达作者对"友谊"和"爱情"的看法。

网友们脑洞大开，开发出来的各种版本风靡一时。比如"媒体人版本"：

"今晚出去吃饭吗？""不行哎，新街口有个突发新闻要到现场我要跟。"于是，友谊的小船说翻就翻。"那明晚出来吃饭吗？""明晚也不行哎，下班有篇深度稿要赶。"友谊的小船说翻就翻。"那周末可以出来吃饭了吧？""这周末还不行哎，我得值班。"友谊的小船说翻就翻。"明天的演唱会是你们单位协办的，你还能搞到票啊？""搞不到。""是不是兄弟，这点小事都不帮。"友谊的小船说翻就翻……

之后的许多职业版本中，友情似乎都因工作需要而被打断，导致"友谊的小船说翻就翻"，友谊在一轮轮的利益计较中被逐渐消磨殆尽（wear down and become exhausted）。

对于"翻船体"的风行，心理学专家解读（interpret）说，搞笑漫画给我们提供了一种纾解之道（a kind of reliever），大家看了会心地一笑（smile a smile of understanding），从而化解误会（dissolve the misunderstanding）。因为每一种职业都有很多心酸（grievance）和不得已的苦衷（helpless difficulties or troubles that one is reluctant to discuss or mention），在快速发展的时代，社会底层群体（people at the bottom of society）、职业群体都很忙，都在拼命地奔波，时间很紧，身心疲惫，常不能兼顾工作和友谊，导致夫妻之间、亲人之间、朋友之间、同学之间发生很多遗憾和误会，内心很愧疚，但又无可奈何。"翻船体"以漫画形式戳中了职业痛点，道出了心中的委屈（grievance; injustice one suffers），纾解了心头困惑（perplexity），更希望以这种"公共表达"的方式获得对方理解，化解彼此的误会、矛盾和积怨（accumulated rancor or grievance）。

还有人认为，"翻船体"走红网络，可以说是表达方式的一种创新。这种无声的表达，既有艺术性，又有很强的说服力、感染力，比起苍白的语言来说，表达效果强百倍。它形象地表达了人们对友谊的特殊理解。也道出了一个共同的话语：隔行如隔山（people of different professions/trades are set miles apart as if by mountains），各种职业之间由于相互了解不够，交流沟通起来有困难，容易引起误会，伤害了彼此的友谊。社会一些人喜欢拉关系（tuft-hunt）、走后门（pull strings），一旦对方办不到，或者答应不爽快，就觉得不够朋友。这些人却不想这样的要求会令朋友十分为难，或者根本无法办到，否则就会违规违纪，饭碗不保，但无论怎样解释，对方始终不理解，使自己非常痛苦。"翻船体"解释了内心的难处，既满足了释放职业压力（relieve professional pressure）的需求，也呼唤人与人之间多些理解、宽容、信任，是化解感情疙瘩（resolve emotional misunderstanding）和人际关系矛盾的"心灵鸡汤"和妙方。它呼唤朋友之间多些职业尊重和理解，多体谅对方，少些责怪、抱怨；同时，少搞"灰色关系"，少强人所难（constrain someone to do things that are beyond his power），不要拿友谊"绑架"朋友、伤害朋友。此外，聚会等也要适度，要给朋友留有私人空间，处理自己的事。同时，"翻船体"走红网络，对单位领导也是一种期盼，少给下属工作压力，少让他们加班，不要搞业绩攀比（achievement competition），要多些人文关怀，让他们有时间照顾家庭，同朋友来往，以增进感情，保持友谊，提升幸福感。

"翻船体"漫画是快速发展的当今社会人际关系的形象比喻。人际关系是条船，朋友各自站在船的两侧，要想保持船体的平衡，双方需从行动和精神上达成动态的平衡（dynamic balance），尊重、信任、理解和包容，是保持平衡关系的双桨。"友谊的小船说翻就翻"，实际上与人们现实当中遇到的问题或者说担心的问题是相关联的。小时候谁都有过因为一两句话就与小伙伴们玩掰了（break off）的时候，不过很快会重新和好。可是在现实生活中，大人与大人之间的感情底线往往很脆弱，比如有些朋友之间，没有共同的追求，只有共同的利益，尽管有共同的目标，却没有共同的信仰，难免稍有不合就会"翻船"。其实很多时候是被无心之过带来的伤害影响了彼此之间的感情。大家只有换位思考（put oneself in another's shoes）彼此理解，才能不"翻船"。

"翻船体"也折射出民众的浮躁心理（impetuousness）。网民通过自娱自乐（entertain oneself）的方式对某些自身无法忍受的现象或者行为进行吐槽，是一种情感发泄，对社会来说也是一种提醒。在这种情况下，严肃媒体的跟进，就会和群众层面的感性冲动（emotional impulsion）形成相得益彰（Each improves by associating with the other; bring the strength out of each other）的效果。目前社会上，做到君子之交淡如水（Though as light as water, the relationship between gentlemen is of the kind that lasts long.）是十分难得的，但只要在与朋友交往之时把握住分寸（observe propriety），就能让"友谊的小船"不至于"说翻就翻"。"翻船体"是人们的感受的共鸣（strike a sympathetic chord），是文化现象，更是一个社会现象。时代变迁，友谊、爱情多少受些影响。人情淡如水、闪婚（instant marriage）等都是在快节奏、物欲横流（full of material desires）环境下的产物。人生也的确十分艰难，对此，网友们有着种种感叹（complaint）：

爱情的巨轮说沉就沉，好好的爷们说弯就弯，隔壁的老王说搬就搬，好好的姑娘说胖就胖，四年的感情说没就没，刚晴的天气说变就变，刚养的绿植说死就死，亲情的火

苗说灭就灭，青春的小鸟说飞就飞，刚饱的肚子说饿就饿，刚取的人民币说没就没，月头的流量说没就没，卡里的余额说没就没，楼下的 Wi-Fi 说关就关，汪峰的头条说没就没……

"说翻就翻"也是生活效率的体现。我们不能老用传统的观点来看它。各种版本体现出与时俱进（advance with the times; keep pace with the times）的内容，几乎涵盖了一切。当然，真诚的东西仍然就是真诚，就像黄金永远就是黄金一样，尽管其价值会随时间做稍许波动。该翻的船迟早会翻，不该翻的船永远不会翻，船翻不翻，完全取决于船上的人如何把握。有时候船虽然翻了，但可以及时补救，将"友谊的小船"扶正了重新起航。

古罗马诗人奥维德（Publius Ovidius Naso, 43 B.C.—17 B.C.）说过，"如同真金要在烈火中识别一样，友谊必须在逆境中接受考验。"漫画中的友谊似乎总是经不住考验，在每一回合"被拒"之后，朋友总是依然坚持不懈地提出邀约请求。职业人的友谊，或许确实容易被繁忙的工作阻断，但持久的友谊却同样在这一过程中积淀（accumulate）和发展起来。司马迁（145 B.C.—90 B.C.）也说过，"一死一生，乃知交情。一贫一富，乃知交态。一贵一贱，交情乃见。"（The affection between friends is through life and death their devotion poverty and wealth, and true friendship is seen when nobility and one is high and the other underneath.）差异和距离并不是终结友谊的理由，职业人的日常友谊，即使平淡了些，同样历久弥坚（remain unshakable and become even firmer as times goes by），正是这种对友谊的微妙认同，才使网友不自觉地喜欢上这组漫画。其实，交朋友最重要的一点就是，要相处得舒服。多一点儿真诚，少一点儿套路；多一点儿爽直劲儿，少一点儿虚头巴脑（slyness; slickness）；开心的时候一起分享，难过的时候一起倾诉，无聊的时候一起闲谈；走得不要太近也不要隔得太远，适当的距离给彼此空间，要相互包容相互理解。

有意思的是，2016 年 11 月 17 日《北京晚报》刊登过四位十几岁的学生写的文章，题目分别是："友谊的小船如何才能不翻""'友谊的小船'为何能产生强烈共鸣""翻船事件为什么如此之多""什么样的小船最容易翻船"，感兴趣的读者不妨找来一看。

66. 厉害了我的哥

"厉害了我的哥"（You are really something!）近来在网上颇为风行。从人们使用这句被广泛传用的口头禅的语境（context）来看，"厉害了我的哥"是说话人觉得对方厉害（amazing; terrific），而给予礼貌性的称赞或者表扬，表示一种惊叹，透露出说话人一种敬佩甚至膜拜（worship）之意。不过有时也有讽刺的意味。

现在来说说如何将"厉害了我的哥"译成英语。

英语里表示"厉害"的词很多：wonderful, remarkable, superb, fantastic, amazing, awesome, brilliant, incredible, excellent, super, cool 等，不过从语域（register）看都不够潮，You rock! 或 You rule! 更符合年轻人说话的口气；You kick ass! 贴切但略显粗俗；I'm really impressed. 则更直接地表达了说话人的赞叹。

至于这句话的出处，目前网上流传着两个不同的版本。

其一：老同学聚会，甲同学指着外面的宝马说：厉害了，我教师。乙同学指着外面的奔驰说：厉害了，我医生。丙同学指着外面的保时捷说：厉害了，我律师。最后我指着外面的出租车说：厉害了，我的哥。（这里的意思是"我是的哥"。）

这里的"厉害"是说名牌车体现了一个人的地位；最后的"我"一定有一种失落感。

其二：一名中学生军训玩"王者荣耀"（King of Glory），被教官（training officer; drillmaster）抓住了，然后那位教官帮他把游戏玩完了，而在游戏过程中，无限超神（omnipotent god）附体（spiritually possess），开启了大杀特杀的模式，队友纷纷表示：厉害了我的哥！

军训教官电游玩得那么神，有点出乎学生们的意料，让人觉得颇有点紧跟时代的意识。

有一则是描述电话诈骗者的：

电话铃响。骗子："我们是中国银行，刚查询发现您的银行卡昨天在境外消费 180 万零 9 千美金，请问是您本人消费的吗？"我：（不假思索、淡定自若）"是我消费的。"骗子：（沉默 3 秒）"厉害了我的哥。"

下面这一则别有情趣：

我家住在黄土高坡（loess slope），大风从坡上刮过，不管是李宇春还是曾轶可，都是我的哥，我的哥。

将田震原唱的歌的歌词这么一改，用谐音"哥"取代"歌"，可以说是一个"厉害了"的包袱。

"厉害了我的哥"还有许多变体，如"厉害了我的妹""厉害了我的那个他"。还有的写成"厉害了 word 哥"，因为 word 的发音和"我的"相近，有点小噱头（stunt; gimmick）。"厉害了我的哥"也有许多对答，最常见的是"承让了我的弟。"（Thanks for your indulgence, Little Brother.）"言重了我的儿！"（That's an overstatement, my son.）

2017 年春节期间，中央电视台组织和播出了一系列以"厉害了，我的国"为主题的节目，歌颂祖国方方面面的成就，颇受人们欢迎。

67. 最萌身高差

"最萌身高差"（most cute difference of heights）近日走红，而 2016 年 11 月 25 日也上映了一部校园爱情喜剧片《最萌身高差》（英文片名是 *MIN & MAX*，是"最小"minimum 和"最大"maximum 的略写）。该影片由马侃担任导演，王水林和高以翔等联合演出。故事讲述了发生在夏汐泠（王水林饰）和张潇（高以翔饰）这对"最萌身高差"恋人身上的奇葩又暖心（uncommon but heart-warming）的喜剧故事。两人都是 90 后大学生，在同一所大学上学生活。在二次元世界（quadratic element world），身高 156 厘米的夏汐泠在遇到身高 196 厘米的三次元

（cubic element）男生张潇后，就一直祸事不断，无意中二人还因为"最萌身高差"大闹校园。夏汐泠认定张潇是渣男（man slag; scumbag），但张潇对她却颇有兴趣，当他试图走近夏汐泠的内心时，却发现里面有一个不可碰触的禁区。为了走进这个禁区，张潇为夏汐泠创造了一个 2.5 次元的世界……最后两人从一对冤家变成了恋人。两人身高相差 40 厘米，被网友戏称为"最萌身高差"。而"最萌身高差"又成为校园里的焦点，引发一系列令人捧腹（make one burst out laughing）的 90 后青春故事。张潇精心策划了一场表白（confession of love）仪式，不料夏汐泠却说了"No"，一番苦心周折（painstaking toil）之后，张潇发现夏汐泠的内心深处隐藏着一个惊人的秘密。

人们都认为大学生是精英，他们在大学里的任务就是认真学习，为了报效祖国（serve one's motherland worthily）而努力读书。20 世纪 60 年代，大学生是禁止谈恋爱的，女学生一旦怀孕，就会被取消学籍（be struck off the school roll）。有的高校居然有校领导晚上拿着手电筒去抓谈恋爱的学生的荒唐（absurd）事。但是这种做法忽略了一个事实：大学生已是成年人，有了七情六欲（the seven emotions and six sensory desires），有权追逐自己喜欢的人和事。事实上，情窦已开（have reached puberty; understand love）的大学生谈恋爱是阻止不了的，很多学生谈恋爱只好转入地下（turn underground）。"文革"之后情况才有所变化。例如 20 世纪 80 年代的先锋小说（vanguard novel）里面就表现了很多大学里的爱情故事。不过当时的社会舆论对于《你别无选择》（*You Have No Alternative*）等先锋小说中的爱情仍然持一种纠结的（conflicting）批评态度。改革开放，尤其是 20 世纪 90 年代教育改革之后，大学成为一个普通的教育现象，大学生也终于成为普通人，他们才拥有了足够的自由。

电影《最萌身高差》的主人公夏汐泠和张潇这一对身高差异很大的情侣的相遇，自然要从萌萌哒（cute; adorable）身高差产生的误会开始。当他人都在点赞／消费最萌身高差时，他们的情仇才刚刚开始，即使他们是真正的精英，他们也已经采取普通人的情感生活方式来交往、接触、排斥和接近，再也不是以前被刻意塑造（deliberately shape/mold）的天之骄子（person favored by Heaven）的傲娇或者知识分子颓唐徘徊（downhearted and irresolute）的形象。在《最萌身高差》这部电影里，马侃将女生特别苦恼的身高难题，与男生高大帅气威猛（brave and fierce）的校草（campus hunk）级别的萌差距呈现在银幕之上，让我们（或者说是某些女生）领悟到，身高并不是关键，关键是你有没有寻找爱情的勇气。你只要有了这个勇气，一切都不是问题。当然这句话颇有点浓厚的鸡汤的味道，但这就是电影的特权——在普通的世俗社会中给你一个特别绚烂光彩（gorgeous and splendid）的梦想。这个梦想，当然不会所有人都实现，但一定有人会实现。这个梦想之外，他们还有很多的路径。90后大学生与60后、70后最大的区别，在于纯然的不做作，爱恨都那么鲜明，他们已经不再有历史、家庭、传统的重负，几乎所有的教条都如秋风扫落叶一般。

但是，传统的教条没有了，不代表不会出现新的花样，"中华田园女权"（Women's Rights in Chinese Pastures—an extremist view of women's rights）的各路毒鸡汤灌得很多女生神魂颠倒（be infatuated），就好像诸多企业的KPI（key performance indicator，意为"关键绩效指标"）考核一样，很多出头的椽子（protruding rafters, meaning above-average men）树立起无数的标准，似乎不达标的男生根本就没资格脱离单身狗的笼子。心理学霸夏汐泠和摄影系校草张潇，都不在乎新老的各种框框，身高差距40厘米算什么，闹腾腾鸡飞狗跳才能在对方心田里打下基础，家财万贯算什么，"生死契阔，与子成说"（I have made a pledge to you that neither death nor life shall separate us）才是难关。《最萌身高差》利用了诸多经典或原创的段子，将青春男女的自然而然的情动描绘出来。在首映礼（premiere）上，高以翔、王水林这对"最萌CP"自曝婚恋观，高以翔表示不介意女友身高："我觉得身高没什么问题，因为我身高比较高，所以我深有体会。身高差大的情侣出去的时候别人会觉得很可爱，这也是增进感情的一种方式。"谈及创作理念，导演马侃表示："现在是信息爆炸的年代，很多热点大家都是追过即忘。之所以选择最萌身高差这个主题，主要想要表达现在年轻人的恋爱态度——外形、身高什么都不重要，情侣双方的感情最重要。虽然大家可能去电影院里看到影片热热闹闹的，看到的是一对40厘米身高差情侣的喜怒哀乐。但它不是单纯的爱情喜剧，里面有很多哲理的东西，在大学课堂上会有对弗洛伊德、荣格等心理学大师的理论阐释，还有阿基里斯悖论这样的哲学概念，这些都是跟剧情相关的，希望大家能喜欢这部影片。"

那么，"最萌身高差"应该是多少呢？

一般而言，最萌身高差其实是没有具体的限制，最合适或最适合的就是最好的。有人说，男女方相差10厘米比较般配（well matched）登对。这样的身高差，女方的下巴正好可放在男方的肩膀上，所以这种身高差非常适合情侣；男女方身高相差5厘米比较浪漫，这样男生的嘴巴刚好到女生额头，偶尔可以惊喜"小啄"耍浪漫；男女方身高相差 10 厘米以上，可以显得女方小鸟依人。在男方的身高比女方高出一个头的情况下，还要看男方头的大小，一般而言会有 20 厘米—25 厘米的差距，女生略显小鸟依人。更有人说，"最萌身高差"最好是 25 厘米，因为男生看女生的这个角度最完美。还有人认为，男女身高比为 1.09∶1 为最好，还说这样比例的夫妇生出的孩子是最漂亮的。

应该说，这种追求违背了爱情的真谛（true essence）。"最萌身高差"和刻意寻求"高伟帅"之类都是以貌取人，即使男女双方符合"最萌身高差"，也不能保证这样的爱情能真正持久。精神上的契合（be one in heart and mind），有共同的语言、共同的志趣，特别是有共同的理想和生活目标，这才是情投意合、能白头到老的爱情。

补记：2016 年 12 月 8 日，东方网（Eastday）发表文章说，女孩除了觉得身材高大的男性可以较好地保护自己外，一般都希望男方最好比自己年长，薪水比自己高。因为她们觉得有见识（have insight），有事业基础的异性让自己比较有安全感。于是，有人提出，"年龄黄金比例（golden ratio）"是男方比女方大 3 岁，这样可以弥合双方的成熟差（difference in maturing）。这样，当女生还在象牙塔里满怀风花雪月（romantic fancy）时，男生已经开始工作，可以阔绰（ostentatious; liberal with money）地拿米去换那些华而不实（flashy without substance）的浪漫，等到女生毕业，男方已经相当稳定，不说有车有房，至少也有个安身之所，成家立业自然就顺理成章。也就是"男大三，抱金砖"。（A more mature husband will ensure the wife a joyful life.）双方的月薪黄金比例最好是 1∶1.5。调查显示，一般丈夫的薪酬是妻子的 1.5 倍时，这个家就能运转自如（work smoothly）了。还有人提出，夫妻之间的"空间黄金比例"应该是一碗汤的距离。这个空间，指的是与双方父母家的距离。现在的小年轻都是新新人类，即使自己再不会做饭不爱打扫屋子，也不愿有个长辈成天守在身边，总觉得小两口的日子被窥视的感觉。但如今都是独生子女，父母偶尔有个小灾小病的，也该照应。所以，老是躲得远远的也不行，最佳的距离就是一碗汤的距离，即老人们煲碗汤，拿过来还能趁热喝。更有人提出夫妻之间"心灵黄金比例"是"半糖（half-sugar）的隐私差"。婚姻最可怕的状态莫过于同床异梦（be strange bed fellows），而这恰恰正是大多数夫妻会遭遇的磨难，刚在一起时希望成天腻歪（stick together like slurry）分秒不离，婚后却发现，想再出去跟朋友把酒狂欢成了奢望，一个小时没消息就会引起轩然大波（mighty uproar），怀疑和被怀疑成为激情的打磨者。有句话说得好，婚姻如手中握沙，你握得越紧，沙漏得越快。有首歌也唱得好，我要对爱坚持半糖主义，爱得来不易，要留一点空隙，彼此才能呼吸。半糖主义，就是这样，给彼此一点自己的空间，每个人都有隐私权。

68. 套路

"套路"（form）原来是武术中的术语，指相对于"散打"（free combat）的"编成套的武术动作"，旧时称"套子"或"套"。一般由四段或六段组成，应有起势（commencing/beginning form）与收势（closing form），如"少林武术套路"。刀术、剑术、枪术以及棍术各有自己的一套套路。现行的国家竞赛套路类型有国标武术套路、传统套路及对练（couple training）套路等。还有"醉剑"（drunkard's swordsmanship）这类酒文化浸润（infiltrated by wine/liquor culture）的风格独特的剑术，它是以武术剑法动作为素材，用醉态形式来表现的另类剑法套路。现在"套路"常用于泛指"成套的技巧、程式（pattern）、方法"等，比如，电视剧就有各种"套路"，包括传统家庭伦理剧的"套路"、虐心剧"套路"、谍战片"套路"等。

网络流行词语"套路"基本是贬义的。最初是随着英雄联盟游戏（League of Legends，简称LOL）流行起来的，形容精心策划的一套计谋（a carefully/painstakingly planned trap employed by someone with evil intentions）。说某人有"套路"，包括"LOL"里的"套路很深啊"，是说此人不简单，会算计人。叫某人"别玩套路"的意思是说，说话人对对方那些招招式式（every trick）都知道，让他别再玩老套。

有人总结了追女生（chase after the girls）常见的"套路"：第一步，要对方的电话号码；第二步，嘘寒问暖（inquire after someone's health; be solicitous about someone's health），把对方骗出来吃饭，看电影；第三步，拉对方的手，在转头时无意亲一下；第四步，你懂的！这一二三四加起来就是"套路"了。

有人感叹"不是我感情不真，而是你套路太深"。这句话表明，如果恋爱的双方一个襟怀坦白（be frank and open-minded），一个深藏不露（keep one's mind to oneself），形成了明显的反差，那样是不可能继续发展的。没有双方的共同努力，是很难维护恋爱关系的。

还有人抱怨：“城市套路深，我要回农村。”对此，有网友回应：“农村已整改，套路深似海。农村路也滑，套路更复杂。农村也美丽，套路各种计。”

2016年第11期《咬文嚼字》刊登的徐默凡的文章里还提到一些学霸用以迷惑竞争对手的一些“套路”，说法也很有意思，如：“我也没有复习”“这些题我都不会做”。

现在还出现了“反套路”（counter scheme; counter-action as opposed to usual ways of doing things）一说，指识别人们常用的路数（trick），避免进入陷阱，不按套路出牌（do something in an unusual way），甚至反过来也给对方来点“套路”。据说“反套路”源自王健林的那句“先定一个能达到的小目标，比方说我先挣它一个亿”。此话在网上一炮走红（become an overnight sensation）后，网友纷纷表示：“小目标的套路（routine; fixed pattern）却被一个亿‘反套路’了。”

很多人感叹说：“真情往往无人问，偏偏套路得人心（be favored）。”“城市套路深，谁把谁当真。”为此，人们提倡“多一点真诚，少一点套路”（fewer set tricks, more sincerity）。

不过，他用“套路”，你用“反套路”，这样活着该多累呀！

69. 怀念杨绛先生

2016年5月25日凌晨一时，著名女作家、文学翻译家和外国文学研究家、钱锺书夫人杨绛先生在北京协和医院（Peking Union Medical College Hospital）逝世，享年105岁。

杨绛，1911年7月17日生于北京，祖籍无锡，童年在苏州度过。杨绛的父亲给她起名“季康”，她在家中排行老四，兄弟姐妹们“季康、季康”叫得快了，就发成“绛”的音，后来她写的话剧公演时，索性把“杨绛”取为自己的笔名。

杨绛于1932年考入清华大学，获得外国语和文学硕士学位。在清华大学，杨绛结识了钱锺书。1935年，两人牵手进入婚姻“围城”（来自钱锺书的小说名《围城》*Fortress Besieged*）。同年，杨绛陪丈夫到英国牛津大学就读。每天杨绛还在睡梦中，钱锺书就起身做早饭了，杨绛幸福地说：“这是我吃过的最香的早饭。”

淡淡的乡愁（subtle homesickness）、幸福的早餐，这是杨绛在牛津的那段生活中割舍不掉的回忆。钱锺书称赞杨绛是"最贤的妻，最才的女"（the most virtuous wife and talented lady。也有人译为 the greatest wife and smartest woman，不确切，远逊于前译）。钱锺书曾在诗歌里这样追忆他见到杨绛的第一眼："颉眼容光忆见初，蔷薇新瓣浸醍醐。不知腼洗儿时面，曾取红花和雪无。"（At the first sight of her I felt suddenly enlightened, wondering if she had used fresh rose petals and white snow to wash her face when a lass.）1937 年，他们的女儿钱瑗出生，杨绛说是"我平生唯一杰作"。两人于 1938 年回国。

杨绛给我们留下了丰富的文学遗产（literary legacy）：18 部长篇散文、9 部长篇小说、3 部剧本和 3 部短篇散文集。杨绛的第一篇作品为短篇小说《璐璐，不用愁！》（*Don't You Worry, Lulu*），于 1934 年初发表于《大公报文艺副刊》。20 世纪 40 年代初，她连续创作了喜剧《称心如意》（*Heart's Desire*）和《弄假成真》（*Make-Believe Comes True*）。这两部剧本写作和上演于抗战时期沦陷（be occupied by the Japanese invaders）后的上海，登上剧坛后，被誉为是"喜剧的双璧"。剧作以小资产阶级青年为中心描摹世态百相（various images of the world），善开玩笑又不尖酸刻薄（bitterly sarcastic），幽默之处不失温柔敦厚（gentle and soft/kind），而且，隐藏在幽默和嘲讽背后的是深深的严肃和悲哀，引起很大反响。《称心如意》，被搬上舞台长达六十多年，2014 年还在公演。

杨绛在年近 80 岁时写的长篇小说《洗澡》（*The Baptism*，意即洗脑筋），堪称她文学创作的顶峰。《洗澡》出版于 1988 年，在知识分子当中引起很大反响，作品亦被译成多种外国文字出版。书中讲述了 20 世纪 50 年代初期，新中国成立后知识分子改造（ideological remolding）的故事，展现了各类知识分子的"众生相"，被施蛰存（1905—2003，当代著名学者、作家）誉为"半部《红楼梦》（*Dream of Red Chamber*）加上半部《儒林外史》（*The Scholars*）"，现已被译成英、法、意等文字。

杨绛先生在 98 岁时动笔创作中篇小说《洗澡之后》（*After the Baptism*），曾经几易其稿，反复修改，直到 2015 年 4 月才决心拿出来发表。这本书可以说是杨绛近年创作的压轴戏（the last and the best; grand finale）。《洗澡之后》是《洗澡》续作，其中人物依旧，故事却不同了。《洗澡》中有着纯洁感情的男女主人公有了一个称心如意的结局。这样的结局，一方面乃当时的生存环境使然，再者也体现了杨绛老人特有的仁慈宽厚和善良祈福的心愿。

1981 年出版的《干校六记》（*Six Chapters from My Life "Downunder"*）的书名和篇目，都源自沈复（1763—1825，清代文学家）的《浮生六记》（*Six Chapters of a Floating Life*）。《浮生六记》记述作者的日常生活琐事（trivial matters in life），以及与其妻芸娘的鹣鲽情深（deep affection between husband and wife like two mythical birds sharing eyes and wings），其中《闺房记乐》和《闲情记趣》两章均为世人乐道。钱锺书在杨绛《干校六记》书前小引说："'记劳'，'记闲'，记这，记那，那不过是这个大背景的小点缀，大故事的小穿插。"值得注意的是，本书以小点缀反映大背景，以小穿插说出大故事。这本书畅销于整个 20 世纪 80 年代，在港澳台均出版了繁体字单行本，并被译成多种外国文字在国外出版。

2003 年杨绛 93 岁时出版的家庭纪事散文随笔《我们仨》（*The Three of Us*，一译 *We Three*），追忆三口之家的风雨岁月，抒写"万里长梦"，笔触悲凉（written with a touch of sadness），满纸岁月的痕迹（trace of past times），因其真挚的情感和优美隽永（refined, meaningful and thought-provoking）的文笔而深深打动读者，成为 2003 年的超级畅销书，风靡海内外（popular both at home and abroad），再版达一百多万册。

杨绛 97 岁时出版了哲理散文集《走到人生边上》（*Reaching the Brink of Life*），在书中，作者独自在生命的"边缘"，面对死亡，探讨"生、老、病、死"这一人生规律，思索人生价值和灵魂的去向，被誉为百年中国文学史上"绕不过去"的一部作品。这本书不是说教的鸡汤，而是杨绛的哲学，是她对人生和人类本性深刻的反思（deep meditation on life and human nature）。评论家盛赞其文字"具有初生婴儿的纯真和美丽"（with the naivety and beauty of a new-born baby）。

2010 年出版的散文集《将饮茶》（*About to Drink Tea*）包括三类内容，第一类为回忆父亲杨荫杭和三姑杨荫榆的文章，第二类为讲述钱锺书创作《围城》的经过，第三类为描写"文革"时期种种遭际的文章。这本书是杨绛在老之将至时微妙的生命体验。人老了一切都只剩温暖的回忆，据说喝了孟婆茶（oblivion tea brewed by Grandma Meng）就能抹去前生的记忆，更洒脱（free and easy; natural and unrestrained）地面对来生。杨绛的前言题目是"孟婆茶"，有点像缥缈的梦。她在文章中写自己坐上了一趟开往孟婆店的列车，列车上客满，"一处是教师座，都满了，没我的位子；一处是作家座，也满了，没我的位子；一处是翻译者的座，标着英法德日西等国名，我找了几处，都没有我的位子"，语言幽默，有几分调侃，几分无奈。书中以情真意切（true and profound affection）、细腻传神（exquisite and with vivid details）而又幽默风趣的文笔记人叙事，活画出了人物形象也绘描出了时代氛围，全书在貌似轻松恬然中富于深刻隽永（profound and lasting）的人生意蕴（meaning of life）和探赜索隐（delve into the abstruse）的史料价值。杨绛深情地回忆父亲、三姑和丈夫钱锺书，叙说她抹不去的那些珍贵的回忆和怀念，以平实的语言，质朴的情感，平静地去述说往事，留给世界一份真实的记录。散文集的后记《隐身衣》（Invisibility Cloak），源自她和钱锺书相约如果有一件仙家法宝，他们希望有件隐身衣，"能够各披一件，同出遨游。"有了隐身衣，远离喧嚣的尘世，更能惬意地躲进书斋，冷眼旁观（look on nonchalantly）世态炎凉（the fickleness/inconstancy of the world/human relationships）。

杨绛散文看似淡然的背后，却有着灼人的温度，正因为有股方巾气（pedantic behaviors and ideas of scholars），不能免俗，未能忘情，却更能还原那些有血有肉的人，有情有义的事，让后来之人读到后可爱、可感、可叹。

2011 年 7 月，杨绛在她百岁寿辰前夕，又以回答《文汇报·笔会》主编提问的形式，发表了《坐在人生的边上——杨绛先生百岁答问》，本篇可视为《走到人生边上》的姊妹篇。同样是"人生边上"，一个是"走到"，一个是"坐在"，显示出境界的微妙差别，似乎作者已进入到一个更为从容的境界。

杨绛在 102 岁高龄时出版了 250 万字的八卷本《杨绛文集》（The Complete Collection of Yang Jiang）。翻览全集，穿梭于杨绛的翻译与创作、虚构与写史、记事与怀人之间，能体会到她一个世纪"随遇而作"背后的心境与情怀（state of mind and feelings）。首次收录的剧本《风絮》（Windswept Blossoms）和翻译专著《一九三九年以来英国散文作品》，以及诗作、书信和卷末的"大事记"，都是难得的史料补充。

杨绛的作品体现出扎实而又熨帖的雅致，看着语言像开垦土地一样沉稳地推过来，简洁井然，行文间有一种上承传统、旁汲西洋的清明理性。连她的幽默，也是藏于平实中的智慧机锋，不像《围城》那么密集和辛辣，更近于她所喜爱的简·奥斯汀（Jane Austen, 1775—1817，英国著名女性小说家），是一种温和的调侃和幽默的世故。

杨绛通晓英语、法语、西班牙语，在翻译上卓有成就。作为翻译家，杨绛先生的文学翻译成就卓著。

杨绛翻译的《堂吉诃德》（Don Quixote de la Mancha）是我国第一部自西班牙语原文翻译的中文本，译文忠实流畅，神形兼具（achieve unity of form and spirit），迄今已印行 100 余万套。《堂吉诃德》中译本出版后，西班牙政府多次邀请杨绛先生访问西班牙，杨绛均以自己"口语不佳"而谢绝，但她又觉得这样做有失礼仪，后来于 1983 年 11 月前往西班牙访问，受到西班牙政府和人民的热情款待。西班牙之行后的 1984 年，她将《堂吉诃德》全文重新校订一遍，1985 年再版。1986 年 10 月，西班牙国王颁给杨绛"智慧国王阿方索十世十字勋章"，以表彰她对传播西班牙文化所作的贡献。二十多年来，杨绛译本《堂吉诃德》在人民文学出版社先后以"外国文学名著丛书"本、"世界文库"本、"名著名译"本和"中学生课外文学名著必读"本等多种形式出版。1976 年 6 月，西班牙国王卡洛斯（Juan Carlos）偕皇后索菲亚（Sofia）访问中国，邓小平把杨绛翻译的《堂吉诃德》作为国礼送给西班牙贵宾。

除《堂吉诃德》外，她还翻译了不少作品，如西班牙流浪汉小说《小癞子》（原名《托美思河的小拉撒路》 *La Vida de Lazarillo de Tormes*，作者不详），这部小说描述了一个卑贱穷苦孩子的痛苦遭遇，是流浪汉小说的鼻祖。杨绛先后从英法译本和西班牙语原文翻译了三次，每个译本都受到欢迎。又如法国作家勒萨日（A. R. Lessage）写的流浪汉小说《吉尔·布拉斯》（*Gil Blas de Santiffanne*）。这部小说在法国文学史上不算经典之作，可是杨绛的译文优美传神，很为读者喜爱。杨绛翻译的古希腊散文柏拉图（Plato, 427 B.C.—347 B.C.，古希腊哲学家）的《对话录》是根据勒勃经典丛书（the Loeb Classical Library）版《柏拉图对话集》（*Apology, Crito & Phaede of Socrates*）原文与英文对照本转译的。为了确保译文的忠实性，她特地参阅了多部重要论著，力求了解文中每个字每句话的原意，进而把这部文辞深奥的对话译成流利畅达的家常话。另一本译作《斐多》（*Phaedo*），是 2000 年杨绛先生于九十高龄之际出版的。

杨绛把翻译比作"一仆二主"（one servant with two masters），即翻译必须忠于两种文化，即，既要"伺候"好原著，又要"伺候"好译文的读者。她的译作不留硬疙瘩，也不自作聪明地"滑"过去，而是耐心打磨，将文字嵌得稳稳当当。她认为"雅"不是外加的文饰，"信"得贴切，"达"得恰当，那就是"雅"了。

作为外国文学研究家，杨绛还写过多篇评析西班牙和英国文学名著的理论作品，如评论《堂吉诃德》《小癞子》和《塞莱斯蒂娜》（*La Celestina*）等的文章，以及评论英国作家菲尔丁（Henry Fielding, 1707—1754，18 世纪最杰出的英国小说家，戏剧家，18 世纪英国启蒙运动的最主要代表人物之一）等。

白烨（1952—　，著名文学评论家，中国当代文学研究会会长）评论杨绛说：

她很直率，会直接让别人知道她喜欢谁、讨厌谁。从某种意义上说她很天真无邪，上了年纪后甚至有点孩子气。

人们将会在很长时间记得杨绛机智的作品和受欢迎的翻译，但是她独立的人生观是她最伟大的遗产。北京玉渊潭公园附近 19 座三层楼房中，只有一间房子还保持着原来的样子，既没有进行过室内装修（interior decoration）也没有封阳台。还是 1977 年"文革"后钱锺书和杨绛搬来时的样子：白色的墙、水泥地面，一个老式的沙发和两张用了多年的书桌。然而杨绛并不吝啬。2001 年杨绛以全家三人的名义，将高达 800 多万元人民币的稿费和版税全部捐赠给母校清华大学，设立了"好读书"奖学金（"Love Reading" Scholarship）。对钱财名利，可谓看淡至极。钱杨二人苦来不必尽尝、甘来不曾忘形（one needs not taste all of bitterness in hardship, and is not overwhelmed with joy in happy times），安贫乐道（be content to lead a humble but virtuous life）、自得其乐（have the capacity for enjoying oneself）的风骨，正是当下社会极度缺乏的。人们在怀念文化老人的同时，隐隐地在这份怀念上还有一份精神寄托，虽高山仰止（behold a high mountain with awe/admiration），却又心向往之（always yearn to get there）。杨绛的去世，被评论为"一个时代的结束"，带走了那个文学大师辈出的时代。人们怀念杨绛，从一些纪念文章的标题就可看出杨绛在人们心中的地位："学贯中西"（well versed in/have a thorough knowledge of both western and Chinese literature），"名满天下，人淡如菊"（famous throughout the world with a personality as peaceful and fragrant as the chrysanthemum），"有灵魂、有灵气（sensitive and intelligent）的民国才女（talented/accomplished lady）"，"人生最妙的风景"（the most wonderful scenery in a life），"身处乱世却如烟如花"（live in troubled times and fade like a puff of smoke or flowers），"杨绛走了，文坛再无女先生（female worthy to be called 'Mister'）"，"杨绛先生走了，民国大时代彻底落幕"（the curtain of the great times of the Chinese Republic has fallen），"杨绛的一生：尊严和信仰"，"杨绛：这个时代最惦记的隐士（a hermit remembered with the deepest love and concern by our times）"，"杨绛来自清风里明月下（come from fresh wind in the moonlight）"。

生活中的杨绛几近"隐身"，低调至极，几乎婉拒一切媒体的来访。杨绛与钱锺书一样，出了名的不喜过生日，九十岁寿辰时，她就为逃避打扰，专门躲进清华大学招待所住了几日"避寿"。她早就借翻译英国诗人兰德（Walter Savage Landor, 1775—1864）那首著名的诗，写下自己无声的心语（innermost words）：

"我和谁都不争、和谁争我都不屑；我爱大自然，其次就是艺术；我双手烤着生命之火取暖；火萎了，我也准备走了。"在自己百岁寿辰时，杨绛曾感言："我今年一百岁，已经走到了人生的边缘，我无法确知自己还能往前走多远，寿命是不由自主的，但我很清楚我快'回家'了。我得洗净这一百年沾染的污秽，随时准备回家。"

杨绛先生一生淡泊名利（indifferent to fame and wealth）、正直敦厚（honest and gentle），正如她评价自己译作《吉尔·布拉斯》的著者勒萨日一样："一身傲骨，不肯迎合风气（cater to the ethos），不肯依附贵人（be attached to the superior and the noble）。他敢于攻击时下的弊端（malpractice），不怕得罪当道。他不求名位，一生只靠写作谋生。"杨绛曾说："在我的一生中，我也一直努力做一个不媚上、不欺下（neither fawn upon one's superiors/curry favor with the above nor bully or insult one's subordinates/people below），谨守忠恕之道（follow the principle of benevolence and loyalty）的正直诚恳的人。"

杨绛先生永远活在人们心中。

70. 悼念卡斯特罗

古巴前领导人菲德尔·卡斯特罗（Fidel Castro）于 2016 年 11 月 25 日去世，享年 90 岁。习近平主席于当日即向古巴共产党中央委员会第一书记、国务委员会主席（该职位相当于国家元首，故英文称 president）兼部长会议主席（Chairman of the Council of Ministers）劳尔·卡斯特罗（Raúl Modesto Castro Ruz, 1931—　）致唁电（telegram of condolences），代表中国党、政府、人民，并以个人名义对菲德尔·卡斯特罗同志逝世，表示最沉痛的哀悼，向其家属致以最诚挚的慰问。习近平在唁电中指出，菲德尔·卡斯特罗同志是古巴共产党和古巴社会主义事业的缔造者（founder; architect），是古巴人民的伟大领袖，他把毕生精力献给了（devoted his entire life，注意这里不宜加上 energy 之类的词）古巴人民争取民族解放，维护国家主权和建设社会主义的壮丽事业，建立了不朽的历史功勋（perform immortal and meritorious historical service），也为世界社会主义发展建立了不朽的历史功勋。菲德尔·卡斯特罗同志是我们这个时代的伟大人物，历史和人民将记住他。习近平强调，菲德尔·卡斯特罗同志生前致力于中古友好，建交 56 年来，中古关系长足发展（develop by leaps and bounds），这与他的关怀和心血（painstaking effort）密不可分，他的光辉形象（illustrious image）和伟大业绩将永载史册。11 月 29 日，习近平主席前往古巴驻华使馆，吊唁古巴革命领袖菲德尔·卡斯特罗时指出，菲德尔·卡斯特罗是古巴人民的伟大领袖。他是我们这个时代的伟人，他为世界社会主义发展建立的不朽历史功勋、他对各国正义事业的支持将被永远铭记。习近平强调，菲德尔·卡斯特罗是中古关系奠基者、推动者。他的逝世是古巴和拉美人民的重大损失，不仅使古巴和拉美人民失去了一位优秀儿子，也使中国人民失去了一位亲密同志和真诚朋友，"我深深怀念他，中国人民深深怀念他。"

11 月 20 日晚，古巴百万人在哈瓦那革命广场送别卡斯特罗，中国国家副主席李源潮作为中共中央总书记、国家主席习近平的特使参加了悼念活动。参加悼念的有 20 多国的元首。

菲德尔·卡斯特罗出生于 1926 年 8 月 13 日。1959 年 1 月，菲德尔·卡斯特罗领导的古巴革命推翻了巴蒂斯塔（Rubén Fulgencio Batista）独裁统治，建立革命政府。1976 年起菲德尔·卡斯特罗担任古巴国务委员会主席。几十年来，他领导古巴人民进行了艰苦卓绝的斗争，维护了国家主权，克服了美国长期对古巴实施经济封锁造成的严重困难。2006 年他因病将权力交给劳尔·卡斯特罗。退出政坛以后，菲德尔·卡斯特罗很少公开露面。但对于古巴人民而言，他仍是抵抗强权的化身，继续对古巴教育、卫生、体育、科技等领域取得突出成就贡献力量。

卡斯特罗对社会主义建设的探索作了很多贡献。古巴在 20 世纪 70 年代，识字率达到了 99%，全民免费医疗、公共服务方面都取得了巨大的成就，受古巴人民的称赞。他探索的这条路，不仅仅局限于古巴，对世界上很多社会主义国家都有借鉴意义。

卡斯特罗受到世界如此瞩目，最主要有两点原因。一是民族自立自强（be independent and rely on oneself）的精神，不管世界风云怎么变化，卡斯特罗领导古巴坚定不移地沿着自己的发展道路走；二是不畏霸权（be fearless of hegemony）的精神，使他赢得了世界人民的尊重。

菲德尔·卡斯特罗是世界政坛上最具传奇色彩（legendary）的领袖人物之一。他既是领导古巴革命、带领古巴走进社会主义国家行列的领导人，也是中国人民的老朋友，和中国几代领导人都结下了深厚的友谊。他对毛泽东思想、邓小平理论等都非常推崇，曾将毛泽东的著作印成手册下发部队。卡斯特罗在中文版《卡斯特罗访谈传记：我的一生》（*Fidel of Castro: My Life: A Spoken Autobiography*）序言《致中国人民》中写道："革命使两国人民结成兄弟，肩并肩为社会主义而斗争。"2014 年 7 月 22 日，国家主席习近平在访问古巴期间探望了菲德尔·卡斯特罗。双方互致问候，两人就中古关系、国际形势等共同关心的问题进行了交谈。卡斯特罗请习近平转达了他对中国人民的美好祝愿，祝愿中国繁荣富强、人民幸福安康。习近平表示，看到卡斯特罗精神矍铄（be hale and hearty），感到十分欣慰。2016 年 9 月 25 日，国务院总理李克强在访古期间看望了卡斯特罗。双方就中古关系以及世界和平、地区热点、粮食安全等议题进行了长时间交谈。卡斯特罗表示，古中拥有深厚友谊。两国建交 50 多年来，中国发生了巨大的变化，我很高兴看到中国取得的发展，中国人民勤劳和不屈的精神值得钦佩。

卡斯特罗曾于 1995 年和 2003 年对中国进行国事访问。1995 年卡斯特罗第一次访华期间参观了北京、西安、上海、深圳、广州等地。当卡斯特罗到达上海时，许多百姓自发来到街上夹道欢迎这位远方的客人（voluntarily lined the streets to give this guest from afar a welcome），想一睹这位拉美硬汉的风采（graceful bearing），这样的场景让他很是感动。2003 年卡斯特罗第二次访华时，除了访问北京外，还参观了南京、上海等城市。访问期间，卡斯特罗高度评价中国改革开放所取得的巨大成就，并希望进一步加强古中两国的经贸合作关系。他称，中国在古巴最困难的时候提供了许多援助，这对古巴来说，是至关重要的，古巴人民对中国人民非常感激。中国前驻古巴大使刘玉琴回忆说，1999 年古巴遭受强飓风（hurricane）侵袭，首都哈瓦那的电力供应大面积中断，卡斯特罗曾亲自前往中国大使馆，询问受灾情况。当得知使馆已经断电 26 个小时后，卡斯特罗一言未发。可令人没想到的是，几天后，古方政府就给中国大使馆送来了一台发电机。直到现在，这台发电机还放在中国大使馆，成为一个时代的见证。

菲德尔·卡斯特罗在自述中曾表示，他此生一大遗憾就是没有机会结识毛泽东。不过，为了表达自己对毛泽东的敬意，1964 年春，在中国驻古巴首任大使申健回国时，卡斯特罗曾委托申健转交给毛泽东一把美制 M1911A1 式手枪。在枪柄上还用西班牙文书写着毛泽东的名字（MAOTSE-TUNG）。1961 年 4 月 17 日，1400 名得到美国中情局训练和装备的古巴流亡者（exile）在哈瓦那以南的吉隆滩（Giron Beach）登陆，妄图颠覆新生的革命政权。古巴军民英勇反击，俘敌 1100 多人，缴获大批美制武器。这把 M1911A1 手枪就是其中的一件。如今，这把手枪就收藏在军事博物馆。

卡斯特罗早年率领起义军打游击时，最喜欢读毛泽东的《论持久战》（*On Protracted War*）。他指示要将毛泽东关于游击战和人民战争的著作油印（mimeograph）成小册子，让广大指战员认真学习，被起义军称为"来自中国的粮食"。

卡斯特罗于 1926 年出生在一个甘蔗农场里。在当时，这样的人家很有社会地位。然而卡斯特罗很小的时候就曾带领工人一起反抗自己的父亲。卡斯特罗自幼就体验到了底层民众的疾苦，也造就了他格外坚定强悍的性格。1945 年，卡斯特罗就读哈瓦那大学法学院，很快就成为当时学生政治运动的中坚分子（hardcore）。大学毕业后，卡斯特罗成为一名律师，主要帮助穷人打官司。1953 年 7 月 26 日，卡斯特罗带领 100 多名革命分子攻打蒙卡达兵营（Moncada barracks），试图推翻巴蒂斯塔独裁统治。不幸那次起义失败，卡斯特罗被捕，庭审时发表了著名的辩护词《历史将宣判我无罪》（*History Will Absolve Me*，西班牙文：*La Historia Me Absolverá*）。出狱之后，他赶赴墨西哥，在那里结识了切·格瓦拉（Che Guevara, 1928—1967）等革命同道，重新集结力量，开展了推翻巴蒂斯塔政权的"七二六运动"。从 1956 年底开始，卡斯特罗率领几十人开展"游击战争"，短短两年之后就夺取了政权。1959 年 1 月 8 日，卡斯特罗率领革命队伍终于推翻了巴蒂斯塔军事独裁政权，建立革命政府，并出任政府总理（后改称部长会议主席）和武装部队总司令。

菲德尔·卡斯特罗是世界上最后一位社会主义"建国之父"。但在古巴，谁都不曾见过一座卡斯特罗的塑像；没有任何学校、街道或城镇以"卡斯特罗"命名；他的头像也没有被印在任何一张古巴的钱币上。卡斯特罗说："我们绝不搞个人崇拜（personal cult）。"卡斯特罗去世前曾表达了他的意愿，希望在他身后不用他的名字命名街道和纪念碑，也不要为他树立塑像。但是，人民仍然崇拜他，称他是"巨人"，是不可战胜的"英雄"，他将永远活在人民的心中。的确，无论世人对他有多少不同的看法，谁都无法否认，卡斯特罗是经典意义上的"卡里斯玛型"（charisma，原意为"神圣的天赋"，来自早期基督教，一般译为"人格魅力"）政治领袖。

卡斯特罗身材魁梧（be of imposing stature），面容英俊，自信而富有幽默感，他的大胡子和一身戎装成为他个人造型的独特标志。他的演讲才能闻名于世，他可以不停顿地作长达数小时的即兴演讲（impromptu speech），而公众似乎也永不疲惫地对他欢呼雀跃（jump for joy）。2001 年夏天，卡斯特罗在一次长达七个小时的演讲中突然昏厥。正当人们开始为他的健康担心的时候，他又重新回到演讲台，结束讲话后，他还轻松自如地与记者们调侃。假如全世界的政治领袖搞一场超级演讲比赛，那么卡斯特罗一定会毫无悬念地胜出。

在我们这一代人心目中，卡斯特罗始终是一位伟大的革命英雄的形象。笔者还清楚地记得当年参加支持古巴，反对美国的大游行。我们步行了十多千米，一路群情激昂（with mounting enthusiasm）地高呼"要古巴，不要美国佬！"（Cuba Si! Yankees No!）的口号。

英国曾播放一部名为《638 种暗杀卡斯特罗的方法》的纪录片，引起了英国民众的强烈反响。据卡斯特罗的贴身保镖称，在美国的古巴流亡者与中央情报局共同策划了多达 638 次对卡斯特罗的暗杀行动，仅仅在尼克松（Richard Nixon, 1913—1994）任内就有 172 次之多。企图暗杀卡斯特罗的手段之离奇（bizarre）多样，令"007"邦德（James Bond，英国作家 Ian Fleming 创作的间谍小说里的人物，身份是英国情报机构军情六处的特工，代号 007）都自叹弗如（sigh at one's comparative unworthiness），但都以失败告终。卡斯特罗说，如果奥运会设置一项躲避暗杀的项目，那他肯定会得金牌，而且是纪录保持者，并且这纪录几乎没有可能被打破。

这里举几个例子：卡斯特罗喜欢潜泳，美国中情局派人送给卡斯特罗一件经过特殊处理，上面沾满了多种致命病菌的潜水服（diving suit），结果因为那件潜水服看上去较脏被侍者换掉了。后来中情局还曾计划在卡斯特罗喜欢潜水的海底地区放置"贝壳炸弹"，由于小船无法去该地区而只好放弃。中情局还计划在卡斯特罗的靴子里洒放能使人慢性中毒的药粉，后因找不到合适的人而放弃计划。后来中情局派人送给卡斯特罗一盒涂有剧毒的雪茄，只要一沾口，就能致人死亡。雪茄送到了，可是卡斯特罗从 1985 年起就开始戒烟了。文的不行来武的。1971 年，卡斯特罗访问智利时，中情局派了两名特工化装成记者，计划等卡斯特罗开记者招待会的时候，利用录影的机会把他打死，没有想到两名"记者"中的一位突然得了阑尾炎，不得不去医院做手术，另一个也不敢单独行事。于是中情局特工在一辆卡车上装了 4 吨硝化甘油炸药（nitroglycerin powder），将该卡车停放在智利北部狭窄的山区公路上，准备在卡斯特罗车队到达时引爆炸药炸死卡斯特罗。但是，那天的炸药就是没有爆炸。随后中情局又派人企图在卡斯特罗结束对智利的访问返回时在智利首都利马机场用机枪扫射，但是卡斯特罗的飞机偏偏停在了机枪射程范围以外的地方。中情局还曾通过古巴犯罪集团招募了一名古巴少校，作为打进古巴心脏的"杀手"，结果因为 1963 年 11 月 22 日，美国总统肯尼迪遇刺身亡，新任总统指示美国中情局"停止暗杀卡斯特罗的行动"。最富有戏剧性的一次是 1961 年中情局掳走卡斯特罗的一位情人洛伦兹（Marita Lorenz），六个多后将她派遣回古巴。她的箱子里藏着剧毒药丸，准备放进卡斯特罗的牛奶杯子里。让中情局没有想到的是，卡斯特罗见到洛伦兹时，一眼就看出了玄机（skillful contrivance），平静地质问她："你这次来是否为了杀我？"然后，卡斯特罗拿出了手枪递给他，对她说："这样开枪岂不更简单？开枪吧。"这一举动让洛伦兹被卡斯特罗的气魄所震撼，当场彻底崩溃。她丢掉了手枪，哭着说："我，我不能杀你……"。

11 月 26 日，《环球时报》还刊登了一篇题为《熬走 11 位美国总统的卡斯特罗，始终没等到特朗普》的文章。文章说，90 岁的卡斯特罗已经"熬"（outstay）走了 11 位"美国总统对手"。美国前总统克林顿（Bill Clinton, 1946— ）曾这样说卡斯特罗："我上幼儿园时，他是总统；我上小学时，他是总统；我上中学时，他是总统；我上大学时，他是总统；我工作后，他还是总统；我结婚后，他还是总统；我当总统了，他仍然还是总统；我任期满了，他居然还是总统。"

卡斯特罗熬走的美国总统包括艾森豪威尔（Dwight David Eisenhower, 1890—1968）、约翰·肯尼迪（John Fitzgerald Kennedy, 1917—1963）、林登·约翰逊（Lyndon Baines Johnson, 1908—1973）、理查德·尼克松（Richard Nixon, 1913—1994）、福特（Rald Rudolph Ford Jr., 1913—2006）、吉米·卡特（Jimmy Earl Carter, 1924— ）、罗纳德·里根（Ronald Reagan, 1911—2004）、老布什（George Herbert Walker Bush, 1924— ）、比尔·克林顿、小布什（George Walker Bush, 1946— ）、奥巴马（Barack Hussein Obama, 1961— ）。

有人说，卡斯特罗的谢幕（curtain call）带走了一个时代，我们并不怀念你争我斗硝烟弥漫，我们怀念的，是那份铁骨铮铮（firm and unyielding character）的激情。

卡翁去世，是一段辉煌历程最终翻页，而古巴社会主义事业将续写新的篇章。可以预见，"后卡斯特罗时代"的古巴将平稳过渡、不断发展。一个更加繁荣富强的古巴将是对卡斯特罗最好的告慰。伟人谢幕，理想不朽！

71. 鲍勃·迪伦

2016 诺贝尔文学奖揭晓（announce the results），令人没有想到的是，美国歌手、民谣艺术家鲍勃·迪伦（Bob Dylan, 1941— ，原名"罗伯特·艾伦·齐默曼"Robert Allen Zimmerman。据说他在大学开始唱民歌时改名，其中的姓 Dylan 取自诗人"迪伦·托马斯"Dylan Thomas 的名字）获奖，以表彰其"在伟大的美国歌曲传统中创造了新的诗歌表达"（having created new poetic expressions within the great American song tradition）。瑞典皇家科学院（Royal Swedish Academy of Sciences）说，鲍勃·迪伦"具有圣人般的地位"（has the status of an icon），他对音乐有深刻的影响。（His influence on music is profound.）瑞典文学院（Swedish Academy，瑞典文：Svenska Akademien）常任秘书萨拉·达尼乌斯（Sara Danius）说，迪伦将他的诗歌通过歌曲的形式展现出来，这与古希腊那些通过音乐表达的经典作品别无二致。达尼乌斯还称，迪伦之所以被选中，是因为他是"英语语言传统中的伟大诗人"。她评价说，"尽管授奖决定显得有些违反传统，但实际上，鲍勃·迪伦恰恰是把他独特的诗意表达方式与乡村音乐文化相结合，从而散发出新的生命力……50 多年来，迪伦一直在重塑自己，不断创造新的身份。"瑞典文学院赞扬他的作品是"献给耳朵的诗歌"。鲍勃·迪伦的获奖打破了诺贝尔文学奖的传统，传统上，获奖者的得奖依据是其出版的书籍，尽管迪伦出过一本诗集、一本写生集以及一本回忆录，但他的主要成就是在流行音乐领域。鲍勃·迪伦的获奖可谓创造了历史，如同当年丘吉尔（Winston Churchill, 1874—1965）以二战回忆录、罗素（Bertrand Russell, 1872—1970）以哲学著作获奖一样。

这也是自 1993 年美国小说家托妮·莫里森（Toni Morrison, 1931— ）获奖 23 年之后，诺贝尔文学奖再次花落美国。奥巴马在社交网站推特的美国总统官方账号上发文，对鲍勃·迪伦获奖表示祝贺，称迪伦是他最爱的"诗人"之一，获得此奖实至名归（fame follows merit）。

鲍勃·迪伦是一位唱作人（singer and songwriter）、艺术家和作家。从 1961 年发布首张专辑（album）至今，迪伦在流行音乐界和文化界的影响力已持续超过 50 年。他的大多数著名作品都来自 20 世纪 60 年代的反抗民谣（protest folk music），他也被认为是当时美国新兴的反叛文化（counterculture）的代言人，他的部分早期作品成为当时美国民权反战运动（civil rights and anti-war movement）的圣歌（anthem; chant; hymn），例如 "Blowin' in the Wind"（《乘风而来》，一译《答案在风中飘》）和 "The Times They Are a-Changing"（《时代在变》）。60年代中期，迪伦开始从原先的反抗民谣风格转型，并在 1965 年发行单曲 "Like a Rolling Stone"（《像一块滚石》）。这首歌改变了流行音乐的传统分类。在一些摇滚音乐（rock 'n' roll）人的帮助下，迪伦 60 年代中期的一些作品登上了"告示牌"（Billboard）榜单冠军，但同时也受到了来自民权运动者的指责和批评。

迪伦早期受到了美国创作歌手小理查德（Little Richard, 1935— ）的表演和音乐人伍迪·盖瑟瑞（Woodrow Wilson Guthrie, 1912—1967）、罗伯特·约翰逊（Robert Johnson, 1911—1938）和汉克·威廉斯（Hank Williams, 1923—1953，绰号"金" King）的影响，并在后来发展及个性化了既有的音乐风格。迪伦在其 50 多年的歌唱生涯中探索了美国歌曲风格里的各种成分，从民谣、蓝调（blues）及乡村音乐（country music; country-and-western）到福音音乐（gospel music）、摇滚乐和洛卡比里（rockabilly，一译"山地乡村摇滚乐"），再到英格兰式、苏格兰式和爱尔兰式民谣，还有爵士乐（jazz）和摇摆乐（swing music）。迪伦常用的演奏乐器包括吉他、键盘乐器（keyboard）和口琴。从 20 世纪 80 年代末开始，迪伦就在不同的音乐人的支持下举办他的"永不停息巡演"（Never Ending Tour）。作为一个唱片艺术家和表演者，迪伦的成就主要以他的演艺生涯为核心，但他最大的贡献被普遍认为是他的作词。

此外，自 1994 年以来迪伦已出版了六本画作书，他的作品也曾在大型艺术画廊中展出过。2007 年，迪伦在德国的开姆尼茨美术馆（Kanstsammlungen Chemnitz）举办了第一次个人画展，展出从 1989 年到 1992 年间迪伦在全球举办"永不停息的巡演"时用画笔记录下的所见所闻。巡演期间，他用素描（sketch; line drawing）、炭笔画（charcoal drawing）的方式记录了冷寂的自然风景、旅馆的房间和萧瑟大街上的人，起名"憔悴的空白系列"（The Drawn Blank Senes）。艺术家玩跨界，虽然很常见，但是像鲍勃·迪伦这样，把跨界玩得专注的，不多见。迪伦说："我会画什么呢？嗯，我猜会是手头的任何东西。我坐在桌边，放好纸和笔，拿来一台打字机，一朵玫瑰，笔、刀、大头针、空的烟盒。我完全忘记了时间……倒不是我把自己当成了画家，只是喜欢在混乱中寻找秩序的感觉。"他其实很早就开始画画了。1966 年的一场摩托车车祸，让鲍勃·迪伦差不多有两年时间没与公众见面，也让当时养伤在床的他执起了画笔。他的画作开始与其创作的诗歌、散文、音乐互通生气（inter-flow of vitality/vigor），他曾说："倒不是因为我自认是大画家，而是我感觉在绘画时，我能赋予周遭的混沌以秩序。"德国评论家们对之不吝惜溢美之词："即使鲍勃从未唱过一句，写过一行，正在展出的这些绘画也值得一看。"

作为一个音乐家，迪伦的唱片总销量已超过了 1 亿。迪伦得到的奖项很多。1991 年获得格莱美终身成就奖（Grammy Lifetime Achievement Award），2000 年获得奥斯卡最佳原创歌曲奖（Academy Award for Best Original Song），2001 年获得金球奖（Golden Globe Award，注意：不是足球的 Golden Ball Award），2008 年的第 92 届普利策文学奖（Pulitzer Prize）上获得特别荣誉奖，得奖评语为"对流行音乐和美国文化产生深刻影响，以及歌词创作中非凡的诗性力量"，2012 年 5 月，获得了由美国总统贝拉克·奥巴马颁布的总统自由勋章（Presidential Medal of Freedom），2013 年获得年法国荣誉军团骑士勋章（Légion d'Honneur，英文 Legion of Honour），2015 年 2 月 6 日，鲍勃·迪伦在格莱美慈善晚宴上正式被授予 2015 年"格莱美音乐关怀年度人物（MusiCares Person of the Year gala）奖"。

迪伦被《时代》杂志选入 20 世纪最有影响力的 100 人名单。鲍勃·迪伦不仅改变了摇滚乐的历史，也影响了无数音乐领域之外的人。2004 年，《滚石》（Rolling Stone）杂志评选出史上最伟大的 500 首歌，鲍勃·迪伦的"Like a Rolling Stone"名列首位，这首歌被引申为一种摇滚精神，一种生活态度。而他的另外一首作品《答案在风中飘荡》同样进入史上最伟大的 500 首歌曲，是"民歌摇滚"的代表作，被奉为民权运动的圣歌。迪伦自己说："在我看来，我写的任何一首歌都不会过时，无论它们是关于什么话题的，它们承载的是那些我永远找不到答案的东西。"

《新京报》评论说，迪伦一生就似一场旅程，只有不断地出发才能一直走在回家的路上，就像他当时毅然离家出走前往纽约，或是现在满脸沧桑（with the vicissitudes of life written all over his face）地带着皱纹和回忆来到中国。迪伦的大半生追逐（chase; pursue; go after）时代，审视（scrutinize）时代，推动时代而终被时代所追赶。他用摇滚武装自己，并始终保持着对时代主流的警惕之心。

他的民谣生涯是从考上明尼苏达大学（University of Minnesota）开始的。迪伦和同时代许多年轻人一样厌倦枯燥无味的大学生活，他整天出入酒吧，试图从音乐中找到自己。当时的摇滚乐还并没有成型，不少年轻人都嫌弃"三件套"式的音乐太简单，迪伦把电吉他换成了一把钢丝弦的吉布森（Gibson，美国知名吉他乐器公司）民谣吉他，先模仿流行民歌组合金斯顿三重唱（Kingston Trio），然后疯狂地模仿当红的民谣歌手伍迪·格斯里（Woody Guthrie, 1912—1967）。他的模仿秀吸引了人们的注意，曾两次在全美最大规模的民谣音乐节新港音乐节（Newport Music Festival）上表演。当时，小马丁·路德·金（Martin Luther King Jr. 1929—1968）刚刚组织了"华盛顿大游行"，随后约翰·肯尼迪（John F. Kennedy, 1917—1963）总统遇刺。在迷茫动荡的（confused and turbulent）1963年，迪伦的《答案在风中飘荡》（Blowin' in the Wind）唱红了美国。专辑《时代变了》（The Times They Are a-Changin'）几乎成为人们心目中的政治宣言，专辑封面上迪伦双眉紧蹙（with knitted eyebrows）的愤怒神情也成为那个时代最鲜明的脸孔。这个时代的迪伦是最为人熟悉的，似乎全世界的乐迷都愿意他沿着这个模式永远走下去。

1965年初，受到披头士（the Beatles）等英国摇滚乐队的影响，迪伦用时髦的西装和尖头皮鞋代替了皱巴巴的牛仔裤和工装服。当年的新港民谣音乐节上，迪伦突然带了一支完全电声化（electroacoustic）的乐队上场。歌迷们认为他"背叛"了民谣。此后的两年，迪伦沾染上毒品，而他的词作也变得晦涩（obscure）难懂。他于1966年开始在世界范围内巡演，每天在兴奋剂和药品的支撑下24小时地工作，像是一台通了电的机器。他的每一场演出总是分为上下半场，上半场原声民谣，大家相安无事（get along with each other peacefully），下半场电声摇滚，观众便力图用嘘声（catcall）盖过音乐。

1966年的一场车祸让迪伦开始远离聚光灯（spotlight; lime light）的中心，而他的音乐风格也再一次地发生了改变。1967年的《约翰·卫斯理·哈丁》（*John Wesley Hardin*）专辑突然之间回归了温暖抒情（lyric）的乡村民谣，而歌词也不再犀利地直指社会现象。

民谣是迪伦成名和探索世界的方式，而诗意的歌词则是他作品中最核心的因素。他的歌词完全能够脱离曲调而被作为诗作来阅读，而他的文学成就也完全可以在他的传记里独立成章。从20世纪60年代中期，一些主流评论开始推崇迪伦文学方面的造诣，有评论家甚至称他为"现代美国继卡尔·桑德堡（Carl Sandburg, 1878—1967）、罗伯特·弗罗斯特（Robert Frost, 1874—1963）之后最伟大的诗人"；1976年美国总统卡特（Jimmy Carter, 1924—　）在竞选活动中引用迪伦的诗句并称其为"伟大的美国诗人";1990 年,法兰西文学院(L'Institut de France)向迪伦颁发"文学艺术杰出成就奖"。

迪伦没有被外界的各种褒奖冲昏头脑(become dizzy with success),他对自己的评价调侃而中肯:"无论我到哪里,我都是一个六十年代的游吟诗人(troubadour),一个摇滚民谣的遗迹,一个从逝去时代过来的词语匠人(craftsman of words),一个从无人知晓的地方来的虚构的国家首脑。我处在被文化遗忘的无底深渊之中。"自 1996 年后,迪伦数次获得诺贝尔奖提名。除了文学之外,迪伦在绘画方面的才华也为人所称道。

从女性角度来看,迪伦年轻时一头卷发,眼含深情,他的形象是"万人迷"(Mack Daddy)的典型代表。迪伦的第二张唱片封面上的女孩是他的初恋女友苏西·罗图洛(Suze Rotolo, 1943—2011)。他们在一个雨后的街头相拥而行,比起照片上甜蜜的女孩来说,迪伦似乎还要更羞涩(bashful)一些。当时的迪伦并不是一个高不可攀的明星,倒是苏西的人脉更广一些,时髦美丽的她帮助迪伦进入了更广的文艺社交界,迪伦在回忆录中也毫不吝啬对她的赞誉:"极其美艳,极其活泼,笑容可以照亮一整条街道,像是罗丹(Auguste Rodin, 1840—1917,法国雕塑艺术家)雕塑活了过来。"虽然两人很快分手,但苏西被认为对迪伦的影响仅次于民谣歌后琼·贝兹(Joan Baez, 1941—)。1961 年,贝兹已经家喻户晓,还登上过《时代》的封面,她喜欢上了迪伦创作的《献给伍迪的歌》(*Song to Woody*)。

Hey, hey, Woody, I wrote you a song
Hey, hey, Woody Guthrie, but I know that you know
All the things I'm a-sayin' an' a-many a times more.
I'm a-singin' you this song, but I can't sing enough.
(嘿,伍迪,我为你写了首歌,
嘿,伍迪·格斯里,但我相信你知道我要说什么,
还有我没有说出的千言万语。
但我还是要为你唱这首歌,总也唱不够。)

1963 年到 1965 年期间,他和琼一同歌唱,一同反战,形影不离(be always found together,英语习语 like peas and carrots 也可表示这个意思)。迪伦成名之后,

两人的感情慢慢变淡。伤心的琼写了一首《钻石和铁锈》（*Diamonds and Rust*）送给迪伦。这首歌让迪伦为之感动。他们的婚姻从 1965 年一直维系到了 1977 年，琼陪他走过了车祸和之后的康复，并为他生了四个孩子。1976 年，两人的婚姻濒临破裂，他的唱片《欲望》（*Desire*）中有一首歌叫《萨拉》（*Sara*），缠绵浪漫，每一句都是对妻子的依恋和挽留。1977 年，他们还是离了婚。

　　同年迪伦又投入到另一次"滚雷"乐队巡回演出（Rolling Thunder Revue）中，并据此推出了一部长达 4 小时的影片《雷纳多和克拉拉》（*Reinado and Clara*），影片中还插入了一段由迪伦表演的半自传性的音乐会。1978 年，迪伦发行了唱片《合法街区》（*Legal Block*）。1979 年，迪伦宣布自己成为"再生基督徒"（born again Christian），后期他的创作中呈现出浓厚的宗教色彩。此后鲍勃发行的多张唱片均带有宗教意味。1985 年发行了《帝国讽刺剧》（*Empire Burlesque*）和《疲惫装载》（*Knocked Out Loaded*）。1986 年，鲍勃恢复巡回演出。1989 年再次开始发行专辑。1992 年的《我对你那么好》（"Good As I Been to You"）和 1993 年的《世界出问题了》（"World Gone Wrong"）中，他重新拾起早期的民谣，翻唱了许多并不广为人知的歌曲。1992 年 10 月 16 日，在麦迪逊广场花园（Madison Square Garden）举办了一场纪念迪伦踏入歌坛三十年的演唱会，加拿大创作型摇滚歌手尼尔·杨（Neil Young, 1945—　）、英国歌手埃里克·克莱普顿（Eric Clapton, 1945—　）、英国前披头士吉他手乔治·哈里森（George Harrison, 1942—2001）等人均到场表演。1997 年初，迪伦突发心脏病，当年的欧洲巡演被迫取消，但他很快就康复出院，甚至还于当年 9 月 27 日，在教宗（the Pope）若望保禄二世（Saint John Paul Ⅱ，拉丁文：Sanctus Ioannes Paulus PP. Ⅱ，1920—2005，1978 年 10 月 16 日被选为教宗）面前表演。1997 年 9 月 30 日，迪伦发行了由加拿大音乐人丹尼尔·拉怒瓦（Daniel Lanois, 1951—　）制作的《被遗忘的时光》（*Time out of Mind*），距他上一张原创专辑《哦，宽恕》（*Oh Mercy*）有八年之久。1991 年为庆祝迪伦 50 岁生日，CBS 公司发行三合一专辑《私录卡带系列》（The Bootleg series）。该专辑中收录了他 1961—1991 年出版的歌曲。2001 年 9 月 11 日，迪伦发行《爱和盗窃》（*Love and Theft*）。2004 年 10 月，迪伦出版了自传《像一块滚石》（*Chronicles: Volume. One*，繁体版译名为《摇滚记》），书中主要记述了他的童年生活、在纽约奋斗的经过、中年陷入创作低潮的心情等。该书在纽约时报书籍非小说（nonfiction）类排行榜保持达 19 周之久。2005 年，导演马丁·斯科塞斯（Martin Scorsese, 1942—　）执导了迪伦自传记录片《迷途之家》(*No Direction Home*)。

2006 年 8 月底，迪伦发行了他第 48 张专辑《摩登时代》(*Modern Times*)，随即登上美国排行榜第一名。2011 年 4 月 3 日、4 月 6 日、4 月 8 日分别在台北、北京、上海举办演唱会。从 4 月 12 日起连续三晚，在香港献唱。这是现年 70 岁的鲍勃·迪伦首次在中国登台演出。2012 年发行专辑《狂风暴雨》(*Tempest*)。2015 年发行最新专辑《暗夜阴影》(*Shadows in the Night*)。

后来迪伦又和一位叫卡罗琳·丹尼斯 (Carolyn Dennis) 的伴唱者有过六年的婚姻，还生了一个女儿。两次失败的婚姻给迪伦带来的伤害让他渐渐养成一些怪癖：他只愿意住汽车旅馆 (motel; motor lodge)，喜欢狗儿们围着他转，窗户要大开，不使用空调。在他的孩子眼中，他也是个"疯狂、自闭、孤独、只关心自己的音乐的人"。或许只有无休无止的巡演是让迪伦觉得更舒服的生活方式，直到现在他已经是个七旬老人，还依然没有停下来的意思。有人说，迪伦已经在 26 岁之前完成了自己所有的人生，后来他就和时代脱节，感到尴尬无事可做，但他从未对自己的行为作出任何解释，只是在不停地上路，唱歌。

不过诺贝尔文学奖颁发给迪伦也引起了很大的争议。例如 10 月 18 日到乌镇参加戏剧节的奥地利作家彼得·汉德克 (Peter Handke, 1942—) 就认为此举是退步行为，文学应该把阅读放在第一位。他说："这也反映出现在大家对阅读越来越不重视。"

瑞典文学院宣布将 2016 年诺贝尔文学奖授予迪伦后，邀请他参加 12 月的颁奖典礼，但直到 2017 年初迪伦才到瑞典去领奖。

在中信书店主办的一场名为"诺贝尔之夜"的文学沙龙上，中国作协副主席、文学评论家李敬泽评论说："如果我们把眼界放宽就会发现，鲍勃·迪伦获奖意味着诺奖回归传统。"李敬泽的讲话提到了荷马 (Homer，公元前 8 世纪古希腊盲诗人) 的传统、游吟诗人的传统，也许在原初情境下，文学既是语言的，也是音乐的。诗人郑愁予则认为，批评鲍勃·迪伦的人都有自己固定的观念。

让我们来看看人们对鲍勃·迪伦的评论。

鲍勃·迪伦是这个时代最受敬重的诗人和音乐家，也是我心目中的英雄。

——史蒂夫·乔布斯（Steve Jobs, 1955–2011）

鲍勃·迪伦越是不代表谁，他的影响越大，那些总是想代表时代的人，越无法获得持续性的影响，那个时代过去了，他们就过去了。鲍勃·迪伦的低调，他一直在坚持做演出，从他的第一首歌到现在，这中间一脉相承的音乐形式，反而给了我们深远的影响。

——歌手崔健

他让音乐真正变成表达人生观和态度的一个工具。

——歌手郑钧

鲍勃·迪伦颇具创造力的作品为美国文化甚至整个世界的文化界作出了很多贡献。

——美国唱片工业学院（The Recording Academy）
首席执行官尼尔·波特诺（Neil Portnow）

我听到那首"A Hard Rain's a-Gonna Fall"（《暴雨将至》）时，我哭了出来。我被他的修辞镇住了，这些诗词简直就像《圣经》箴言一样撼动人心。

——美国诗人艾伦·金斯伯格

在法国看来，鲍勃·迪伦赋予音乐的，是可以改变人类和世界的颠覆性力量（subversive power）。

——法国前文化部长菲利佩蒂（Alain Peyrefitte）

迪伦教会了中国诺贝尔奖的价值。

——《环球时报》记者

鲍勃·迪伦到老都像一块滚石。

——《北京晚报》编辑

附录：

1. 迪伦最经典的十首歌曲：

1）*Blowin' in the Wind*《在风中飘荡》（1963）

2）*A Hard Rain's A-Gonna Fall*《暴雨将至》（1963）

3）*Like a Rolling Stone*《像一块滚石》（1965）

4）*Mr. Tambourine Man*《铃鼓先生》（1965）

5）*Don't Think Twice, It's All Right*《别想太多，没事的》（1963）

6）*It's Alright Ma (I'm Only Bleeding)*《没事妈妈，我只是在流血》（1964）

7）*Just Like a Woman*《就像一个女人》（1966）

8）*Knockin' on Heaven's Door*《敲开天堂的门》（1973）

9）*Love Sick*《相思病》（1997）

10）*Not Dark Yet*《尚未黑暗》（1997）

2. 五首歌的歌词和汉译：

1）*Blowin' in the Wind*《在风中飘荡》

How many roads must a man walk down/Before you call him a man?/How many seas must a white dove sail/Before she sleeps in the sand?/Yes, and how many times must the cannonballs fly/Before they're forever banned?/The answer, my friend, is blowin' in the wind/The answer is blowin' in the wind. （一个男人要走过多少条路 / 才能被称为一个男人？ / 一只白鸽子要越过多少海水 / 才能在沙滩上长眠？炮弹在天上要飞多少次才能被永远禁止？答案，我的朋友，在风中飘荡，/ 答案在风中飘荡。）

2）*The Times They Are a-Changin'*《时代在变》

Come senators, congressmen,/Please heed the call./Don't stand in the doorway./Don't block up the hall/For he that gets hurt/Will be he who has stalled./There's a battle outside/And it is ragin'./It'll soon shake your windows/And rattle your walls/For the times they are a-changin'. （议员们，/ 请留心这呼声，/ 别把着门，/ 因为受伤的总是停滞不前的人。/ 外面的斗争 / 正咆哮阵阵，/ 就快把你们的窗子摇撼，/ 震得你们的墙咯咯作声。/ 因为时代变革已成真。）

3）*Mr. Tambourine Man*《铃鼓先生》

Yes, to dance beneath the diamond sky with one hand waving free,/Silhouetted by the sea, circled by the circus sands,/With all memory and fate driven deep beneath the waves,/Let me forget about today until tomorrow. （是的，在钻石的天空下起舞，一只手自在地挥呀挥。/ 侧影反衬着海水，四周是圆场的黄沙。/ 带着一切记忆与命运，一齐潜入翻涌的波涛之下。/ 且让我忘记今日，直到明天来临。）

4）*Just Like a Woman*《就像个女人》

She takes just like a woman, yes, she does./She makes love just like a woman, yes, she does./And she aches just like a woman./But she breaks just like a little girl. （是的，她索取得像个女人。/ 是的，她做爱的时候像个女人。/ 她渴望的时候像个女人。/ 可她说分手的时候就像个小姑娘。）

5）*Masters of War*《战争贩子》

Let me ask you one question/Is your money that good?/Will it buy you forgiveness/Do you think that it could?/I think you will find/When your death takes its toll/All the money you made/Will never buy back your soul. （让我来问问你们吧，／金钱真是万能的吗？／你们以为它果真能够，／买到你们所需的饶恕？／我想你们终会发现，／在死神宣告降临之时，／你们挣得的所有金钱，／都无法买回你们所谓的灵魂。）

72. 英国脱欧

2016 年 6 月 23 日，英国举行全民公投，24 日公布结果，赞成退出欧盟的票数比赞成留在欧盟内的票数多出 100 万以上，"脱欧"一方以 51.89% 的支持率赢得公投。

那么，为什么英国有这么多人要脱欧呢？

首先，从历史上说，许多英国人认为"英国人非欧洲人"，"英国是英国，欧洲是欧洲大陆，两者不是一回事。"

有人提出说，这是因为英国是一个岛国，不少英国人都心存"岛国心理"（island mentality），习惯于"自我孤立"（self-imposed isolation）。英国著名宪制及历史学家伯格达诺尔教授（Professor Vernon Bogdanor）就这样说过："虽然孤立的时代早已过去，但其对英国人的影响仍在，使他们不愿意与欧洲大陆建立联系。"除了反欧情结（complex）和岛国心理，还有对大英帝国的留恋情绪，因为"英国人习惯了对他人发号施令（call the shots; issue orders），而不习惯接受他人的发号施令"。事实上，不少英国人都喜欢怀旧（dwell in the past），特别是怀念大英帝国在维多利亚时期（the Victorian Era）的辉煌年代。很多英国人挂在嘴边的一句话就是"英国人就是比欧洲人强"。二次大战中，欧洲大陆很快就落入纳粹德国的手中，许多欧洲国家不堪一击（cannot withstand a single blow）甚至不战而降（surrender without a fight），唯有"大英帝国"独力抗争。虽然因此使英国国力元气大伤（badly hurt; one's constitution be greatly undermined/injured），最终还是在美国协助下取得胜利。为此，许多老一辈英国人都瞧不起欧洲人，认为欧洲人在关键时刻"靠不住"。许多英国人在感情上从未对欧洲有任何亲近感，反而觉得英国自己过得很好，根本不需要加入欧洲大家庭。

其实，成立欧盟的建议最初却是由英国提出的。早在 1946 年，时任英国首相的丘吉尔（Winston Churchill, 1874—1965）就倡议建立"欧罗巴合众国"（United States of Europe），但到了其他国家对此兴致勃勃的时候，英国却变得消极起来。直到 1961 年，英国才首次主动申请加入欧盟的前身"欧洲经济共同体"（European Economic Community—EEC），但遭到时任法国总统戴高乐（Charles de Gaulle, 1890—1970）的拒绝。直到 1973 年戴高乐去世后，英国才获准加入。

英国《经济学人》（*Economist*）杂志 2014 年曾经撰文分析：在欧盟现有的 28 个成员国中，绝大部分是出于非常清晰和长远的目的而加入欧盟的。例如，对于德国和法国来说，成立欧盟就是为了愈合过去的战争伤疤；而像比利时这样的小国，则希望通过欧盟在国际舞台上发出更强有力的声音；至于波兰等东欧国家，则是为了不再受俄罗斯的欺凌而加入的。

相比之下，英国在加入欧盟问题上一直三心二意（in two minds）。虽然后来加入了，但许多人觉得，英国只是为了希望从欧洲的单一经济贸易市场中分一杯羹（take a share of the spoils）。

英国议会 2015 年发表的一份报告指出，2014 年英国对欧盟预算的净贡献（即支付减去所得）为 98 亿英镑，比 2009 年的 43 亿英镑还多出了一倍以上。正因为如此，一些英国人总觉得加入欧盟不但没有捞到什么好处，反而付出太多，有点得不偿失（the loss outweighs the gain; be not worth the candle）。不过，根据英国议会的报告，欧盟带给英国的经济好处至少有两点毋庸置疑：首先，欧盟是英国最大的贸易伙伴（trade partner; business associate），其 44% 的出口及 47% 的进口均来自欧洲；其次，欧盟是英国外来投资的头号来源地，其 48% 的外来投资来自欧盟。

1994 年，金融大亨戈德史密斯爵士（Sir James Goldsmith）创办"公投党"（Referendum Party），极力争取就英国与欧盟的关系举行全民公投。但戈德史密斯在 1997 年 7 月去世后，该党也随之销声匿迹（disappear/vanish from the scene）。

另一个鼓吹要退出欧盟的"英国独立党"（UK Independence Party），是在 1993 年成立的，近几年来却异军突起（A new force suddenly rises.）成为英国第三大党。2014 年欧洲议会选举中，英国独立党更以 26.6% 的得票率高踞英国各政党首位，该党领袖法拉奇（Nigel Farage）也成为英国政坛上反对欧洲的代表性人物。但是法拉奇后来却宣布辞去独立党党首职务，说他的目的达到了。

以时任首相卡梅伦为首的"留欧派"与司法大臣戈夫（Michael Gove）为首

的"脱欧派"之间互相攻击的程度，不禁让人怀疑他们究竟是同僚还是政敌。事实上，卡梅伦在2015年承诺要举行欧盟公投，目的也是为了安抚（pacify）保守党内的脱欧派，防止党内分裂。没有想到结果对保守党造成难以治愈的"内伤"。

20世纪70年代，英国工党因为欧洲问题而出现过党内分裂。1973年，保守党首相希思（Sir Edward Heath，1916—2005）带领英国加入欧洲共同体，但在随后一年的大选中，工党成功组成少数党政府取代保守党上台执政。这时，包括现任工党领袖柯尔宾（Jeremy Corbyn）在内的一些工党左翼议员发难，强烈反对英国加入欧共体（European Community—EC），指其为"资本主义的产物"，只会导致英国劳工失去就业机会。为了平息党内反欧声音，工党首相威尔逊（Harold Wilson）决定在1975年举行公投，结果，三分之二的英国公众投票赞成英国留在欧共体。

但与41年前那次公投相比，这次英国的反欧声音显然要强烈得多，其中一个主要原因，是外来移民问题的出现。

欧盟自2004年开始的东扩行动，导致大量东欧国家公民涌入英国工作和生活，他们被指抢走了不少英国人的就业机会，并制造了不少社会及治安问题，而近来大批来自中东地区的非法移民纷纷抵达欧洲大陆，更让不少英国人担心外来移民人数会激增。此外，1975年公投时，英国正面临严重经济危机，而欧洲大陆的经济水平则普遍高于英国，当时加入欧共体，对英国的吸引力很大。但近年来，欧盟成员国接连出现经济问题，其中尤以希腊最为严重，直到现在还没有解决的迹象。越来越多的英国人认为，欧盟已经变成沉重的经济负担，需要英国不断"奉献"来帮助这些"穷国"。与此同时，近年来在欧洲大陆接连发生的暴力袭击事件，也让许多英国人觉得：只有脱离欧盟，关闭边界，才能阻止这些袭击事件蔓延到英国。但是，人们没有想到这次公投结果会引起这么大的反响。英国选举委员会刚一宣布公投结果后，英国广播公司（BBC）就发出了懊丧的惊呼"变天（There comes a big catastrophe.）了！"

有报道说，很多英国人觉得他们公投时稀里糊涂，很有赶时髦（follow the fashion; try to be in the swim）的意思，公投结果公布后才明白闯了大祸（cause a big catastrophe）了。但这个世界，没有后悔药（remedy for regret）可买。毫无疑问，英国这次公投，是民粹政治的胜利，是任性民主的结果。有人认为，许多投票支持脱欧的人并不是对欧盟不满，他们只是对本届政府不满，有民众在英国议会官网上发起请愿，要求英国就"脱欧"问题举行第二次全民公投。这一请愿迅速得到许多民众的响应，据说请愿签名者超过 400 万。但是，从法律上说，再次公投是不可能的。

卡梅伦去年在苏格兰独立公投上玩了一次心跳（have a near miss），以为这次故伎可以重演，不想民意如流水，演戏彻底演砸，自己丢掉了首相宝座，也将英国推入到新的火山口。对英国来说，这其实等同于自戕（commit suicide）。既然英国可以公投脱离欧盟，下一步，则很可能是苏格兰、北爱尔兰的公投独立，加入欧盟。大不列颠，很可能缩水成了小英格兰，成了大不了颠。

北爱尔兰最大的爱尔兰民族主义政党新芬党（爱尔兰语为 Sinn Féin，意思是"我们"）主席德克兰·卡尼（Declan Kearney）在一份声明中称："脱欧的投票结果导致北爱尔兰被带出欧洲，其直接结果是英国政府已经丧失了其代表北爱尔兰人民利益的授权。"苏格兰首席大臣施特金（Nicola Sturgeon）对 BBC 说，苏格兰视其未来属欧盟的一部分。她稍早指出，英国退出欧盟，可能加速苏格兰走向独立。

有媒体说，"英国任性自残（capriciously harm oneself）玩脱欧，造成的惊涛骇浪（shock waves）波及全世界。"从汇率市场到股市，再到黄金市场，从亚洲欧洲再到美洲，造成资本市场又一个"黑色星期五"。英镑对美元汇率一度跌逾11%，成为英国自 1970 年初实行浮动汇率以来的最大日内跌幅。这意味着所有英国人的财产都将损失 10% 以上。如果算上股市可能的下跌，外资流出带来的房产等资产价格下降，英国人民的损失将更大。

公投结果公布的当天，美元指数暴涨 3%，黄金暴涨 6% 至 1340 美元／盎司左右。英国脱欧短期内导致了国内生产总值缩水，进口关税上涨将会导致很多商品的价格上涨。经济合作与发展组织（Organization for Economic Co-operation and Development）对此发布了警告。此外，欧盟计划在 2017 年 6 月取消成员国之间的手机漫游（mobile roaming）费用，英国脱欧将无法享受这一优惠。

IMF 发布的研究报告称，脱欧后最糟糕的情况会是英国经济将逐步走弱、迈向衰退。IMF 认为，从长期看，多年不确定性所造成的损害以及很可能出现的较高贸易成本，将足以抵消英国减少向欧盟作出财务贡献后的经济收益。该报告还显示，如果英国离开欧盟，其失业率、财政赤字、通胀率等经济指标将比留在欧盟的情形更差。长期来看，脱欧可能加大英国的贸易和投资壁垒，将导致其遭受巨大的经济损失，阻碍其生产率提高。

被称为"铁娘子"的原内政大臣特丽莎·梅（Theresa May）入主唐宁街 10

号后不久，德国、法国、爱尔兰等国领导人纷纷打来电话，要求英国政府尽快办理脱欧事宜。

英国退出欧盟，留下一个分裂的欧洲，也带来了另外一个巨大的隐患：大不列颠及北爱尔兰联合王国（the United Kingdom of Great Britain and Northern Ireland）可能分崩离析，苏格兰和北爱尔兰都威胁要退出英国。对于通过不断吸收东欧各国来实现扩张的欧盟来说，英国的脱离将成为欧洲整合趋势走向倒退的拐点。欧盟委员会主席让－克洛德•容克（Jean-Claude Juncker）担心，一旦英国退盟，其他国家会跟着效仿。

有经济学家说，英国脱欧可能导致全球市场动荡。可能会给自由贸易和全球化制造挫折，还可能在欧盟内部引发更多背叛，给该地区带来动荡，使企业和消费者陷入不安（restiveness）。不过，各种预测相差甚远，从没什么坏处到世界末日不一而足。

德国总理默克尔（Angela Dorothea Merkel）、法国总统奥朗德（François Hollande）和意大利总理伦齐（Matteo Renzi），对英国脱欧公投结果均表示遗憾，但同时认为欧盟足够强大，足以提出有效应对方法。欧盟理事会主席图斯克（Donald Tusk）、欧盟委员会主席容克、欧盟理事会轮值主席、荷兰首相马克•吕特发表联合声明称，欧盟各机构领导人主张尽快办理英国脱离欧盟的手续。希腊总理亚历克西斯•齐普拉斯（Alexis Tsipras）认为，英国全民公投出现这个结果的原因是欧盟对金融危机和难民问题应对得很糟糕。他还称英国人选择脱离欧盟是"事态的负面发展"。来自法国的欧洲议员让－吕克•梅朗雄（Jean-Luc Melenchon）称，英国脱欧是"世界末日"的开始。法国外交部长让－马克•埃罗（Jean-Marc Ayrault）则警告了拖延英国脱欧进程可能带来的危机，"我们需要为欧洲带去新的理念，而不是让民粹主义占据空间。"

还有文章说：英国脱欧公投凸显西方现代民主正在走火入魔（be possessed by the Devil; be carried to the extreme）。公投，这种西方近年来越来越流行的"最民主的政治治理方式"也因这一场"豪赌"招致各种吐槽。《金融时报》首席经济评论员沃尔夫（Martin Wolf）则称，"此次公投是我有生之年见过的英国政府最不负责任的行为。"

美国彭博社（Bloomberg News）在英国脱欧公投结果刚公布不久便下结论说："英国脱欧的最大赢家是中国"，论据是，即使是一个全面团结的欧洲与中国对抗和竞争都勉为其难，现在一个破裂的欧洲只能扮演一股更为弱小的制衡力量。

法国《论坛报》也持相似立场，认为短期内虽然对中国不利，但从长远看，英国脱欧导致欧盟虚弱会进一步提升中国的国际地位。德国《时代周报》则认为，英国是中国企业进军欧洲市场的桥头堡，许多中国企业把欧洲总部设在伦敦，如果英国脱欧，其对中国的吸引力会下降。日本《外交学者》则认为，不论对中美关系还是中国与欧盟关系，英国都是缓冲地带，英国脱欧起码会让中国短期内感觉失去了一位在国际舞台上有影响力的朋友。还有国际媒体援引日本野村证券（Nomura Securities）的分析称，英国脱欧会使中国 2016 年 GDP 下降 0.2%。

英国退出欧盟，使得以美国为首的西方联盟的军事和情报数据共享受到严重打击。离开欧洲意味着英国失去了在欧盟内部的决策权，整个欧盟将陷入一段内顾时期，其处理乌克兰问题，应对俄罗斯压力以及应对移民、难民和反恐等跨国威胁的能力，均受到影响，给美国的战略利益带来损害。

在反英国脱欧的一片哗然之中，共和党总统参选人唐纳德·特朗普（Donald Trump）发声支持英国"脱"。他在接受英国媒体采访时称："我个人更倾向于英国脱离欧盟，这其中很大一部分原因就是脱欧后官僚主义能少很多。"

中国一贯从战略高度和长远角度看待和发展中英和中欧关系，支持欧洲自主选择的发展道路。希望英欧通过相关谈判早日达成协议。一个繁荣与稳定的欧洲符合各方利益。英国脱欧赋予了中英两国快速发展经贸、政治等全方位关系的新契机。脱欧后，英国需要重新构建与欧盟以及第三国的关系。根据英国财政部的测算，重新构建稳定关系最短要两年，最长要 15 年。英国此前与欧盟以及与欧盟框架有关的第三国之间签署的许多协议，需要重新评估认定。这是中国与英国发展更密切关系的时机。一个与欧盟关系要重新认定的英国，需要通过拓展中国市场稳定经济基本面。此外，中英贸易额仍处于较低水平，双方去年已达成共识，尽早将双边贸易额提高到 1000 亿美元水平，并共同兴建欣克利角（Hinkley Point）核电站。就长远而言，英国与中国的合作关系不会就此中止，合作水平不会因此下降。相反，会出现更多可能性，而这些可能性就是机会。至于英国脱欧导致的市场动荡，经济一体化因此遭遇的挫折，其最大的价值是，发出了国际社会应当加强合作而不是瓦解合作的警讯。

这次英国脱欧产生了一个新词：Brexit。此词是由 Britain 和 exit 组合而成的新词，主张脱欧的人，则被称为 brexiter 或 brexiteer。与之相对应的还有几个用得不那么广泛的词，如 Bremain（英国留欧，是 Britain 和 remain 的组合）、Bremorse（英国懊悔）。据英国《卫报》2016 年 1 月 3 日报道，Brexit 被《柯林斯词典》（*Collins English Dictionary*）评为 2016 年年度热词。

英国脱欧还造成了另一个新词 regrexit，意为"悔脱"。这是因为英国公投离开欧盟的结果出炉后，全球股市震荡，英镑跌至 30 年来最低水平，而有些人似乎也开始后悔了。Regrexit 是在 Brexit 的基础上衍生出来的，是 regret 和 exit 两个词结合而成，意即"后悔离开"，有人干脆称 6 月 25 日为"悔脱日"。据说很多投了赞成脱欧的人看到结果以后很"吃惊"，没想到自己的那一票会起作用，心里颇为后悔。

英国脱欧公投结果公布以后，推特上有一个段子，说其他国家会纷纷效仿 Brexit，也和欧盟大家庭告别：

Grexit（Greece + exit），希腊变成希"落"；Italeave（Italy + leave），意大利变成意大"离"；Fruckoff（France + off），法国变成法"客"；Departugal（departure + Portugal），葡萄牙变成葡"逃"牙；Czecheout（Czech + out），捷克变成捷"账"；Slovakout（Slovakia + out），斯洛伐克变成斯洛伐"客"；Oustria（out + Austria），奥地利变成奥地"离"；Finish（Finland + finish），芬兰变芬"完"；Latervia（later + Latvia），拉脱维亚变拉"脱"维亚；Byegium（bye + Belgium），比利时变"拜"利时；Germanlonely（Germany + lonely）最后欧盟只剩下了德"孤"，德"一只"。大家只好 See EU later（再见欧盟）。结果成了 Europill "欧盟药丸"（要完）。

公投结果公布后，很多苏格兰人表示要重启苏格兰独立、加入欧盟的进程。很多人还畅想苏格兰和这次同样选择留欧的伦敦一起独立，成立一个新的国家：Scotlond（Scotland + London）苏格伦，在推特上 Scotlond 甚至已经成为一个热门标签。

印度人和巴基斯坦人也在用 Brexit 编段子，不过他们主要用这个词来借指 1947 年大英帝国从印巴撤离，说"最好的 Brexit 发生在 1947 年"。"英国人非常困惑的是，有史以来第一次，世界上其他国家的人不想英国人离开。"

《纽约时报》显然认为这是伤害西方利益的大事件。该报发表社论称，英国人灾难性的一投削弱了西方原本相互交织的安全机制与网络，这些国际机制与网络确保了过去 70 年的和平与稳定。如今的国际规则是美欧共同制定与主导的，安全上依靠北约 28 国支撑，经济领域则靠同为 28 国的欧盟，而英国一走，欧盟剩下 27 国，获益的只能是旨在推翻现有国际秩序的俄罗斯与中国。

最有意思的评论，要数《金融时报》网站上的一则读者留言：

A quick note on the first three tragedies. Firstly, it was the working classes who voted for us to leave because they were economically disregarded and it is they who will suffer the most in the short term from the death of jobs and investment they have merely swapped one distant and unreasonable elite for another one. Secondly, the younger generation has lost the right to live and work in 27 other countries. We will never know the full extent of the lost opportunities, friendships, marriages and experiences we will be denied. Freedom of movement was taken away by our parents, uncles, and grandparents in a parting blow to a generation that was already drowning in the debts of our predecessors. Thirdly and perhaps most significantly, we now live in post-factual democracy, when the facts met the myths they were as useless as bullets bouncing off the bodies of aliens in a HG Wells novel. When Michael Gove said the British people are sick of experts "he was right". But can anybody tell me the last time a prevailing culture of antellectualism has lead to anything other than bigotry?

这段话主要说了三点：首先，这是工人阶级投票选择脱欧，因为他们的经济利益被整个社会所忽视了；但是，脱欧将造成的工作机会和投资减少，在短时期内会遭受最大影响的恰恰也是工人阶级。

其次，年轻一代的英国人从此失去了在其他 27 个国家自由生活和工作的权利。我们永远也无法估算出我们将会失去的发展机会、友情、婚姻和人生经验到底有多少。我们的前辈们已经让我们这一代人深陷债海，现在我们的父母、叔叔阿姨、祖父母们又剥夺了我们自由搬迁的权利。

第三点，也可能是最重要的一点，我们已经进入了一个"后事实"的民主社会，当事实遇上政客杜撰的宣传时，事实就像是英国作家赫伯特·乔治·威尔斯的科幻小说里所描述的从外星人身上弹回的子弹那样毫无用处。公投时的英国外交大臣戈夫（Michael Gove）说，英国人已经厌倦了专家。他说得没错。可是，有谁能告诉我，有哪个反精英、反知识分子的社会文化潮流，除了导致自大傲慢以外还取得了别的成就？

很多人也在思考，全民公投到底是不是最好的民主形式？这是不是一种多数人的暴政？斯诺登（Edward Snowden）的这条推特被转发了 25000 多次："No matter the outcome, Brexit polls demonstrate how quickly half of any population can be convinced to vote against itself. Quite a lesson."（不管脱欧公投最后的结果如何，投票结果都表明了在世界上任何一个国家，都可能会出现一半的人投票反对自己利益的情况。这是一个值得思考的教训。）

丘吉尔的这段话传播也很广："The best argument against democracy is a five-minute conversation with the average voters."（对民主最好的驳斥，就是和任何一个普通选民交谈五分钟。）

最后，让我们再来看看英国公布脱欧公投当天英国主要报纸杂志的头版和封面：

《经济学人》（*The Economist*）：A tragic split（悲剧性的分手）

《独立报》（*The Independent*）：We won it without a bullet being fired（我们不费一颗子弹就取得了胜利）

《每日邮报》（*Daily Mail*）：We're Out（我们脱了）

这些标题下面还有这样的副标题：After 43 years UK freed from shackles of EU（43年后，联合王国摆脱了欧盟的枷锁）；Leave surge sends Pound to a 31-year low（脱欧的浪潮将英镑送至31年最低）

《泰晤士报》（*The Times*）：Brexit for Britain（为了英国而脱）

《每日纪事报》（*Daily Record*）：Be afraid, be very afraid. We're on our way out（颤抖吧，我们正在脱的路上）

《地铁报》（*Metro*）：Britain Divides（英国撕裂）

《每日快报》（*Daily Express*）：65.1 m people: just as we told you the UK's population is out of control（6510万人：正如我们告诉你的，联合王国群体失控）

《兰开夏郡电讯报》（*Lancashire Telegraph*）：Britain is sailing to unknown waters（英国正驶向未知海域）

英国原财政大臣奥斯本（George Osborne）誓言争取中国对英投资。

有意思的是爱尔兰推出"脱欧"主题啤酒，名为"巨大错误"（Big Mistake）。

补记：2017年3、4月份英国下议院和上议院通过了赞成脱欧的计划。英国正式向欧洲理事会主席图斯克（Donald Tusk）递交了公函。梅准备根据《里斯本条约》（*The Lisbon Treaty*）第50条启动（start; launch; activate）正式谈判。但是欧盟提出要英国赔偿500亿英镑。500亿英镑应该是史上最高的天价分手

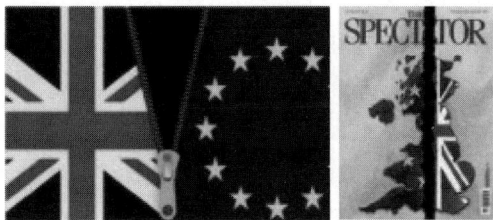

（英国《旁观者》封面）

费，英国政府每年的财政支出为 7720 亿英镑，但这些支出里，英国政府每年却要支付 180 亿英镑给欧盟，相当于英国每周付钱给欧盟脱欧之后，英国就不需要缴纳这笔费用，这笔"会员费"就可以用于英国的其他建设了，所以看起来还挺划算的。

英国脱欧后，无需再缴纳"会员费"，同时也免受欧盟经济的负面影响，货币政策更加自由。英国的就业率短期将得到提高，长期以来积累的金融优势，全球通用的语言、稳定的法律体系、灵活的就业市场、健全的金融体系以及比多数欧洲国家更低的企业税，这些优势也不会随着脱欧而改变。但是由于欧盟是英国的最大贸易伙伴，占英国整个贸易的 50%，脱欧将使英国贸易下降、投资减少、就业岗位降低，金融中心地位下降，引发经济衰退，将来英国是否能够进入欧洲的自由贸易单一市场将面临较大的不确定性，贸易环境将显著恶化。因此，脱欧对于英国来说，正反面影响都有，但是如果英国经济继续保持稳定增长，英国的前景将被看好，所以从中长期来看，脱欧对于英国实际影响也许不大。

73. 2016 年美国大选

喧闹非凡的美国 2016 年大选选举初步结果于 11 月 9 日揭晓，共和党总统候选人唐纳德·特朗普（Donald Trump）战胜民主党候选人前国务卿希拉里·克林顿，赢得总统选举，将成为美国第四十五任总统。

特朗普在竞选总部发表的获胜演讲中承诺，他会是所有美国人的总统，并且向不支持他的人伸出橄榄枝（extend an olive branch），希望获得他们的指引和帮助。特朗普强调，今次竞选不只是一场竞选，而是一场运动，让被遗忘的美国人不再被遗忘。特朗普还表示会利用自己在商界的经验帮助美国踏上增长及更新之路（embark upon a project of national growth and renewal）。

从某种意义上说，此次美国大选确实是一场特殊的运动，美国价值观和基本信念因党派而产生的极化现象达到极点。特朗普在演讲中极力安抚选民情绪（soothe the sentiment of the voters），提出他将致力于弥合社会分歧（bridge social divisions），强调"团结一致"，打造出最强大的经济。可是特朗普的当选对美国社会造成了前所未有的分裂，那些没投特朗普票的人很多从心底深处"恨"他，这种"恨"是美国选举史上罕见的，将有大量美国人很长时间无法在感情上接受特朗普成为他们的总统，美国在选后重新弥合、团结起来将非常困难。

《环球时报》还发表评论称，特朗普赢了，他不只是赢了希拉里，而是打败了从共和党内部直到全美国一路阻挡他的庞大精英群体。美国精英群体比以往更加突出地站到了中下层民众的对立面。新华社评论说："有争议的（controversial）共和党候选人特朗普当选显示了美国民主带来的危机，表明美国大多数人起来造美国政治阶层（political class）和金融精英（financial elites）的反。"

美联社认为，美国大选后社会撕裂，或引起家人反目（cause family squabbles），城乡对立（antagonism between urban and rural areas）。甚至有人说这是一次"政治造反"，一场美国的"文化大革命"。虽然这些说法挺夸张的，但它们从一个侧面描绘了美国当前思想政治状态的神韵。特朗普从一开始就遭到美国主流媒体和精英层的蔑视，他被广泛定性成大嘴、鼓吹异端邪说者、很不靠谱说不定会干出什么来的人。这样的人最后竟然成为美国总统，说明美国的原有政治秩序出了大问题。美国民主共和两党的主流价值都偏离了时代；美国的精英媒体严重背离了中立客观的新闻报道原则，它们故意误导选民，所做民调大部分掺了假；这个国家政治上的整体判断力也出了重大偏差，还有，美国精英群体比以往更加突出地站到了中下层民众的对立面。

美国媒体惊叹说，让人们没有想到的是，一个"满头金发的胖子"竟然劈波斩浪（cleave one's way through the waves）获得了总统竞选最后的胜利，爆了一个"大冷门"（cause a great sensation stir）。美联社称，大选结果对美国造成了"爆炸性冲击"（explosive shock）。《纽约客》（New Yorker）的资深编辑大卫·雷姆尼克（David Remnick）说，特朗普的获胜是一场"美国悲剧"（American tragedy）。他说："特朗普是一个无比庸俗（vulgarity unbounded）、没有学问（knowledge-free）的领导人。""不仅会使市场搞得乱七八糟（set markets tumbling），还会使弱势群体心里感到恐惧（strike fear into one's heart）。"他认为，特朗普当选后的若干年（the years to follow）将是"对美国制度的承受力，或者说脆弱性的一场考验（a test of the strength, or the fragility, of American institutions）。"

前国务卿克里（John Kerry）说："今年总统大选的竞选活动让美国在国际舞台上十分丢脸"，"影响美国形象"（affect the image of the United States），"令人尴尬"（embarrassing）。他曾讥讽（jab at）特朗普的孤立主义政策（isolationist policies）会损害国家的福祉（take a toll on the country's well-being），说"如果我们接受一个

信口而言的推销商（soundbite salesman）和嘉年华上的揽客者（carnival barker），我们永远不可能取得成功（come out on top）。"还有人比喻说，管理美国的人造就的政治制度，犹如一个似突然失灵会杀人的机器人（glitchy killer robot），没有人能控制得了，特朗普上台后更控制不了。没有任何人知道该如何制伏。

一份民调显示，将近四分之一年轻选民说，他们宁愿大陨石撞毁地球，也不愿看见特朗普或希拉里入主白宫。美国之音（Voice of America—VOA）电台说，根据公共政策普调的一项新调查，有5%的选民称，他们宁愿把票投给一头死去的大猩猩。《华尔街日报》（*Wall Street Journal*）与美国全国广播公司（National Broadcasting Company—NBC）共同发布的民调结果显示，仅有54%的18岁至34岁年轻选民对今年大选有兴趣。不少美国选民都表示，他们对希拉里·克林顿和特朗普这两名候选人都不满意，无法信任他们中的任何一个人。一些选民甚至表示，难以抉择之下，他们会放弃投票。据媒体报道，连小布什（George Walker Bush）和妻子劳拉（Laura Welch Bush）都既没有投特朗普的票，也没有投希拉里的票，只是在参众两院选举中投给了共和党籍候选人。

美国媒体有一篇署名艾文·奥斯诺斯（Evan Osnos）的文章分析说，很多人认为特朗普当选带来了一个很大的机遇。支持特朗普的人认为他有先见之明（be visionary），还有人不仅把他看作美国现有领导人的一种改进，甚至认为他是一剂"解毒剂"（antidote）、历史的一个拐弯（a bend in history），甚至革命的代理人（agent of revolt。注意原文没有用 revolution 一词）。还有不少投特朗普票的选民说，他们这样选择其实不太情愿（begrudgingly），只不过认为特朗普和希拉里·克林顿相比，只是两个邪恶中危害较小（the lesser of two evils）而已。另一位选民说："特朗普是一张野牌（a wild card），希望能对他有足够的审查或制衡力量来挽救我们。"

我们来看看一些媒体对这场大选的评论的标题和摘要：

《人民日报》：美国选举乱象（chaotic phenomena）凸显（highlight）制度弊端

《环球时报》：特朗普令共和党"节操碎了一地"（Moral integrity broke into pieces and spilled all around.）

《华盛顿邮报》：美国"民主橱窗"（window of democracy）呈现反面典型

俄罗斯《共青团真理报》（*Komsomolskaya Pravda*，俄文是 *Комсомо́льская пра́вда*）：美国民主制锈迹斑斑（rust-ridden）

德国《时代周报》（*Die Zeit*）：特朗普是美国至今最奇葩的（miraculous;

unconventional）总统参选人

英国《每日电讯报》：谁赢得大选都难挽回西方颓势（The decadent West is in terminal decline.）

《澳大利亚人报》（*The Australian*）：美国大选将遗留巨大创伤（leave tremendous trauma）

新加坡《联合早报》（*Lianhe Zaobao*）：美体制失去信用导致特朗普崛起

中国《环球时报》：特朗普大胜，美国传统政治遭猛烈冲击

海外网（Overseas Network）评论称，自诩为（self-styled as）最好的选举制度的美国总统大选，如今只能选出"最不坏"（the least bad）的总统，这是无尽的悲哀。

西班牙《国家报》（*El Pas*）的文章认为，每隔四年举行一次大选就像每隔四年为美国拍一张 X 光片，这个国家的执着和伤痛、担忧和渴望在上面一览无遗。然而，这次与 2008 年的那次大选不同，当美国再次看向镜中的自己，竟然没有发现半点值得自恋（narcissism）的地方。

一些美国媒体把特朗普与希拉里·克林顿的辩论称为"充斥着性与谎言的辩论赛"，贴上了"史上最丑陋、最令人生厌"的标签。辩论一开始，希拉里就揪着特朗普的录音丑闻不放，并称其"不配当总统，不配当总司令"。而特朗普则以"克林顿的所作所为远比口头骚扰来得恶劣"进行回击。有人评论这样的辩论电视直播应该定位为"少儿不宜"（adult only）。

英国广播公司 10 月 24 日发表了卡里·格雷西（Carrie Gracie）的一篇文章，题目是 *Ugly US Election Race a Poor Ad for Democracy in China*（《丑陋的美国竞选在中国成了民主的拙劣广告》）。该文说，此话出自北京一位 19 岁的学生，那个学生还说，"这是历来最有娱乐性的（most entertaining campaign ever）竞选，美国政治本质就是娱乐（the essence of American politics is entertainment）。"这是一名在北京看美国总统竞选的 19 岁中国学生的观点。美总统竞选已沦为"空前笑话"（an unprecedented joke）。今年这场有毒的总统竞选（toxic presidential race），使美国政治制度的声誉在中国受到实质性损害。另一名中国学生解释了为何对美国竞选不以为然，"这次竞选加剧了不同社会群体的冲突（intensify the clashes between different social groups），产生了撕裂而非凝聚效果（have a splitting effect instead of a unifying one）。我认为这种制度行不通（do not work）。"

法新社（Agence France Presse）说，因为希拉里与特朗普的辩论涉及敏感话

题，有美国中学老师表示，难以给学生讲解今年的总统选举。

《华盛顿邮报》（*Washington Post*）称："今年的竞选运动是恶毒的，对热爱美国政治体系的人来说，今后数年他们都很难称赞美国的民主体制是世界最伟大的。"

《旧金山纪事报》（*San Francisco Chronicle*）称，这次辩论展示了美国政治的衰败。候选人不再围绕政策差异辩论，而是在个人恩怨（personal gratitude or grudge）方面磨刀霍霍（rattle one's saber），这与大多数选民每天的抗争和关切毫无关系。

中国人民大学国际关系学院教授王义桅对《环球时报》记者说："舆论总说这两个人烂，实际上是两个政党烂，精英政治本身烂，或者说美国政治制度已出现问题。"

美国《野兽日报》（*The Daily Beast*）形容此次辩论是美国总统大选的"冷酷预演"："这是一场充满怒气的街头厮杀，一个是最有经验的总统宝座角逐者，一个是无所畏惧的电视真人秀老手。"

《人民日报》评论：2016年的美国大选，可谓"乱象凸显"，是一混乱不堪的"政治秀"，一出越来越低俗的闹剧（farce）显示了美国民主制度的弊端。国务院发展研究中心世界发展研究所研究员丁一凡说，这场选举"像一个荒唐的真人秀"（absurd reality show）。互相抹黑（smear each other）、抢占道德制高点（grab the moral high ground）的做法已成为美国大选候选人的惯用伎俩。跳梁小丑（contemptible scoundrel; contemptible scoundrel）般的互黑手段还激化了不同党派支持者间的矛盾，在一定程度上撕裂了美国社会。

竞选电视辩论赛火药味十足（full of smell of gunpowder），双方不仅直呼对方姓名，靠互相抹黑和喊口号"撑场面"（keep up appearance）。与两位总统候选人的政治主张相比，更吸引公众眼球的似乎是互相抹黑的花边绯闻（tidbits of sex scandal），以及他们辩论时的肢体语言（body language）。脑洞大开的网友将这样一场关乎美国命运甚至世界发展的严肃辩论，解读成为KTV里的深情对唱（affectionate duet）。两人的三场电视辩论成了"揭短（rake up someone's fault）大会""出格的（overstep the mark）人身攻击大会"，而非政策和执政理念的比拼。

英国《泰晤士报》（*The Times*）发表评论称，"美国梦"与美国的社会现实差距日益拉大，但是总统候选人都选择视而不见（turn a blind eye to something）。

一段时间以来，在经济复苏不平衡背景下，美国政治极化（polarization）、中产阶层衰退、枪支泛滥、种族歧视等问题愈演愈烈，社会裂痕进一步加大。有民调显示，在为数众多对国家现状不满的选民看来，政府和国会位居问题之首，其次才是经济、失业和移民问题。这样的排序传递的信息是，美国民众清清楚楚看到种种问题难以解决症结何在。种种怪象不仅凸显美国政坛的窘迫，也直指美国政治制度弊端。选战开始以来，美国民众多次因不满金钱政治和选举丑闻进行游行。

英国《金融时报》刊登的斯坦福大学国际问题高级研究员弗朗西斯·福山的文章评论说："特朗普当选是世界秩序'分水岭'（watershed）。"美国前国务卿基辛格（Henry Kissinger, 1923—　）也认为特朗普将冲击现有世界秩序（impact the existing world order）。美国前助理国防部长、哈佛大学教授约瑟夫·奈（Joseph Nye, Jr., 1937—　）发表文章说，特朗普面临严峻外交政策挑战，建议特朗普避免与中俄直接对抗（facedown; direct antagonism）。前香港总督、英国牛津大学名誉校长彭定康（Christopher Francis Patten, 1944—　）发表文章称，特朗普有可能拖垮整个西方（drag down the whole western world）。

另一方面，大选成了候选人砸钱（money squandering）比赛。据说，2016年美国大选总开支超过50亿美元，成为有史以来最昂贵的选举。这笔巨资自然少不了各大利益集团慷慨解囊（be liberal with one's money；give money generously）。"金钱政治"的恶果人们早已看清。没有人会去想象，新总统入主白宫将结束华盛顿政治对抗，让民众对政府和国会的不满情绪有所减弱。英国经济学家马丁·沃尔夫（Martin Wolf）尖锐地指出，不平等日益加剧，生产率增长日益放缓，民主制开始变得无法忍受，而资本主义也渐渐失去合法地位。

长期以来，美国将其热闹非常的选举标榜（flaunt）为制度优势的象征，甚至借此对广大发展中国家横加指责。然而，选举的意义在于为解决事关国家发展的严峻现实问题注入推动力，政治人物的使命在于有效治理国家而不是只在搞竞选方面成为高手。"民主教师爷（lecturer）"的超级自信与傲慢该收起来了。

英国《每日电讯报》发表评论文章称，这场美国大选堪称"有史以来"最糟糕的一次。

各国对特朗普当选的反应耐人寻味（provide much food for thought），使此前高喊"特朗普不按常理出牌（play wild cards）""政治不正确""必败无疑"的诸多媒体出乎意料。有媒体称特朗普当选美国总统是一个影响远超英国"脱欧"公投的美版"黑天鹅"事件。会影响国际格局。

奥地利"新媒体"网站 11 月 22 日发表文章称，超级大国美国落入坠落轨迹（downfall track），文章分析说，美国这座"大熔炉"（big melting furnace）已经冷却，"美国梦"只是个传说，传统美国正在死亡。

特朗普当选之后，美国各地的"反特朗普"抗议活动就没有停止过。特朗普当选的次日全美即爆发涉及纽约、洛杉矶、奥克兰、华盛顿等 30 个城市和 14 所大学的大规模抗议活动。一些活动还升级为骚乱（riot）。

美国《时代》周刊选特兰普为 2016 年的"年度人物"（Person of the Year），但是在他照片边上却写着："唐纳德·特兰普，美国分裂国总统（Donald Trump, President of the Divided States of America）"。

11 月 11 日，欧盟各国贸易官员在布鲁塞尔举行会议，对于特朗普执政后欧美关系、特别是贸易领域充满着不确定性，担心双方的跨大西洋贸易与投资伙伴关系协定（TTIP）谈判恐怕将陷入停滞状态。欧洲理事会主席图斯克和欧盟委员会主席容克曾联名致信，邀请特朗普访问欧洲，为未来四年的跨大西洋关系设定方针。但是容克在卢森堡访问时又警告说：特朗普当选美国总统，恐怕将把欧盟与美国的关系"置于危险境地"。他说，他希望这位新当选的美国总统"好好补补有关欧洲的课"。

可以说，特朗普是一个谜一样的人，人们怀疑他到底是个生意人还是政治家。如果说他的胜选，让不少人看到了所谓"精英政治"（elite politics; meritocracy）、"政治正确"的溃退的话，那么，从胜选到现在他的一系列言行举止（尤其是在推特上和在接受访问时），表现出很大的不确定性。人们很难判断，他的言行究竟是一时兴起（act on impulse）还是老谋深算（make every move only after mature deliberation）。

特朗普在竞选活动中一向表现得对北京具有攻击性，说中国操纵汇率，抢走了美国人的饭碗，扬言要对来自中国的商品征收 40% 的惩罚性关税等。美国《华尔街日报》11 月 1 日也刊文说，和往常一样，今年的美国大选中，中国频频"躺枪（get attacked without doing anything wrong; become an incidental victim）"。

特朗普还没有进入白宫就打破美国几十年来坚持的一个中国的政策，与台湾领导人蔡英文（Tsai Ing-wen）通电话。这一举动被《洛杉矶时报》称为"菜鸟（rookie; newbie）犯下的错误"。事后他又多次大放厥词（talk wildly），企图挑战中国大陆和台湾同属一个中国的底线，将台湾作为筹码（bargaining-chip）讹诈中国，企图迫使中国在诸如贸易、汇率、南海等问题上与之合作或作出让步。这只会搬起石头砸自己的脚。

　　但是，和习近平主席通电话并互相见面后，特朗普的调子有所改变。他是一个商人，一切从实际出发，他知道和中国打贸易战对美国也没有好处。于是中美关系走上了正轨。

　　还要提一下的是，特朗普当选对英语也有所贡献，除了 Trumpism（特朗普主义）之外，特朗普本人还误造了 unpresidented 一词。此词出现在他指责中国"窃取"美国海军无人潜艇（underwater drone）的一篇推文中，他本来是想说 unprecedented（史无前例的），结果因拼写错误成了"不总统"。尽管后来特朗普改正了，但是此词被抓住成了讽刺他的用语，还被英国《卫报》选为 2016 年年度热词。此外，post-truth（后真相），xenophobia（仇外情绪）也都被权威词典列为年度热词。

　　2016 年美国总统大选从选民的角度看，可能并不是特别有启发意义的景象，但是在词汇创新方面却产量颇丰。有关竞选的演讲产生或推广了很多迄今尚未被牛津辞典收录的新词和新用法，它们触发了我们词典编纂者的雷达，但最终是否会收录到牛津辞典中就要取决于这些新词和新用法的使用证据，以及对它们是否还会有持续影响力的评估。评估某个当下时事词汇是具有挑战性的工作，尤其是那些当前时事突然会成为过时事件。现在，美国大选已经落下帷幕，我们还需要再评估是否有些词汇将永久地安置在牛津辞典词汇表中，还是仅仅昙花一现。

　　这次美国大选还产生了新词 healther。这是个名词，意思是"健康阴谋论者"，指认为希拉里·克林顿隐瞒了严重疾病这一情况的人。这个词中的后缀 -er 近些年产生了一个新用法，贬义地指阴谋论者（conspiracy theorist）。2008 年美国大选就诞生了 birthers（"出生地阴谋论者"）一词，指质疑奥巴马总统出生地的人们，因为只有"在美国本土自然出生"的公民才有合法资格参加总统竞选。后来又产生 deathers（"死亡阴谋论者"）一词，质疑本·拉登（Osama bin Laden）是否真的死了。相对而言，truthers 一词是更为通用的词汇，尤指质疑 2001 年美国本土"9·11"恐怖袭击官方报道的边缘理论信众。

　　2016 年美国大选还催生了 alt-right。这也是个名词，指"非主流右派"。此词是 alternative right 一词的简写形式，曾作为一个白人至上组织的名字出现在 2008 年，参与集合了一系列右翼意识形态和种族民族主义的政治运动。Alt-right 听起来无害，让人想起 20 世纪九十年代的某个音乐类型，却掩盖了其支持极端主义的立场。因该组织讨论支持唐纳德·特朗普的竞选，单词 alt-right 直到 2015

年才出现在主流出版物上，并在 2017 年 7 月进入语料库。

希拉里·克林顿在竞选阶段较为失态（forget oneself）的一次言论中，她把特朗普的支持者描述为 "basket of deplorables"（大抵相当于 "一箩筐人渣"）。Deplorable 一词自 17 世纪在英语中就作为形容词使用，此次作为名词使用是不同寻常的。根据《牛津英语大辞典》中的记载，在历史上，deplorable 用来形容复数名词只出现过一次，而作为名词却从未出现。希拉里因形容选民特征时将其描述为 deplorables 而广受批评，但特朗普的一些支持者很快就以此自诩，这个词开始作为一个骄傲的徽章出现在 T 恤衫上和社交媒体中。

特朗普自共和党初选以来就因频繁将 big league 作为副词使用而引起人们关注，例如他说道："We are cutting them [i.e., taxes] big league for the middle class." Big league 在 19 世纪 80 年代第一次用于棒球赛事中，到 20 世纪初期，其词义得以扩展，意为 "主要的、重要的、显著的"。特朗普尤其钟爱的副词用法（应该相当于 greatly 的词义）很是不同寻常。这就是为何很多人错将 big league 听成 bigly。Big league 的副词用法并未收录在牛津辞典中，但或许有一天会被收录进去。

74. 也谈《白鹿原》的英译

陈忠实先生的去世是我国文坛的一大损失。怀念陈忠实先生，人们首先想到的是他的不朽之作、荣获第四届茅盾文学奖的史诗式小说《白鹿原》。该书讲述了陕西关中平原上素有 "仁义村" 之称的白鹿村中白姓和鹿姓两大家族祖孙三代的恩怨纷争，时间跨度长达半个世纪之久。小说反映的中国社会的深刻程度以及其文学价值都极其不一般。根据该书改编的同名电影于 2012 年 9 月在国内上映，好评不断，票房达到 1.3 亿，这在当年是破纪录的。

可是当年电影海报上的片名英译 *White Deer Plain* 曾经一度引起争议。陕西师范大学外国语学院张敏认为此译不妥。他说，这样译把原著中白鹿原的 "原"变成了 "平原"，不符合现实。事实上，"白鹿原" 不仅仅是个地名，还包含着白、鹿这两个家族的姓氏，*White Deer Plain* 显然未能表达家族姓氏这个含意。然而，按照通常人名地名译法音译为 Bailuyuan 似乎也不可取。陕西省作协文学翻译委员会副主任马珂提出，可将《白鹿原》翻译成 *Two Families in Fifty Years*。

长期以来，书名、影视名的翻译一直是一个有争议的话题。直译、意译，或直译和意译相结合的方法都有其支持者。

直译指译文完全保留源语词语的指称意义，如《天云山传奇》译为 *Legend of Tianyun Mountain*、《城南旧事》译为 *Old Days in Southern Beijing*。

《赤橙黄绿青蓝紫》译为 *All Colors of the Rainbow*，则有点直译加意译的意思，也可看作是略有变通的直译，因为两者的指称意义是一样的。

不过，有人把"意译"等同于 interpretation，变成了"解释"，那就太自由了。一千个人可能有一千个解释，那不就真的变成 free translation 了，可是翻译从来就不是"自由的"。翻译不仅是文字的转换，更是不同文化的沟通。杨绛先生的《洗澡》英文书名定为 *Baptism*（洗礼），就是考虑到如何让英美读者理解该书的深刻含义：中国的知识分子受到了"文化大革命"动乱十年的洗礼。书名或影视名的翻译要考虑其功能，要以受众为中心考虑。具体说有两个方面的要求，一是要忠于原作，要充分考虑到标题所承载的文化信息，使译名能简练地概括或提示其内容，揭示故事主题，最好能起到画龙点睛的作用。二是要符合翻译美学的标准，不但文字要简练，为不同文化的沟通架起一座桥梁，还要能表达出一种悠远的意境，激发读者或观众的想象力，使他们得到艺术的熏陶和美的享受。电影片名的翻译应该再现原片名的信息，与影片内容相吻合，既富于艺术魅力，能吸引受众或形成一种悬念，又能符合英语的语言规范及英美国家观众的审美习惯，做到文情并茂，雅俗共赏。此外，电影译名还需要考虑商业性，即票房号召力。

好的翻译本来就不容易，影片名的翻译更加不易，意译更是一种艺术再创造。

以大家熟悉的古典名著《红楼梦》为例，杨宪益夫妇将书名译为 *Dream of the Red Chamber*（有人认为 chamber 似乎只能指女孩住的闺房，但《红楼梦》的场景是宁荣二府，要广阔得多，用 mansions 一词似乎更好）。英国汉学家霍克斯则根据《红楼梦》原来的书名《石头记》译为 *The Story of the Stone*。此译显然更贴切，也站得更高。《水浒传》有 *Water Margin* 和 *All Men Are Brothers*（四海之内皆兄弟）两个英文名。《西游记》有三个英译名。一是 *The Pilgrimage to the West*。此译回译成中文是"去西方朝觐"，可是《西游记》说的是去如来佛祖住的西天取经，和西方人心中的 pilgrimage 完全不一样。二是 *Journey to the West*。但是 journey 指普通的旅行，未能体现唐僧师徒去西天取经的艰险经历。这里顺便提一下，有人误以为这是美国著名记者埃德加·斯诺写的他访问延安的纪实《西行漫记》的英文名，其实斯诺原著的英文名是 *Red Star over China*（红星照耀中国）。第三种译名是 *The Monkey King*（猴王），虽然脱离了"西游记"三个字，但突出了主角孙悟空，反倒为人们所接受。

下面再举一些例子。有人将《钢铁是怎样炼成的》译为 *How Steel Is Made*。这样译会让人误以为这是讲述炼钢的科教作品，后来改译为 *The Making of a Hero*（一个英雄的成长）就比较切题。又如《我的前半生》（溥仪自传）一书，书名初译为 *The First Half of My Life*。这样译虽然很忠实于原文，但谈不上有什么吸引力。后来，其正式译名定为 *From an Emperor to a Citizen*（从皇帝变成公民），显然要精彩得多，因为 emperor 和 citizen 之间巨大的反差能勾起人们的好奇。（电影名为《末代皇帝》，英文名是 *The Last Emperor*。）上面的例子大都是意译。不过，有时直译也能出彩，例如《卧虎藏龙》直译为 *Crouching Tiger, Hidden Dragon*，不但形象生动，还让这个成语在西方传了开来。

好的意译能有令人想不到的效果。例如，根据金庸的武侠小说改编的《东邪西毒》，电影名是两位武林高手的名字，但是对大多数外国人而言很陌生，而且这两个人名本身很难英译，直译显然无法传递有效信息，故而根据影片的内容意译为 *Ashes of Time*（时间的灰烬），此译抓住了影片的内涵，意味深长。"最终爱恨都被洗涤净。年年三月桃花开。时间才是最终的赢家。"此译还从某种意义上传达了这部电影的后现代荒诞感。再如，对习惯于各种合同的西方人而言，《甲方乙方》的片名本身没有太多含义，考虑到故事重点讲的是通过签合同而实现梦想的事，将其译为 *The Dream Factory*（梦工厂）更贴切地反映了电影的主旨。至于《非诚勿扰》，这一片名采用了中文常用的四字格，可是英语里没有类似的语言风格，故加以变通译为 *If You Are the One*（如果你是那个人），便于英美观众接受和理解。这些都可以说是经典的佳译。

有学者举了《梁山伯与祝英台》的英译 *The Story of Liang Shanbo and Zhu Yingtai* 为例，说明人名音译的不足。故事主人公梁山伯、祝英台的名字在中国可谓家喻户晓，可是外国人很少知道这两个人是谁，故而有人建议译为 *Butterfly Lovers*。然而，这样的译文回译成中文却是"蝴蝶爱好者"，所以此译仍可商榷。当年周恩来总理向外宾介绍此剧时将其比喻为"中国的罗密欧与朱丽叶（Romeo and Juliet）"，对方马上就明白了。这一点应该对翻译有一定的启示。

回到《白鹿原》的翻译。有人说，白鹿原不是平原，而是高原，所以应该将 *White Deer Plain* 中的 Plain 改成 Plateau（根据地理名称翻译通则，前面还要加上定冠词 the）。但是这样译并不能对其内容起到任何提示的作用，甚至会让人误以为是介绍该地地理情况的。还有人指出，"原"在这里既不是"平原"也不是"高原"，指的是村子，不如翻成 *Bailu Village* 似乎更好一些。但是这样笼统的译法无法表现具体的内容。至于 *Two Families in Fifty Years*，只表明了这是关于两个家庭的故事，没有提到地名和两家姓氏中的"白"和"鹿"二字，而且这样译没有艺术色彩，显得淡而无味，也许可译成 *The Romance of the Bai and the Lu Families*。这里"白"和"鹿"用音译是因为故事主题并非围绕"白（色）的鹿"展开。

下面列举了 2005 年几部国产电影的英译，我曾在教学中与学生讨论过，大家认为译文有出彩之处。请读者们看看有没有值得借鉴的地方。

《舞出彩虹》*Dancing on the Rainbow*

《鸳鸯•蝴蝶》*A West Lake Moment*

《春满杏林》*Devoting Heart*

《敖包相会》*Aobao Rendezvous*

《后备甜心》*It Had to Be You*

《人间天上情》*The Pining Lovers*

《青红》*Shanghai Dreams*

《黑白战场》*Color of the Loyalty*

《最远的你》*Beyond My Touch*

《山语》*Eyes of Mountain*

《千杯不醉》*Drink! Drank! Drunk!*

《挚爱》*Embrace Your Shadow*

《童梦奇缘》*Wait 'Til You'er Older*

《青山不惑》*Mountain Stands Still*

《怪物》*Home Sweet Home*

《指鹿为马》*Fall of the Qin Dynasty*

《非常家事》*Once upon a Home*

《剪爱》*Preordained to Come Together*

索 引

书中有英文译文的词语的索引（中国人名指收入有特殊英译的；外国人名人名姓在前，名在后）

后　记

　　没有想到拙著《热词新语翻译谭》系列已出了五本，读者反映不错，中译社编辑对我鼓励有加，于是我下决心继续编写这第六本，宗旨、内容和形式和前五本基本一样，就汉语新词语的翻译提供一些建议和看法。从内容看，收集的文章以文化为主，也反映社会上发生的重大事件，有传递正能量的正面新闻，从党政方针政策，到新人新事、反腐成就，也有一些负面新闻的综述和评论，目的在于针砭时弊，引起人们的反思。涉及的方方面面能体现我国的国情，也是一本大事记，不但可供中国读者阅读，也会有助于外国朋友了解中国。一些文章还由具体的事扩展到某种社会现象，因此有一些文章是根据很多个来源进行综合采集而编成的，故相对较长。例如《令人刮目相看的中国科技成就》一文长达一百多页，目的是希望学习和从事文科工作的读者了解我国科技方面的成就。笔者相信，看了这些，大家一定为我们的祖国感到自豪，激励自己更好地工作。不过笔者在科技方面绝对是外行，希望得到行家的指教。

　　就文体而言，本书仍然采取夹述夹议。信息来源包括广播电视、纸质媒体和网络，但不转登网络上的八卦。凡是引自署名文章的都加以说明。就翻译而言，除了提供新词语的英译，还对笔者认为不妥的一些译文提出商榷，有些还附了一些供读者思考的问题，目的是为了提高翻译的质量，希望对学习和从事翻译的读者有点启发。此外，本书增加了较多科技词汇的英译。当今科学发展突飞猛进，作为翻译工作者，应该对这方面有所了解。

　　细心的读者也许会发现，本书对一些常用而说不上难的词语也提供了译文，而且有意识地选用了一些较新的说法。这样不但增加了时代感，如果在翻译中用这些时髦词，还会让老外感到很亲切，就像我们听到老外用最时髦的中文一样。

　　《热词新语翻译谭（五）》增加了一个索引，受到很多读者的欢迎。索引部分也是一本汉英词典，其中列出了书中提到的许多新词语，很多是词典上查不到的，特别是一些专有名词，如常见人名、组织机构、企业、书籍、报刊、影视剧的名称等。这些专有名词尽量采取其官方正式译名，笔者认为不妥的一些译法则提出了改译的建议。至于一些实在无法查到的，笔者只能妄为代译了，希望收到有关单位的反馈。第六本对人名进行了精选，主要是常见的或重要的人名，并注明了其身份或职务及生卒年份，使之更实用。

本书中的有些短文，参考了近十篇文章。为了确保信息的完整性，跨时最长的能达数月。本书诸篇中引用较多的部分，都写明了原作者或编者的姓名。不过本书不是学术著作，因而没有注明所引部分的日期、页码等。还有一点必须说明的是，本书诸文所表达的观点是笔者本人的看法。本书涉及的材料截止到2017年4月为止。

再次感谢中国出版集团中译出版社，以及该社的范祥镇、胡晓凯等几位责任编辑的帮助和认真仔细的校对。

主要参考的书籍和期刊有：

陈观胜、李佩苿：《中英佛教词典》（外文出版社，2005）

杜争鸣：《时事用语中译英释例》（外文出版社，2014）

过家鼎、张志明：《汉英外事实用词典》（中国对外翻译出版公司，2009）

风君：《网络新新词典》（新世界出版社，2012）

教育部语言文字信息管理司：《中国语言生活状况报告，2015》（商务印书馆，2015）

王晓鹰、章宜华：《汉英医学词典》（外语与教学出版社，2003）

吴光华：《汉英新词新语词典》（上海译文出版社，2015）

中国日报网：《最新汉英特色词汇词典（第6版）》（清华大学出版社，2015）

总政治部宣传部：《网络型词语选编》（解放军出版社，2014）

其他参考文献来源包括《人民日报》《中国日报》《京华时报》《新京报》《环球时报》《北京晚报》《参考消息》《北京青年报》《光明日报》《语言文字报》《报刊文摘》《咬文嚼字》等。